MOLDEN
TASCHENBUCH
VERLAG

Peter Farb

DIE INDIANER

Entwicklung und Vernichtung
eines Volkes

mit 10 Abbildungen und 5 Karten

MTV · MOLDEN-TASCHENBUCH-VERLAG
WIEN–MÜNCHEN

MTV · Molden-Taschenbuch-Verlag
EROICA Verlagsgesellschaft m.b.H., Wien–München
Lizenzausgabe mit freundlicher Genehmigung des
Verlages Fritz Molden, Wien–München–Zürich
Titel der amerikanischen Originalausgabe:
MAN'S RISE TO CIVILIZATION
Aus dem Amerikanischen übertragen von
ILSE WINGER
Copyright © 1968 by Peter Farb
Alle Rechte der deutschen Ausgabe 1971:
Verlag Fritz Molden, Wien–München–Zürich
Ungekürzte Ausgabe
Nachdruck auch auszugsweise verboten
Umschlagentwurf: Hans Schaumberger
Schrift: Borgis Garamond-Antiqua
Gesamtherstellung: Ebner, Ulm
MTV-Band 8, Januar 1976
ISBN 3-217-05008-8

INHALT

DANK

Es ist mir ein Vergnügen, an dieser Stelle meine Schulden persönlicher wie intellektueller Art anzuführen. Ich bin mir bewußt, aus dem Gedankengut dreier zeitgenössischer Anthropologen viele Anregungen geschöpft zu haben. Es sind dies Elman R. Service und Leslie A. White von der Universität Michigan und Julian Steward von der Universität Illinois. Ich weiß, daß ich im vorliegenden Buch mit einigen in ihren Werken erwähnten Ansichten nicht ganz übereinstimme und daß meine Schlußfolgerungen dann und wann über ihre Feststellungen hinausgehen.

Elman Service, Betty Meggers und Clifford Evans waren so freundlich, mein gesamtes Manuskript zu lesen und meine Behauptungen wie meine Auslegungen einer genauen Prüfung zu unterziehen.

Aufmunterung, Rat und Anregung erhielt ich während der Jahre, die ich an diesem Buch gearbeitet habe, von: George Agogino, Direktor des Paleo-Indian Institute, Eastern New Mexico University; Ignacio Bernal, Direktor des Museo Nacional de Antropología, Mexico City; Lewis Binford von der anthropologischen Abteilung der University of California, Los Angeles; George F. Carter von der geographischen Abteilung der Johns Hopkins University; John Corbett, Leiter der archäologischen Abteilung des National Park Service; Clifford Evans vom Office of Anthropology, Smithsonian Institution; von dem verstorbenen James L. Giddings, Anthropologisches Institut der Brown University; Esther S. Goldfrank; Shierley Gorenstein, Anthropologisches Institut, Columbia University; Marvin Harris, Anthropologisches Institut, Columbia University; Phyllis Jay, Anthropologisches Institut der University of California, Berkeley; Paul S. Martin, Kurator der anthropologischen Abteilung des Field Museum of Natural History; Betty Meggers, Office of Anthropology, Smithsonian Institution; James Officer, Associate, Commissioner des Bureau of Indian Affairs; Harry L. Shapiro, Vorsitzender der Abteilung für Anthropologie des American

9

Museum of Natural History; Albert H. Shroeder, Assistant Southwest Regional Archaeologist, National Park Service.

Ich weiß sehr wohl, wieviel ich diesen Forschern schulde, auf deren Erkenntnisse ich mich so weitgehend gestützt habe. Anstatt sie hier alle namentlich aufzuführen, habe ich im Anhang auf ihr größtes Verdienst, auf ihre Publikationen, hingewiesen.

Meine Danksagung wäre unvollständig ohne die Erwähnung von Jack Macrae, meinem Herausgeber, dessen zahlreiche kluge Vorschläge mir viel geholfen haben; seine Geduld und Sympathie habe ich bereits bei meinen früheren Büchern kennengelernt. Amy Clampitt war bei der endgültigen Fassung des Manuskriptes auch diesmal wieder eine große Hilfe, ebenso Marjorie Weinstein bei der Korrektur der Fahnen.

Auch Louis und Nettie Horch möchte ich für ihren Beistand in all den Jahren danken.

Alle diese Menschen trifft keine Schuld, wenn das vorliegende Buch Mängel aufweist. Die Mängel sind ausschließlich die Folge meines menschlichen Irrens.

P. F.

VORWORT

von Professor Elman R. Service
Universität Michigan

Dieses Buch besitzt zwei große Vorzüge. Es ist das beste Buch über die Indianer Nordamerikas, das ich bis heute gelesen habe, und es bietet eine ausgezeichnete Illustration dafür, wie sich eine evolutive Kulturtheorie anwenden läßt.

Die Indianer Nordamerikas waren und sind Gegenstand unzähliger Romane und Erzählungen; leider meist in Form romantisierender Darstellungen, die mit der Realität wenig zu tun haben. Es gibt natürlich eine ganze Reihe anthropologischer Abhandlungen und Monographien, aber sie gehören nicht zur Literatur. Die meisten sind akademisch, pedantisch und kaum lesbar. Eine Ausnahme bildet zum Beispiel La Farges „Laughing Boy", ein hervorragendes Buch, aber – wie gesagt – eine Ausnahme.

„Die Indianer" ist kein Roman wie „Laughing Boy", sondern ein wissenschaftliches Werk, das in umfassender Weise informieren soll. Ich halte es für wissenschaftlich exakt. Von Standardwerken wie zum Beispiel Wisslers „The American Indian" unterscheidet es sich durch seine Lesbarkeit. Peter Farb hat sein Thema jahrelang eingehend studiert, doch er schreibt so mühelos, daß der Leser die aufgewandte Arbeit nicht wahrnimmt.

Dieses wunderbare Thema, die Indianer Amerikas, wurde von Fachleuten wie von Literaten unzulänglich behandelt. Damit will ich jedoch keineswegs behaupten, Peter Farbs Werk sei nichts weiter als einfach das beste aus der Masse eines mittelmäßigen Angebots; nein, sein Buch ist ausgezeichnet im objektiven Sinn.

Ebenso wichtig ist der andere Vorzug des Werkes. Sein Beitrag zu Theorie und Praxis des kulturellen Evolutionismus. Über ein halbes Jahrhundert war die amerikanische wie die englische Ethnologie scharf anti-evolutiv oder bestenfalls passiv anti-evolutiv eingestellt. Jetzt scheint diese Phase vorüber zu sein, denn seit kurzem erscheinen Artikel und auch einige Bücher mit pro-evolutiven Argumenten. Diese Argumente sind jedoch meist theoretischer, allgemeiner Art und ohne Beispiele einer praktischen Anwendung.

Der Evolutionismus beschäftigt sich mit der Entstehung der Vielgestaltigkeit, sei es nun die Entwicklung vom einfachen zum komplexen biologischen Organismus oder von einer einfachen zu einer komplexen Natur. Die Indianer Nordamerikas unterscheiden sich in ihrer kulturellen Vielgestaltigkeit überaus stark voneinander; das Spektrum reicht von den kleinen Sammler- und Jägergruppen über Stämme wie die Irokesen bis zu den reichen Häuptlingtümern der Nordwestküste und schließlich zum glanzvollen Reich der Azteken in Mexiko. Der Durchschnittsamerikaner macht sich keine Vorstellung von dem ungeheuren kulturellen Gefälle, das sich aus diesen gewaltigen Unterschieden ergibt.

Die Indianer Nord- und Südamerikas gehören derselben Rasse an. Trotzdem ist nicht die geringste kulturelle Ähnlichkeit festzustellen. Anderseits finden wir buchstäblich Hunderte verschiedener *Sprachfamilien* (nicht nur verschiedener Sprachen). Allerdings läßt sich auch hier keines der wichtigen soziokulturellen Merkmale einer bestimmten Sprachfamilie zuordnen. Eine der primitivsten Sippen, die Shoshone von Nevada, gehören derselben Sprachfamilie an wie die mächtigen Azteken!

Eine Theorie der kulturellen Evolution ist ein Ersatz für die Erklärung der kulturellen Vielfalt nach Gesichtspunkten der Rasse oder der Sprachfamilie. Sie behauptet, die Entstehung der divergierenden Kulturformen sei nur eine funktionelle Begleiterscheinung der Entstehung einer gesellschaftlichen Vielgestaltigkeit – das heißt, des eigentlichen evolutiven Prozesses. Die Evolution ist aber kein einfacher, geradliniger Prozeß. Der Schlüssel zur modernen Evolutionstheorie liegt im Begriff der Adaption: Jede Gesellschaft besitzt eine Kultur, die sich – mehr oder weniger erfolgreich – der Umwelt anpaßt. Einige Indianergesellschaften gelangten bei ihrer Anpassung an einen toten Punkt. Andere wieder paßten sich so weit an, daß die Entstehung einer umfassenderen Vielgestaltigkeit möglich wurde. Das vorliegende Buch illustriert sehr einleuchtend die Anwendung dieser Theorie.

Viele Leser gehören wie ich zu jenem Pfadfindertypus, der sich weigert, erwachsen zu werden, der seine romantische Liebe zu den Indianern beibehält und sie niemals aufgeben wird. Für sie ist dieses Buch großartig. Aber einige von uns sind auch – vielleicht ohne es zu wissen – Intellektuelle und an Wissenschaft, Theorien, Logik und Geschichte, Abstrahierungen, Tatsachenmaterial, Kunst und Literatur interessiert. Hier finden wir das romantische Thema, dem unsere Liebe gehört, mit jenem Scharfsinn behandelt, den wir gleichfalls lieben. Peter Farb ist eindeutig das, was wir suchten.

Erster Teil

DIE ENTWICKLUNG ZUR VIELGESTALTIGKEIT

I

Möglichkeiten des Studiums
für den modernen Menschen

Die ersten Amerikaner

„Sie gehen alle nackt, wie ihre Mütter sie geboren haben, auch die Frauen, obwohl ich nur ein sehr junges Mädchen sah", schrieb Christoph Kolumbus am 12. Oktober 1492 in sein Tagebuch, nachdem er auf den Karibischen Inseln gelandet war. „Einige bemalen ihre Gesichter, andere ihren ganzen Körper, manche nur die Nase. Sie tragen keine Waffen, und sie kennen auch keine Waffen, denn ich zeigte ihnen ein Schwert, und sie ergriffen es an der Klinge und verletzten sich, weil sie es nicht besser wußten."

Kolumbus war überzeugt, eine Insel nahe dem asiatischen Festland entdeckt zu haben, vielleicht gar das sagenumwobene Indien. Der Name, den er den Eingeborenen gab – Indianer –, blieb bis zum heutigen Tag erhalten. Die Indianer selbst kannten natürlich keine Bezeichnung, um ihre Rasse von einer andern zu unterscheiden, sie wußten auch nichts von der Existenz anderer Menschenrassen. Im allgemeinen nannte sich eine Indianergruppe einfach „Volk", obwohl manchmal ein beschreibendes Adjektiv hinzugefügt wurde. Solche beschreibenden Namen, wie *Chiluk-ki* (Cherokee), „das Höhlenvolk", und *Hopitu* (Hopi), „die friedlichen Leute", wurden später von den europäischen Siedlern übernommen. Die meisten Namen aber sind Beiworte, die eine Indianergruppe der andern gab. Die verächtliche Bezeichnung *sha hi'ye na,* „Sprecher einer unverständlichen Sprache", die die Sioux einem benachbarten Stamm gaben, wurde zu unserem Wort Cheyenne.

Als die spanischen Eroberer die Küste des nordamerikanischen Kontinents erforschten und schließlich ins Landesinnere vorstießen, waren sie höchst verwundert über die Vielfalt der indianischen Gesellschaften.

Im Karibischen Raum und im Südosten Nordamerikas lebten die meisten Indianergruppen unter der Herrschaft mächtiger Häuptlinge. Als Cortès daranging, Mexiko zu erobern, lernte er eine glanzvolle Kultur und ein kompliziertes Regierungssystem kennen, das jenes Europas nicht unähnlich war. Coronado hingegen, der mit seiner Expedition (1540–1542) in den Südwesten und in das Hochland vordrang und letztlich Kansas erreichte, traf auf ganz andere indianische Gesellschaftsformen; im nördlichen Mexiko auf Gruppen armer Jäger, auf Puebloindianer, die, zu Stämmen zusammengeschlossen, in großen, festen Dörfern wohnten, und auf halbnomadische Bisonjäger.

Die Spanier erkannten sowohl große Unterschiede in Sitten, Gesetzen, Riten und Werkzeugen benachbarter als auch Gemeinsamkeiten weit voneinander entfernt lebender Indianergruppen; sie wußten keine Erklärung dafür. Manche Indianergruppen verfertigten erstaunlich anspruchsvolle Kunstwerke, bewässerten ihre Felder durch ein ausgedehntes Kanalnetz, lebten in festen Dörfern, kannten feierliche Zeremonien; andere, die ganz in der Nähe wohnten, zogen in kleinen Gruppen umher, die kaum größer als eine Familie waren, und sammelten, was sie eben fanden, einmal Heuschrecken, einmal Eidechsen, brachten keine Kunst hervor und kannten so gut wie keine Zeremonien. Eine Gruppe schien erstaunlich demokratisch, eine andere hatte ein strenges, auf Besitz gegründetes Klassensystem. Manche Gruppen waren führerlos; andere folgten einem Häuptling; manche Gruppen ernannten ihre Führer für eine bestimmte Zeit, andere wiederum trugen einen gottähnlichen Herrscher in einer Sänfte spazieren. Als Spanier, Franzosen und Engländer den Kontinent genauer erforschten, wurden sie von diesen Gemeinsamkeiten und Unterschieden immer mehr verwirrt. Die Irokesen kannten die Folter; die Choctaw sammelten Köpfe als Trophäen; die Kwakiutl machten ihre Gefangenen zu Sklaven. Die Mandan lebten in Erdhöhlen, die Sioux in Tipis aus Bisonhäuten, die Choctaw in Hütten. Sac und Fox lebten im heutigen Wisconsin nahe beisammen, glichen einander in Sprache, Sitten und Religion; unerklärlicherweise kamen die Weißen* jedoch wesentlich besser mit den Sac aus.

Die meisten Menschen sahen in der Vielfalt der indianischen

---

* Es ist überaus schwierig, den richtigen Ausdruck für die Menschen zu finden – Zumeist Europäer, aber zum Teil auch Asiaten –, die in die Neue Welt kamen, mit den Eingeborenen Kontakt aufnahmen und schließlich ihre Kultur zerstörten. Manche Autoren bezeichnen die Entdecker und Siedler als „Europäer", aber dieses Wort schließt zum Beispiel die Schweizer mit ein, die niemals eine Kolonialmacht waren. Die Bezeichnung „Europäer" läßt auch den Einfluß der asiatischen Russen außer acht, die bereits früh mit den Eskimosippen Alaskas und mit Indianern bis in das Gebiet von Kalifornien Kontakt pflegten. Andere Autoren benutzen wie ich das Wort „Weiße". Ich spreche weniger von einer bestimmten Rasse

16

Kulturen reine Zufälligkeit und gaben sich damit zufrieden. Sie hatten nur Augen für den riesigen Kontinent, den es zu erobern, und für die Bewohner, die es zu befrieden galt. Sich mit den exotischen Sitten der Indianer oder mit jenen, die ein so unheimliches Spiegelbild der europäischen Sitten boten, zu beschäftigen, blieb keine Zeit. Erst später zeigte sich, daß man die verschiedenen Indianergruppen Nordamerikas – es gab Tausende von ihnen – in Kategorien einordnen konnte, die vom Zustand absoluter „Wildheit" bis zu jenem der „Zivilisation" reichten. Das Wichtigste bei allen diesen Überlegungen ist aber, daß jene, die die amerikanischen Indianer beobachteten, lange bevor Darwin und Wallace das Konzept der biologischen Evolution einführten, eine Entwicklung der Kulturen feststellten.

Man unternahm verschiedene Versuche, die kulturelle Evolution der Indianer zu umreißen. Eine bekannte Theorie wurde von Lewis Henry Morgan aufgestellt, der sieben Phasen unterschied, die jede Gesellschaft durchlaufen mußte: untere Stufe der Wildheit, mittlere Stufe der Wildheit, hohe Stufe der Wildheit, untere Stufe der Barbarei, mittlere Stufe der Barbarei, hohe Stufe der Barbarei, schließlich die Zivilisation. Morgan war der Ansicht, jede dieser Perioden werde von einem neuen Fortschritt eingeleitet. Eine Gruppe steigt zum Beispiel von der letzten Stufe der Wildheit zum ersten der Barbarei auf, sobald sie die Töpferkunst erlernt. Karl Marx schlug 1857 eine Evolutionstheorie vor, die mit einem primitiven Kommunismus beginnt und nach Durchlaufen der Stadien von heidnischer Gesellschaft, alter klassischer Gesellschaft, Feudalismus und zwei Formen des Kapitalismus letztlich im Kommunismus kulminiert. Abgesehen von der Tatsache, daß es vermutlich niemals einen primitiven Kommunismus gab, ist diese Einteilung viel zu stark von den egozentrischen Ideen der westlichen Welt beeinflußt.

Eine andere oft zitierte evolutive Abfolge basiert auf der Vielgestaltigkeit des Familienlebens. Diese Theorie behauptet, ursprüng-

als vielmehr von einer Abstraktion – von dem Mosaik sozialer, politischer und ökonomischer Ansichten bestimmter Leute, deren Haut weißer ist als die der übrigen Erdbewohner und die sich gegenüber primitiven Menschen – wo immer sie ihnen begegnen – in einer bestimmten Weise verhielten. Der Weiße ist ein Kolonisator, der schon früh seine fortgeschrittene Technologie entwickelte. Er ist ein Ausbeuter, sowohl der natürlichen Reichtümer wie des Menschenmaterials seiner Kolonien. Oft ganz bewußt, hat er fast jede fremde Kultur zerstört, mit der er in Berührung gekommen ist; und den überlebenden Menschen hat er mit eiserner Hand seine Lebensform aufgezwungen.

lich sei die Mutter Mittelpunkt der Familie gewesen, der Vater habe lediglich die Funktion des Zeugens ausgeübt. Als die Gesellschaften zivilisierter wurden, hätte der Vater zunehmend mehr Zeit mit der Familie zugebracht, bis schließlich das Kind, wie im europäischen Kulturkreis, den Namen des Vaters erbte. In Wahrheit ist die Frage, ob eine Familie oder eine Gruppe männlich oder weiblich orientiert ist, wesentlich komplizierter. Die Shoshone des Great Basin – sie gehören zu den primitivsten Völkern Nordamerikas – leiten ihre Abstammung vom Vater ab und nicht von der Mutter. Die bäuerlichen Indianer Guatemalas sind betont vaterorientiert. An der Spitze der Mischfamilien oder Ladinos hingegen, die ebenfalls Bauern sind, stehen zumeist Frauen. Und das ganze Problem wird durch wirtschaftliche Faktoren weiter kompliziert. In manchen modernen Gesellschaften, insbesondere bei den unteren Schichten, ist der Vater nicht imstande, viel zum Erhalt oder zum Ansehen der Familie beizusteuern. Die Folge davon ist ein starker mütterlicher Einfluß in der Familie; eine derartige Situation finden wir bei der Bevölkerung Ostlondons und stark ausgeprägt auch bei vielen Familien der Negergettos Nordamerikas.

Eine andere evolutive Theorie, die immer wieder Anhänger fand, besagt, daß sich die Menschengruppen von der Jagd zum Ackerbau und schließlich zur Zivilisation entwickeln. Eine derart vage Theorie ist, wie ein Vergleich zwischen den Indianern der Nordwestküste und den benachbarten Eskimo zeigt, jedoch zu oberflächlich, um von Bedeutung zu sein: Indianer und Eskimo lebten dort in nächster Nähe, und beide Völker lebten von der Jagd – aber das war schon alles, was ihnen gemeinsam war. Die Indianer der Nordwestküste bildeten wohlhabende und durchorganisierte Häuptlingtümer, die Eskimo lebten in armen und sehr kleinen Sippen. Die beiden Gruppen unterschieden sich in ihrer Wohnweise, ihrer sozialen Organisation, in Religion und Handwerk. Zwei so verschiedenartige Kulturen der Kategorie Jäger zuzuordnen, erklärt somit sehr wenig.

Obwohl diese und andere Theorien sich als unzulänglich erwiesen, beweist allein die Tatsache, daß so viele und so verschiedenartige Theorien vorgeschlagen wurden, das intensive Interesse der Europäer an den Kulturen des primitiven Menschen. Viele große Philosophen der Aufklärung (Rousseau, Turgot, Condorcet) zogen ebenso wie die frühen englischen Theoretiker (Hobbes und Locke, um nur zwei zu nennen) die amerikanischen Indianer als Beweis für ihre Theorien heran. Sehr bald erkannte man, daß diese Kulturen ein neues Licht auf die Sitten und das Verhalten des modernen Menschen werfen konnten.

Nordamerika ist einer der idealsten Plätze, um die Evolution der menschlichen Gesellschaften, ihre Sitten, Gebräuche und Vorstellungen zu beobachten, denn hier zeigen sie sich mit der Deutlichkeit eines wissenschaftlichen Experiments. Die Geschichte der Indianer Nordamerikas ist für den modernen Menschen gleichsam ein chemischer Vorgang, bei dem die wichtigsten Ingredienzen, die Zwischenreaktionen und die endgültigen Resultate weitgehend bekannt sind.

Hunderte Millionen von Jahren gab es den nordamerikanischen Kontinent, doch kein Mensch hatte ihn jemals betreten, bis vor Zehntausenden Jahren die Vorfahren der Indianer einwanderten. Sie sind die Ingredienzen des Experimentes mit der Evolution der menschlichen Institutionen. Erstaunlicherweise wissen wir durch archäologische Ausgrabungen eine ganze Menge über diese Menschen. Als sie nach Nordamerika einwanderten, war ihr kulturelles Gepäck recht dürftig: eine soziale Organisation auf dem Niveau der kleinen Sippen, primitive Steinwerkzeuge, keine Töpferei, kein Ackerbau, keine Haustiere, außer vielleicht dem Hund. Seine zukünftige Kultur mußte der Indianer, auf sich selbst gestellt, in der Neuen Welt entwickeln, denn sobald er dort ankam, war er von der Alten Welt meist gänzlich abgeschnitten. Ungehindert konnten sich seine sozialen und politischen Institutionen entfalten, seine Religion, seine Gesetze und seine Kunst.

Die wichtigsten Etappen dieser Entwicklung sind heute ebenso wie das Resultat des Experiments bekannt. Als Kolumbus 1492 die Neue Welt entdeckte, gab es Indianerkulturen in allen Entwicklungsphasen. Die Entdecker, die zuerst die Küste des Kontinents in Augenschein nahmen und dann immer tiefer landeinwärts vordrangen – in die Wälder, Wüsten und Graslandschaften –, fanden alle Stadien der menschlichen Gesellschaft vor, angefangen von einfachen Sippen bis zu komplexen Staatsgebilden. Allein in Nordamerika haben die Indianer mehr als fünfhundert Sprachen gesprochen, und manche dieser Sprachen hatten so wenig Ähnlichkeit miteinander wie Englisch mit Chinesisch. Jede Art von religiösem System, einschließlich des Monotheismus, war irgendwo auf dem weiten Kontinent entstanden. Mehr als zweitausend Arten pflanzlicher Nahrung waren bekannt; man hatte Wirtschaftsformen entwickelt, um die Produktion von Land und Meer auszuwerten.

Diese indianischen Gesellschaftsformen bieten das experimentelle Material, mit dessen Hilfe man den Menschen als Gesellschaftswesen erklären kann – seine komplexen Beziehungen zu den Mitmenschen und zur Umwelt, seine politischen und gesellschaftlichen Institutionen, seine religiösen Systeme, seine Gesetzgebung, seine oft seltsamen Verhaltungsweisen. Auf die verwirrenden Probleme, die Gelehrte beschäftigt haben, seit der erste Mensch über sich selbst nachzudenken begann, kann das lebende Laboratorium Nordamerika Antwort geben. Die Evolution der indianischen Kultur hat gezeigt, daß alle menschlichen Gesellschaften mehr sind als Zufallsprodukte der Geschichte. Das Studium der Stammesorganisation der Irokesen illustriert zum Beispiel die Zeit, zu der die alten Hebräer in Stämme gegliedert waren. Was man heute über die absolute Macht des Aztekenstaates weiß, gibt uns Aufschluß über die Verhaltensweisen der Assyrer. Die verschiedenartigen Reaktionen der Indianer Nordamerikas auf die eindringenden Weißen werfen neues Licht auf die Probleme des Kolonialismus in Afrika und Asien; und auf dessen Folgen.

Wie sich Kulturen verändern

Der wesentliche Faktor in der Anthropologie ist heute die kulturelle Evolution – das behaupten Elman R. Service und Leslie A. White von der Universität Michigan und Julian H. Steward von der Universität Illinois. Dieses Buch schließt sich ihrem Standpunkt an. Die drei Gelehrten sind, obwohl im Detail nicht immer ganz einer Meinung, der Überzeugung, die kulturelle Evolution sei ebenso wie die biologische Evolution eine unbestreitbare Tatsache. Sie stimmen jedoch nicht mit jenen Wissenschaftlern überein, die behaupten, die Gesellschaften hätten sich vom Matriarchat zum Patriarchat entwickelt, von Jagd und Sammeln zum Ackerbau, von der Wildheit über die Barbarei zur Zivilisation. Auch sehen sie in der kulturellen Evolution keinen ständigen „Fortschritt" in Richtung auf ein unvermeidbares Ziel. Die armseligen Jägersippen, die vor zehntausend Jahren in Mexiko lebten, wußten nicht, daß ihre Nachfahren eines Tages der ungemein verfeinerten Aztekenkultur angehören würden, ebensowenig wie das primitive Reptil wußte, daß seine Abkömmlinge eines Tages zu Vögeln werden würden.

Wie also entstehen Kulturen? Warum sind aus einigen kleinen Sippen größere Stämme geworden, während andere sich zu Häuptlingtümern oder Staaten entwickelten? Die Frage nach der Verschiedenartigkeit menschlicher Gesellschaftsformen kann nicht einfach mit einer Analyse der Umwelt, mit großen historischen Ereignissen oder mit dem Einfluß überragender Persönlichkeiten beantwortet werden; eine Analyse der Kulturen selbst ist unerläßlich.

Jede Kultur setzt sich aus einer Vielzahl von Kulturelementen zusammen – religiöse Überzeugungen und soziale Usancen, verschiedene Arten von Werkzeugen, Waffen und so weiter. Einige Kulturen, wie das heutige Amerika, besitzen Millionen solcher Elemente; die Shoshonesippen des Great Basin, die zwischen den Rocky Mountains und der Sierra Nevada von Kalifornien gelebt haben, verfügten zum Zeitpunkt ihrer ersten Begegnung mit den Weißen lediglich über etwa dreitausend solcher Elemente.

Diese Kulturelemente befinden sich in einem ständigen Prozeß der Wechselwirkung, und es entstehen fortwährend neue Synthesen und Kombinationen. Ob diese neuen Kombinationen sich in einer Gruppe erhalten oder nicht, hängt davon ab, ob sie sich in die vorhandene kulturelle Struktur einfügen lassen. Eine Erfindung oder eine neue Kombination kann nur dann erfolgreich sein, wenn alle für eine neuerliche Kombination nötigen Elemente vorhanden sind. Ein ausgezeichnetes Beispiel für eine derartige Kombination verschiedener Erfindungen ist Leonardo da Vincis Entwurf für ein Unterseeboot – der niemals realisiert wurde, weil die damalige Kultur noch nicht über das technische Wissen verfügte, das zu seiner Durchführung nötig gewesen wäre.

Am Beispiel der Cheyenneindianer in den Prärien können wir sehen, wie eine neue Kombination und eine neue Synthese in einer Kultur integriert werden. Kurz vor der Ankunft der Weißen zogen die Cheyenne von Minnesota auf die Prärien, wo sie primitiven Ackerbau betrieben. Um sie herum donnerten die Bisonherden, aber den Cheyenne fehlte die Technologie, die es ihnen ermöglicht hätte, den Ackerbau durch die Jagd zu ersetzen. Im 18. Jahrhundert erhielten sie Pferde aus Spanien, und damit wurde ihre Kultur auf eine neue Grundlage gestellt. Das Pferd war das Element, das bisher in der Cheyennekultur gefehlt hatte. Sobald sich die Cheyenne die unübersehbaren Bisonherden nutzbar gemacht hatten, veränderte sich auch ihre Kultur; ein neuer Stil in Bekleidung und Schmuck entstand. Das Leben im Dorf wurde aufgegeben, und es begann ein Nomadenleben, das den Spuren der umherziehenden Bisonherden folgte. In einer bisher vollkommen egalitären Gesellschaft entstand eine nach dem Reichtum an Pferden gestaffelte gesellschaftliche Schichtung.

Das sind nur einige der auffallendsten Veränderungen, die sich im Leben der Cheyenne, einzig infolge eines neuen kulturellen Elementes, des Pferdes, vollzogen. Einem modernen Betrachter mag es selbstverständlich erscheinen, daß die Cheyenne sofort die Vorteile des Pferdes für die Bisonjagd erkannten, doch das muß nicht notwendigerweise der Fall gewesen sein. In der Kultur der Cheyenne gab es viele Aspekte, die es ihnen ermöglichten, das Pferd zu akzeptieren und erfolgreich in ihre Lebensform zu integrieren. Denn auch die Paiute aus dem Great Basin erhielten ja von den Spaniern Pferde; doch die Paiute zogen es vor, sie zu verspeisen.

Jede Kultur ist aus Teilen und Bausteinen verschiedener anderer Kulturen zusammengefügt. Man denke etwa nur daran, daß dieses Buch nach einer in Deutschland erfundenen Methode und auf einem Papier gedruckt wurde, das man in China erfunden hat. Die geschriebenen Zeichen sind eine römisch-etruskische Variation einer Form des Alphabetes, das die Griechen von den Phöniziern übernommen hatten, die ihrerseits durch die ägyptischen Hieroglyphen angeregt worden waren. Die amerikanische Kultur von heute setzt sich fast zur Gänze aus solchen Anleihen und Importen aus allen Kontinenten und Kulturkreisen zusammen. Trotz dieser verschiedenartigen Anleihen ist die Kultur aber spezifisch amerikanisch geworden. Das Wesentliche liegt nicht so sehr im Übernehmen fremder Elemente als in der Art, in der die Kultur das Eigenständige mit dem Importierten zu einem harmonischen Ganzen vereint – und sich daher zu einem neuen Niveau der Vielgestaltigkeit weiterentwickelt hat.

Unterschiede und Gemeinsamkeiten in den Kulturen

Sind die offensichtlichen Unterschiede und Gemeinsamkeiten der menschlichen Kulturen lediglich das Resultat zufälliger Veränderungen oder liegen ihnen Gesetzmäßigkeiten zugrunde? Die meisten Soziologen vertreten die Ansicht, daß Kulturen nicht Zufallsprodukte sind. Aber über das zugrunde liegende Schema gehen die Meinungen auseinander. Eine oft zitierte Theorie macht die Biologie des Menschen dafür verantwortlich. Sie versucht die Kultur des Menschen mit Hilfe seines Gehirns, seiner Drüsen, seiner Muskelreflexe und seines Nervensystems zu erklären. Diese Überlegung ist offensichtlich unlogisch: Ein Verhalten, das allen Menschen gemeinsam ist, kann nicht erklären, warum bestimmte Verhaltensweisen bei manchen Gruppen zu finden sind und bei andern nicht. Eine Theorie, die das Essen mit dem Verdauungsapparat erklärt, kann nicht gleichzeitig erklären, warum verschiedene Gesellschaften ihre Nahrungsmittel auf verschiedene Weise zubereiten, oder warum manche Gruppen Nahrungstabus besitzen und andere nicht. Den Menschen aller Kulturkreise ist es biologisch möglich, ihre Schuhe auszuziehen und ihren Hut abzunehmen. Aber es ist die Zugehörigkeit zu einem Kulturkreis, die bestimmt, daß der Jude in seinem Gotteshaus Hut und Schuhe anbehält, daß der Mohammedaner die Schuhe auszieht und der Christ zwar die Schuhe anbehält, aber den Hut abnimmt. In der englischen Kultur gingen zwischen 1066 und 1966 tiefgreifende Veränderungen vor sich, doch die englischen Menschen, als biologische Organismen gesehen, erfuhren keine nennenswerten Veränderungen. Die Biologie kann also kulturelle Veränderungen und Unterschiede zwischen Kulturformen nicht erklären. Die Logistik würde es wie folgt ausdrücken: Man kann keine Variable (in diesem Fall die Kultur) durch eine Konstante (die biologische Struktur des Menschen) erklären.

Die psychologische Erklärung, wie sie von Ruth Benedict in ihrem Buch „Patterns of Culture" popularisiert wurde, ist nur eine Variante der biologischen. Für Ruth Benedict waren die Pueblo-Indianer des Südwestens ein friedliches, nicht aggressives Volk, während die Menschen der Häuptlingtümer an der Nordwestküste in ihren Augen kriegerisch waren. Als sie ihr Buch schrieb, hatte sie niemals Gemeinschaften amerikanischer Indianer beobachtet, und ihre Interpretationen basierten auf den Beobachtungen anderer, die sie entweder falsch auslegte oder romantisierte. Die psychologische Betrachtung einer Kultur nach ihrem Ethos oder ihrer Weltsicht läßt die grundlegenden Fragen unbeantwortet. Wie entstand eine solche Weltschau ursprünglich? Warum nahm eine Gesellschaft eine bestimmte Weltanschauung an, und warum tat das eine benachbarte nicht? Niemand leugnet, daß die Persönlichkeit des Menschen durch die Kultur geformt wird, der er angehört. Niemand konnte jedoch jemals das Gegenteil beweisen, nämlich daß eine Kultur durch die Persönlichkeit und die Charakterveranlagung der Individuen geformt wird, die ihr angehören.

Über die Yurokindianer in Kalifornien wurde eine ganze Menge Material gesammelt; an Hand einer Analyse dieses Materials können wir prüfen, ob die Psychologie tatsächlich grundlegende Erkenntnisse bietet. Die Yurok bewohnten ein irdisches Paradies – das Klima war angenehm und gesund; ihnen stand so viel Nahrung zur Verfügung, daß ihre Bevölkerungsdichte die der meisten andern in Kalifornien lebenden Gruppen übertraf. Doch wäre die Yurokgesellschaft ein Individuum gewesen, hätte man es als paranoid bezeichnet. Psychologisch versierte Beobachter beschrieben die Yurok als pessimistische Hypochonder, als überaus abergläubisch und von Ängsten geplagt. Ein Yurok trank kein fremdes Wasser, weil es vergiftet sein konnte; bei seinen Mahlzeiten durfte er das

Fleisch vom Walfisch nicht mit jenem vom Wild mischen; und wenn er im Boot auf dem Meer war, aß er überhaupt nichts. Hatte er Wild gegessen, so wusch er sich die Hände, und zwar im Fluß und nicht in einem Behälter. Sein Bogen mußte aus dem Holz einer bestimmten Schichtung eines bestimmten Baumes geschnitzt sein. Von dem Augenblick an, da der Yurok morgens die Augen öffnete, regelten Vorschriften und Tabus seinen gesamten Tagesablauf.

Und an diesem wesentlichen Punkt läßt der psychologisch orientierte Anthropologe die ganze Angelegenheit fallen. Er beschreibt, wie sich ein typischer Yurok verhält. Besteht man aber auf einer Erklärung, warum er sich so und nicht anders verhält, wird der Psychologe antworten, daß der Yurok dieses Verhalten von seinen Eltern übernommen habe, die es ihrerseits von ihren Eltern gelernt haben. Er ist jedoch außerstande, zu erklären, weshalb der allererste Yurok paranoid wurde.

Es gibt eine wesentlich befriedigendere Erklärung als diese psychologische. Eine genaue Betrachtung der Wirtschaft dieses Stammes zeigt, daß sie auf dem primitiven Niveau jener Sippen organisiert war, die sich von Pflanzen und Insekten nährten. Die Yurokgesellschaft befand sich auf dem ökonomischen Niveau der armen Shoshone, obwohl der geographisch bedingte Nahrungsüberfluß eine politische Organisation auf dem viel höheren Niveau eines Häuptlingtums erlaubte. Diese unzureichende Integration des politischen mit dem ökonomischen Niveau setzte die Yurokgesellschaft großem Druck und vielfältigen Belastungen aus, die ihren Ausdruck in persönlichen Angstgefühlen fanden. Ihrer Gesellschaft fehlten einfach die Kontrollmechanismen und die ausgleichenden Faktoren, wie sie die erfolgreicheren Häuptlingtümer der Nordwestküste besaßen. Die Yurokgesellschaft hatte sich übernommen; sie war mit einer komplexen gesellschaftlichen Struktur geschlagen, die sie nicht manipulieren konnte. Das unbewußte Wissen um diese Tatsache ließ die Menschen in der Magie, in Riten und Tabus das suchen, was ihre sozialen Einrichtungen ihnen nicht geben konnten.

Wenn also die Verschiedenheiten und Ähnlichkeiten in den Kulturen weder auf die Biologie des Menschen noch auf seine Persönlichkeit zurückzuführen sind – wo liegt dann die Lösung? Sie liegt in einem dritten Merkmal des Menschen – in seinem Geselligkeitstrieb, denn wie die Ameise kann der Mensch allein nicht überleben. Seine gesellschaftlichen und politischen Einrichtungen liefern die Erklärung für Unterschiede und Gemeinsamkeiten.

Überall und immer lebt der Mensch als Mitglied gesellschaftlicher Gruppen, seien sie auch noch so klein. Ein Zusammenschluß von Menschen ist viel mehr als eine zufällige Gruppierung von Individuen, die zufällig bestimmte Gewohnheiten teilen. Die verwirrende Vielfalt von Indianergesellschaften, denen sich die Entdecker Amerikas gegenübersahen, ist nur durch ihre gesellschaftlichen Strukturen zu erklären – das heißt, durch das Beziehungsnetz zwischen Menschen, Gruppen und Institutionen. Die soziale Organisation ist ein Indikator; sie ist der gemeinsame Nenner einer Gruppe, sie ist das, was sie zusammenhält. Soziale Organisationen können einfach oder komplex sein, dazwischen gibt es zahllose Abstufungen, denn eine Kultur mit vielen Elementen bedarf natürlich einer stärkeren Integration als eine Kultur mit nur wenigen Elementen. Das bedeutet jedoch nicht, daß eine komplexe Gesellschaft notwendigerweise fortgeschrittener ist als eine einfache; sie hat sich den Gegebenheiten nur auf eine kompliziertere Weise angepaßt.

Gemeinschaften treffen keine bewußte Auswahl, um zu ihren verschiedenen Lebensformen zu gelangen; die Anpassungen gehen unbewußt vor sich. Die Gemeinschaften werden nicht alle mit denselben Umweltgegebenheiten konfrontiert, und sie befinden sich nicht alle im gleichen Entwicklungsstadium, wenn sie vor eine bestimmte Alternative gestellt werden. Manche Gemeinschaften passen sich auf diese Weise an, andere auf jene, und einige passen sich überhaupt nicht an. Anpassung ist kein bewußter Entschluß, und die Menschen, aus denen sich eine Gesellschaft zusammensetzt, verstehen nicht ganz, was sie eigentlich tun; sie wissen nur, daß sich die Entscheidung für einen gewissen Weg bewährt.

Oft scheint eine Anpassungsform so irrational, daß man meint, sie müsse die Gemeinschaft, die sich für sie entschieden hat, gefährden. Eine Anpassungsform der sibirischen Koryak – entfernten Verwandten der Eskimos – wird einem Fremden höchst seltsam erscheinen. Ihre Religion verlangt, daß sie jedes Jahr alle Hunde abschlachten; diese Handlung ist scheinbar selbstmörderisch, da sie ihr Überleben als Rentierhalter und Jäger in Frage stellt. Warum erschwert die Religion in einer an sich schon unwirtlichen Umwelt ihr Leben noch zusätzlich? In Wirklichkeit sind sie aber gar nicht gefährdet, denn sie füllen ihren Hundebestand sofort wieder auf, indem sie Tiere von benachbarten Stämmen kaufen. Diese Stämme töten ihre Hunde nicht, sondern züchten diese ohne jede Pietät. Dadurch wird die Beziehung zwischen den Koryak und ihren

Nachbarn viel klarer. Die Nachbarn sind es zufrieden, Hunde zu züchten und sie gegen das Fleisch und die Pelze der Koryak einzutauschen. Würden die Koryak mit ihrem jährlichen Hundeschlachten aufhören, hätten die Nachbarn ihren Markt verloren. Sie müßten den friedlichen Handel aufgeben, selbst auf die Jagd gehen und sich zwangsläufig mit den Koryak um die Beute streiten.

Untersuchen wir die Art und Weise, in der Menschen sich gesellschaftlich organisieren, so wird uns klar, warum bestimmte Kulturelemente in einer Gesellschaftsform aufscheinen und in einer andern verschwinden. Es ist auch möglich, Gesellschaften in Entwicklungsstadien wachsender Vielgestaltigkeit einzuordnen. Jedes Stadium schließt Merkmale des vorhergegangenen einfacheren Stadiums ein und fügt eigene Merkmale hinzu. Eine Untersuchung der Entwicklungsstadien kann viele rätselhafte Erscheinungen in den Indianerkulturen erhellen: Warum etwa Indianer, die ein bestimmtes Entwicklungsstadium erreicht hatten, ihre den Weißen gegebenen Versprechen brachen und andere, die sich in einem andern Stadium befanden, das nicht taten; warum eine Indianergruppe friedlich schien und eine andere kriegerisch; warum gewisse Gruppen mit ihren Nahrungsmitteln verschwenderisch umgingen und andere sie konservierten. Privateigentum, Arbeitsteilung, das Vorhandensein oder Fehlen von Priestern und zahlreiche andere Merkmale einer Gesellschaft treten nicht zufällig auf, sondern ausschließlich in bestimmten Entwicklungsstadien.

Hier ist allerdings eine Mahnung zur Vorsicht am Platz. Im obigen Absatz wird nicht behauptet, *jedes Volk* müsse die gleiche entwicklungsgeschichtliche Reihenfolge durchmachen. Ein Volk kann sich durchaus von der Jagd zum Ackerbau entwickeln, ohne jemals Herden besessen zu haben; das war bei allen Indianern der Fall, mit Ausnahme der Navahos, die den Spaniern die Schafe stahlen. Ein Volk kann auch scheinbar einen Schritt zurück tun und vom Ackerbau zur Jagd zurückkehren. Das taten viele ackerbautreibende Indianer in den Prärien, als sie von den Spaniern Pferde erhielten und begannen, auf die Bisonjagd zu gehen. Kein Stadium muß notwendigerweise einem anderen vorangehen oder folgen, solange es sich um *bestimmte Menschengruppen* handelt. Die kulturelle Evolution bedingt bestimmte Tendenzen, aber nicht notwendigerweise die Geschichte einer bestimmten Gruppe; auch die Statistiken einer Versicherungsgesellschaft geben die Lebenserwartung ganzer Gruppen wieder, dem einzelnen Policenbesitzer können sie aber nicht voraussagen, wann er sterben wird.

Man weiß über die Indianer Nordamerikas mehr als über irgendeine andere Eingeborenengruppe der Welt. Sie wurden beobachtet, beschrieben, katalogisiert und verglichen. Dieses Buch will die Rothäute nicht romantisieren, es will im Indianer nicht den edlen Wilden und das unverdorbene Naturkind sehen. Die Romantik primitiver Kulturen liegt anderswo – sie liegt in der Erkenntnis unseres eigenen Ursprungs, unserer eigenen Bedeutung. Heute ist es möglich, alle Informationen über die Indianergemeinschaften zu verwerten und eine systematische Klassifikation vorzunehmen, die wichtige Beziehungen, Unterschiede und Gemeinsamkeiten aufzeigt. Diese Systematik, nach der die folgenden zehn Kapitel aufgebaut sind, wird Indianergruppen auf jedem Niveau gesellschaftlicher Organisation untersuchen, um in das komplizierte Beziehungsnetz zwischen Menschen, Gruppen und Institutionen etwas Licht zu bringen. Die systematische Klassifikation lautet:

1. DIE SIPPE
   a) Die Familie
   b) Die zusammengesetzte oder gemischte Sippe
   c) Die patrilokale Sippe

2. DER STAMM
   a) Der lineare Stamm
   b) Der zusammengesetzte oder gemischte Stamm

3. DAS HÄUPTLINGTUM

4. DER STAAT

Der zweite Teil des Buches verfolgt die Wurzeln der indianischen Kulturen zurück bis zur ersten Besiedlung Nordamerikas und beschäftigt sich mit der Evolution des menschlichen Körpers und der Sprache. Der letzte Teil untersucht, was mit Gesellschaften geschieht, die Hungersnot und Krankheit, wirtschaftlicher Ausbeutung und dem Druck religiöser Bekehrungsversuche ausgesetzt sind – das alles widerfuhr den Indianern nach der Eroberung Nordamerikas durch die Weißen. Die Antwort auf die Frage, warum manche Gesellschaften überlebt haben, während andere kulturell erloschen, ist vielfach in den unterschiedlichen Phasen ihrer kulturellen Entwicklung zu finden.

II

Shoshone vom Great Basin:
Kulturelle Armut

Von Affen und Menschen

Von den „Diggerindianer" des Great Basin sprechend, meinte der Forscher Jedediah Smith 1827, sie seien „die elendsten Kreaturen der Schöpfung". Die Weißen versahen viele shoshonesprechenden Gruppen mit diesem verächtlichen Namen. Mark Twain, der 1861 mit der Überlandkutsche durch das Gebiet westlich des Great Salt Lake gefahren ist, berichtet, er sei „den elendsten Menschen begegnet, die er jemals gesehen" habe. Er beschrieb die Gosiute, eine der Gruppen, die man „Diggers" nannte: „Sie erzeugen nichts. Sie kennen keine Dörfer und keine Zusammenkünfte in Stammesgemeinden, ihr einziger Schutz vor dem Schnee besteht aus einem über einen Strauch geworfenen Fetzen, obwohl sie eine der unwirtlichsten Einöden bewohnen, die man auf dieser Erde finden kann. Die Buschmänner und unsere Gosiute stammen ohne Zweifel von demselben Gorilla oder Känguruh oder von derselben norwegischen Ratte ab, oder auf welches Tier auch immer die Darwinanhänger sie zurückführen mögen."

Als die ersten Weißen den shoshonesprechenden Indianern begegneten, führten diese bereits ein elendes Leben; eine der trockensten und ödesten Gegenden des Kontinents bildete ihren Lebensraum. Mit einem Grabstock wühlten sie Wurzeln aus der Erde, und mit einfachen Netzen fingen sie Kaninchen. Schaudernd beobachteten die Weißen, wie sie Heuschrecken verschlangen. Ihre Kleidung war spärlich; die Männer trugen einen Lendenschurz, die Frauen Schürzen aus Pflanzenfasern. Ein Historiker, Hubert Howie Bancroft, vermutete sogar, daß sie einen Winterschlaf hielten: „Während des Winters liegen sie halb schlafend in Erdlöchern, kriechen im Frühling heraus und essen Gras, bis sie wieder die Kraft haben, auf ihren Füßen zu stehen. Sie kennen keine Kleider, kaum etwas gekochte Nahrung, oft keine Waffen. Ihre religiösen Vorstellungen sind überaus vage, sie leben in unvorstellbarem Schmutz und lassen ihren Leidenschaften freien Lauf. Zwischen ihnen und den Tieren ist zweifellos kein Platz für ein ‚missing link'."

Den Weißen erschienen sie als Lebewesen, die – kaum unterscheidbar von den Affen – auf der tiefsten Stufe der Menschheit dahinvegetierten. Und viele hofften, bei ihnen Beispiele für Gebräuche aus der Frühzeit der Menschheit zu finden, die sich bis in die Gegenwart erhalten hatten. Andere sahen in den Shoshone wenn nicht das „missing link", so doch eine Art Übergang zwischen den Gemeinschaften des Affen und jenen der Menschen. Die Forschungen der Anthropologen machten jedoch alle derartigen Spekulationen zunichte. Weder die Shoshone des Great Basin noch irgendeine andere Gruppe primitiver Menschen waren jemals eine Gemeinschaft ohne Gesetze, eine Gemeinschaft von Individuen, die tun und lassen konnten, was ihnen beliebte. Ganz im Gegenteil, die Shoshone des Great Basin wurden von Sitten, Verhaltensvorschriften und Riten in einer Weise eingeengt, die den Hof von Versailles oder den Kreml vergleichsweise ungezwungen erscheinen lassen. In jedem Augenblick seines Daseins muß der Shoshone die komplizierten Regeln seiner Gruppe beachten, den übernatürlichen Mächten seine Reverenz erweisen, an Pflichten und Höflichkeiten seiner Familie gegenüber denken; heilige Pflanzen müssen verehrt, bestimmte Plätze gemieden werden. Und in kritischen Zeiten – bei Geburt, Pubertät und Tod – wird sein Verhalten von einer strengen Etikette bestimmt.

Die Annahme, das niederste Menschenwesen stehe nur ein Jota über dem höchstentwickelten Affen, gehört zu den alten, aber irrigen Vorstellungen. Darwin befand sich zweifellos im Irrtum, als er kurz und bündig erklärte, „in ihren geistigen Fähigkeiten besteht kein fundamentaler Unterschied zwischen den Menschen und den höheren Säugetieren". Zahlreiche Psychologen, Soziologen und Anthropologen haben diese These immer wieder nachgebetet. Die Wahrheit aber lautet: Der Mensch unterscheidet sich schon seinem Wesen nach vom Affen, er gehört einer vollkommen anders gearteten Kategorie an. Das gemeinschaftliche Leben der nicht menschlichen Primaten wird von ihrer Anatomie und ihrer Physiologie geprägt; die menschliche Gesellschaft wird von der Kultur bestimmt.

„Kultur" ist leider ein Wort mit allzu vielen Bedeutungen, doch für die im vorliegenden Buch behandelten Themen ist es immer noch das brauchbarste. Das Wort kann gute Erziehung bedeuten oder die Liebe zu den höheren Werten des Lebens; es kann sich auf die Bebauung des Bodens, auf das Züchten von Austern um ihrer Perlen willen oder auf körperliches Training beziehen. In diesem Buch wird das Wort nur in seiner anthropologischen Bedeutung verwendet. Die erste und die wahrscheinlich bis heute beste Definition wurde 1871 von Edward B. Tylor, dem Begründer der modernen Anthropologie, formuliert: Kultur ist „jener ganze Komplex, der Wissen, Glauben, Kunst, Recht, Moral, Sitte und alle anderen Fähigkeiten umfaßt, die der Mensch als Mitglied einer Gesellschaft erworben hat". Kultur umfaßt alle jene Dinge und Ideen, die jemals von gemeinsam lebenden und arbeitenden Menschen geschaffen und erdacht wurden. Sie ist das, was uns zu Menschen macht, und ohne sie wären wir Tiere. Eine Pavianherde und eine primitive menschliche Gesellschaft besitzen verschiedene gemeinsame Merkmale. Es gibt jedoch essentielle Unterschiede. Einer davon ist, daß das tierische Verhalten weitgehend vom Instinkt gesteuert wird, während das menschliche Verhalten fast zur Gänze erlernt ist.

Am Grabstock der Shoshone, einem der einfachsten Werkzeuge einer primitiven menschlichen Gesellschaft, läßt sich deutlich erkennen, wie die Kultur den Menschen formt. Obwohl man weiß, daß auch einige Affen zum Graben Stöcke verwenden, bedeutet der Grabstock für den Shoshone etwas wesentlich Komplexeres. Für den Affen ist der Stock einfach ein Objekt, für den Menschen ist er ein Kulturobjekt – eine Idee, ebenso wie ein Ding. Er ist nicht einfach irgendein Stock, er ist ein *Grabstock*. Er dient einem speziellen Zweck, nämlich dem Ausgraben von Wurzeln, und nicht etwa einem andern Zweck, wie zum Beispiel dem Ausgraben von Steinen. Wenn ein Shoshone einen Stein ausgraben will, benutzt er eine andere Art Stock und nicht seinen Grabstock. Überdies wird der Grabstock von allen Mitgliedern der Sippe sofort als solcher erkannt. Die Überlieferung schreibt vor, wie der Stock gehandhabt werden muß. Seine Herstellung kann von Riten begleitet sein. Jedes Mitglied der Sippe benützt ihn auf eine bestimmte Art; manche Stöcke sind sorgfältiger und schöner geschnitzt als andere. Für den Affen bedeutet der Grabstock nichts von alledem, für ihn gleicht ein Stock dem anderen.

Dem Weißen mag es scheinen, als lebe der „Digger" kaum anders als ein Affe; doch der „Digger" kann seine Verwandten bestimmen, kann seinen Cousin von seinem Bruder unterscheiden, er kann Regeln aufstellen, welche Verwandte man heiraten darf und welche nicht. Keines der Herdentiere ist dazu imstande. Ihnen ist auch eine wirtschaftliche Zusammenarbeit nicht bekannt, die „Digger" jedoch kennen die gemeinsame Kaninchenjagd, teilen während einer Hungersnot ihre Nahrung, besitzen komplizierte Regeln der Gastfreundschaft und des Tauschgeschäftes. Der, der am meisten verschenkt, genießt bei den „Diggern" das höchste Ansehen – bei der

Affengesellschaft führt das gegenteilige Verhalten zu einer Dominanz. Anders als der Affe, glaubt der „Digger" an Geister und Hexen, kennt er heilige Plätze und magische Handlungen, empfindet er Ehrfurcht vor dem Tod. Es ist auch nicht so, daß er einfach eine „bessere" Vorstellung vom Mythos, vom Übernatürlichen oder vom Tod hat als der Affe, denn dabei handelt es sich um ein Entweder – Oder. Entweder der Affe weiß um den Tod, um das Übernatürliche und um die Seele – oder er weiß nichts davon. Affen besitzen keinerlei Glauben an Entstehungsmythen ihrer Gemeinschaft. Affen sind absolut unfähig zu derartigen Konzepten. Kein anderes Lebewesen kommt an die Welt des Menschen heran, kein anderes Geschöpf kann menschliches Erleben empfinden – selbst wenn es sich um ganz primitives menschliches Leben handelt.

Wir werden die „Digger" ab nun als Shoshone bezeichnen; zu ihnen gehören die Ute, die Paiute, die nördlichen Shoshone und die Gosiute. Zwei Faktoren, ein unwesentlicher und ein lebenswichtiger, bedingten ihre kulturelle Armut. Der unwesentliche bestand darin, daß die Shoshone eine der unwirtlichsten Landstriche der Erde bewohnten; eine karge Gegend, die nur sehr beschränkte Möglichkeiten bot. Das Great Basin ist ein Gebiet mit trockenem Boden, starker Verdunstung und wenig Regen. Mit den Pflanzen, die der Dürre widerstehen, wie dem *greasewood* (Sarcobatus Vermiculatus) und dem *sagebrush* (Artemisia tridentate), kann der Mensch kaum etwas anfangen. Pflanzen mit eßbaren Körnern oder Wurzeln finden sich reichlich entlang der Flüsse; es gibt jedoch nur wenige Wasserläufe, und sie sind weit voneinander entfernt.

Bedeutsamer als die Umwelt war jedoch das Fehlen der nötigen Technik, die es ermöglicht hätte, sich über diese Beschränkungen hinwegzusetzen. Boden und Klima um Salt Lake City sind heute nicht anders als zu den Zeiten der Shoshone; die Kultur aber hat sich verändert. Utah wird heute von vielen wohlhabenden Farmern bewohnt, die nicht nur für sich selbst ausreichend Nahrung produzieren, sondern sogar Lebensmittelüberschüsse erzielen. Die Technologie erlaubt den Weißen heute, sich mit Hilfe von Bewässerungsanlagen, dürreresistentem Saatgut und landwirtschaftlichen Maschinen über die Beschränkungen der Umwelt hinwegzusetzen. Ihre Kultur basiert auf einem Wirtschaftssystem, das eine reiche Produktion fördert und die nötigen Mittel für Lagerung und Verteilung bereitstellt.

Wie armselig der Shoshone ausgerüstet war, um mit seiner Umwelt fertig zu werden, zeigt die Anzahl seiner Kulturelemente, das heißt seiner Werkzeuge, seiner gesellschaftlichen Einrichtungen und seiner religiösen Praktiken, die insgesamt nur etwa dreitausend ausmachten. Vergleichsweise sei gesagt, daß die Streitkräfte der Vereinigten Staaten während des Zweiten Weltkriegs bei der Invasion Nordafrikas etwa 500 000 *materielle* Kulturelemente verschifften. Niemand kann die Zahl der kulturellen Elemente auch nur schätzen, die ein wohlhabender Farmer in der Nähe von Salt Lake City heute besitzt, ganz zu schweigen von den Millionen und aber Millionen kultureller Elemente des modernen Amerikas.

Dieser Vergleich zwischen der armen Rothaut und dem technisierten Weißen darf jedoch nicht falsch ausgelegt werden. Die geistige Überlegenheit einer bestimmten Rasse einer andern gegenüber wurde niemals wissenschaftlich bewiesen. Es ist auch nicht so, daß in manchen Rassen oder Kulturen biologische Mutationen zahlreicher auftreten als in andern. In Wahrheit bringen biologische Mutationen zu allen Zeiten und bei allen Völkern in gleichbleibendem Maße Menschenwesen hervor, die die potentiellen Möglichkeiten besitzen, Genies zu werden. Daß im Athen der Antike tausend Jahre lang keine Genies auftraten, heißt nicht, daß es keine gab. Auch das erstaunliche Zusammentreffen vieler genialer Menschen (Sokrates, Plato, Aristoteles, Sophokles, Hippokrates, Pindar, Phidias und vieler anderer) im fünften und vierten Jahrhundert vor Christus bedeutet nicht, daß damals Mutationen zahlreicher auftraten. Die Mutationsrate blieb unverändert; was sich verändert hatte, war die Kultur, die es bedeutenden Männern erlaubte, sich zu entfalten.

Bei den Gemeinschaften der Indianer wirkte die Kultur nicht anders. Ohne Zweifel traten biologische Mutationen, die ein potentielles Genie hervorbringen konnten, bei den Shoshone des Great Basin mit der gleichen Häufigkeit auf wie bei den Athenern. Die Kultur der Shoshone aber war anders geartet als jene der Griechen, sie war fortschrittsfeindlich. Zu verschiedenen Zeiten müssen geniale Shoshone immer wieder feste Behausungen erfunden haben. Die Bevölkerung aber lehnte es ab, in Häusern zu wohnen, da die örtlichen Nahrungsquellen nach kurzer Zeit erschöpft waren und die Familien weiterziehen und sich nach neuen Plätzen umsehen mußten. Die Verachtung der weißen Siedler für die Gestrüpphaufen, die das einzige Obdach der Shoshone bildeten, war fehl am Platz; sie hätten die Shoshone ob ihrer Intelligenz loben sollen, weil diese sich nicht von den für sie sinnlosen Häusern beeindrucken ließen.

Auch eine weit fortgeschrittene Kultur mag Erfindungen ablehnen, die nicht zu ihrem Lebensstil passen. Allen Hochkulturen Mexikos fehlte ein Merkmal der alten Zivilisationen des Nahen

Paiute-Frau, die vor ihrem Gestrüppzelt sitzt und einen Korb flicht. Sie wurde während der Colorado-River-Expedition von Major John Wesley Powell (1871–1875) in der Nähe des Grand Canyon fotografiert.

Ostens: das Rad. In Wahrheit haben die Indianer Mexikos – entgegen der allgemein verbreiteten Ansicht – ebenfalls das Rad erfunden: 1944 stießen Archäologen nahe Tampico auf Tonspielzeug mit Rädern (vielleicht handelte es sich auch um Kulturobjekte). Offensichtlich hatte man in Mexiko das Prinzip des Rades ebenso erkannt wie im Nahen Osten. Aber die Mexikaner bauten keine Fahrzeuge mit Rädern. Was sie als Spielzeug oder Kulturobjekt schufen, lehnten sie als Gebrauchsgegenstand ab. Ein Grund dafür liegt auf der Hand; sie besaßen weder Pferde, Esel, Ochsen noch andere Haustiere der Alten Welt, die zum Ziehen von Fahrzeugen verwendet werden konnten. Dieses Spielzeug aus Mexiko bestätigt das Prinzip, daß erst das Zusammentreffen einer kulturellen Neuerung *mit den bestehenden Verhältnissen* bestimmt, ob und in welcher Form diese Neuerung aufgegriffen wird.

Absolutes Minimum menschlicher Gesellschaft

Die Primitivität ihrer Kultur und die von der Umwelt diktierten Beschränkungen hatten zur Folge, daß die Shoshone des Great Basin fast überall in einer Dichte von nur einer Person auf hundert, mancherorts sogar auf zweihundertfünfzig Quadratkilometern lebten. Nur wenige Familien konnten längere Zeit zusammenbleiben, es gab einfach nicht genug Nahrung für alle. Vielleicht fanden sich die Familien zur gemeinsamen Jagd oder zum Überwintern zusammen, bald aber zerstreuten sie sich wieder und zogen in ihre eigenen Jagdgründe. Es ist daher nicht verwunderlich, daß die Shoshone auf der niedrigsten Stufe menschlicher Organisation lebten, dem absoluten Minimum der Familie. Die soziologische Struktur einer Shoshonegruppe gehört zu den primitivsten, denen Anthropologen jemals begegneten, und gleicht vielleicht dem Leben unserer fernen Vorfahren vor über einer Million Jahren.

Keine menschliche Organisation kann einfacher sein als die Familie – die feste Bindung eines Mannes, einer Frau und ihrer Kinder. Doch in all ihrer Einfachheit bildet sie die Basis, auf der größere Sippen und komplexere gesellschaftliche Organisationen aufgebaut sind. Die verschiedenen verwandtschaftlichen Beziehungen der Frau machen dies möglich: Eine verheiratete Frau steht in einer ehelichen Beziehung zu ihrem Mann, in einer biologischen Beziehung zu ihren Kindern und in einer sozialen Beziehung zu der Familie, in die sie geboren wurde und die sie verließ, um zu heiraten.

In einer primitiven Gesellschaft ist Isolation gleichbedeutend mit Untergang, und deshalb schließen sich auch unverheiratete oder verwitwete Menschen einer Familie an. Die Shoshonefamilie war eine unabhängige Einheit, die alle wirtschaftlichen Tätigkeiten von der Produktion bis zum Konsum ausübte. Es herrschte Arbeitsteilung. Die Frauen sammelten eßbare Pflanzen, flochten Körbe, bereiteten die Nahrung; die Männer gingen auf die Jagd, nicht nur des Fleisches, sondern auch der Häute und Felle wegen, die man für die Winterkleidung benötigte. Der Familienvater der Shoshonefamilie verkörperte ihre gesamte politische Organisation und ihr Rechtssystem. So bot die Familie dem Shoshone fast alles, was er brauchte; allerdings wäre sein Los wesentlich leichter gewesen, hätte er in größeren gesellschaftlichen Einheiten leben können. Wahrscheinlich hat es die Kernfamilie überhaupt nur in der Theorie gegeben, denn immer schon war die Tendenz zur lockeren Sippe vorhanden, die durch die Vereinigung mehrerer Familien entstand. Dabei spielten Heiratsverbindungen eine wesentliche Rolle. Wenn die Familien auf der Suche nach Kaninchen oder Früchten umherstreiften, begegneten ihnen hin und wieder andere Familien; zumeist waren das Familien, in die ihre Verwandten eingeheiratet hatten oder in denen es zukünftige Ehegatten für ihre Kinder gab.

Dies führt uns zu dem Bereich, der in der westlichen Zivilisation Liebe genannt wird. Die Shoshone und alle jene Menschen, die heute noch immer auf der niedrigsten Stufe gesellschaftlicher Organisation leben, kennen die romantische Liebe. Aber sie erkennen sie als das, was sie ist – eine Art Wahnsinn. Die Tagebücher der Reisenden sind voll von Berichten über Shoshone, die vor den Weißen flohen und ihre Frauen zurückließen – und sie damit auf Gnade oder Verderb auslieferten. Die meisten primitiven Menschen machen sich über das Gehabe der verliebten Jugendlichen lustig; sie betrachten sie mit Geduld und Toleranz, denn sie wissen, daß ihre Krankheit nicht von Dauer ist. Einen jungen Verliebten behandeln sie mit jener gütigen Nachsicht, die wir in unserer Gesellschaft einem schwachsinnigen Kind zuteil werden lassen. Denn in den Augen der Primitiven kann nur ein Schwachsinniger eine so lebenswichtige Institution wie die Ehe auf Liebe gründen.

Für den Shoshone des Great Basin ist die Ehe keine romantische, sondern eine lebenswichtige Angelegenheit. Ihre Vorteile sind enorm: die Arbeitsteilung, das Teilen der Nahrung, Schutz und Erziehung der Kinder, Sicherheit im Alter, Hilfe bei Krankheit und Jagdunfällen. Sie schließt alles ein, was im Leben des Shoshone von Bedeutung ist, Liebe allerdings ist nicht notwendig. Und das Interessante ist, daß man fast überall auf der Welt – die Zivilisation des Westens bildet hier eine Ausnahme – darüber ebenso denkt. Der Mensch der modernen Industriegesellschaft des Westens wendet sich heute von der Auffassung der Familie, wie sie in der übrigen Welt herrscht, ab. Er ist nicht mehr auf die Partnerschaft innerhalb der Familie angewiesen, um seine materiellen Bedürfnisse zu befriedigen.

In einer primitiven Gesellschaft sind Verwandte von großer Wichtigkeit. Es ist vergnüglich, sie ein paar Mal im Jahr zu sehen, um das Lagerfeuer zu sitzen und Geschichten auszutauschen. Man kann sich auf sie verlassen, wenn es darum geht, ein Unrecht zu ahnden oder in Notzeiten die Nahrung zu teilen. Durch diese Bedeutung der Verwandten wird das Verbot des Inzests verständlich.

Inzest ist in fast allen menschlichen Gesellschaften verboten, gleichgültig wie primitiv oder wie fortgeschritten sie sein mögen. (Eine Ausnahme bildeten die königlichen Familien im alten Hawaii, in Peru und in Ägypten.) Vielfach wurden diese Verbote einfach mit der Behauptung erklärt, daß alle Individuen eine instinktive Abneigung gegen den Inzest besäßen. Diese Erklärung ist natürlich ganz unzulänglich, denn wäre die Abneigung gegen den Inzest instinktmäßig, so wären die ausführlichen und genauen Regeln, wie wir sie fast überall antreffen, nicht nötig. Ungeachtet der angeblich instinktmäßigen Abneigung, die durch Verbote und Gesetze verstärkt wird, sind Inzestfälle bei vielen Völkern bekannt – bei hochentwickelten Völkern ebenso wie bei primitiven.

Eine andere oft geäußerte Ansicht besagt, daß das Inzesttabu die schädlichen Folgen der Inzucht verhindere; auch diese Erklärung ist leider nicht befriedigend. Sie kann nämlich nicht erklären, warum einige Inzesttabus auf Menschen Anwendung finden, die biologisch nicht miteinander verwandt sind. Man untersuchte einmal 167 Indianergruppen, die zwischen Vancouver, British Columbia und Mexiko, und solche, die weiter östlich gegen Colorado und New Mexico leben. Etwa 75 Prozent dieser Gruppen verurteilten die Ehe mit einer Stieftochter; nur fünf Prozent betrachteten sie als zulässig. Und doch handelt es sich bei einer Heirat zwischen einem Mann und seiner Stieftochter nicht um eine zu enge Verwandtschaft; im Gegenteil, sie sind überhaupt nicht blutsverwandt.

Inzesttabus haben offensichtlich nichts mit Blutsverwandtschaft zu tun. Psychologische und genetische Erklärungen sind nicht zielführend, weil es sich weder um ein psychologisches noch um ein genetisches, sondern um ein kulturelles Problem handelt.

Edward B. Tylor erkannte bereits 1888 die Hintergründe der Inzesttabus, doch seine Feststellungen werden oft übersehen oder ignoriert. Er schreibt: „Stämme mit einer primitiven Kultur besitzen nur eine Möglichkeit, dauerhafte Bündnisse zu schaffen, nämlich die Ehe. Die Fremdheirat ermöglicht es einem größer werdenden Stamm durch fortwährende Heiraten innerhalb des sich erweiternden Clans, einen festen Zusammenhalt zu bewahren und kleine, isolierte Gruppen zu überflügeln. *Im Laufe der Geschichte müssen wilde Stämme immer wieder vor der Alternative gestanden sein, entweder nach außen zu heiraten oder von außen getötet zu werden.*"

Tylor macht deutlich, welche Bedrohung der Inzest, der Bündnisse durch Fremdheiraten unmöglich macht, für die ganze Sippe darstellt. Je primitiver die Gruppe, desto größer die Bedrohung, und deshalb ist der Begriff des Inzests bei sehr primitiven Völkern genau umrissen, und werden Verletzungen hart bestraft. Damit wird auch das Verbot einer Ehe mit der Stieftochter, die gar keine Blutsverwandte ist, verständlich. Die Verbindung bringt keinerlei Vorteile, da der Mann in eine Gruppe einheiratet, zu der er durch die Ehe mit der Mutter bereits gute Beziehungen unterhält. Heiratet ein Mann seine eigene Schwester, wird er niemals einen Schwager haben, der ihm zu Hilfe eilt. Heiratet er die Schwester eines andern Mannes und wieder ein anderer heiratet seine Schwester, so hat er zwei Schwäger gewonnen, mit denen er auf die Jagd ziehen kann und die seinen Tod rächen werden, falls er in einem Kampf unterliegt. Der Primitive sieht im Inzest nicht sosehr etwas Verwerfliches als vielmehr etwas Bedrohliches. Der Inzest schafft keine neuen Bindungen zwischen nicht verwandten Gruppen, er ist der absurde Verzicht auf das Recht jedes Menschen, die Anzahl derer zu vergrößern, denen er trauen kann.

Es ist also klar, daß die Ehe in primitiven Gesellschaften ein Bündnis zwischen Familien darstellt und nicht eine romantische Paarung von Individuen. Die Primitiven sind auch an der Stabilität der Verbindung interessiert und versuchen diese zu festigen, indem entweder mehrere Kinder zweier Familien untereinander heiraten oder ein Mann mehrere Schwestern aus derselben Familie heiratet.

Die Heirat als politisches Bündnissystem erklärt zwei Institutionen, die auf der ganzen Welt, besonders auf dem Organisationsniveau der Sippe, verbreitet sind. Es handelt sich dabei um das Levirat und das Sororat. Levirat (vom lateinischen levir, Mannesbruder) nennt man die Vorschrift, die dem Mann befiehlt, die Witwe seines Bruders zu heiraten. Das Sororat (vom lateinischen soror, Schwester) verpflichtet eine Frau, den Mann ihrer verstorbenen Schwester zu heiraten. Beide Institutionen haben den Zweck, den Ehebund noch über den Tod eines Partners hinaus zu erhalten; sie illustrieren deutlich den Bündnischarakter der Ehe, denn die Befolgung dieser Regeln gewährleistet die Fortdauer des Bündnisses, auch wenn einer der Partner bereits gestorben ist. Das Gesetz des Levirats galt bei den alten Hebräern, besonders bevor sie unter König David eine komplexe gesellschaftliche Organisation erhielten. Im 5. Buch Moses (25: 5) heißt es: „Wenn Brüder beieinander wohnen und einer stirbt ohne Kinder, so soll des Verstorbenen Weib nicht einen fremden Mann nehmen; sondern ihr Schwager soll sich zu ihr tun und sie zum Weib nehmen und sie ehelichen." In der Genesis (38: 8–10) wird die Geschichte Onans erzählt, der sich weigerte, seines Bruders Witwe zu ehelichen, und statt dessen seinen Samen auf die Erde fallen ließ, „auf daß er seinem Bruder nicht Samen gäbe". Gott strafte Onan, und der Begriff „Onanie" fand Eingang in unsere Wörterbücher.

Ehebündnisse bedeuteten für die Shoshone zweifellos Stärkung und Sicherheit. Die Ehen waren im allgemeinen dauerhaft, und die Bündnisse zwischen den Familien überstanden auch die langen Perioden, während der sie einander nicht sahen. Mit der Nahrungssuche beschäftigt, lebte die Familie fast immer allein und von den andern getrennt. Doch wenn die Familien einander trafen, sorgten die Ehebündnisse für freundschaftliche Beziehungen, und die Verwandten halfen einander, wo immer sie konnten.

Ein müßiges Volk

Über die Unsicherheit in der Nahrungsversorgung der Shoshone wurde viel geschrieben. Die Versorgung mit pflanzlicher und tierischer Nahrung konnte wegen der wechselnden Stärke der Regenfälle nicht von einem Jahr zum andern vorausgesagt werden. Ein Gebiet mochte in einem Jahr feucht und mit üppigem Pflanzenwuchs versehen sein, der wiederum den Tierbestand vergrößerte; und schon im nächsten Jahr konnte es dürr und öde sein. Es gab kaum einen Platz, der jahraus, jahrein mit Sicherheit Nahrung bot, und so verwendeten die Shoshonefamilien viel Zeit für ihre Wanderungen von einem Ort zum andern. Jede Familie kannte ihr Revier sehr gründlich und wußte genau, wann und wo bestimmte Pflanzen oder Tiere anzutreffen waren. Die Kenntnisse der Shoshone über Flora und Fauna ihres Gebietes waren erstaunlich. Sie ernteten etwa hundert verschiedene Pflanzenarten; sie wußten, wann es die meisten Kaninchen gab, wann Gabelböcke gejagt werden konnten und wann die Heuschrecken in großer Zahl auftraten.

Meist nimmt man an, daß die Shoshone ununterbrochen damit beschäftigt gewesen wären, für ihren Lebensunterhalt zu sorgen.

Dieses dramatische Bild wird noch von einer irrigen Theorie bestätigt, die fast jeder von uns in der Schule gelernt hat: Eine hohe Kultur entsteht nur dann, wenn die Menschen genügend Muße haben, um Pyramiden zu bauen oder andere Kunstwerke zu schaffen. In Wahrheit ist eine hohe Kultur jedoch mit einem hektischen Leben verbunden, während primitive Jäger und Pflanzensammler wie die Shoshone über hinreichend Zeit und Muße verfügen.

Die Shoshone besaßen nichts im Überfluß außer Zeit, deshalb erschienen sie den weißen Siedlern auch so faul. Ihre Untätigkeit erklärt sich jedoch nicht aus ihrer Faulheit, sondern aus dem Fehlen jeglicher Möglichkeit, Nahrung aufzubewahren. Manchmal vergruben sie ein paar Körner oder Nüsse für den Winter, aber eine große Anzahl Kaninchen half ihnen kaum, da sie keine Möglichkeit besaßen, das Fleisch zu konservieren. Fing ein Shoshone einen Fisch, mußte er ihn sofort verzehren, sonst verdarb er. Es gab Jahreszeiten, in denen die Shoshone von einer unglaublichen Fülle an Wild umgeben waren, aber sie konnten sie nicht nutzen. Die Unfähigkeit, Nahrungsüberschuß nutzbringend auszuwerten, ist für alle Jägervölker, mit Ausnahme der Eskimos, kennzeichnend. Diese wohnen in einer natürlichen Tiefkühlanlage, die den Überschuß konserviert und ihnen ermöglicht, den harten Winter zu überstehen.

Auch wenn ihre Nahrungssituation prekär wurde, war das für die Shoshone kein Grund, mehr zu arbeiten. Da sie so viele verschiedene Nahrungsmittel kannten, suchten sie nach dem, was gerade am bequemsten zu finden war. Zogen die Fische stromaufwärts, gingen die Shoshone zum Fluß und holten sich Fische. Gab es keine Fische, so wußten sie sicherlich einen Platz, an dem eben bestimmte Körner heranreiften. Manchmal mußten sie viele Meilen wandern, um Nahrung zu finden, aber ihre Streifzüge waren immer zielgerichtet: Sie wußten genau, was sie zu einem bestimmten Zeitpunkt finden konnten und wo. Entgegen den allgemein vorgetragenen Theorien kennzeichnet den Lebensstil einer Gesellschaft desto mehr Muße, je primitiver sie ist.

Auch das „kalorische Gleichgewicht" half dem Shoshone, ein gemächliches Leben zu führen. Ein Shoshone braucht wie jeder andere Mensch etwa 2500 Kalorien täglich (obwohl die Hälfte der Weltbevölkerung sich mit weniger zufriedengeben muß), um seine physiologischen Funktionen in Gang zu halten. Diese tägliche Kalorienaufnahme aus der Nahrung wird durch den Kalorienverbrauch kompensiert, der nicht nur zur Bereitstellung der Nahrung, sondern auch zur Schaffung von Kulturgut notwendig ist. Menschen in einer primitiven Jägerkultur der tropischen Waldlandschaft erzeugen knappe zwei Kalorien für jede auf der Jagd verbrauchte Kalorie, womit etwas weniger als eine Kalorie für alle anderen kulturellen Bedürfnisse übrigbleibt. Werden die Kulturen komplexer und verfeinerter, so muß sich das Verhältnis zwischen produzierten Kalorien und der damit verbundenen Anstrengung ganz wesentlich ändern. Der moderne Maya in Guatemala, der eine intensive Landwirtschaft betreibt, muß viel mehr produzieren als bloß genügend Mais und andere Nahrungsmittel für sich und seine Familie. Er muß Körner für die nächste Aussaat und Futter für die Haustiere beiseite legen; er braucht einen weiteren Überschuß an Kalorien, um die nötige Energie zur Herstellung von Metallwerkzeugen aufzubringen, um Speicher und ein Haus zu bauen, um Raubtiere und Schädlinge abzuwehren; und natürlich auch um zu tauschen, zu handeln und zu verkaufen. Eine Untersuchung der Mayabauern hat ergeben, daß sie im Durchschnitt 33 Kalorien für jede verbrauchte Kalorie erzeugen. Ein Farmer in Kansas mit seinen enormen technischen Hilfsmitteln produziert beispielsweise ungefähr 300 Kalorien für jede beim Anbau verbrauchte Kalorie.

Offensichtlich braucht der Mensch seinen Produktionsüberschuß nicht aus physiologischen, sondern aus kulturellen Gründen. Die Shoshone aber waren nicht mit einer komplizierten Kultur belastet, deren Erhaltung eine hohe Kalorienzahl erfordert hätte. Sie verbrauchten weder Kalorien für die Herstellung von Werkzeugen noch für das Bauen von Häusern und Scheunen oder für die Aufzucht von Haustieren. Sie mußten auch keine wertvollen Kalorien für die Arbeit als Priester und Künstler aufwenden. Hatte ein Shoshone Lust zu trinken, so leistete ihm seine hohle Hand die gleichen Dienste wie eine Schale, deren Herstellung Kalorien gekostet hätte. Ein paar Stunden täglicher Arbeit genügten, die nötigen Kalorien zu erzeugen, denn seine kulturellen Bedürfnisse waren gering.

Zusammenschluß

Unter den Shoshonefamilien machte sich immer schon die Tendenz zu einer komplexeren sozialen Organisation bemerkbar – zur Sippe. Ein einigender Faktor war die bei der Kaninchen- oder Gabelbockjagd notwendige Zusammenarbeit. Vier Faktoren mußten gegeben sein, um eine gemeinsame Jagd möglich zu machen: reichlich Wild, mehrere Familien (womöglich miteinander verwandt), Netze und ein Anführer. Kam eine gemeinsame Jagd zustande, so war die Beute weit größer, als wenn die Teilnehmer einzeln gejagt hätten.

Bei einer gemeinschaftlichen Kaninchenjagd wurden mehrere Netze – jedes ungefähr von der Höhe eines Tennisnetzes, aber etwa hundert Meter lang – aneinandergereiht, so daß sie einen Halbkreis bildeten. Frauen und Kinder trieben die Kaninchen in den Halbkreis, wo die Tiere sich in den Netzen verfingen und erschlagen wurden. Der erfahrenste Jäger – von den Weißen „Kaninchenboß" genannt – leitete das gesamte Unternehmen. Er wählte den Ort, entschied, wo die Netze aufgestellt wurden, und verteilte die Beute.

Obwohl verschiedene Familien während einer solchen Jagd eng zusammenarbeiteten, gab es gute Gründe, weshalb diese Zusammenarbeit lediglich vorübergehend war. Zeit und Ort der nächsten gemeinsamen Jagd ließen sich nicht bestimmen: Sie würde dann abgehalten werden, wenn es wieder reichlich Wild gab und wenn Familien, Netzbesitzer und Kaninchenboß zur gleichen Zeit am gleichen Ort zusammentrafen. Niemand konnte vorhersagen, welche Familien dann zufällig in der Nähe sein würden. Da man soviel umherzog, kam es selten vor, daß zwei Familien mehrmals zur gemeinsamen Jagd zusammentrafen. Familien, Kaninchenboß und Netzbesitzer vereinbarten auch nicht, sich im nächsten Jahr am selben Ort zusammenzufinden – den niemand konnte wissen, ob es dann wieder genügend Wild geben würde.

In manchen Gegenden des Great Basin ermöglichte eine verläßlichere Nahrungsversorgung mehrerer Shoshonefamilien, zusammenzubleiben und gemeinsam zu arbeiten. In diesen Gebieten erforderten eine dichtere Bevölkerung und die Notwendigkeit, friedliche Beziehungen zu den Nachbarn (sie waren keine Shoshone) zu pflegen, einen Anführer. Die ersten Weißen, die in diesen Teil von Nevada vordrangen, waren entzückt, Anführer vorzufinden, mit denen sie Verträge schließen konnten. Allerdings wußten die Weißen nichts über die soziale Organisation einer Sippe und hielten daher die Führer für wesentlich mächtiger, als sie es tatsächlich waren. Der Anführer einer Shoshonesippe besaß nicht annähernd die politische Macht eines Häuptlings. Die Verträge, die ein Shoshoneanführer im guten Glauben mit den Weißen abschloß, wurden von den anderen Shoshone einfach nicht eingehalten, denn in einer Sippe gibt es keine Vorkehrung, die den Vereinbarungen eines Anführers Geltung verschaffen könnte.

Vor der Ankunft der Weißen hatten die Shoshone – arm und bedauernswert wie sie waren – jedoch eines der edelsten Ziele des zivilisierten Menschen erreicht: Sie kannten keine Kriege. Die Erklärung dafür ist weniger in einer überlegenen Ethik der Shoshone oder in dem Edelmut der Rothäute, als vielmehr in praktischen Umständen zu suchen. Die Shoshone führten keine Kriege, weil sie keine Veranlassung dazu hatten. Sie verspürten keine Sehnsucht nach militärischem Ruhm, weil er in ihrer Gesellschaft nichts bedeutete. Sie hatten kein Territorium zu verteidigen, denn Land war nur wertvoll, wenn es Nahrung gab, und eben zu diesen Zeiten arbeiteten die Shoshone lieber zusammen, als Krieg zu führen. Selbst wenn sie die benachbarten reicheren Indianer gerne bestohlen hätten, fehlte es ihnen dazu sowohl an Waffen als auch an einer Gesellschaftsform, die die Organisation von gemeinsamen Handlungen zugelassen hätte. Wann immer andere Indianer in das Land der Shoshone einfielen und sie angriffen, liefen sie davon und versteckten sich, anstatt sich zur Wehr zu setzen.

Als ein neues Kulturelement, das Pferd, von den Weißen eingeführt wurde und sich von New Mexico aus über das Shoshoneland ausbreitete, wurde es sehr unterschiedlich aufgenommen. Das Pferd machte die subtilen kulturellen Unterschiede zwischen den etwas wohlhabenderen und den ärmeren Shoshone deutlich. Für die auf der niedrigsten Stufe lebenden Shoshone in den unfruchtbaren Gegenden des Great Basin war das Pferd vollkommen wertlos, ja es fraß noch die wenigen Pflanzen auf, von denen sie lebten.

Weiter im Norden aber gab es mehr Gras und, was noch wichtiger war, zahlreiche Bisonherden. Dort hatten die Shoshonefamilien auch schon beständigere Formen der Zusammenarbeit entwickelt als nur gelegentliche Kaninchenjagden. Das Pferd wirkte als Katalysator, der die friedlichen Familien zu räuberischen Reiterbanden werden ließ. Die Ute zum Beispiel erhielten 1820 einige Pferde und begannen unmittelbar darauf die benachbarten Indianer zu überfallen, etwas später die Mormonen und die weißen Siedler. Die berittenen Ute machten es sich sogar zur Gewohnheit, im Frühling über die mit ihnen verwandten Shoshone in Nevada herzufallen, die nach einem Winter des Hungers geschwächt waren. Die Ute mästeten sie, um sie dann in Santa Fé als Sklaven an die Spanier zu verkaufen.

Die Bannock- und die Shoshonesippen des Nordens, die ihre Pferde um 1800 teils durch Diebstahl, teils durch Tausch erhielten, veränderten ihre Lebensweise noch radikaler: Sie gingen auf Bisonjagd wie die Prärieindianer, und zwar so erfolgreich, daß der Bison bereits um 1840 aus dem Great Basin verschwunden war; hierauf verlegten sie ihre Jagden in die Gebiete östlich der Rocky Mountains. Obwohl einige berittene Shoshonesippen die äußerlichen Merkmale der Prärieindianer, mit denen sie in Kontakt traten, eifrig nachahmten, hatte das nur wenig Bedeutung. Denn sie nahmen zwar das materielle Kulturgut der Prärieindianer an – Pferde, Federschmuck und Tipis –, doch das, was für ihr Überleben wichtig gewesen wäre, vernachlässigten sie, nämlich die Bildung einer komplexeren gesellschaftlichen Organisation. Trotz des plötzlichen Reichtums waren die berittenen Shoshone noch immer in Einzelfamilien organisiert. Ihre Anführer besaßen wenig Autorität und konnten weder Angriffe noch Verteidigung koordinieren. Die meisten Prärieindianer aber waren auf dem wesentlich komplexeren Niveau des Stammes organisiert; in den Bannock- und Shoshonesippen des Nordens fanden sie ein bequemes Ziel für ihre Raubzüge.

Anpassung an die Welt der Weißen

Mehr als zehntausend Jahre lang hatten die Shoshone und ihre Vorfahren ein kärgliches Leben geführt, an dem sich nur wenig geändert hatte. Dann wurden einige von ihnen, für etwa fünfzig Jahre, Herren über ein riesiges Gebiet zwischen den Rocky Mountains und dem Coloradoplateau. Doch schon um 1870 war ihre große Zeit vorüber; sie wurden von anderen Indianerstämmen und schließlich von der Armee der Vereinigten Staaten besiegt. Ihr Land füllte sich rasch mit weißen Siedlern, die ihre Farmhäuser in den Oasen der Wüste errichteten; ihr Vieh fraß den Shoshone die Pflanzen weg. Wo die Shoshone bisher nach Wurzeln gegraben hatten, gruben die Weißen nach Erzen, und überall entstanden kleine Bergbaustädte. 1872 beschrieb der Erforscher des Grand Canyon und Gründer des *Bureau of American Ethnology*, Major John Wesley Powell, die Auswirkungen der Besiedlung durch die Weißen auf die Shoshone: „Ihre Jagdreviere sind zerstört, ihre Täler von Weißen besiedelt, und sie müssen in kleinen Sippenverbänden umherziehen, um sich am Leben zu erhalten ... Sie sind weitgehend demoralisiert; sie lungern in den Lagern der Bergarbeiter herum, sie betteln und plündern, ihre Frauen bieten sich den Weißen der untersten Schichten an."

So erniedrigend die Lebensumstände der Shoshone auch waren – und zum Teil heute noch sind –, zumindest wurde ihnen der vollkommene Zerfall erspart, den andere Indianergruppen mit höherer gesellschaftlicher Organisation erleben mußten. Die Shoshone hatten kaum etwas zu verlieren. Sie besaßen kein komplexes Kulturgefüge, das durch den Einbruch der Weißen hätte zerstört werden können. Als die weißen Familien das Land besiedelten, das ursprünglich das ihre gewesen war, lebten die Shoshone weiter, wie sie es immer getan hatten, nur schlossen sie sich nun den weißen Familien an und nicht mehr anderen Indianern. Kaum jemals hatten die Shoshone etwas anderes als das dürftigste Lebensminimum gekannt, und so gaben sie sich mit den schlechten Löhnen zufrieden, die ihnen die Weißen für Gelegenheitsarbeiten zahlten. Waren sie gezwungen fortzuziehen – entweder um Arbeit zu finden oder weil sie in Reservate zusammengetrieben wurden –, empfanden sie nicht jene extremen Angstgefühle, unter denen andere Indianergruppen in der gleichen Lage litten. Der Shoshone war auch in der Vergangenheit niemals an einen bestimmten Platz gebunden gewesen; so konnten die Weißen nicht viel zerstören – weder Bande der Gemeinschaft noch zeremonielle Gesellschaften, noch eine vielschichtige politische Organisation.

Wie eh und je lebten die Shoshone im Verband der Familien weiter: alle Gebräuche – Verwandtschaftsbeziehungen, Kindererziehung, Glaube an Magie und sogar Spiele – wurden beibehalten. Mühelos fanden sich die Anführer in eine Rolle, die nicht viel mehr erforderte als die Organisation einer Kaninchenjagd: Im Namen mehrerer Familien führten sie die Verhandlungen mit den Weißen. Aus diesen Gründen vollzog sich der Übergang zur Gesellschaft der Weißen relativ glatt. Die Shoshone überlebten Kriege und Epidemien, Hungersnöte und Erniedrigungen, die zahlreiche andere Indianergemeinschaften vernichtet haben. Im großen gesehen waren die Beziehungen zwischen Weißen und Shoshone recht freundschaftlich, und diese Indianer scheinen heute von jenem tief verwurzelten Groll, den die meisten ihrer Rasse gegen die Weißen empfinden, frei zu sein.

III

Die Eskimo:
Umwelt und Anpassung

Das weit verstreute Volk

Die ersten Bewohner der Neuen Welt, denen der weiße Mann begegnete, waren die Eskimo; bereits um 1005 trafen die Wikinger, vermutlich an der Südostküste von Labrador, auf Eskimo. Erstaunlicherweise werden sie in den zahlreichen Legenden der Normannen anfangs kaum erwähnt. Doch zweihundert Jahre später beschrieb man die Eskimo bereits mit jenem Mangel an Verständnis, der für die Einstellung der Europäer gegenüber den Eingeborenen der Neuen Welt charakteristisch werden sollte. Der anonyme Verfasser der „Historia Norvegiae" aus dem 13. Jahrhundert schreibt: „Die Jäger fanden äußerst kleine Menschen vor, die sie Skrälinge nannten, und die, wenn sie mit Waffen verwundet werden, ohne Blutverlust sterben, doch deren Blut, wenn sie einmal tot sind, nicht zu fließen aufhört." Über die Zahl der Eskimo besitzen wir keine verläßlichen Informationen. Wahrscheinlich waren sie nie besonders zahlreich und umfaßten höchstens 100 000 Seelen. Jedenfalls wurden sie nach dem ersten Kontakt mit den Weißen durch europäische Krankheiten, wie Masern, Pocken und andere, gegen die sie keine Resistenz besaßen, drastisch dezimiert. (Ähnlich erging es den Weißen mit der Syphilis, die vermutlich durch die Matrosen des Kolumbus nach Europa eingeschleppt wurde, wo sie sich schnell über den ganzen Kontinent verbreitete.) Man schätzt, daß die Eskimobevölkerung in unserem Jahrhundert wieder auf etwa 73 000 angewachsen ist; ihr Lebensraum erstreckt sich vom äußersten Nordosten Sibiriens über Alaska und Kanada bis nach Grönland.

Kein anderes primitives Volk bewohnt ein derart ausgedehntes Gebiet. Entlang der arktischen Küste umspannt es fast die halbe Erdkugel. Früher bewohnten sie ein noch wesentlich größeres Gebiet, denn Berichte aus dem 17. Jahrhundert sprechen von Eskimo am St. Lawrence Golf, und geologische Funde weisen darauf hin, daß sie einmal große Teile des östlichen Sibiriens besiedelt haben. Heute leben noch etwa fünfzehnhundert Eskimo in der Sowjetunion. Kein anderes über einen so weiten Raum verstreutes primiti-

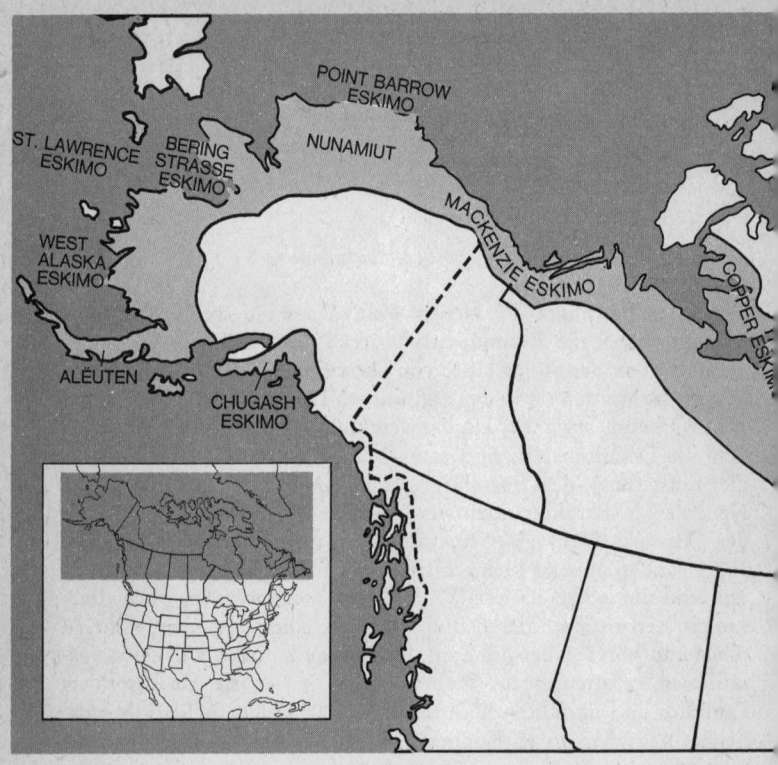

ves Volk zeigt eine solche Gleichartigkeit der physischen Erscheinung, der Sprache und der Kultur. Wo immer sie leben, sind sie sofort an ihrem gedrungenen Körperbau, an dem langen Kopf, dem flachen Gesicht und der Mongolenfalte zu erkennen. Mit Ausnahme einiger Dialekte in Sibirien und Alaska sind ihre Dialekte einander sehr ähnlich; ein neues Lied, ein Scherzwort, das in Alaska aufkommt, wandert von einem Lager zum andern, bis es schließlich ein Jahr später vielleicht in Grönland auftaucht. Alle Eskimo leben von der Jagd. Und alle nennen sich *Inuit,* das ist die Mehrzahl von *Inuk,* „Mann"; damit betonen sie ihre Identität im Gegensatz zu den andern sie umgebenden Indianern, die sich im Aussehen, in Sprache und Kultur von ihnen unterscheiden. Die Bezeichnung „Eskimo" wurde 1611 von einem Jesuiten geprägt, der hörte, daß benachbarte Indianer sie *eskimantsik* – „Esser von rohem Fleisch" – nannten.

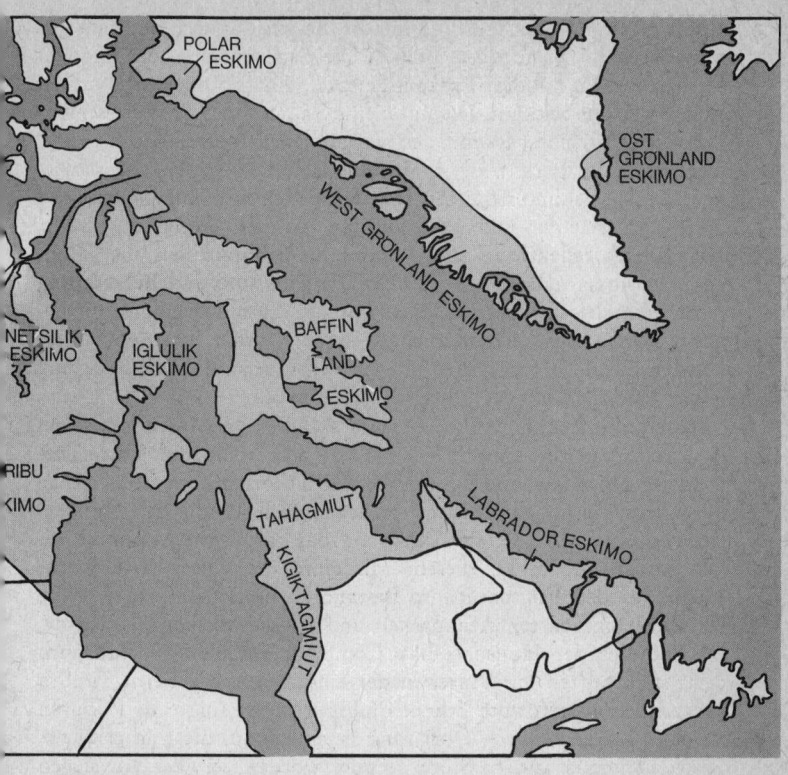

Ein allen Eskimokulturen gemeinsames Element ist die Anpassung an die rauhe arktische Umwelt. Die Breitegrade, die von den Eskimo bewohnt werden, zeichnen sich durch enorme Unterschiede zwischen Sommer und Winter aus. Wochenlang bleibt die Sonne im Winter unsichtbar; im Sommer geht sie niemals unter. Der Sommer ist auch die einzige Zeit, während der die täglichen Durchschnittstemperaturen über dem Nullpunkt liegen, aber er ist auch die Zeit der lästigen Mücken und der undurchdringlichen Sümpfe, denn das Schneewasser bedeckt weite Teile der Tundra. Bäume können unter solchen Umständen überhaupt nicht wachsen, und nur auf wenigen von den Eskimo bewohnten Plätzen gibt es niederes Erlen- und Weidengehölz. Einzig das Treibholz, das die Flüsse aus dem Inneren Nordamerikas und Asiens in den Ozean schwemmen, deckt den bescheidenen Holzbedarf der Eskimo.

Trotz dieser trostlosen Umstände machte die Kultur der Eskimo eine vielfältigere Entwicklung mit als die jedes andern auf dem Familienverband beruhenden Volkes. Die Gegebenheiten der Umwelt werden fast zu hundert Prozent genutzt; einige Anpassungsformen sind allgemein bekannt. Der Iglu, eine Schneehütte, ist die bestmögliche Konstruktion, die mit den vorhandenen Materialien errichtet werden kann; er ist widerstandsfähig, leicht zu bauen und dauerhaft. Einige Eskimo benutzen Hundeschlitten und Kajaks und versehen ihre Kleider mit wasserdichten Nähten. Gegen die grelle, vom Schnee reflektierte Sonne tragen sie Schlitzbrillen aus Elfenbein. Da ihnen das nötige Holz zur Erwärmung und Beleuchtung fehlt, erfanden sie eine rauchlose Lampe, die mit Seehundtran genährt wird. Ja sie erfanden sogar einen Klopfer, um den Schnee aus den Kleidern zu klopfen und zu verhindern, daß die Kleidung in der feuchten Luft des Iglus Schaden nimmt.

Jeder, der Eskimowerkzeuge und -waffen im Museum gesehen hat, weiß, wie sorgsam und liebevoll sie hergestellt sind. Diese Tatsache ist interessant und wichtig für alle Theorien über die Anfänge der Kunst. Im hohen Norden, wo der Mensch ständig den Hungertod vor Augen hat, wo das Leben auf das kärglichste Minimum reduziert ist, gehört zu diesem Minimum die Kunst. Die Kunst scheint bei den Eskimo ebenso Bestandteil des Lebens zu sein wie bei den benachbarten Athapasken und Algonkin. Samuel Hearne, ein Händler der Hudson's Bay Company aus dem 18. Jahrhundert, stieß mitten im Winter in der einsamen kanadischen Tundra auf sonderbar geformte Schneeschuhspuren. Er folgte den Spuren zu einer kleinen Hütte. Dort fand er eine Frau, die ihm erklärte, sie sei von einer andern Sippe geraubt worden, sei aber vor sieben Monaten entkommen. Seitdem lebe sie allein und ernähre sich von Kleinwild, das sie in Fallen fing. „Es ist kaum vorstellbar", schreibt Hearne, „daß ein Mensch in einer solchen Notlage die Ruhe besitzt, irgend etwas auszuführen oder herzustellen, was nicht unmittelbar lebenswichtig ist. Trotzdem zeigte ihre Kleidung überaus guten Geschmack und vielfältige Verzierung. Zwar war das Material grob, aber so seltsam gewebt und so geschickt verwendet, daß ihr Gewand einen höchst erfreulichen, wenn auch etwas romantischen Eindruck machte."

Die Eskimo werden gern als das Beispiel eines Volkes zitiert, das durch seine physische Umwelt geformt wurde. Obwohl diese Theorie heute von den meisten Anthropologen als irrig abgelehnt wird, hat sich dieser „Umweltsdeterminismus" in unsere Gedankenwelt eingenistet. Selbstverständlich beeinflußt die natürliche Umgebung wesentliche Bereiche einer Kultur; ein Bewohner des arktischen

Eises kann ebensowenig zu einem Bauern werden, wie ein Puebloindianer der südwestlichen Wüstengebiete sich auf den Walroßfang spezialisieren kann. Die Umwelt ist also nicht bestimmend für die Kultur der Menschen, sie setzt jedoch Grenzen und bietet gleichzeitig Möglichkeiten. Vordringen und Zurückweichen der Eisdecke auf dem nordamerikanischen Kontinent bestimmten nicht, daß die Vorfahren der Indianer in einer bestimmten Weise leben *mußten;* es wurden ihnen lediglich verschiedene Möglichkeiten geboten, aus denen sie – natürlich unbewußt – jene auswählten, die sich am besten für sie eigneten. Beschränkungen und Möglichkeiten, die die Umwelt schafft, beeinflussen verschiedene Völker je nach ihrem Kulturniveau auf unterschiedliche Weise. Für eine Shoshonesippe aus dem Great Basin war eine Dürre gleichbedeutend mit einer Katastrophe. Aber auch die Mixteken bewohnten ein ebenso trockenes Gebiet in Mexiko; doch dieses kulturell fortgeschrittene Volk hatte sich weitgehend aus der Abhängigkeit von der Umwelt befreit und Bewässerungsanlagen konstruiert. Für die Mixteken bedeutete Dürre nur eine vorübergehende Plage, von der sie sich rasch erholten.

Die Arktis demonstriert fast mit der Deutlichkeit eines Lehrbuches die Irrigkeit der These vom Umweltsdeterminismus, denn wenn der Mensch in einer solchen Umwelt zur Anpassung fähig ist, dann kann die Umwelt eine Kultur nur auf ganz allgemeine Art beeinflussen. Die Eskimo Nordamerikas haben ihre arktische Umwelt mit Iglu und Schlitten, mit Harpune und Schneebrillen bewältigt. In der sibirischen Arktis, jenseits der Beringstraße, sind die Umweltbedingungen identisch, und das Land wird von nahen Verwandten der Eskimo, den Chukchi, bewohnt. Diese Chukchi haben jedoch eine ganz anders geartete Kultur entwickelt. Sie wohnen nicht in Iglus; sie bauen Behausungen, indem sie Häute auf einen Holzrahmen aufziehen, obwohl das Holz im Land der Chukchi ebenso rar ist wie bei den Eskimo. Anders als die Eskimo, sind die Chukchi auch keine sehr erfolgreichen Jäger. Vor der Ankunft der Weißen machten die Eskimo Jagd auf Karibus, während die Chukchi sie in Herden hielten. Daß die Chukchi überlebt haben, beweist, daß ihre Anpassung an die arktische Umwelt ebenso erfolgreich war wie jene der Eskimo – sie war nur einfach anders. Offenbar müssen noch weitere Faktoren die verschiedenartigen Kulturen der Eskimo und Chukchi beeinflußt haben.

Das Interesse an der Umwelt des Eskimo und an seiner eindrucksvollen Reaktion auf diese Umwelt hat uns von anderen wichtigen Dingen abgelenkt, nämlich davon, was das Studium der Eskimo über die menschliche Kultur aussagen kann. Die materiellen Leistungen der Eskimo, die innerhalb ihrer engen Grenzen so ausgeklügelt sind, täuschen über die primitive Realität des Lebens der Eskimo hinweg, die uns viel über die ersten Stadien einer Gesellschaft verrät. Die gesellschaftlichen Anpassungsformen des Eskimo, Sitten, Gesetze und Religion sind zwar weniger eindrucksvoll, aber letzten Endes wichtiger als die materiellen Errungenschaften.

Das harte Leben des Eskimo stellt bestimmte Anforderungen: Die vordringlichste besteht darin, daß er in kleinen und isolierten Gruppen überleben und gleichzeitig ein Nomadendasein führen muß. Da sich der Eskimo hauptsächlich von umherstreifenden Tieren und kaum von Pflanzen nährt, muß auch er dauernd umherwandern. Er kann auf pflanzliche Nahrung verzichten, weil er wenigstens die Hälfte des Fleisches roh ißt, und dazu gehören die Eingeweide und das Fett des Tieres. Auf diese Weise erhält er die Vitamine, die Mineralien und das Protein, die er zu seiner Ernährung braucht. Der Eskimo hat die Lebensweise des primitiven Jägers durch die Erfindung des Schlittens verbessert, auf den er seine Habseligkeiten lädt; allerdings sind die Mengen, die er solcherart transportieren kann, ziemlich beschränkt. Infolge der extrem geringen Bevölkerungsdichte sind Kontakte zwischen den verschiedenen Familien selten; die lokalen Gruppen, die sich im Winter zusammenfinden, bestehen zumeist aus weniger als einem Dutzend Familien, die manchmal miteinander verwandt sind.

Diese Familiengruppen stehen unter der Leitung eines Anführers (dessen Titel in der Eskimosprache „Der es am besten weiß" bedeutet). Er erhält diese Stellung einzig auf Grund seiner Leistung, und er bewirbt sich weder um das Amt, noch kann er es an seine Söhne oder an Verwandte weitergeben. In einer Republik von gleichen ist er nur „etwas gleicher als die andern". Innerhalb der Familie gibt es im allgemeinen keine festen Ehe- und Wohnvorschriften. Bei manchen Gruppen leben die älteren Söhne mit dem Vater und die jüngeren bei der Familie ihrer Frauen. Die religiösen Zeremonien betreffen weniger die Gruppe als Ganzes, sondern die Lebensphasen eines Individuums und seiner engsten Familie: Geburt, Pubertät und Tod.

Es gibt jedoch Faktoren, die die Familienbande stärken. Unter den Kupfereskimo Kanadas sind zum Beispiel alle Bewohner einer Siedlung durch Blutsverwandtschaft oder Heirat verbunden. Jeder hat den andern gegenüber bestimmte Verpflichtungen, wie die Kranken zu pflegen, für die Alten und Behinderten zu sorgen, Witwen und Waisen zu schützen. Auf diese Weise wird eine Gruppe von einzelnen Familien zu einer Einheit. Im Laufe der Zeit erhält sie einen gemeinsamen Namen; meist wird die Nachsilbe *miut* der Bezeichnung eines hervorstechenden topographischen Merkmals der Gegend hinzugefügt. So heißt zum Beispiel eine Gruppe, die am Kogluktok oder Coppermine River wohnt, *Kogluktokmiut*. Physische Nähe, ähnliche Sitten und eine ähnliche Sprache sowie häufige Heiraten haben ihnen ein Gefühl der Verbundenheit gegeben, das sie von benachbarten Eskimogruppen abhebt. Trotzdem entwickelte sich daraus keine Sippe.

Frauentausch und anderer Tauschhandel

Die Ehe ist der Mittelpunkt des Eskimolebens, obwohl manche Entdecker, von der Sitte des Frauentausches und anderen sexuellen Gepflogenheiten verwirrt, behauptet haben, der Eskimo achte diese Einrichtung nur gering. In Wahrheit ist der Eskimo ein begeisterter Befürworter der Ehe. Ein Mann heiratet, sobald er sich gut genug auf die Jagd versteht, um seine Frau ernähren zu können; die Mädchen heiraten oft schon vor der Pubertät. Ein Mann ohne Frau ist verloren. Niemand sorgt für seine Kleidung, niemand bereitet ihm seine Nahrung. Eine Frau ohne Mann lebt wie eine Bettlerin, denn sie hat niemanden, der für sie auf die Jagd geht. Die Ehe ist ganz einfach eine ökonomische Notwendigkeit, und daher gibt es bei den Eskimo auch keine umständlichen Riten der Werbung und keine Hochzeitsfeierlichkeiten. Entschließen sich ein Mann und eine Frau zusammenzuleben, so geht das ganz und gar unformell vor sich.

Was den prüden Weißen an den absonderlichen Gepflogenheiten des Eskimo – Herborgen der Frau, Frauentausch, Vielmännerei und Vielweiberei – am meisten erstaunt, ist die freundschaftliche Atmosphäre, in der dies alles vor sich geht. Dann und wann kommt es vor, daß ein Eskimo seine Frau schlägt, weil sie untreu war; aber nicht weil sie mit jemandem andern Geschlechtsverkehr hatte, sondern weil sie jemandem Rechte gewährte, die nur der Gatte gewähren darf. Es kann durchaus sein, daß er selbst sie eine Woche später eben diesem Manne leiht. Frauentausch wird praktisch bei allen Eskimogruppen praktiziert, die man beobachtet hat. Die Erklärung dafür ist einfach: ein solcher Austausch ist das beste Mittel, eine wirtschaftliche Partnerschaft oder ein gesellschaftliches Bündnis zu festigen. Wo es so wenige Möglichkeiten gibt, enge Bindungen zwischen Familien zu schaffen, muß man eben seinen Einfallsreichtum zu Hilfe rufen.

Im Leihen und Austauschen der Frauen darf man daher keinen Beweis für sexuelle Ausschweifung sehen, vielmehr einen intelligenten sozialen Mechanismus, der den Zusammenhalt kleiner Gruppen festigt. Derjenige, der seine Frau herborgt, weiß nämlich genau, daß er eines Tages die gleichen Rechte beanspruchen wird. Vielleicht muß er eine lange Wanderung unternehmen, und seine eigene Frau kann ihn nicht begleiten, weil sie krank ist oder ein Kind erwartet; da leiht er sich die Frau des Freundes aus. Aber nicht, weil er sich sexuelle Abwechslung wünscht, sondern weil ihre Dienste lebensnotwendig sind – seine Nahrung muß gekocht, seine Kleidung in Ordnung gehalten werden. Während er auf die Jagd geht, wird die Frau seines Freundes den Iglu in Ordnung halten, ihm trockene Strümpfe herrichten, aus dem geschmolzenen Eis frisches Wasser machen und aus der Beute, die er bringt, ein Mahl bereiten. Ebenso sind Vielmännerei und Vielweiberei lebenswichtig, denn ein Eskimo kann allein nicht überleben. Der Mann oder die Frau müssen sich einer Familie anschließen, auch wenn bereits Ehepartner vorhanden sind.

Bei der Bildung einer wirtschaftlichen Partnerschaft zwischen zwei Jägern ist der Frauentausch ein wesentlicher Ritus. Entschließen sich zwei Männer zur Partnerschaft, so werden sie symbolisch zu Verwandten. Tauschen sie für eine Weile die Frauen, sind sie durch Heirat verwandt. Vor allem im nördlichen Alaska wurden die Frauen gleichsam als Besiegelung der Partnerschaft ausgetauscht. Die Frauen hatten kaum etwas dagegen, denn auch sie profitierten von der neuen wirtschaftlichen Bindung ihres Mannes. Die Partnerschaft erstreckte sich auch auf die Kinder; das Kind nannte den Partner des Vaters mit einem besonderen Namen, der frei übersetzt „der Mann, der mit meiner Mutter Verkehr hatte" bedeutet. Das Kind hat auch einen eigenen Namen für die Söhne des väterlichen Partners – *qatangun* –, die vielleicht seine Halbbrüder sind. Es weiß, daß ihm seine *qatangun* zu Hilfe eilen werden, sollte es einmal in Not sein.

Tausch ist im Leben der Eskimo eine Notwendigkeit, die sich nicht auf den Frauentausch beschränkt. Die Entdecker Nordamerikas hoben immer wieder die scheinbar übertriebene Wichtigkeit hervor, die Eskimo und Indianer Geschenken beimaßen. Häufig betonten die Entdecker ihre Enttäuschung, wenn Eskimo oder Indianer nicht die „Höflichkeit" besaßen, sich für Geschenke zu bedanken. Und stets waren sie erstaunt, daß die scheinbar gleichgültig hingenommenen Geschenke nicht vergessen, sondern später voll abgegolten wurden. Sie sahen im Schenken lediglich eine andere sonderbare Sitte der Eskimo, ohne den Gesichtspunkt des Tausches darin zu erkennen. Schenkt ein Eskimo etwas, so gibt er es zumeist einem Verwandten oder einem Partner. Unter engen Verwandten ist eine Gabe jedoch kein Geschenk, und deshalb bedankt sich der Beschenkte auch nicht überschwenglich. Ein Eskimo lobt den Jäger für die Art, wie er die Harpune handhabt, nicht aber, weil er den erlegten Seehund mit ihm teilt. Teilen gehört zu den Pflichten der Angehörigen und fällt nicht unter die Kategorie Geschenke. Peter Freuchen, ein Erforscher der Arktis, beging einmal den Fehler, einem Eskimojäger, mit dem er lebte, für ein Stück Fleisch zu danken. Freuchens falsches Benehmen wurde sofort korrigiert: „Du darfst dich nicht für dein Fleisch bedanken; es ist dein Recht, ein Stück zu bekommen. In diesem Land will niemand vom andern abhängig sein ... Mit Geschenken macht man Sklaven, wie man mit Peitschen Hunde macht."

Wesentlich für die Bedeutung des Tausches ist die Tatsache, daß im Leben des Eskimo Hungerzeiten und Zeiten der Fülle einander abwechseln. Ein Jäger mag zahlreiche Seehunde erlegen, während ein anderer eben eine Pechsträhne hat. Jeder, der von einer kapitalistischen Gesellschaft geprägt ist, weiß sehr genau, was er im Fall des Erfolgreichen tun wird; er wird den Preis hinauftreiben. In einer Eskimogesellschaft wäre das undenkbar – nicht etwa weil der Eskimo edler veranlagt ist als wir, sondern weil er weiß, daß er trotz seines heutigen Reichtums morgen in Not sein kann und wird. Er weiß, daß der Bauch des Freundes der beste Ort für seinen Überfluß ist, denn früher oder später wird er auf ein ähnliches Geschenk angewiesen sein. Der pure Selbsterhaltungstrieb hat dem Eskimo zum Ruf der Großzügigkeit verholfen, er hat ihm das Wohlwollen der Missionare eingetragen und aller anderen, die nach Beweisen für die angeborene Güte des Menschen dürsten.

Von Zeit zu Zeit kommt es zwischen den Eskimo zu, gelegentlich sogar zu sehr heftigen, Konflikten; die Ursache ist – erstaunlicherweise in einer sexuell so großzügigen Gesellschaft – immer Ehebruch. Wenn ein Mann dem Freund seine Frau leiht, so wird das nicht als Ehebruch betrachtet. Es ist auch nicht Ehebruch, wenn Mann und Frau gemeinsam mit anderen Paaren ein Spiel spielen, das als

„Lampe löschen" bekannt ist: nachdem das Licht gelöscht ist, nimmt man wahllos einen Partner des anderen Geschlechts. Nur wenn die Frau ohne ausdrückliche Zustimmung des Ehemannes Geschlechtsverkehr hat, spricht der Eskimo von Ehebruch. Da die Zustimmung praktisch immer gegeben wird, kommt dem Ehebruch eine andere Bedeutung zu, die mit sexueller Befriedigung wenig zu tun hat. Er ist eine unausgesprochene Herausforderung, und der beleidigte Gatte muß die Herausforderung beantworten, will er nicht den Rest seines Lebens in Schimpf und Schande zubringen.

Eine derartige Herausforderung endet fast immer mit Totschlag. Als der Forscher Knud Rasmussen 1920 eine Gemeinde von fünfzehn Eskimofamilien besuchte, stellte er fest, daß jeder der männlichen Erwachsenen zumindest einmal getötet hatte, und in jedem Fall war der Streit um eine Frau die Ursache gewesen. Es wäre allerdings irrig anzunehmen, der Eskimo messe dem Übergriff auf seine sexuellen Rechte mehr Bedeutung zu als andere Völker. Die Problematik liegt in der Gesellschaftsform der Eskimo, die keine klaren Gesetze für Heirat und Scheidung kennt. Ehe bedeutet lediglich ein Zusammenleben; Scheidung, daß man aufhört, zusammen zu leben. Bei einem so formlosen Arrangement fehlt jede Möglichkeit, die Verletzung der Rechte des andern genau zu bestimmen. Da man in der Eskimogesellschaft fortwährend etwas borgt, gibt es keine Definition dafür, wo beim Frauentausch das Borgen aufhört und die Aneignung beginnt. Borgt man eine Frau, so tut man dies nicht mit einem fixen Rückgabedatum wie bei einem Buch aus der Leihbibliothek. Richtige Beurteilung und guter Geschmack – und wahrscheinlich auch eine gewisse Feindseligkeit gegen den Gatten auf seiten des Borgers – bestimmen, wann die Frau zurückgegeben wird.

Fehden und Zweikämpfe

Der Tod des Entführers oder des beleidigten Ehemannes muß von den Verwandten des Ermordeten gerächt werden, und das mag zu neuerlichen Vergeltungsakten führen. Blutrache hat weder mit Ritterlichkeit noch mit großem Mut etwas zu tun. In allen Eskimogemeinschaften, mit Ausnahme jener des westlichen Grönlands, greift man zur List. Da der Mörder verpflichtet ist, für Frau und Kinder seines Opfers zu sorgen, führt die Blutrache manchmal zu grotesken Situationen. Ein Mörder zieht den Sohn seines Opfers als seinen eigenen Stiefsohn auf – und wenn dieser Junge mannbar wird, mag er derjenige sein, der späte Blutrache an seinem Ziehvater übt.

Verschiedene Einrichtungen sorgen dafür, daß Mord und Rache nicht überhandnehmen. Die Eskimo wissen sehr wohl, daß die Fehden eine potentielle Bedrohung ihrer Existenz darstellen, und die Familien sorgen oft für eine rasche Bestrafung des Übeltäters in ihren eigenen Reihen. Man versucht auch, einen Streit nicht in Mord ausarten zu lassen. Sobald ein Streitfall allgemein bekannt wird, fordern andere Mitglieder der Gruppe einen mit beiden Streitenden verwandten Mann zur Vermittlung auf. Hat jemand mehrmals getötet, so wird er für die Gesellschaft untragbar. Wer bereit ist, diesen Mann, in dem man eine soziale Bedrohung sieht, zu beseitigen, erhält bereits im voraus die Zustimmung der Gemeinschaft, sogar der Familie des unbelehrbaren Mörders. Er muß auch keine Rache fürchten, denn er handelt im Namen aller Mitglieder.

Faustkampf, Kopfstoßen, Ringen und Sängerwettstreit sind andere Möglichkeiten, einen Kampf zu entscheiden. Beim Faustkampf stehen die Gegner einander gegenüber und teilen so lange kräftige Schläge aus, bis einer von ihnen zu Boden fällt. Beim Kopfstoßen schlagen die Gegner mit der Stirn aufeinander ein, und wer seinen Stand verliert, erntet den Spott der Zuschauer. Der Ringkampf, an und für sich unblutig, nimmt gelegentlich ein tödliches Ende und ist eine der subtilsten Möglichkeiten, Blutrache zu üben. Die Kämpfe werden angekündigt und finden vor der versammelten Gruppe statt. Sie sind ein festlicher Anlaß; ungeachtet der Rechtslage wird der Sieger als der Stärkere gefeiert. Der Ausgang des Kampfes hat nichts mit Gerechtigkeit zu tun, aber der Sieger gewinnt nicht nur den Streitfall, sondern auch gesellschaftliches Ansehen.

In Alaska und Grönland werden alle Streitigkeiten, außer Mord, durch einen Sängerwettstreit ausgetragen. In diesen Gebieten wird ein Eskimo oft wegen seiner Schmählieder ebensosehr bewundert wie wegen seiner Fähigkeit bei der Jagd. Der Sängerwettstreit besteht aus Beleidigungen, Schmähungen und Obszönitäten, die die Streitenden einander zusingen, natürlich zum Entzücken der Zuhörer. (Übrigens hatte der Kalypso der Karibischen Inseln, der heute die Touristen amüsiert, den gleichen Ursprung.) Die Verse sind derb und treffend; ihre Absicht ist es, zu verhöhnen, und keine körperliche Mißbildung, keine persönliche Schande, kein dunkler Punkt in der Familie wird geschont. Während von den Gegnern ein Vers nach dem anderen gesungen wird, beginnt das Publikum Partei zu ergreifen; es applaudiert dem einen Sänger ein wenig länger, es belacht seine Spottverse ein wenig lauter. Schließlich bekommt nur noch er Beifall und wird damit zum Sieger in diesem unblutigen Kampf. Der Verlierer ist hart bestraft, denn die Mißbilligung der Gemeinschaft ist in einer so kleinen Gruppe schwer zu ertragen.

Eine kommunistische Gesellschaft?

Das Fehlen unserer konventionellen Vorstellungen vom Eigentum sowohl bei den Eskimo wie bei andern primitiven Gruppen führte vielfach zu der Theorie, daß der Kommunismus der Ausgangspunkt für die menschliche Gesellschaft gewesen sei. Rechtfertigen die Tatsachen eine derartige Schlußfolgerung? Die Eskimo kennen zwei Formen des Besitzes, nämlich kommunalen und persönlichen, aber es fehlt ihnen der Begriff des Privateigentums. Der natürliche Reichtum, von dem die Sippe lebt – die Flüsse mit ihren Fischen, die Tundra, in der die Karibus grasen, die Meeresküsten, wo die Seehunde und die Robben leben –, gehört allen und ist allen zugänglich. Zum persönlichen Eigentum zählen die Dinge, die von ihrem Besitzer hergestellt wurden: Waffen, Werkzeuge, Schmuck, Fetische und so fort. Diese Dinge sind jedoch nicht eigentlich Privateigentum, denn sie gehören nicht dem Individuum selbst, sondern der *Rolle,* die ihm in der Eskimogesellschaft zugewiesen ist. Es wäre grotesk, besäße eine Eskimofrau, der eine bestimmte Rolle in der Gesellschaft zufällt, eine Harpune, selbst wenn sie töricht genug wäre, ihre Energien auf die Herstellung einer solchen zu vergeuden. Der Begriff des persönlichen Besitzes ist auch eng gesteckt: es wäre unvorstellbar, daß ein Eskimo zwei Harpunen besitzt, während ein weniger glücklicher Verwandter nicht einmal eine sein eigen nennt.

Da die Eskimo kein Privateigentum kennen, könnte man meinen, ihre Gesellschaftsform sei kommunistisch. Damit ließe man aber einen wichtigen Punkt, der für primitive Gesellschaften kennzeichnend ist, außer acht. Kommunismus, wie ihn die moderne Gesellschaft versteht, bedeutet, daß die Produktionsmittel *allen* Bürgern gehören und es kein Ausbeutungsverhältnis gibt. Im modernen Kommunismus bezieht sich das „alle" auf die gesamte Bevölkerung. In der Eskimogesellschaft aber bezieht sich „alle" auf die Verwandten. Fast jeder ist mit dem andern verwandt, sei es durch Blutsbande, durch Heirat oder durch eine wirtschaftliche Partnerschaft. Die Eskimogesellschaften sind in Wahrheit eine große Familie, die enge Freunde mit einschließt. Sogar in kapitalistischen Ländern praktiziert man diese Art von „Familienkommunismus". Man ist den Kindern gegenüber großzügig, zu Neffen und Nichten freigebig, zu den Vettern gastfreundlich. Bevor man über die Großmut primitiver Menschen in Begeisterung ausbricht, sollte man daran denken, daß wir uns dann und wann – nämlich in unseren Beziehungen zu Verwandten und engen Freunden – ebenso verhalten, wie es bei primitiven Menschen Selbstverständlichkeit ist.

Die Geburt der Götter

Wer im Rahmen der westlichen Zivilisation aufgewachsen ist, wird zwischen dem Glauben der Eskimo und den ihm bekannten Religionen sehr wesentliche Unterschiede feststellen. Der Glaube der Eskimo gehört zu den primitivsten, die wir kennen, und beinhaltet die beiden Hauptelemente aller Religionen: Geisterglauben und Magie. Sämtliche anderen religiösen Vorstellungen, wie etwa Erlösung, Erleuchtung, Priesterschaft, Riten und Glaubensartikel, die man bei höherentwickelten Gesellschaften antrifft, fehlen. Vermutlich unterscheidet sich der Glaube der Eskimo nur wenig von den urtümlichen religiösen Anfängen der Menschen, allerdings werden wir das niemals beweisen können.

Die Streitfrage, wo die „Magie" aufhört und die „Religion" anfängt, ist alt; sie schien vor ein paar Jahrzehnten beantwortet, als die Gelehrten erklärten, es gäbe keine klar erkennbare Grenze, und die beiden Begriffe wurden daher oft durcheinandergeworfen. Trotzdem muß man zumindest eine Unterscheidung zwischen Magie und Religion machen. Der Magier glaubt, er könne andere Menschen ebenso wie die Natur durch die Ausführung bestimmter Handlungen unmittelbar beeinflussen. Die Magie besitzt Praktiken – und zu ihnen gehören Zauberei, Hexerei, Orakel, Weissagung und verschiedene Heilmethoden. Obwohl viele „religiöse" Menschen die Religion ebenfalls als Werkzeug benutzen, liegt ihre primäre und wesentlichste Bedeutung – im Gegensatz zur Magie – in umfassenden sozialen und kosmologischen Beziehungen.

Die Magie der Eskimo unterscheidet sich vom Christentum, Judentum, Islam und Buddhismus insofern, als sie weder versucht, das Verhalten der Gesellschaft als Ganzes zu beeinflussen, noch Glaubens- und Verhaltensvorschriften erteilt. An der Gesamtheit der unsichtbaren Welt ist sie nicht interessiert, sie beschränkt sich auf die Beziehungen des Individuums zu seiner Nahrung und seiner physischen Umwelt. Die Magie der Eskimo kennt Hunderte von Tabus, die jede Handlung bestimmen. Ein weiser Iglulik-Eskimo sagte einmal zu Knud Rasmussen: „Was wir glauben? Wir glauben nicht, wir fürchten." Damit ist die Einstellung der Eskimo und anderer Angehöriger primitiver Gesellschaftsformen treffend gekennzeichnet. Sie leben in einer Welt der Angst, der Enttäuschung, der Unzulänglichkeit und der Verwundbarkeit, in der die Geister alles beherrschen, was nicht erklärt werden kann. Der moderne Europäer oder Amerikaner kennt diese Art der Angst nicht, da er das, was dem Eskimo Furcht einflößt, dank seiner technischen Errungenschaften kontrollieren kann. Der Eskimo kennt an Stelle der Wissenschaft nur die Magie, mit deren Hilfe er die Kluft zwischen Verständlichem und Unverständlichem zu überbrücken vermag. Ohne Magie wäre sein Leben von ständigem Grauen erfüllt.

Tabus müssen gewissenhaft eingehalten werden. Ein Tabu zu verletzen bedeutet Sünde, und das Auffallendste an der Einstellung der Eskimo besteht darin, daß sie einen Sünder nicht verachten; die Gemeinschaft gefällt sich weder in einem Aufschrei der Empörung noch in selbstgerechten Predigten oder im Steinigen des Sünders. Mitleidig und verständnisvoll vereint sich die Gemeinde um den Unglücklichen. Man spricht ihm zu, sich von der Sünde zu reinigen, und er tut das, indem er einen Schamanen zu Hilfe ruft, der ihn jedes Detail der Tabuverletzung zu gestehen zwingt. Die Dorfbewohner sitzen im Hintergrund und singen Lieder der Vergebung für den bedauernswerten Sünder. Krankheit in der Seele des Übeltäters ist zumeist die Folge der Sünde, doch die Eskimo glauben, daß auch die Zauberkunst eines bösen Schamanen Krankheit auslösen kann. Zauberei ist etwas anderes als Faustkampf oder Mord; Zauberei ist das Böse, das in der Dunkelheit eines Iglus ausgeheckt wird.

Viele Soziologen nahmen an, Zauberei stünde im Zusammenhang mit den Nahrungsvorräten: je kärglicher die Nahrung, desto größer die Angst vor Hexerei. Das stimmt jedoch nicht. Verglichen mit den Eskimo, leben die Navaho von Arizona und New Mexico ein Leben in Luxus, und doch werden sie noch mehr von Zauber und Hexerei bedrängt. Wird ein Eskimo krank und führt er sein Leiden auf die magischen Kräfte eines feindseligen Schamanen zurück, so glaubt er, dem Schamanen etwas angetan zu haben, was nicht durch einen öffentlichen Sängerwettstreit, ja nicht einmal durch Mord wiedergutzumachen sei. In diesem Fall muß der Erkrankte Gift mit Gegengift bekämpfen; also mietet er einen freundlich gesinnten Schamanen, um dem heimlichen Angreifer entgegenzuwirken und dessen Kraft zunichte zu machen.

Damit nähern wir uns dem eigentlichen Kern der Hexerei: Sie

ist eine Aggression, für die die Gesellschaft kein anderes Ventil besitzt. Untersucht man das Symptom der Zauberei bei primitiven Gesellschaften, so zeigt sich, daß sie immer dort auftritt, wo Menschen mit ihren lebenswichtigen Problemen ohne gesetzliche Kontrolleinrichtungen fertig zu werden suchen. Nicht daß es in der Eskimogesellschaft Zauberei gibt ist verwunderlich, sondern daß sie nicht viel häufiger auftritt. Das ist auf die verschiedenen, bereits erwähnten gesellschaftlichen Mechanismen zurückzuführen: die öffentliche Verspottung, das Prestige, die Heranziehung von Verwandten zur Schlichtung eines Streites; das Vorhandensein einer Person, die den Mörder im Namen aller vernichtet. Diese gesellschaftlichen Mechanismen erfüllen eine ähnliche Kontrollfunktion wie Gesetz, Polizei und Justiz in höher organisierten Gesellschaften.

Das Verständnis der Hexerei in primitiven Gesellschaften hilft uns, eine historisch gewordene Hexenjagd in einer komplexeren Gesellschaft zu erklären: die Hexenjagd von Salem. Dem Ausbruch der Hexenhysterie in Salem um 1692 war ein nahezu vollkommener Zusammenbruch der Regierungsgewalt vorausgegangen. Als Jakob II. 1688 entthront wurde, zwang man Sir Edmund Andros, den Gouverneur von Neuengland, zur Abdankung. Zwei Jahre später wurde der Versuch unternommen, wiederum eine Kolonialverwaltung einzusetzen, doch die neuen Bestimmungen erwiesen sich als undurchführbar und unpopulär. Meinungsverschiedenheiten innerhalb der Kolonialverwaltung führten zu Zerwürfnissen zwischen Puritanern und Regierung. Auch die Kriege mit den Indianern verursachten Angst und Unruhe. Abgesehen von der allgemeinen Unsicherheit brach in Salem auch das gesamte Justizwesen zusammen. Die Gerichte setzten sich über die üblichen Praktiken der Verhöre und die Erbringung von Beweismaterial hinweg. Ein vollkommenes Chaos war die Folge, und so konnten hysterische Frauen Hunderte von Bürgern beschuldigen; fast dreißig Prozent der Angeklagten wurden hingerichtet, bevor die Ordnung wiederhergestellt werden konnte.

Der Schamane, ein Vermittler des Übernatürlichen

Geschlecht und Alter sind bei den meisten Eskimosippen bestimmend für die Arbeitsteilung – das Schamanenamt bildet eine Ausnahme. Das Wort „Schamane" kommt aus der Tungus-Sprache Sibiriens, doch der Schamane ist bei allen Eskimosippen und auch bei vielen amerikanischen Indianern von Bedeutung – besonders im Westen, wo er von den Weißen „Medizinmann" genannt wurde. Die Schamanen bewegen sich mit Gelassenheit im Reich des Übernatürlichen. Es ist ihre Aufgabe, mit dem Jenseits in Verbindung zu treten und sich mit den Geistern zu unterhalten. Die Eskimo glauben, man müsse Zwang auf die Geister ausüben, und ein weitverbreiteter Mythos der Eskimo erzählt, wie der Meeresgeist Sedna harpuniert werden mußte, um ihn zur Freigabe der Meerestiere für die Jagd zu zwingen.

Zwischen einem Schamanen und einem Priester bestehen markante Unterschiede. Ein Priester ist ein rechtsgültig eingesetzter „Spezialist", er gehört einer besonderen Gruppe an, die außerhalb der übrigen gesellschaftlichen Organisation steht. Ein Eskimo-Schamane kleidet sich genauso wie die andern und lebt wie die übrigen Mitglieder der Sippe. Er geht auf die Jagd oder schließt sich dem Walfischfang an; er kann verheiratet sein und Kinder haben. Er besitzt keine speziellen Privilegien oder Insignien außer dem Tamburin, einer einseitig bespannten Hauttrommel, die alle Schamanen benützen, wenn sie singen.

Es ist dennoch möglich, ihn zu erkennen. Man suche nach dem ungeschicktesten Jäger der Gruppe, nach einem, der geistig oder körperlich behindert ist, dessen Hände oder Füße nervöse Zuckungen ausführen; wahrscheinlich hat man den richtigen Mann gefunden. Der Schamane unterscheidet sich von allen andern. Manche Eskimo behaupten, sie könnten einen zukünftigen Schamanen bereits als Kind an bestimmten Zeichen erkennen: Er ist grüblerisch und introvertiert; er kann Ohnmachtsanfälle haben; er wird von Träumen beunruhigt und leidet an Halluzinationen und Hysterie. Der Schamane gehört zum psychologischen Typus des Neurotikers – an der Grenze zum Schizoiden. Die Eskimo glauben, daß der Schamane für seine Unterhandlungen mit den übernatürlichen Kräften außergewöhnlicher Voraussetzungen bedürfe. Die Eskimokultur ermutigt seine Halluzinationen und ermöglicht Zeremonien, bei denen er sich voll entfalten kann. Man zahlt ihm sogar, wenn die ersten absonderlichen Symptome auftreten.

Anthropologen behaupten, der Schamane erfülle eine wichtige Funktion, weil er die potentielle „Arktishysterie" der Gruppe auffange. Aber so einfach ist das nicht; es kann durchaus sein, daß der Schamane das Element der Aggression in der Eskimokultur verkörpert. Wer zum Schamanen wird, ist deutlich menschenfeindlicher, aggressiver und körperlich weniger geschickt als alle andern. Die Menschen, die der Schamane haßt – den erfolgreichen Jäger, den virilen Mann mit vielen Frauen, den Bootsbesitzer mit seinem hohen Ansehen –, sind die Menschen, die auch vom Rest der Gruppe beneidet werden. Anders als der gewöhnliche Eskimo kann der Schamane seine bösen Wünsche verwirklichen: Er kann den Beneideten mit Krankheit schlagen. Einem geübten Jäger kann es geschehen, daß er plötzlich kein Wild mehr findet – er wird sein Mißgeschick nicht auf den Zufall, sondern auf den bösen Einfluß eines Schamanen zurückführen. Er wird seinen eigenen Schamanen beiziehen und eine Zeremonie gegen den bösen Einfluß abhalten. Nach diesem Erlebnis wird der Jäger bescheidener sein: In Zukunft wird er sich hüten, mit seinem Jagdglück zu prahlen, wird er den andern mehr Wild überlassen und bei der Verteilung gerechter sein. Der Schamane und die ganze Gemeinde aber sind befriedigt, einen Stolzen erniedrigt zu sehen.

Bei jedem Gespräch über Schamanen kommt es immer wieder zu der Frage: Sind sie Scharlatane? Schamanen wenden viele Tricks, wie Bauchreden oder Taschenspielerei, an, um den Effekt ihrer Handlungen zu erhöhen. Geheimnisvolles Verschwinden gehört zu ihren Spezialitäten. Oft beeindruckt ein Schamane sein Publikum damit, daß er Blut erbricht; er kann dies, weil er zuvor eine mit Tierblut gefüllte Blase geschluckt hat und sie im geeigneten Moment mit seinen Bauchmuskeln aufbricht. Der Schamane weiß, daß er auf solche Tricks angewiesen ist. Dennoch ist er von seiner Fähigkeit, mit Geistern in Verbindung treten zu können, zutiefst überzeugt. Fällt er in Trance, so ist das eine echte Trance; hat er einen Anfall, so ist das ein echter Anfall. Er glaubt ehrlich an seine Aufgabe, und wenn er den Eindruck des Übernatürlichen verstärken kann, indem er sein Publikum ein wenig beschwindelt, so tut er es. Schamanen sind so überzeugt von ihrem Können, daß sie, wenn ihr Geist erkrankt, nach einem Kollegen schicken, damit er sie kuriere.

Tabu: Hindernis im Daseinskampf?

Das Leben der Eskimo wird durch zahlreiche Tabus eingeengt, die uns lächerlich vorkommen und den Eskimo in seinem Daseinskampf zu behindern scheinen. Ein Tabu verbietet zum Beispiel jegliche Arbeit während einer Trauerzeit. Stirbt jemand während des langen harten Winters, so ist Hungersnot die unvermeidliche Folge. Ein anderes Tabu verbietet trotz der herrschenden Materialknappheit den mehrjährigen Gebrauch der Werkzeuge zum Walfischfang.

Derartige Verbote laufen scheinbar den Interessen der Eskimo zuwider. Besitzen diese Tabus irgendeinen verborgenen Wert, oder ist es dem Eskimo gelungen, ihnen zum Trotz zu überleben?

Zweifellos wirken sich viele religiöse Regeln der Eskimo zu ihrem Schaden aus. Trotzdem halten sie diese Regeln ein, weil sie bestimmte soziale Vorteile bieten, die mit anderen Methoden nicht zu erringen wären. Alle Tabus – das ist bemerkenswert – betreffen ausschließlich triviale Dinge, und sie sind ebenso rigoros wie die Aufnahmeriten junger Männer in manche Studentenverbindungen, die eine minuziöse Beachtung unwesentlichster Kleinigkeiten erfordern. Auch sie fördern den Zusammenhalt, denn alle leiden gemeinsam. In der primitiven Eskimogesellschaft schaffen gemeinsame Ängste und die gewissenhafte Einhaltung aller Verhaltensregeln eine soziale Bindung. Hätten die Eskimo einen derartigen sozialen Mechanismus auszuklügeln versucht, sie hätten vermutlich keinen besseren gefunden als den, der durch die Befolgung der verschiedensten Tabus entsteht.

Heute hat sich das Leben der Eskimo verändert; die Weißen haben ihnen ihre Technik gebracht, die zu einer neuen Umweltsbeziehung und zu neuen Bindungen zwischen den Sippen geführt hat. Der kommerzielle Erfolg brachte mit sich, daß sich die kleinen Eskimosippen in größeren Dörfern zusammenschlossen. Die Eskimo importieren heute Konserven aus gemäßigten und tropischen Ländern, die ihnen über den langen Winter hinweghelfen. Sie sind zu einer Bargeld- und Kreditwirtschaft übergegangen. In den Fischkonservenfabriken und mit der Herstellung von Specksteinplastiken für Touristen verdienen sie Geld. Doch trotz der offensichtlichen Veränderungen in ihrer Lebensweise haben diese Eingeborenen Amerikas – die ersten, die dem weißen Mann begegnet sind – mehr von ihrer Kultur erhalten als jede andere Eingeborenengruppe Nordamerikas.

IV

Das subarktische Gebiet:
Eine zweckmäßige Lebensform

Die gemischte Sippe

Im Süden des Tundrareiches der Eskimo, westlich von Neufundland nahezu bis zur Beringstraße, erstreckt sich der grüne Teppich des subarktischen Nadelwaldgürtels. Die Wälder sind reich an Wild, an Rehen, Hirschen, Elchen, Bären und allen möglichen kleinen Pelztieren. Karibuherden leben im Grenzgebiet zwischen Wald und Tundra; das in den endlosen Wäldern beheimatete dunkelbraune Waldkaribu ist heute schon selten geworden. Fische tummeln sich in kalten Gletscherseen und reißenden Flüssen. Im Spätfrühling ist der Himmel voll von Vögeln. Überall im Gebiet dieses Waldes gab es früher Indianer; sie gehörten zwei großen Sprachgruppen an, den Algonkin und den Athapasken; heute noch bewohnt eine Anzahl von ihnen ihr altes Land. Jene, die südlich und östlich der Hudson Bay leben, sprechen Algonkin: es sind die Montagnais und die Naskapi von Labrador, die Micmac von New Brunswick, die Penobscot von Maine, die Chippewa oder Ojibwa von Ontario. Die westlich davon lebenden Indianer – Gelbmesser, Chippewa, Kaska, Slave und Biberindianer – gehören zur Sprachgruppe der Athapasken.

Trotz der Verschiedenheiten zwischen den beiden Sprachfamilien haben die Indianerkulturen dieses riesigen Gebietes vieles gemeinsam. In frühester Zeit jagten Algonkin wie Athapasken die verschiedensten Säugetiere, Fische und Vögel, aber kaum hatten sich französische und englische Handelsposten etabliert, gingen die Indianer zum Fallenstellen über. Obwohl ihre Umwelt nicht weniger hart war als jene der Eskimo, unterschieden sich die Indianer der subarktischen Zone in vieler Beziehung von den Eskimo. Sie bauten keine Iglus, sondern errichteten kegelförmige Fellzelte; statt der Hundeschlitten verwendeten sie Toboggans; an den Füßen trugen sie nicht Seehundstiefel, sondern Mokassins; sie bauten Kanus aus Birkenrinde an Stelle des Kajak.

Wir besitzen nur wenig Material über die frühgeschichtliche Kultur der Algonkin und Athapasken, denn die Ankunft der Pelzhändler brachte einen raschen Wandel mit sich. Außerdem schleppten die Weißen Krankheiten ein, die sich seuchenartig verbreiteten und eine

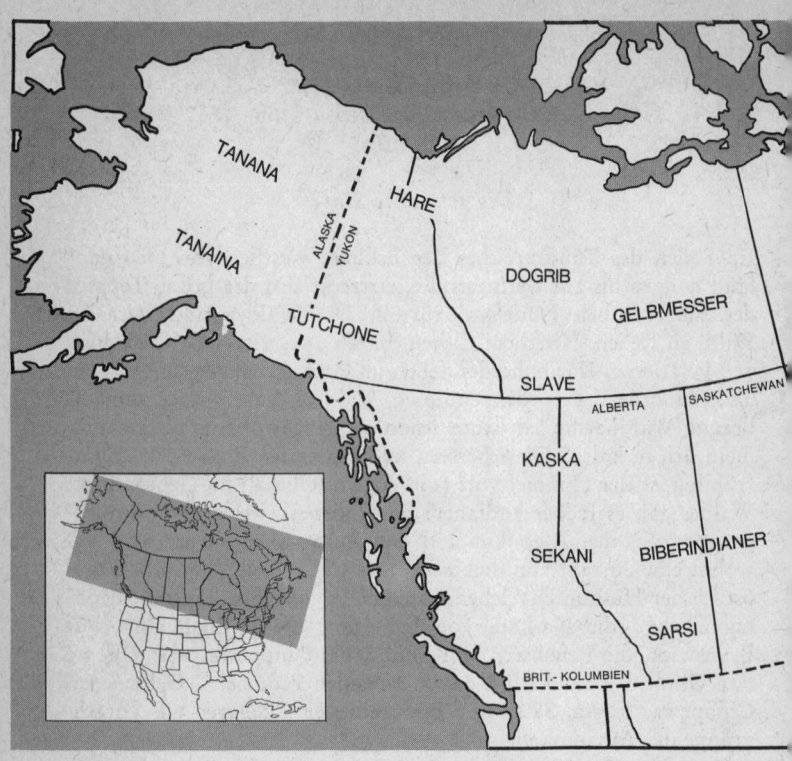

ungeheure Zahl an Opfern forderten. Da sie keinerlei Abwehrkräfte gegen die Pocken besaßen, wurde um 1780 fast die gesamte Indianerbevölkerung Kanadas durch eine einzige Epidemie ausgerottet. Ein Mitglied der Hudson's Bay Company berichtet, daß allein diese Epidemie neun Zehntel der Chippewa dahinraffte, und sie war nur eine von vielen Epidemien. Die Ojibwa, einst eine der größten Indianergruppen nördlich von Mexiko, wurden von derartig vielen Katastrophen heimgesucht, daß ihre Zahl bereits 1670 auf hundertfünfzig herabgesunken war. Neben diesen Krankheiten brachten Kriege innerhalb der Gruppen, Hungersnot und Abwanderung in andere Gebiete eine weitere Entvölkerung mit sich.

Die Ankunft der Weißen ließ die echten Indianersippen – sie waren auf Verwandtschaftsbasis organisiert – schlagartig auseinanderfallen. In frühgeschichtlicher Zeit hatten Jagd- und Verteidigungsgemeinschaften, strenge Ehebündnisse und viele andere Vor-

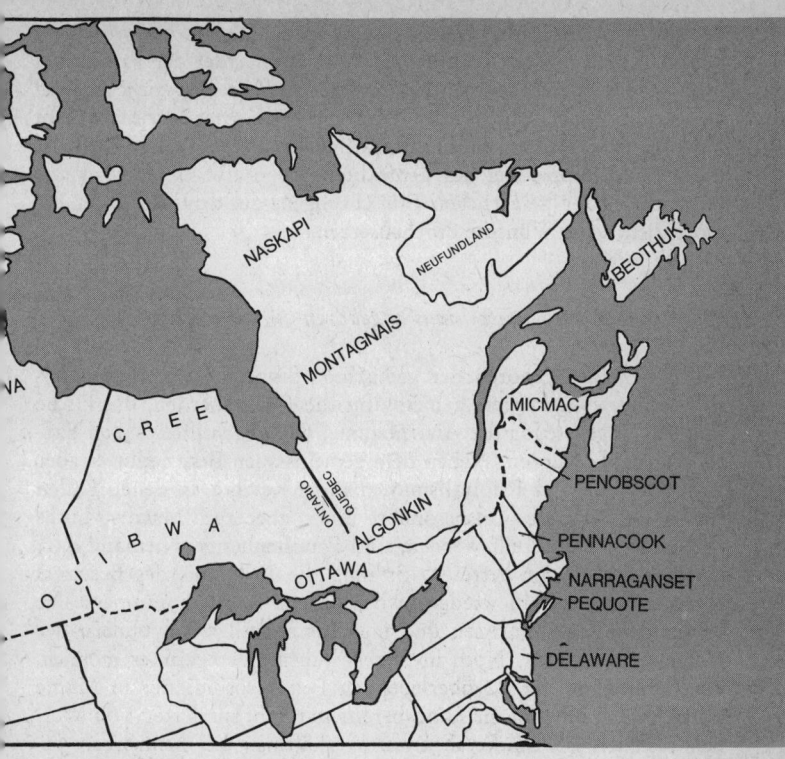

schriften den Sippen eine feste Struktur gegeben. Doch wenige Jahrzehnte nach der Ankunft der Weißen war die Sippenorganisation fast überall in der gesamten Subarktis zerfallen. Die wenigen Indianer, die Krieg, Hungersnot, Krankheit und Wanderzüge überlebt hatten, beendeten ihre Feindseligkeiten untereinander und verschmolzen zu „gemischten Sippen" – einer losen Konföderation von Familien, deren Regeln hinsichtlich Heirat, Verwandtschaft und Wohnort nicht klar definiert waren.

Die gemischte Sippe ist komplexer als die gesellschaftlichen Organisationen der Eskimo und der Shoshone, aber einfacher als die patrilokalen Sippen einiger kalifornischer Gruppen, die im folgenden Kapitel besprochen werden. Die gemischte Sippe ist ein Zusammenschluß von Familien – manchmal von einigen hundert Menschen –, der mehr auf Zusammenarbeit als auf Verwandtschaft beruht. Jeder Mann kann jede Frau heiraten, solange sie nicht nahe

65

verwandt ist; nach der Heirat gibt es keine Regeln, die vorschreiben, daß man mit der Familie des Mannes oder der der Frau leben muß – oder mit keiner von beiden. Der Anführer ist nicht nur ein anerkannt guter Jäger, sondern auch ein geschickter Händler; beim Verkauf der Pelze an die Hudson's Bay Company vertritt er meist die gesamte Sippe. Bei der gemischten Sippe gibt es jedoch keine politischen oder gesetzlichen Einrichtungen, die dem Anführer ermöglichen, seine Wünsche durchzusetzen.

Ist der Kapitalismus angeboren oder erworben?

Im allgemeinen gehören der gemischten Sippe die wichtigsten Bestände ihres Jagdreviers gemeinsam: die Karibuherden, die Fische und die Vögel, sogar die Ahornbäume, die wegen ihres süßen Saftes angezapft werden. Neben dem gemeinsamen Besitz gibt es aber auch noch eine Art Kapitalismus; manche Reviere, in denen Fallen für kleine Pelztiere – insbesondere Biber, aber auch Marder, Luchs und Otter – aufgestellt werden, sind Familienbesitz. Niemand darf ein fremdes Revier betreten. Er muß die Erlaubnis des Besitzers einholen und diesem wiederum das gleiche Recht einräumen. Die Reviere sind fest umrissen und die Grenzen allen Bewohnern der Umgebung bekannt. Noch in diesem Jahrhundert war es möglich, die Jagdreviere der 22 überlebenden Penobscotindianer in Maine festzustellen, obwohl ihr Land bereits seit Jahrhunderten von Weißen besiedelt ist. Solche Eigentumsverhältnisse bei primitiven Jägern scheinen darauf hinzuweisen, daß der Kapitalismus – obwohl Eskimo und Shoshone kein Privateigentum kennen – vielleicht doch zu den primitiven Trieben der Menschheit gehört. Aber ist das wirklich so?

Wer bei diesen Indianern nach einem Streben zur reinen Form des Kapitalismus sucht, wird enttäuscht werden. Erstens ist es zweifelhaft, ob derartige Jagdreviere vor der Ankunft der Weißen überhaupt existierten. Die Indianer der Subarktis gehörten zu den Gruppen, die bereits lange vor der Gründung der Hudson's Bay Company im Jahre 1670 dem Einfluß der Weißen ausgesetzt waren. Im 16. Jahrhundert hatten die Franzosen Handelsgesellschaften gegründet, und bereits 1550 schickte man französische Schiffe nach Kanada, um mit den Indianern Handel zu treiben. Indianersippen aus der Gegend von Quebec und Tadoussac dienten schon damals als Mittelsmänner beim Handel mit entfernt lebenden Sippen weiter im Norden und im Westen.

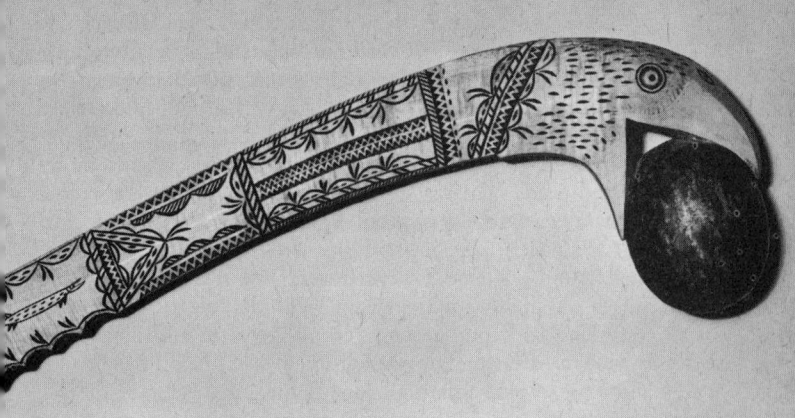

Dieser Ojibwa-Tomahawk zeigt – obwohl um 1900 geschnitzt und etwas reicher geschmückt als die Tomahawks der Frühzeit – die traditionelle Form der Kugelkopfkeule der nördlichen Algonkin.

Die Franzosen mit ihrer Jagd auf Pelze gaben den Indianern bereits zu diesem frühen Zeitpunkt eine Einführung in den Kapitalismus. 1611 schrieb Champlain, die Indianer seien schon sehr gewitzigt, „denn sie warten die Ankunft von mehreren Schiffen ab, um die Waren billiger zu bekommen. So sind jene Leute im Irrtum, die da glauben, sie könnten bessere Geschäfte machen, wenn sie als erste kämen; dazu sind die Indianer jetzt zu schlau". 1632 stellte der Jesuitenpater Paul Le Jeune fest: „Jetzt, da sie bei den Franzosen Umhangtücher, Decken und Hemden einhandeln, gibt es auch viele, die diese Dinge gebrauchen." Um 1670 waren die von den Indianern hergestellten Gegenstände bereits zur Gänze von europäischen Töpfen, Messern und eisernen Pfeilspitzen verdrängt. Der Handel war so sehr zu einer Lebensform geworden, daß die Indianer weitgehend von den Lieferungen, die sie von den Handelsposten erhielten, abhängig waren. Es ist also klar, daß das Wirtschaftssystem der Eingeborenen bereits sehr früh von den Weißen zerstört wurde, die alle Begleiterscheinungen des europäischen Kapitalismus einführten; die Händler verlockten die Indianer durch Zurschaustellung ihrer Waren zum Kauf und förderten auf jede mögliche Weise den Hang zum kapitalistischen Denken.

Als die Weißen die Indianer dazu brachten, für den *Handel* und nicht nur für den eigenen *Gebrauch* zu produzieren, revolutionierten sie damit das gesamte Wirtschaftssystem der Subarktis. Die Aufmerksamkeit der Indianer wandte sich von den Produkten des Landes ab und konzentrierte sich auf den Landbesitz. Vor der Ankunft der Weißen ging eine typische Algonkinsippe gemeinsam auf die Jagd und teilte danach die Beute. Da das Jagdglück jedoch wechselnd war, entwickelte sich ein System der gegenseitigen Versorgung der Familien; ein solches System stellte eine primitive Versicherung dar und bot eine Sicherheit, auch wenn die Jagd schlecht ausfiel. Doch als die Algonkin weniger für den eigenen Gebrauch als für den Handel produzierten, veränderten sich auch ihre wirtschaftlichen Traditionen. Die wesentlichen wirtschaftlichen Bande waren nicht mehr jene innerhalb der Sippe, sondern jene zu den weißen Händlern. Aus der Zusammenarbeit innerhalb der Sippe wurde ein Konkurrenzkampf zwischen den Sippenangehörigen. Benachbarte Familien stellten nicht mehr eine Versicherung gegen Notzeiten dar, im Gegenteil, sie waren eine Konkurrenz bei der Jagd nach Fellen.

In Notzeiten konnten die Indianer immer mit einer Anleihe von den Handelsstationen rechnen. Um die Anleihe zurückzuzahlen und sich die verlockenden Waren leisten zu können, mußten sie mehr Felle sammeln. Wenn die Athapasken und Algonkin früher das Land und den Tierbestand schonten, so nur deshalb, weil ihnen die nötigen technischen Voraussetzungen fehlten, um viele Tiere zu töten, und der Markt, um die Felle abzusetzen. Kaum trat der weiße Händler in Erscheinung und bot den Indianern gute Gewehre und einen anscheinend unbegrenzten Fellmarkt, da begann eine Orgie der Verwüstung. Bereits anfangs des 17. Jahrhunderts beklagte Pater Le Jeune die Massenschlächterei: „Wenn die Wilden eine ihrer Behausungen (der Biber) finden, dann töten sie alle, Weibchen und Männchen, groß und klein. Es besteht die Gefahr, daß bald die gesamte Spezies in dieser Gegend ausgerottet sein wird; bei den Huronen ist es schon so weit."

Trotz des von den Handelsstationen eingeführten kapitalistischen Wirtschaftssystems gelang es den Indianern, zumindest einige ihrer Lebensformen beizubehalten. Dem Anführer der Sippe, der früher den verschiedenen Familiengruppen ihre Jagdreviere zugewiesen und für eine gleichmäßige räumliche Verteilung der Familien gesorgt hatte, kam nun eine neue Funktion zu: Er half den Familien, mit den weißen Händlern unter günstigen Bedingungen Tauschhandel zu treiben. Vermutlich half er den Familien auch, ihre eigenen Jagdreviere auszustecken. Diese brachten eine immer größer werdende Ausbeute, da die Familien in ihrem Revier bald jeden Stein kannten.

Berücksichtigt man ihre geringe Erfahrung mit Kapitalismus und individuellem Besitz, so muß man sagen, daß die Indianer sich den veränderten Verhältnissen ausgezeichnet anpaßten. Sie waren bei weitem nicht so kapitalistisch orientiert und so wettbewerbsbetont, wie die Anthropologen lange Zeit angenommen haben. Jede Familie hatte das Recht, auf dem eigenen Land Fallen zu stellen, und wenn die Landzuweisung ungenügend war, konnte die Familie vom Anführer eine Korrektur verlangen. Derartige Forderungen waren fast immer berechtigt und ehrlich, denn es wäre sinnlos gewesen, mehr Land zu verlangen, als man bewältigen konnte. Mit Grundbesitz wurde überhaupt nicht gehandelt, also hatte auch niemand Anlaß, seinen Besitz zu vergrößern oder sich den des Nachbarn anzueignen.

Eindrucksvoll war die Anpassung an Kapitalismus und Grundbesitz in Beibehaltung der traditionellen Zusammenarbeit der Sippe. Eigentumsverletzung war dann gegeben, wenn jemand das Revier eines andern betrat – doch nur dann, wenn er *Felle zu Verkaufszwecken* gewinnen wollte. Betrat er das fremde Revier, um zu fischen, Beeren zu sammeln oder einen Baum für den Bau eines Kanu zu entrinden, stellte dies keine Eigentumsverletzung dar. Das heißt, die Produkte des Landes waren immer noch gemeinsamer Besitz. Eigentumsverletzung bezog sich nur auf die Felle, die den weißen Händler interessierten. Ein Indianer durfte im fremden Revier sogar einen Biber töten, wenn er hungrig war, doch das Fell mußte er dem Revierbesitzer aushändigen. Das Revier ist kein Beweis für ein angeborenes Streben nach Besitz, nicht einmal auf dem primitiven Niveau der Sippe. Es ist lediglich ein Beispiel dafür, wie eine eher lockere und daher flexible gesellschaftliche Organisation einer Herausforderung begegnen und sich anpassen kann.

Die soziale Funktion der Angst

Man muß sich fragen, warum diese Indianer das Revier des anderen so gewissenhaft respektieren, warum sie einander so viel Freundlichkeit erweisen – möchte man doch meinen, daß das Fehlen von Gottesfurcht, Polizei, Gefängnissen und jeder anderen Art von Kontrolle weidlich ausgenutzt würde. Richtig, Athapasken und Algonkin kennen den Zwang religiöser und weltlicher Institutionen nicht, aber dafür lenkt etwas anderes ihr persönliches Verhalten: die Angst. Alle primitiven Menschen sind von furchtbaren Angstgefühlen geplagt, und Tag für Tag müssen sie gewissenhaft eine Unzahl sinnloser Regeln beachten, die uns oft lächerlich erscheinen.

Die soziale Funktion der Angst wurde von A. I. Hallowell von der Universität des Pennsylvania Museums sehr sorgfältig untersucht, und zwar an den Salteaux, einem Stamm der Ojibwa, die östlich des Lake Winnipeg in Manitoba, Kanada, leben. Die wichtigste Sanktion, die das Verhalten der Salteaux bestimmt, ist die Angst vor Krankheit. Leichte Kopf- oder Halsschmerzen mögen nur unbestimmte Angstgefühle hervorrufen, doch jede etwas ernstere Krankheit löst ein Trauma aus, das zu den möglichen Gefahren der Krankheit in keinem Verhältnis steht. Jede Krankheit ist eine Strafe für das, was der Salteaux „böses Verhalten" nennt. Zahlreich sind die Handlungen, die eine Krankheit hervorrufen können, und zu ihnen gehören Beleidigungen, mangelnde Ehrfurcht vor den Toten, Grausamkeit zu Mensch und Tier, Inzest, sexuelle Perversion, Mord.

Böses Verhalten muß nicht sofort Krankheit nach sich ziehen. Die Verfehlung mag jahrelang ruhen, um dann eines Tages ganz plötzlich die Bestrafung zu verursachen; ein Mann kann in seiner Jugend einen Frevel begehen, der Jahrzehnte später eine Krankheit seiner Kinder hervorruft. Was immer die Ursache sein mag, ein Mensch ist niemals sicher, wie schwer seine Krankheit sein wird. Er leidet unter einer Angstreaktion: Ein Gefühl der Hilflosigkeit befällt ihn, das er nicht loswerden kann, bevor die Ursache der Erkrankung festgestellt ist.

Die Krankheit kann nur auf eine Weise bekämpft werden: durch die Beichte. Aber sie ist keine Beichte in dem uns vertrauten Sinn. Wir gehen davon aus, daß jedes Geständnis, das wir einem Priester, einem Psychoanalytiker, einem Freund oder einem Anwalt machen, streng vertraulich behandelt wird. Bei den Salteaux aber liegt der Sinn der Beichte gerade in ihrer Öffentlichkeit – der Frevler muß die volle Erniedrigung der Selbstanklage erleiden. Gesteht er seine Schuld und beichtet er den Sippenangehörigen in allen Einzelheiten, wo und wie er sich vergangen hat, so bewahrt er die anderen davor, einen ähnlichen Fehler zu begehen. Er stärkt auch das Glaubenssystem, denn sein Geständnis verbreitet sich schnell unter der ganzen Sippe. Die Jungen hören endlose Gespräche darüber und erfahren auf diese Weise, welches Verhalten von ihnen erwartet wird.

Weder die Shoshone aus dem Great Basin noch die Eskimo glauben an eine Wiedergeburt, doch bei den Algonkin und den Athapasken ist dieser Glaube weit verbreitet. Träumt ein Mensch von Ereignissen aus seinem früheren Leben, so ist das ein klarer Beweis dafür, daß er wiedergeboren wurde. Ein junger Mann von den Parry Island-Ojibwa am Huronsee träumte, ein bestimmtes Grab enthielte etwas für ihn Wertvolles. Als man das Grab öffnete und ein Gewehr fand, meinte man, er sei die Reinkarnation des Indianers, den man dort vor hundert Jahren begraben hatte. Wiedergeburt unterscheidet sich wesentlich vom einfachen Geisterglauben der Shoshone und Eskimo. Zum Unterschied von wiedergeborenen Wesen nehmen Geister niemals eine körperliche Gestalt an und kommen nicht als andere Personen auf die Welt. Warum also taucht der Glaube an eine Wiedergeburt bei den gemischten Sippen auf und nicht auf der tieferen Organisationsstufe der Familie? Die Antwort liegt in der unterschiedlichen Lebensweise. In der gemischten Sippe leben mehrere Familien in relativer Isolation von anderen Sippen beisammen und haben gemeinsame Verhaltensnormen. Eine solche kleine Gruppe ist eine Welt für sich. Die besonderen Persönlichkeitsmerkmale eines jeden sind den andern wohlbekannt. Man weiß von einem, daß er die Arbeit scheut, von einem andern, daß er ein Wüstling ist, von einem dritten, daß er besonders schöne Bogen verfertigt. Die Art, sich zu kleiden, eine charakteristische Bewegung, ein bestimmter Tonfall kennzeichnen jedes Individuum in irgendeiner Weise.

Es gibt noch einen anderen Faktor, der für den Glauben an eine Wiedergeburt notwendig ist: Die Familien müssen Generationen hindurch eine Gemeinschaft bleiben. Etwas, wie zum Beispiel der Besitz der Jagdreviere, muß gegeben sein, was die Generationenfolge an das gleiche Land bindet. Nur so erstreckt sich der Einfluß eines Individuums auf künftige Generationen. Das Enkelkind mag Geschichten über Eigenheiten und Eigenschaften des Großvaters hören; taucht eine solche Eigenart dann eine Generation später wieder auf, so ist die einfachste Erklärung dafür – die Wiedergeburt.

Die Umstände, die zum Glauben an die Wiedergeburt führen, können bei komplexen Gesellschaften ebenso vorhanden sein wie bei einfachen Sippen. Viele große Häuptlingtümer und sogar Staaten bestehen aus zahlreichen kleinen und isolierten Siedlungen. Wie aber kann man den weit verbreiteten Glauben der Inder an die Wiedergeburt erklären, die zumeist nicht in kleinen Siedlungen, sondern in großen Dörfern und Städten leben? In einem wesentlichen Punkt gleicht die indische Gesellschaft jedoch den Völkern der kanadischen Subarktis; das Gemeinsame ist das Kastensystem. Die Bewohner jedes großen indischen Dorfes sind in viele Kasten unterteilt; die Mitglieder einer Kaste leben nahe beisammen, heiraten untereinander, feiern gemeinsam Feste und lachen über Scherze, die vielleicht nur ihnen allein verständlich sind. Eine große indische Stadt besteht in Wahrheit aus vielen kleinen getrennten Gemeinden, die auf Kasten basieren und sich durch Generationen unverändert erhalten. Man untersuchte zum Beispiel ein indisches Dorf von achthundert Einwohnern – es war also viel zu groß, um jene intime Kenntnis von Persönlichkeitsmerkmalen zu erlauben, die die Voraussetzung für einen Glauben an die Wiedergeburt bildet. Das Dorf bestand jedoch aus 35 getrennten Kastengemeinschaften. Jede Kastengemeinschaft war von der andern isoliert, jede gab das Wissen über die Persönlichkeiten ihrer Mitglieder von Generation zu Generation weiter und machte so einen Glauben an die Wiedergeburt möglich.

Totem und Tabu

Eine der faszinierendsten Glaubensvorstellungen der Menschen der Subarktis konzentrierte sich um das Totem. Jede Familie hatte ein bestimmtes Tier als „Kennzeichen", und oft leiteten sich die Personennamen von diesem Tier ab. Man glaubte entweder an eine direkte Abstammung von dem betreffenden Tier oder an einen legendären Vorfahren, der mit diesem Tier in Verbindung stand. Das Wort „Totem" stammt aus der Algonkinsprache der Ojibwa; ihr Ausdruck *ototeman* bedeutet etwa „er ist mein Verwandter".

Eine Gruppe von Penobscot, die nahe der Küste von Maine lebte, gibt ein gutes Beispiel dafür ab, wie komplex der mit dem Totemismus verbundene Glaube ist. Verschiedene Familien behaupten, in einer Verbindung zu bestimmten Wassertieren zu stehen; es gab zwei Kategorien davon: Salzwassertotems (Wal, Sculpin, Krabbe, Stör, Barsch und Hummer) und Süßwassertotems (Frosch und Aal). Ungeachtet des eigenen Totems erklärten alle Penobscot ihre Verbindung mit dem bestimmten Tier mit demselben Abstammungsmythos: Einst schluckte ein riesiger Frosch alles Wasser auf Erden und verursachte eine weltweite Dürre. Ein mythischer Held erschlug ihn und befreite das Wasser. Manche Menschen waren jedoch so durstig, daß sie sich ins Wasser stürzten und in Wassertiere verwandelt wurden. Ihre Angehörigen, die der Verwandlung entgangen waren, nahmen die Namen dieser Tiere an und wurden zu den Begründern der verschiedenen Penobscotfamilien. Im Laufe der Zeit nahmen ihre Nachfahren manche Merkmale und Eigenheiten ihrer Totemtiere an. Jene zum Beispiel, deren Totem der Sculpin (Myococephalus) war – ein knochiger, großmäuliger und eher häßlicher Fisch von der Küste Neuenglands –, standen in dem Ruf, häßlich zu sein, obwohl objektive Beobachter manche von ihnen durchaus hübsch fanden.

Jede Gruppe glaubte, daß das Tier, dessen Namen sie trug, in ihrem Revier in besonders großer Zahl vorhanden sei. Das Totemtier wurde getötet und gegessen, allerdings mußten dabei manchmal bestimmte Riten eingehalten werden; zuerst mußte man die Erlaubnis des Tieres einholen, es zu töten, und nach erfolgter Tötung entschuldigte man sich bei dem Tier. Viele Penobscotindianer glaubten auch, daß sich ein Totemtier jenen Jägern und Fischern bereitwilliger anböte, die seinen Namen trugen.

Wahrscheinlich wurde auf kein anderes anthropologisches Thema so viel Tinte und Papier verschwendet wie für den Totemismus, da er in den verschiedensten Kulturen auf der ganzen Welt zu finden ist. Psychologen, Soziologen, Anthropologen und Volkskundeforscher haben sich damit beschäftigt, konnten sich jedoch nicht einigen. Freuds ausführliches und bekanntes Werk „Totem und Tabu" (1918) veranschaulicht die Mühe, die von den Wissenschaftlern aufgewandt wurde, um eine Erklärung zu finden. Freud behauptet: Jedes Kind männlichen Geschlechts hat den angeborenen Wunsch, mit seiner Mutter zu schlafen, und wünscht daher den Tod des Vaters, seines Rivalen, herbei. In der frühgeschichtlichen Horde hatte die Ermordung des Vaters durch eifersüchtige Söhne tatsächlich stattgefunden. Später wurde dieser Mord jedoch stellvertretend vollzogen. Die rituelle Schlachtung eines Tieres wurde zum Ersatz für den Vatermord. Auf diese Weise wird eine Versöhnung mit dem Vater durch einen Vaterersatz, durch das Totemtier, herbeigeführt. Studien über verschiedene Kulturen auf der ganzen Welt konnten keinen Beweis für die Richtigkeit von Freuds Theroie erbringen – weder für Teile der Theorie noch für die Theorie als solche. Heute wird sie von den Anthropologen einmütig abgelehnt, doch scheint das der einzige Punkt zu sein, in dem alle übereinstimmen.

Claude Lévi-Strauss, der hervorragende Anthropologe am Collège de France, hat den Totemismus in allen Teilen der Welt studiert und versucht, einen gemeinsamen Faktor zu finden. Er entdeckte, daß der Totemismus immer mit Dualität oder Gegensätzlichkeit verbunden ist.

Die Dualität der Totems kann durch zwei miteinander verwandte Tierarten oder, wie bei den Haida aus Britisch-Kolumbien, durch zwei rivalisierende Tiere, nämlich Adler und Krähe, zum Ausdruck kommen. Die Krähe versucht ihre Nahrung durch List oder Diebstahl vom Adler zu bekommen, obwohl der Adler um vieles stärker ist. Wo immer man den Totemismus genauer untersucht, besteht er aus zwei Gegensätzen, die zumindest ein gemeinsames Merkmal besitzen, das einen Vergleich erlaubt. Adler und Krähe sind beide Vögel, doch die Gewohnheiten des einen werden niemals die Gewohnheiten des andern werden.

Alle Totems der Penobscot gehörten zu den Wassertieren, sie sind jedoch in Salzwasser- und Süßwassertiere unterschieden. Die Ojibwaindianer von Parry Island, deren Totemtiere Vögel waren, teilten diese in Vögel der Luft (wie den Adler) und Vögel des Wassers (wie den Haubentaucher); jene, die Säugetiere zu ihren Totems machten, teilten sie in Landtiere (Elch, Wolf) und Wassertiere (Biber, Otter).

So besehen, gewinnt der Totemismus eine neue Bedeutung für das Verständnis menschlicher Gesellschaften. Claude Lévi-Strauss erklärt: „Die Totemtiere sind nicht länger ausschließlich Geschöpfe, die man fürchtet, bewundert oder beneidet: ihre Realität bietet die Verkörperung von Ideen und Beziehungen, die durch geistige Überlegungen auf der Basis empirischer Beobachtungen erfaßt wurden. So verstehen wir auch, daß Tierarten nicht deshalb ausgewählt wurden, weil sie gut zum Essen, sondern weil sie ‚gut zum Denken‘ waren."

Der Totemismus wurde so lange Zeit mißverstanden, weil die Anthropologen meinten, der primitive Mensch sei nur daran interessiert, seinen Magen zu füllen. Der Primitive denkt jedoch nicht sosehr an das einzelne Totemtier als an die Dualität. Ein Totem allein ist sinnlos; es bekommt erst dann Bedeutung, wenn es zu einem oder mehreren anderen Totems in Verbindung gesetzt werden kann, die im allgemeinen ähnlich, im besonderen aber verschieden sind. Spricht ein Indianer von zwei verschiedenen Arten von Totemtieren, betont er nicht ihre Tierhaftigkeit – sondern ihre Dualität.

Es gibt nur einen stichhaltigen Grund für die Akzentuierung einer solchen Dualität, und der ist kein psychologischer, sondern ein sozialer: Totems dienen zur Definierung der Eheverbindungen. Besonders in einer gemischten Sippe wird die Blutsverwandtschaft oft vergessen, und damit entsteht die Gefahr des Inzests. So muß eine Methode gefunden werden, mit deren Hilfe ein Mann feststellen kann, ob er mit dem Mädchen, das er zur Frau nehmen will, verwandt ist. Auf das Gedächtnis allein kann er sich nicht verlassen, denn Krankheit und Hungersnot haben zu viele von den Alten dahingerafft, die um die Familienbeziehungen gewußt hätten. Auf die Zugehörigkeit des Mädchens zu einem bestimmten Totem aber kann er sich verlassen. Wenn beide, Mann und Frau, dem Adlertotem zugehören, dann gelten sie als verwandt (auch wenn sie das in Wahrheit nicht sind) und dürfen nicht heiraten. Ist aber der eine Adler und der andere Haubentaucher, so garantiert die Dualität der Totems, daß sie nicht blutsverwandt sind und daher heiraten dürfen.

Die Gesellschaftsformen der Shoshone, der Eskimo, der Algonkin und der Athapasken des Nordens mögen primitiv scheinen, und doch besitzen sie viele Merkmale, die ihnen Einheit verleihen und sie über das Niveau der einfachen Familie erheben. Eine Tendenz zu größerer Beständigkeit und Stabilität, zur Zusammenarbeit der Familien und zur Festigung ihrer Beziehungen ist erkennbar. Die Familienorganisation besitzt die Möglichkeit, zu wachsen und komplexer zu werden; sie wird zur patrilokalen Sippe, die das Thema des folgenden Kapitels bildet.

V

Südkalifornien:
Die innere Kraft der Sippe

Die patrilokale Sippe

In Südkalifornien, im Südwesten von Arizona, im größten Teil der Halbinsel von Baja California (Niederkalifornien) lebten die Serrano, Cahuilla, Luiseño, Diegueño und verwandte Gruppen; das heißt, solange, bis die Spanier ihre Lebensform völlig zerstörten und sie in Missionen trieben, deren erste 1769 gegründet wurde. Aus dieser Mission wurde später die Stadt San Diego. Diese Indianer lebten in Gebieten, die eines gemeinsam hatten: Die Nahrungsquellen waren beschränkt, gleichmäßig verteilt und zu allen Jahreszeiten verfügbar. Die Folge einer solchen Umwelt war, daß die Sippen klein blieben und meist nicht mehr als fünfzig Personen umfaßten. Die Sippen hatten kaum Gelegenheit, von Zeit zu Zeit zusammentreffen, wie es bei den Shoshonenfamilien des Great Basin üblich war. Den Shoshone bot eine reiche Piñonnußernte oder eine Herde Gabelböcke zu bestimmten Zeiten die Gelegenheit, zusammenzukommen, gemeinsam zu jagen oder Körner und Nüsse zu sammeln. Dann zerstreuten sie sich wieder.

Die verschiedenen Indianergruppen Südkaliforniens jedoch wurden zu wahren Experten in der Ausnutzung eines bestimmten Reviers, das in der Regel nicht größer war als ein paar hundert Quadratmeilen und das sie ganz genau kannten. Generation um Generation blieben die Indianerfamilien Südkaliforniens in derselben Gegend, um zu ernten, was ihnen vertraut war, und um Kleinwild zu jagen. Das Fehlen großer Bison- oder Karibuherden erklärt, warum die Gruppen Südkaliforniens sich nicht zu größeren Sippen zusammenschlossen, wie es etwa die Athapasken Kanadas taten, die gemeinsame Jagdzüge organisierten.

Die Wechselwirkung all dieser Faktoren brachte die patrilokale Sippe hervor, die sich von anderen Sippen durch die feststehende Regel unterschied, daß das verheiratete Paar bei der Familie des Mannes zu wohnen hatte. Der Junge wuchs im Jagdrevier seines Vaters auf und hatte zu der Familie, aus der seine Mutter stammte, kaum eine Beziehung. Die verheiratete Frau war eine Außenseiterin, denn sie mußte ihre eigene Familie verlassen, deren Totem vielleicht der Kojote war, um mit der Familie ihres Mannes zu leben, deren Totem möglicherweise die Wildkatze war.

Unserer heutigen Kultur fehlen strikte Vorschriften über den Wohnort nach der Eheschließung. Für Menschen, die sich zu patrilokalen Sippen zusammengeschlossen haben, sind solche Regeln jedoch von überragender Bedeutung. Für diese Regeln gibt es verschiedene Erklärungen, vor allem jene, daß auf dieser Gesellschaftsstufe der Mann als Jäger ungeheuer wichtig ist. Müßte der Jäger nach seiner Verheiratung mit der Familie der Frau leben, so wäre er gezwungen, in einem ihm fremden Gebiet auf die Jagd zu gehen. Natürlich wird er wesentlich erfolgreicher sein, wenn er weiterhin mit seinem Vater lebt und in einem Revier auf die Jagd geht, das er von klein auf kennt.

Eine weitere Regel der patrilokalen Sippe besteht in wechselseitiger Exogamie, durch die Heiraten als Bündnissystem mit logischer Konsequenz betrieben werden; verschiedene Sippen teilen sich in zwei Hälften oder „Phratrien", deren Mitglieder miteinander Ehebündnisse schließen. Bei manchen südkalifornischen Gruppen waren zum Beispiel alle Kojoten oder Wildkatzen. Eine männliche Wildkatze konnte keine weibliche Wildkatze heiraten, auch wenn sie einer anderen Sippe angehörte; er mußte eine Kojote heiraten. Diese Eheregel schuf zwischen benachbarten patrilokalen Sippen ein ganzes Geflecht neuer Verwandtschaften.

Die primitive Mentalität scheint oftmals besessen vom Begriff der Verwandtschaft. Taucht ein Fremder im Revier einer Sippe auf, so wird er für gewöhnlich mit ausgesuchter Höflichkeit begrüßt und spricht mit den alten Männern über ein mögliches Verwandtschaftsverhältnis. Kann der Fremde irgendeine Form der Verwandtschaft zu einem Mitglied der Gruppe nachweisen, so wird er aufgenommen; man weiß, wie er zur Gemeinschaft gehört. Andernfalls stellt er eine Bedrohung dar. Die alten Männer werden ihn wegjagen oder ihn einfach töten.

In unserer Gesellschaft gibt es Asyle für solche Ausgestoßene, aber nicht in einer primitiven Gesellschaft. In Ostafrika etwa kann dasselbe Wort „Verwandtschaft" oder „Friede" bedeuten. Im Polynesischen wird für „verwandt sein" dieselbe Bezeichnung gebraucht wie für „in Frieden leben". Für die Bewohner der Fidschiinseln kann „nicht verwandt" auch „Feind" bedeuten, das heißt, jemand, den man verspeisen darf. Damit eine Sippe überleben kann, muß irgendeine Art von Verwandtschaft zwischen ihren Mitgliedern bestehen. Ist sie nicht eine Blutsverwandtschaft oder gerieten solche

Verwandtschaftsbeziehungen in Vergessenheit, so muß zumindest eine Fiktion geschaffen werden, um die Solidarität der Sippe zu stärken. Dann erhält die patrilokale Sippe ihre Einheit durch die Betonung anderer Elemente – der Geheimzeichen, Mythologien, Totems, Zeremonien – an Stelle einer tatsächlichen Verwandtschaft.

Abstammungslinien, Teilstämme und Heilige Bündel

Die politische und soziale Organisation der patrilokalen Sippen Südkaliforniens basierte auf der Abstammung. Eine Abstammungslinie bedeutet eine Gruppe Blutsverwandter, deren Verwandtschaft innerhalb einer Abstammungslinie enger ist als in einer anderen. In den Linien der patrilokalen Sippen sind Söhne engere Verwandte als Töchter (die eines Tages weggehen, um mit einem Mann aus einer anderen Linie zu leben). Jede kalifornische Linie besaß einen Anführer, der ungeachtet dieses ihm von den Weißen gegebenen Titels nur über wenig Autorität verfügte. Wie bei anderen Sippen bestand seine Aufgabe mehr darin, zu beraten als zu herrschen. Er durfte weder befehlen noch bestrafen. Starb ein Anführer, so übernahm für gewöhnlich einer seiner Söhne das Amt. Waren die Söhne schlechte Jäger oder infolge charakterlicher Fehler ungeeignet, so übernahm ein anderer Mann – oft ein Bruder des Verstorbenen – die Führung. Diese ging dann auf dessen Söhne über, außer sie erwiesen sich ebenfalls als ungeeignet.

Die zeremoniellen Pflichten des Anführers stärkten seine soziale Stellung innerhalb der Sippe. Sein Haus wurde zum Mittelpunkt aller religiösen Aktivitäten; die religiösen Attribute seiner Linie wurden ihm anvertraut. Er bestimmte den religiösen Kalender: Er verkündete, wann Kulthandlungen stattzufinden hatten, und er spielte eine führende Rolle bei allen Zeremonien. Die Gruppensolidarität wurde auch noch auf andere Weise untermauert. Bei manchen Linien gewährleistete nicht nur die Verwandtschaft den Zusammenhalt; die Verwandten wohnten auch nahe beisammen und erhoben gemeinsam Anspruch auf ein bestimmtes Revier, das sie gegen Eindringlinge verteidigten. Manchmal bildeten die Linien auch größere Verwandtschaftseinheiten, die Phratrien.

Über die Serrano weiß man etwas mehr als über die meisten anderen Sippen Südkaliforniens, da sich ein paar Hundert von ihnen ihre Identität bis in unser Jahrhundert erhalten haben; sie sind daher ein gutes Beispiel für eine typische patrilokale Sippe. Die Serranosippen lebten hauptsächlich in den San-Bernadino-Bergen, nordöstlich von Los Angeles, waren aber auch bis weit hinein in die Mohave-Wüste zu finden. Die Menschen, die die verschiedenen Serranodialekte sprachen, waren niemals in einer einzigen politischen Organisation zusammengeschlossen, sondern lebten in kleinen Gruppen, waren autonom und bewohnten bestimmte festgelegte Gebiete. Alle Mitglieder einer Linie führten ihre Abstammung in männlicher Deszendenz auf einen gemeinsamen Urahnen zurück. Bei der Heirat wurde die Serranofrau in die Linie des Mannes aufgenommen; sie gab ihre bisherigen zeremoniellen Bindungen auf, um jene ihres Mannes anzunehmen. Bei allen patrilokalen Sippen Südkaliforniens stand jede Phratrie in wechselseitiger Verbindung zu einer anderen, aus der sie die Ehepartner wählen mußte. Die Serrano führten die Idee der Phratrie einen Schritt weiter und machten sie noch mehr zu einem einigenden Faktor; die zeremoniellen Funktionen wurden zwischen den beiden Phratrien aufgeteilt: Eine Phratrie besaß den Zeremonienmeister und das Zeremonienhaus, die andere den Zeremoniengehilfen und das Heilige Bündel, eine Matte aus Pflanzenfasern, in welche die Kultgegenstände gewickelt wurden. Das Heilige Bündel wurde sorgfältig aufbewahrt und verehrt. Zum Serranobündel gehörten Adlerfedern, Büschel von Spechtfedern, mit denen sich die Tänzer schmückten, Zeremonienstäbe und Muschelketten. So konnten die beiden Phratrien nur gemeinsam Zeremonien feiern. Das Heilige Bündel veranschaulicht, wie eine Vielzahl abstrakter Ideen sich mit scheinbar wertlosen Objekten verbinden kann.

Ursprünglich gehörte jede Serranolinie entweder der Kojotenoder der Wildkatzenphratrie an, eine Heirat zwischen Mitgliedern derselben Phratrie war strengstens verboten. Im Laufe von Generationen verblaßte die Erinnerung an tatsächliche Ehe- und Verwandtschaftsbeziehungen jedoch und verschwand letztlich ganz. Doch man wußte, ob man zu den Kojoten oder zu den Wildkatzen gehörte und damit auch, wen man heiraten durfte und wer tabu war. Mit der Ankunft der Weißen zerbrachen die Abstammungslinien, und die Serranosippen mußten zum Teil ihre Reviere verlassen. Krankheit, Hunger und Kriege dezimierten die Bevölkerung. Dadurch war es praktisch unmöglich geworden, die Heiratstabus einzuhalten, denn entweder kamen zu viele Kojoten auf zu wenige Wildkatzen oder umgekehrt. Doch die Serrano anerkannten weiterhin die Gültigkeit der Regeln, die zu brechen sie gezwungen waren. Ein Anthropologe berichtet, daß Kojoten, die untereinander heiraten, verachtungsvoll *wahimaiam* genannt werden, Kojoten, „die sich nicht kennen".

Den religiösen Riten der südkalifornischen Sippen fehlte die Insti-
tutionalisierung der Anbetung, wie komplexere Kulturen sie kennen. Für beide Geschlechter gab es Pubertätsriten, doch waren sie
für Mädchen wesentlich kürzer und einfacher als für Knaben. Bei
den Luiseño wurden mehrere Knaben im Pubertätsalter des Nachts
auf einem speziellen Platz versammelt, wo sie ein aus den Wurzeln
des Nachtschattengewächses hergestelltes Gebräu tranken. Der
Effekt der Droge hielt zwei bis vier Tage an. Während dieser Zeit
wurden die Knaben von Geistervisionen heimgesucht, die ihnen,
wie sie glaubten, übernatürliche Kräfte verliehen. Hierauf mußten
sie in eine Erdgrube hinabsteigen – ein Symbol des Todes – und
wieder herausklettern, womit wahrscheinlich die Wiedergeburt angedeutet werden sollte. In der Grube mußten sie von einem flachen
Stein auf den anderen hüpfen, und stolperte ein Junge, so bedeutete das ein kurzes Leben. Darauf folgten verschiedene körperliche
Mißhandlungen, deren schlimmste das bewegungslose Liegen auf
einem Ameisenhaufen war. Während eine Tortur der anderen folgte, erhielt der Kandidat ausführliche Belehrungen, wie er sich zu
verhalten hatte, wie er zu Ansehen gelangen konnte und worin die
religiösen Bräuche seiner Bande bestanden.

Der zivilisierte Mensch empfindet für die Primitiven und ihre
grausamen Pubertätsriten oft nur Verachtung. Doch man sollte sich
fragen, welche Vorteile einer Sippe südkalifornischer Indianer daraus erwachsen können, daß sie ihre Jünglinge den Ameisen ausset-
zen. Die Pubertätsriten werden vielleicht verständlicher, wenn man
kurz eine andere Gesellschaft betrachtet, die ihre Jünglinge wesentlich härteren Leiden aussetzt.

Auch die Aranda, eine Eingeborenengruppe Australiens, sind in
patrilokale Sippen gegliedert und entwickeln viele Sitten und Gebräuche, die jenen der Indianer Südkaliforniens gleichen. Die Pubertätsriten der Aranda sind wesentlich komplizierter und dauern
nicht tage-, sondern wochenlang. Der Kandidat muß die verschiedensten Folterungen über sich ergehen lassen, er wird beschnitten,
verstümmelt und leidet entsetzliche Qualen. Eines Nachts wird er
mit ausgestreckten Gliedern auf einen menschlichen Operationstisch
geworfen; seine knienden Angehörigen bilden diesen Tisch. Andere
Verwandte halten ihn fest, während der Chirurg den Penis des
Jungen packt, einen langen, dünnen Knochen tief in seinen Harn-
leiter einführt und hierauf mit einem spitzen Feuerstein, den er als
Skalpell verwendet, wieder und wieder durch das Fleisch schneidet,

bis er den Knochen erreicht und der Penis aufplatzt. Hierauf wird der Junge zu einem Feuer geführt, über dem er hockt, während sein Blut in die Asche strömt. Diese Operation, wissenschaftlich Subincisio genannt, ist der letzte Schritt zur Mannbarkeit bei der Arandasippe.

Welchen Sinn kann eine so furchtbare Tortur haben? Die meisten Gelehrten sind der Ansicht, die Operation müsse etwas mit der Geschlechtlichkeit zu tun haben, aber sie können sich nicht einigen, in welcher Weise. Freud zum Beispiel interpretiert die Subincisio mit Kastrationsvorstellungen und Ödipuskomplex. Dr. Bruno Bettelheim verwarf diese haarsträubende Theorie – um sie durch eine ebenso haarsträubende eigene Theorie zu ersetzen. Er behauptet, die Subincisio habe sich entwickelt, weil die Männer auf die Geschlechtsorgane der Frau eifersüchtig seien. Diese rituelle Operation, so glaubt er, diene als symbolischer wie chirurgischer Versuch des Mannes, nicht nur die weiblichen Organe, sondern auch den Menstruationsfluß nachzuahmen. Er bietet jedoch keine plausible Erklärung, warum australische Männer einen so heftigen Vaginaneid empfinden sollten.

Kürzlich stellten ein Anthropologe und ein Psychiater gemeinsam die noch seltsamere Theorie des Känguruh-Penisneides auf. Der Penis des Känguruhs gleicht in seiner Form ein wenig dem durch Subincisio verunstalteten menschlichen Penis. Die Tatsache, daß der betreffende Mann hocken muß, um zu urinieren (wie eine Frau, sagt Bettelheim), soll diese Theorie stützen, denn auch das Känguruh hockt. Die Theorie weiß sogar ein Motiv zu bieten: Der Eingeborene Australiens beneidet das Känguruh ob seiner Virilität, denn eine einzige Kopulation dauert bei ihm bis zu zwei Stunden.

Die vernünftigste Erklärung bietet der Anthropologe John Greenway von der Universität Colorado, der in Australien gearbeitet hat. Er interpretiert die Subincisio und andere Pubertätsriten als mnemotechnische Stütze. Ist eine Handlung unvergeßlich, so bleibt auch alles andere, was mit ihr im Zusammenhang steht, im Gedächtnis haften. Unauslöschlich wird dem Aranda-Mann in Erinnerung bleiben, was ihm bei seiner Initiation angetan wurde, und ebensowenig wird er die Regeln seiner Sippe vergessen, die man ihm gleichzeitig mitteilte.

Information mit einem Trauma zu verbinden ist eine uralte Erziehungsmethode. Bis vor kurzem noch lernten die Schüler ihre Lektionen unter der Drohung, geschlagen zu werden. Bestrafung ist immer noch eine wesentliche Methode beim Abrichten von Tieren, sei es der elektrische Schock für die Ratte, die im Labyrinth den falschen Weg nimmt, sei es der Riß am Zügel eines Pferdes. Greenway äußert den interessanten Gedanken, daß die Riten dort am strengsten sind, wo die Überlebenschancen am geringsten sind, und lockerer werden, sobald das Leben für die Gruppe leichter wird. Andere australische Eingeborene – sie wohnen entlang der Küste, wo die Lebensbedingungen günstiger sind – kennen keine Subincisio; dem Jugendlichen werden lediglich ein paar Zähne ausgeschlagen. In wohlhabenderen Gesellschaften werden die Riten allmählich immer weniger eindringlich und daher weniger sinnvoll: Sie werden zu Aufnahmeriten in Bruderschaften, zur Konfirmation oder zum jüdischen Bar-Mizwa. Die australischen Eingeborenen sind durch ein weites Meer von den Indianern Südkaliforniens getrennt, doch was über sie gesagt wurde, trifft auch auf die amerikanischen Indianer zu. Ein Luiseño-Junge, dessen Fleisch von Ameisen zerfressen wurde, wird seine Pflichten gegenüber der Sippe, die man ihn an dem Tag lehrte, an dem er zum Mann wurde, niemals vergessen.

Kulturelle Hybriden

Von all den verschiedenen Sippen ist es nur die patrilokale, die die Möglichkeit zum Wachstum und zum Erreichen eines höheren Maßes an Vielgestaltigkeit besitzt. Denn nicht nur die gemeinsame Mythologie, die Riten und Totems sorgen für Einheit, sondern auch die Phratrien schaffen neue Beziehungen; gemeinsam vollzieht man Zeremonien und wählt man Ehepartner aus. Der bedeutendste Faktor aber ist die einzigartige Stellung der Frau in der patrilokalen Sippe. Jede Frau ist eine Fremde; ihre Sitten sind andersartig, und oft spricht sie eine andere Sprache. So verlieren die Unterschiede zwischen den Sippen durch die Anwesenheit von Frauen aus anderen Gruppen an Bedeutung.

In Baja California zum Beispiel sprachen die patrilokalen Sippen drei Sprachen, von denen jede noch in verschiedene regionale Dialekte unterteilt war. Auch geographisch waren die Sippen isoliert, denn die vielfältige Topographie von Baja California erlaubte es jeder Gruppe, sich in einer bestimmten Umwelt anzusiedeln: an der Küste, in den Wüstengebieten des Tieflands, auf den Steppen des Hochlands in tausend Meter Höhe, unter nahezu alpinen Bedingungen um zweitausend Meter, in Eichenwäldern und so weiter. Da jede Sippe ihren eigenen Dialekt sprach und die Probleme ihrer spezifischen Umgebung zu lösen hatte, sollte man erwarten, bei jeder Sippe eine andere Kultur anzutreffen.

In Wahrheit setzte sich aber jede patrilokale Sippe aus den verschiedensten Bruchstücken und Kulturelementen zusammen. Da ein Kojote-Mann seine Ehepartnerin nicht unter seinen Verwandten wählen durfte – und jede Kojote-Frau war eine Verwandte –, mußte er bei den benachbarten Sippen nach einem Wildkatze-Mädchen im passenden Alter suchen. Das war oft gar nicht leicht; der Kojote-Mann mußte weit umherziehen und manchmal eine Frau nehmen, deren Sprache und Sitten sich von seinen eigenen ganz wesentlich unterschieden. Die Männer der Paipaisippe waren beispielsweise gezwungen, weite Wanderungen zu unternehmen, um sich Kiliwa- oder Diegueñofrauen zu holen. So sprachen in der Paipaisippe die Männer Paipai, die Frauen hingegen andere Sprachen, wie Kiliwa oder Diegueño. Auch die Kultur, in der eine Kiliwa- oder eine Diegueñofrau groß geworden war, unterschied sich ein wenig von der ihres Paipaimannes.

Da das Gebot der Exogamie die Heirat mit einer Frau, die einer anderen Kultur angehörte und eine andere Sprache sprach, verlangte, die Wohnvorschriften jedoch all diese Frauen auf dem Territorium des Mannes zusammenführten, wuchsen die Kinder nicht als „reine" Paipai auf, sondern kannten zwei Sprachen und zwei Kulturen. Auf kulturellem Gebiet war das Kind eines Paipaivaters und einer Kiliwamutter also ein Mischling. Und es war ein etwas andersgearteter Mischling als das Kind aus der benachbarten Hütte, das vielleicht einen Paipaivater und eine Diegueñomutter hatte. Jedes Kind war also der Empfänger mehrerer Kulturen, die es ungenau und verworren übernahm.

Für das Mädchen war diese Situation nicht besonders schwierig; es mußte die Sippe ja bei der Heirat verlassen. Für den Knaben jedoch, den Kulturträger der patrilokalen Sippe, war die Situation sehr ernst. Und damit erhalten die erwähnten Pubertätsriten eine neue Bedeutung. In der Kindheit wurde der Knabe von der fremden Kultur der Mutter beeinflußt. Näherte er sich dem Alter der Verantwortung, so war es unerläßlich, ihm die „echte" Kultur einzuprägen. Riten und Torturen hatten alle denselben Zweck, den Jungen zu lehren, daß er von nun an dem Kulturkreis seiner männlichen Verwandten angehörte.

Obwohl diese Riten und Zeremonien für gewöhnlich in die Zeit der Pubertät fielen und daher Pubertätsriten genannt werden, weist Greenway darauf hin, daß sie nicht eigentlich mit dem Geschlecht verbunden waren. Die Riten fanden statt, bevor der Jüngling heiraten und das kulturelle Erbe seiner patrilokalen Sippe antreten mußte. Hätten diese kulturellen Riten – wie man sie besser nennen sollte – nicht stattgefunden, so wären vermutlich die Kultursysteme benachbarter patrilokaler Sippen zu einer monotonen Gleichförmigkeit verschmolzen. Dem flüchtigen Blick der spanischen Mönche erschienen denn auch alle Sippen Südkaliforniens mehr oder weniger gleichartig zu sein, und erst die Untersuchungen der Anthropologen zeigten die Unterschiede auf. Überall auf der Welt bekämpfen patrilokale Sippen – die Buschmänner Südafrikas, die Negritos auf den Philippinen, die Eingeborenen Australiens, die Indianer in Feuerland und Patagonien – auf ähnliche Weise die Tendenz einer kulturellen Verschmelzung.

Die Spanier begegneten den Sippen Südkaliforniens zu Beginn des 17. Jahrhunderts, und sie wollten kaum glauben, daß es ein so glückliches Volk wirklich gab. „Die Frauen sind sehr schön und tugendhaft, die Kinder hübsch und blond und überaus fröhlich", stellt der Chronist der Vizcaíno-Expedition fest. Doch nachdem die Franziskaner ihre Mission errichtet hatten, veränderten sich die Indianer sehr rasch. Die mühevolle Arbeit für die Weißen ließ ihre helle Haut und ihr helles Haar verschwinden. Sie durften nicht mehr ihre reinigenden Schwitzhäuser besuchen, sie durften ihr Haar nicht mehr mit Urin waschen, eine kosmetische Prozedur, die das Haar wahrscheinlich bleichte. Die kranken und hungernden Frauen waren nicht mehr schön und bestimmt nicht mehr tugendhaft.

Auch unter der Regierung der Vereinigten Staaten, die die mexikanische Herrschaft ablöste, wurden die Zustände nicht besser. Entwurzelt und erniedrigt, verfielen die Indianer Südkaliforniens dem Trunk und wurden jeden Samstag ins Gefängnis geworfen. Jeden Montag wurden sie von Weißen ausgelöst, die sich durch die Bezahlung einer Geldstrafe von zwei Dollar eine Woche lang eine kostenlose Arbeitskraft sicherten. Die wenigen Indianer, die Epidemien und Hungersnot überlebten, wurden in Reservate zusammengepfercht, die durch den Landhunger der Weißen von Jahr zu Jahr kleiner wurden. Jede Hoffnung, daß die Indianersippen auf irgendeine Weise überleben könnten, wurde 1858 durch eine eindeutige Erklärung eines Regierungsbeamten zunichte gemacht; nach seiner Ansicht waren die Indianer Opfer, „die man der guten Sache der Zivilisation" brachte; es sei der „natürliche Lauf der Dinge, daß sie aussterben".

Seine Prophezeiung erwies sich als richtig. Heute gibt es in Südkalifornien kaum noch Indianer, und ihre Kultur ist vollkommen verschwunden. Zu Ende des 18. Jahrhunderts wurden Tausende gesunde und stolze Luiseño in die Missionen getrieben; heute gibt es noch ein paar Hundert, und fast alle sind Mischlinge. Das vielfältige Geflecht ihres gesellschaftlichen, religiösen und politischen Lebens wurde erbarmungslos und für immer zerstört. Als lebensfähige Kulturträger sind die Luiseño ebenso ausgestorben wie die meisten anderen Indianer Südkaliforniens.

VI

Die Zuni:
Einheitlichkeit durch die Religion

Die Puebloindianer

Zu den Puebloindianern gehören die Hopi und Zuni in Nordost-arizona und im westlichen New Mexico sowie die Puebloindianer des Ostens – die Taos, San Ildefonso, Isleta und andere – entlang des Rio Grande im Zentralgebiet von New Mexiko. Don Francisco Vásquez de Coronado stieß im Jahre 1540 auf der Suche nach den sagenumwobenen „Sieben Städten von Cibolo" auf die Puebloindianer und fand damals an die siebzig Dörfer vor – heute gibt es kaum dreißig Pueblos (pueblo ist das spanische Wort für Dorf).

Vorfahren der Puebloindianer siedelten einst im ganzen weiten Gebiet von Utah, Colorado, Arizona und New Mexico. An ihrer Dezimierung sind nicht allein die Spanier schuld; schon vor ihrer Ankunft hatte sich das Territorium bedeutend verkleinert und war die Zahl der Pueblos stark zurückgegangen. Lange Zeiten der Dürre im 13. Jahrhundert und Verschiebungen der Flußläufe waren der Grund dafür gewesen, die Dörfer aufzugeben, die dann zu Hunderten verödeten. Kriegerische Auseinandersetzungen unter den Puebloindianern und Verwüstungen durch Apachen, Ute, Navaho und Comanchen trugen noch das Ihre dazu bei.

Gibt es auch heute wesentlich weniger Pueblos als zur Zeit Coronados, so ist es doch kaum einer anderen Gruppe nordamerikanischer Indianer gelungen, so viel von ihrer Kultur zu bewahren. Die Puebloindianer haben ihre Traditionen allen Unterdrückungen durch Spanier, Mexikaner und Amerikaner zum Trotz nicht aufgegeben. Die wesentlichen Faktoren ihrer Lebensweise haben sich erstaunlich wenig verändert, die gesellschaftliche Struktur ist weitgehend erhalten. Obwohl sich die Welt in den letzten vier Jahrhunderten entscheidend verändert hat, verharrten sie selbst in betonter Isolierung, hielten an ihrer Kultur fest. Zu manchen Tänzen sind weiße Zuschauer zugelassen, zu den meisten Zeremonien jedoch nicht. Aber selbst die öffentlichen Zeremonien beinhalten viele geheime Überlieferungen, die die weißen Zuseher nicht begreifen. Von den geheimen Riten sind jedoch nicht nur die Weißen ausgeschlossen,

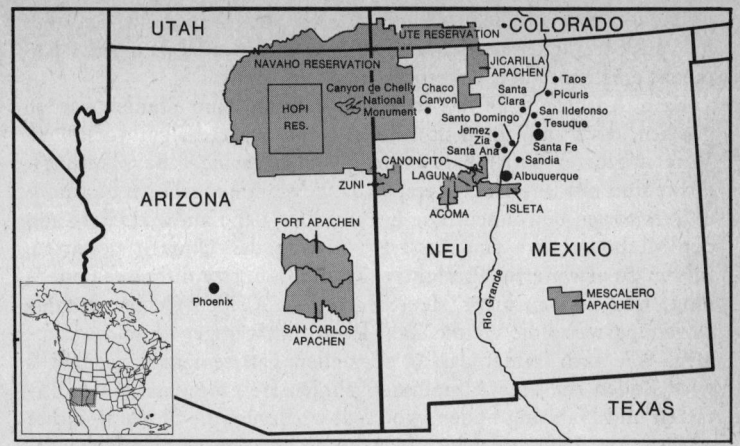

sondern auch alle Puebloindianer, deren Clane nicht daran teilhaben. In den meisten Dörfern gibt es sogenannte Kivas, teilweise oder gänzlich unterirdisch angelegte, geheime Zeremonialkammern. (Die sechs Kivas bei den Zuni sind allerdings über der Erde errichtet.)

Die Puebloindianer sind in Stämmen organisiert, die auf den ersten Blick gewisse Ähnlichkeiten mit den Sippen aufweisen. Der Stamm basiert noch immer auf der Familienzugehörigkeit, und alle Mitglieder sind gleichgestellt. Soldaten, Handwerker, Priester oder Träger politischer Ämter, deren Tätigkeit spezialisiert wäre, gibt es noch nicht. Im wesentlichen unterscheidet sich der Stamm von der Sippe durch die größere Mitgliederzahl. Die Abstammungslinie geht in eine weit komplexere gesellschaftliche und politische Einheit über, die aus mehreren Abstammungslinien besteht. Zu einem Stamm gehört eine größere Anzahl von Gruppen als zu einer Sippe, und außerdem werden den einzelnen Gruppen verschiedene Funktionen zugeteilt.

Seinem Wesen nach ist der Stamm kein solides Gebilde, da er kaum politisch organisiert ist und von keiner übergeordneten Kontrollstelle zusammengehalten wird. Er wird jedoch von verschiedensten gesellschaftlichen Einrichtungen geregelt, von Clanen, Geheimbünden, Krieger- und Zeremoniengemeinschaften. Der „Häuptling" gehört weder einer politischen Hierarchie noch einer herrschenden Gruppe an; er ist lediglich Berater, auf den man hört oder nicht. Da der Stamm keine politische Autorität kennt, behält jeder Haushalt das Recht auf Selbstschutz. Wie bei den Sippen werden auch hier aus Streitigkeiten vielfach Kämpfe, in deren Verlauf jeder Racheakt eine neuerliche Vergeltung nach sich zieht.

Kein Anthropologe hat jemals eine Sippe zum Stamm werden gesehen, doch kann man sich diesen Übergang recht gut vorstellen. Vorerst gibt es patrilokale Sippen, die in geringer Bevölkerungsdichte und mit ihren weit verstreuten Abstammungslinien bestimmte Territorien bewohnen. Die Entwicklung der Landwirtschaft und der Methoden, die eine bessere Nutzung der Umwelt gestatten, führen zu erweiterter Produktivität und damit zu dichterer Besiedlung; nun können mehr Menschen auf demselben Gebiet wohnen beziehungsweise die gleiche Zahl kann mit weniger Land auskommen. Wie auch immer das im speziellen Fall sein mag, jedenfalls wird Boden für neue Abstammungslinien frei, die das Land kultivieren und Nahrung finden, wodurch wiederum die Siedlungsdichte wächst. Am Anfang genügt die Achtung vor den verwandtschaftlichen Beziehungen, um verschiedene Abstammungslinien zu einem Stamm zu vereinen. Mit zunehmender Bevölkerung geraten dann die verwandtschaftlichen Beziehungen allmählich in Vergessenheit, doch muß die *Fiktion der Verwandtschaft* aufrechterhalten werden, um die Solidarität zu garantieren. Bei den sogenannten Linienstämmen geschah dies in der Hauptsache durch die Clane. Der Clan betont die gemeinsame Abstammung einer Gruppe. Daneben sind die Clane zwar auch Zeremoniengesellschaften, territoriale Genossenschaften, Rekrutierungsorganisationen und ähnliche Vereinigungen, doch in erster Linie beaufsichtigen sie ihre Mitglieder und sorgen für gute Beziehungen zu den anderen Clanen des gleichen Stammes. Zu den bekannteren Linienstämmen gehören die Zuni, Hopi, Navaho, Irokesen und einige andere Gruppen südlich der Großen Seen.

Der Clan

Nahe der Grenze zwischen Arizona und New Mexico leben noch immer an die 2500 Zuni in ihren braunen, sonnendurchglühten Pueblos aus Adobes (Lehmziegel) und Stein. Der Chronist der Coronado-Expedition beschreibt diese Pueblos als „kleine überfüllte Dörfer, die wie zusammengefaltet aussehen". Das Volk der Zuni ist in dreizehn Clane untergeteilt, deren jeder nach einem anderen Totemtier benannt ist. Das Totemtier darf gegessen werden, man muß es keineswegs mit besonderer Ehrfurcht behandeln. Heirat zwischen den Clanmitgliedern ist hingegen nicht gestattet. Damit scheint die bereits erörterte Annahme bestätigt, daß der Totemismus vor allem die Heiratsordnung und nicht die Nahrungsordnung regelt. Clanmitglieder helfen einander bei der Ernteeinbringung und beim Hausbau. Jeder Clan besitzt einen eigenen heiligen Fetisch, der in einem zum Clan gehörigen Haushalt aufbewahrt wird.

Verschiedene Merkmale des Clans zeichnen sich schon in den Sippen ab, etwa wenn Gruppen von Jägern einander beizustehen beginnen und gemeinsame Zeremonien abhalten. In den patrilokalen Sippen trat eine solche Kooperation infolge des Wohnsitzes auf, der zugleich jener des Vaters war. Die Clanmitgliedschaft hängt hingegen nicht vom Wohnsitz, sondern von den Eltern ab. Der Clan betont nicht seine Zugehörigkeit zu einem Gebiet, er ist vielmehr „pantribal", das heißt, er setzt sich über die Grenzen hinweg und unterstreicht die gemeinsame Abstammung. Das geschieht vor allem durch gemeinsame Insignien und Zeremonien, durch den gemeinsamen Namen, durch diese Mythologie und Geschichte. Mag die Blutsverwandtschaft zweier Zuni auch nicht bekannt sein – die Zugehörigkeit zu ein und demselben Clan beweist die Verwandtschaft. Dabei steht einem Zuni ein Cousin ersten Grades um nichts näher als einer, der bloß ein fiktiver Verwandter ist.

Clane unterstreichen die Verbindung verschiedener Familien und stärken damit die Solidarität des Linienstammes. Jeder Clan besitzt eine Reihe geheimer Gegenstände: heilige Altäre, Fetische, Roben. Es gibt auch geheime Insignien, einen bestimmten Gesichtsschmuck, ein bestimmtes Stoffmuster und sogar symbolische Zeichen, die man an die Hauswand malt. So hat jeder Clan seine eigenen Riten, die unter strengster Geheimhaltung vollzogen werden. Wer sie verrät, wird bestraft, ausgepeitscht oder getötet. Der Einfluß des Clans erstreckt sich auch auf andere Gebiete, er kontrolliert die Anbauflächen, die Grabstätten und ähnliches. Vor allem aber hält er den Frieden unter den Mitgliedern aufrecht. Ein Clan mag sich auf eine bestimmte Tätigkeit spezialisieren und damit dem ganzen Stamm dienen, oder er mag für bestimmte Zeremonien verantwortlich sein. Ja es gibt Clane, die bestimmte Ämter oder Riten geradezu monopolisieren: so stammen im Norden alle Priester aus dem Dogwood-Clan, im Süden alle aus dem Badger-Clan. Das Oberhaupt der Kachinas geht aus dem Deer-Clan hervor. Jeder Clan hat also eine Bedeutung für den ganzen Stamm, und alle Clane sind voneinander abhängig.

Die Zuni haben ein matrilineares und matrilokales Verwandt-
schaftssystem: Der Mann zieht zur Familie seiner Frau, die dem
jungen Paar zumeist einen eigenen Raum zur Verfügung stellt.
Weil immer wieder Räume eingebaut werden, wirken die Zunidör-
fer wie zusammengeschachtelt. Jeder Haushalt ist in Wahrheit eine
erweiterte Familie, zu der bis zu 25 Menschen zählen können: die
Großmutter, deren ledig gebliebene Töchter, die verheirateten
Töchter mit Mann und Kindern sowie die unverheirateten Brüder
und Söhne der Großmutter. Das Haus gehört den Frauen, das
heißt, alle angeheirateten Männer sind Außenseiter. Auch die Felder sind Besitz des matrilinearen Clans, und alle Bodenprodukte
gehören den Frauen. Wohl arbeiten die Männer im Garten, doch
wandert alles, was sie ernten, in die gemeinsamen Vorratskammern
der Frauen.

Die Ehesitten kann man am besten als „lockere Monogamie" bezeichnen. Wann immer es ihr gefällt, kann die Frau eine Trennung
herbeiführen, indem sie die Habseligkeiten des Gatten ganz einfach
vor die Haustür legt. Die Sicherheit, die die Frau durch die eigene
Abstammungslinie und den eigenen Haushalt erhält, macht Häufigkeit und Leichtigkeit der Scheidung verständlich. Da nahezu alles
der Frau und ihrer Linie gehört, ergeben sich keine Eigentumspro-
bleme. Der geschiedene Gatte kann leicht durch die ledigen oder ge-
schiedenen Brüder ersetzt werden, bis die Geschiedene einen neuen
Mann gefunden hat. Der Mann hingegen wird immer von seiner
Mutter und seinen Schwestern wieder gern aufgenommen werden,
kann ihnen seine Arbeitskraft doch nur willkommen sein. Das
wahre Heim des Mannes ist eigentlich immer bei seiner Mutter. An
ihren Angelegenheiten nimmt er lebhaft Anteil, die Erziehung der
Neffen und Nichten liegt ihm am Herzen, und bei Festen und Zeremonien wird man ihn stets im Haushalt der Mutter finden.

Matrilineare Abstammung und matrilokaler Wohnsitz bringen
Probleme mit sich, die den patrilokalen Sippen fremd waren. Die
autoritäte Stellung des Mannes in der Familie ist nicht gegeben;
durch seine Einheirat in die Abstammungslinie der Frau ist er der
„Fremde". Bei den Zuni – wie bei vielen andern matrilinearen Gesellschaften – wird die Autorität über das Kind vom Onkel übernommen. Der Bruder der Mutter, engster männlicher Verwandter
in der mütterlichen Abstammungslinie, ersetzt also den biologischen
Vater. Damit verschieben sich die Rollen innerhalb der Familie;
der biologische Vater ist weniger autoritär und dominierend als im

patrilinearen Stamm. Die Familie seiner Frau ist stets bereit, ihn daran zu erinnern, daß er „abseits" steht. Er muß mit dem Bruder seiner Frau um die Liebe seiner eigenen Kinder, insbesondere seiner Söhne, kämpfen. So vermeidet er es, sie streng zu behandeln und umwirbt sie mit großzügigen Geschenken.

Während bei vielen Stämmen die Abstammungslinie durch den Vater bestimmt ist und feste Regeln den Wohnsitz bei der Vaterfamilie vorschreiben, gibt es Stämme, die, wie Zuni, Hopi und Irokesen, matrilinear wurden. Ein Hauptgrund für die Patrilokalität bei den Jägersippen ist die Zusammenarbeit: die Brüder jagen gemeinsam in einem Revier, das jeder seit seiner frühesten Kindheit kennt. Für die Entwicklung matrilinearer Stämme scheint die Zusammenarbeit der Frauen ausschlaggebend gewesen zu sein. Bei den meisten bekannten matrilinearen Stämmen der Erde läßt sich ein gemeinsamer Faktor feststellen: der Gartenbau ist vom natürlichen Regenfall abhängig und nicht von künstlichen Bewässerungsanlagen, deren Errichtung und Betrieb männliche Arbeitskraft erfordern. Als primäre Nahrungsproduzenten arbeiten die Frauen im Garten und beim Sammeln der Nahrung nebeneinander, haben gemeinsame Vorratslager und kochen bisweilen sogar gemeinsam. Bei einer künstlichen Bewässerung wäre die Situation natürlich eine andere, dann läge die Verantwortung für die erfolgreiche Ernte bei den Männern, deren Zusammenarbeit das Funktionieren der Anlage gewährleistet.

Kriege können mitunter die Voraussetzung ändern, und so gibt es auch in Gebieten ohne künstliche Bewässerung patrilineare Stämme, zum Beispiel bei den Mundurucúindianern der Urwälder des Amazonas in Brasilien, da dort die Männer – infolge ihrer Zusammenarbeit bei Angriff und Verteidigung – eine wichtige Rolle spielen. Dieser Stamm erbringt also den Beweis für die Annahme, daß es die Art der Zusammenarbeit ist, die über die Abstammungsregeln – Matrilinearität oder Patrilinearität – entscheidet. Solange die Weißen die Dschungeldomänen der Mundurucú unberührt ließen, bauten die Frauen wohl gemeinsam Maniok an, aus dem sie Mehl gewannen, wurden bei dieser Tätigkeit aber fortwährend durch die kriegerischen Auseinandersetzungen der Männer gestört. Die Mundurucú haben daher ursprünglich die patrilokale Gesellschaftsform angenommen. Als später die Weißen diese Gegenden besiedelten und die Produkte der Indianerfrauen kauften, unterbanden sie auch den Krieg zwischen den rivalisierenden Stämmen. Nun spielten die Männer auf einmal eine Nebenrolle, und in der kurzen Zeit von etwa fünf Jahren wechselten die patrilinearen Mundurucú zur Matrilinearität über.

Fast die Hälfte seiner Zeit widmet der Puebloindianer der Religion; fast alles, was er tut, ist religiös bestimmt. In jedem Pueblo treten die Führer der verschiedenen religiösen Gruppen zu einem Rat zusammen. Schon in der Chronik der Coronado-Expedition wird auf die bedeutende Rolle der Priester hingewiesen: „Sie haben keine Häuptlinge . . ., sondern werden von einem Rat der Ältesten regiert. Sie haben Priester, die ihnen predigen und die man die ‚älteren Brüder' nennt. Diese sagen ihnen, wie sie leben sollen, und ich vermute, daß sie ihnen sogar Gebote setzen, an die sie sich halten müssen, denn man findet weder Betrunke noch Sodomie, Opferungen, Kannibalismus oder Diebstahl. Stets trifft man auf arbeitende Menschen." Kaum vergeht eine Woche, in der nicht irgendeine Zeremonie ausgeführt wird, die dem Dorf Regen, Segen, Fruchtbarkeit oder Gesundheit bringen soll.

Die frömmsten Puebloindianer sind die Zuni. Die Anthropologin Ruth L. Bunzel von der Columbia Universität, die vor einigen Jahrzehnten die Zuniriten studierte, nannte die Zuni „eines der religiösesten Völker der Erde". Die Zuni sind theokratisch organisiert. Der Rat besteht aus sechs Mitgliedern, drei von ihnen gehören der Hauptpriesterschaft an, drei den anderen Priesterschaften. Auch die weltlichen Befehlshaber werden von den Priestern bestimmt. Der Stammesrat hat die Alltagsgeschäfte zu besorgen, während die Priester die Riten hüten und vollziehen. Der Stammesrat schlichtet Streitigkeiten innerhalb der Dorfgemeinschaft, bestraft Verbrechen, sofern sie nicht religiöser Art sind, und kümmert sich um die Beziehungen zu anderen Gesellschaftsorganisationen, heute vornehmlich um die Verhandlungen mit den Regierungsstellen.

Der Einfluß der Religion der Zuni auf ihre Clane, Haushalte und Dorfverwaltungen äußert sich auf veschiedenste Art und Weise. Die Zuni kennen sechs gesonderte religiöse Kulte: die Sonne, die Uwanami („Regenmacher"), die Kachinas, die Priester der Kachinas, die Kriegsgötter und die Tiergötter. Jeder dieser sechs Kulte hat seine eigene Priesterschaft, seinen Fetisch und seine Kiva. Jeder besitzt seine besonderen Riten innerhalb bestimmter Zeremonienzyklen, wobei jeweils eine bestimmte Gruppe übernatürlicher Wesen verehrt wird. Die subtile Vielgestaltigkeit dieser Zeremonien ist für Außenstehende kaum erfaßbar, kommt doch jeder Farbe, jedem Stoffmuster, jedem Schritt und jeder Bewegung eine bestimmte Bedeutung zu. Mindestens dreimal jährlich führt jede der sechs Gruppen einen Tanz auf, dessen Vorbereitung oft Wochen und Monate in Anspruch nimmt. Die Mitgliedschaft für eine Kiva ist nicht erblich, sondern wird von einem „Zeremonienvater" vermittelt. Auf diese Weise werden die Bindungen zum biologischen Vater noch mehr geschwächt. Es gibt also folgende Hierarchie der Bindungen: Mutterlinie – Brüder der Mutter – Kivapate – Vater.

Der eindrucksvollste Zunikult ist den „Kachinas" gewidmet, jenen hundert glücklichen Geistern, die unter der Wasseroberfläche leben. Die Zuni glauben, jedes Dorf werde jährlich von den Kachinas besucht; zu dieser Zeit stellen die Zuniindianer mit besonderen Kostümen und großen Masken die Kachinas dar. Solange man eine Maske trägt, ist man selbst ein Kachina – so lautet der Glaube. Daher werden die Masken mit allergrößter Ehrfurcht behandelt. Die Maske ist der kostbarste Besitz des Trägers und wird gewöhnlich nach seinem Tod verbrannt. Die Kachinapuppen, die von Touristen so gerne erstanden werden, haben hingegen keinerlei religiöse Bedeutung. Ihr Zweck ist lediglich ein pädagogischer: Junge Zuniindianer sollen mit ihrer Hilfe lernen, wie die zahllosen Kachinas aussehen. Heilig ist ausschließlich die Maske, die während der Tänze getragen wird; kein Zuni würde sie jemals verkaufen.

Auch dem oberflächlichen Betrachter fällt der enge Zusammenhalt der Zunikultur auf. Er ist in den zahlreichen ineinandergreifenden Beziehungen zwischen dem Clan und den Religionsgemeinschaften begründet: Ein Zuni wird in eine bestimmte Linie hineingeboren, er befindet sich damit in einem Clan und gehört zu einem Haushalt. Doch er kann wählen, welcher gesellschaftlichen oder religiösen Gruppe er angehören möchte. Daher binden ihn die verschiedensten Loyalitätspflichten, durch die das Pueblo zusammengehalten und integriert wird. Eine bestimmte Person kann zum Beispiel zum Haushalt A, zur Verwandtschaft B, zum Clan C, zur Gemeinschaft D sowie zur Kiva E und zur Priesterschaft F gehören. Diese Beziehungen binden somit jeden an jeden und alle gemeinsam an das Dorf.

Während die Tätigkeit der Schamanen bei den Sippen nur bestimmten Individuen dient, umfaßt die religiöse Praxis auf der Stufe des Linienstammes den ganzen Stamm. Der einzelne ist nicht länger eine einsame Seele auf der Suche nach Geistern, sondern gehört nur einer Gruppe an, die sich mittels bestimmter Methoden mit dem Übernatürlichen auseinandersetzt. Das soll nicht heißen, daß die Zunireligion ganz ohne Schaustellung auskäme. Der Kult der Tiergötter setzt sich zum Beispiel aus zwölf Medizingesellschaften zusammen, deren jede über bestimmte Fertigkeiten verfügt: Schwertschlucken, Auf-glühenden-Kohlen-Gehen und ähnliches. Bei den Stämmen werden solche Tricks von der Gemeinschaft und nicht von religiösen Zauberkünstlern kontrolliert. Ein Zuniindianer erniedrigt sich auch nicht vor den Göttern, sondern handelt mit ihnen. Der Priester teilt der Gottheit mit, daß er seinen Teil des Vertrages durch die Zeremonien erfüllt habe. Nun sei es an den Geistern, das Ihre zu tun. Ein Zuni hat durchaus menschliche Vorstellungen von den Geistern und nimmt daher an, er könne sie für sich einnehmen und sie rühren. Er feilscht also mit ihnen, versucht ihr Mitleid zu erregen und ihnen zu schmeicheln.

Bei den Sippen beherrschten verschiedene Geister bestimmte Plätze und Personen; man kannte einen Geist des Hauses, des Fischerbootes oder des Jagdreviers. Bei den Linienstämmen tritt etwas Neues hinzu: die „großen Götter", die mehr als ein bestimmtes Gebiet beherrschen. Diese Götter regieren *Ideen*, jeder Gott eine bestimmte, die sich in einem Berg, in einem Boot, in einem Haus oder in einer anderen Weise manifestieren kann. Diese Götter sind den alten griechischen und römischen Gottheiten nicht unähnlich: Merkur oder Hermes, dem geflügelten Götterboten, Neptun oder Poseidon, dem Beherrscher der Meere, Mars oder Ares, dem Kriegsgott. Sie gleichen aber auch ein wenig den Schutzheiligen der katholischen Kirche. Zwar kennt der Zuniindianer keinen allmächtigen Gott, doch jeder Gott ist für ihn eine wichtige Persönlichkeit, die eine bestimmte Tätigkeit beherrscht und dadurch jene Personen schützt, die sich dieser Tätigkeit widmen. So hütet zum Beispiel die Wasserschlange „Kolowisi" die Quellen, während die „Chakwena-Frau" bei der Kaninchenjagd hilft. Jede Medizingesellschaft hat einen eigenen Tiergott, der ihr bei der Ausübung ihrer Tätigkeit zur Seite steht; dabei kann es sich darum handeln, einen Schnupfen zu kurieren oder eine feindliche Kugel aus einem Körper zu entfernen.

Die Götter der Zuni sind nicht so klar voneinander zu unterscheiden wie die Götter des komplexeren Gesellschaftssystems des Häuptlingtums. Da alle Zunimänner auf den Feldern arbeiten, ist eine Spezialisierung der Arbeit selten. Und so sind auch die großen Götter des Feldes und der Jagd nicht immer deutlich unterscheidbar. In komplexeren Gesellschaften kommt es immer mehr zur Arbeitsteilung; manche Männer jagen nur noch bestimmtes Wild, während sich andere ausschließlich dem Handwerk oder der Feldarbeit widmen. Ihre Götter sind daher in ihrem Wesen ausgeprägter, ihre Persönlichkeiten und ihre Verantwortungssphäre sind schärfer umrissen.

In der Eskimo- oder der Shoshonesippe gilt ein Mann als arm, wenn er keine Verwandten besitzt, auf deren Hilfe er zählen kann. Bei den Zunis ist jener Mann arm, der bei religiösen Riten keine Funktion ausübt oder keine Kultgegenstände besitzt. Nur wer über genügend Zeit und Besitz verfügt, kann sich den Zeremonien in Muße widmen. In jedem wohlhabenden Haushalt kann man daher Masken finden, und die verschiedenen Familien wetteifern miteinander, die als Kachinas verkleideten Tänzer während der Zeremonien und an den folgenden Tagen freizuhalten. Auch hier ist die Wohlhabenheit ausschlaggebend, denn nicht jede Familie verfügt über die entsprechenden Mittel, den Tänzern Kost und Quartier zu gewähren.

Das „friedliche" Pueblo?

Weit verbreitet ist ein Mythos über die Puebloindianer im allgemeinen und über die Zuni im besonderen, den Ruth Benedict in ihrem Werk „Pattern of Culture" (1934) populär machte. Die Zuni repräsentieren die ideale menschliche Gesellschaft; jeder ist Diener der Religion und verfügt über ebensoviel Besitz wie sein Nächster; das Leben verläuft geordnet, angenehm und emotionslos; Gewaltlosigkeit und Mäßigung werden hochgeschätzt. Wer stets bei den Rennen gewinnt, zieht sich bald freiwillig zurück, um den anderen nicht die Freude am Wettkampf zu verderben; Sexualität spielt bei den Zuni die Rolle, die ihr zukommt, und wird nicht überschätzt. Die Kinder wachsen ungehemmt und ohne strenge Disziplin in voller Freiheit heran.

Diese Ansicht Ruth Benedicts über die Zunis ist höchst irreführend; ihre Untersuchungen waren nicht umfassend genug, um die von ihr gezogenen Schlüsse zu rechtfertigen. Daher kommen die meisten Anthropologen, die die Zunikultur genau studieren, zu wesentlich anderen Resultaten. So befand Esther Goldfrank die Zuni (und die ihnen ähnlichen Hopi) verängstigt, mißtrauisch, feindselig und ehrgeizig. Die vollständige Zerstörung des Bildes vom „friedlichen Pueblo", das Ruth Benedict gezeichnet hat, geht auf Florence Hawley Ellis zurück: „Die Menschen in den Pueblos sind überaus zänkisch, sie verhalten sich feindlich gegen jeden, der nicht vollkommen in ihren Rahmen paßt, der mehr oder außergewöhnliches Eigentum besitzt. Wie andere Menschen sind auch sie der Eifersucht, dem Zorn und dem Wunsch nach Vergeltung unterworfen." Oberflächlich betrachtet, machen die Puebloindianer vielleicht einen friedlichen Eindruck, doch straft ihre Geschichte diesen Schein Lügen. Jedes Dorf besaß einen „Kriegspriester" (die meisten besitzen ihn heute noch); er steht dem zivilen Priester im Rang keineswegs nach. Ebenso gab es eine Kriegergesellschaft, die nach außen als militärische und im Dorf als polizeiliche Macht fungierte. Jedes Dorf war ständig in militärischer Bereitschaft. So waren für Kriege weder Rekrutierungen noch Vorbereitungen notwendig, da Kriegspriester und Kriegergesellschaft immer einsatzbereit waren. Zugleich stellten Anthropologen fest, daß Ruth Benedicts Behauptung, dem Zuni sei Trunkenheit ein „widerwärtiger Zustand", einfach lächerlich sei, denn die häufigsten Vergehen der Zuniindianer sind Trunkenheitsdelikte.

Der chinesische Forscher Li An-che hob in einem Bericht über seinen dreimonatigen Aufenthalt bei den Zuniindianern hervor, daß man sich auf den ersten Anschein nicht zu sehr verlassen sollte. Zu Ruth Benedicts Behauptung, daß Ehrgeiz bei den Zuni verpönt sei, und daß die Furcht, der Hexerei angeklagt zu werden, einen Zuni davon abhalte, eine Führerstellung anzustreben, meint er: „Es geht nicht darum, ob eine Führungsrolle angestrebt oder wirklich ernsthaft ausgeschlagen wird. Es geht vielmehr um die Mittel und Wege, die dabei angewandt oder vorgetäuscht werden. Man darf annehmen, daß sich in einer Gemeinde, in der jeder jeden kennt, kein Individuum mit gesundem Menschenverstand gern lächerlich macht, indem es etwas anstrebt, was es unmöglich erreichen kann. Ebenso wird ein ehrgeiziger und legitimer Aspirant auf ein hohes Amt dem Brauch folgen, *ein Anerbieten zum Schein zurückzuweisen.* Moderne Gesellschaften stecken Geistesgestörte in Anstalten, während eine primitive Gesellschaft sie zum Schutz der Allgemeinheit der Hexerei anklagt."

Überdies sieht Li An-che in den zahlreichen profanen und religiösen Funktionen und Funktionären ein Indiz für Ehrgeiz und Ambition.

Li ist auch der Meinung, Ruth Benedict habe sich in Fragen der sexuellen Gewohnheiten geirrt, da es den Anschein hat, als ob nicht Zurückhaltung, sondern Promiskuität üblich sei. Während die Jünglinge nachmittags mit breitkrempigen Hüten, die sie unkenntlich machen, umherschlendern, knüpfen sie illegitime Beziehungen an. Li hielt es nicht für leere Prahlerei, als ihm ein junger Zuni versicherte, keine Frau, deren Gatte gerade abwesend sei, und auch keine Unverheiratete würde sich ihm verweigern.

Schließlich ist Li auch nicht bereit, Ruth Benedicts Bewunderung für die Kindererziehung zu teilen. Sie äußerst sich lobend über die Duldsamkeit der Eltern und behauptete, die Kinder wären niemals ungehorsam. Sie irrte auch hier. Zwar ist die Autorität des Vaters in dieser matrilinearen Gesellschaft geschwächt und daher niemand für die Kinder allein verantwortlich, doch das Endresultat ist alles andere als Freizügigkeit; statt von einem einzigen Vater erzogen zu werden, sieht sich das Zunikind einer Vielzahl von Autoritäten gegenüber. Es wird von jedem Haushaltsmitglied gemaßregelt – bisweilen von mehr als 25 Menschen. Auch andere Erwachsene, die weder blutsverwandt noch durch Zeremoniengesellschaften mit dem Kind verbunden sind, sehen sich veranlaßt, jedes kleine Vergehen zu rügen. Wohin das Kind auch sieht, überall steht es einer geeinten Front von Erwachsenen gegenüber. Der körperlichen Züchtigung ziehen die Zuni eine andere Art der Bestrafung vor, die letztlich wesentlich grausamer ist: Spott und Verhöhnung.

Rebellionsriten

Ruth Benedict hat nicht immer die richtigen Schlüsse gezogen, doch viele ihrer Beobachtungen sind richtig: Die Zunigesellschaft ist durchstrukturiert, das Verhalten anscheinend nicht emotionell gefärbt, der Gehorsam betont. Wie überlebt man in einer Gesellschaft, die jedes psychische Ventil unterbindet? Gibt es vielleicht verborgene Mechanismen, die den unterdrückten Aggressionen Spielraum gewähren?

Es ist wirklich so. Bevor die Weißen die Puebloindianer zur Friedfertigkeit zwangen, gab es enthusiastische Kriegskulte, die die Aggression in gesellschaftlich vertretbare Bahnen lenkten. Bevor die Spanier kamen, und auch noch einige Zeit danach, trugen die Puebloindianer untereinander blutige Kämpfe aus, die zumeist mit dem Verdacht auf Hexerei motiviert wurden. Während der Kriegskult heute nur noch eine Art Polizeifunktion innehat, dürfte er früher ein gewaltiges Aggressionsbedürfnis aufgefangen haben. So mußte zum Beispiel jeder Anwärter auf Mitgliedschaft bei den „Bogenpriestern" zuerst den Skalp eines Feindes beibringen. In letzter Zeit wurden die Kriegszeremonien notgedrungen zu Symbolhandlungen; man fordert nicht mehr neue Skalpe, sondern bedient sich einer alten Kopfhaut, die sorgfältig in der Kiva aufbewahrt wird. Vier Tanten des „Kriegers" tragen diesen Skalp ins Dorf, während die Zuschauer in Kriegsgeschrei ausbrechen und Schüsse abfeuern. Man kann sich vorstellen, wie groß einst die Begeisterung über einen besiegten Navaho oder Ute gewesen sein muß, wenn heute noch die bloße Symbolhandlung derartige rasende Freude erwecken kann. Damals tanzte man zwölf Nächte lang um den Skalppfahl, der auf dem Dorfplatz aufgestellt wurde.

Heute äußert sich die Tendenz zum Aufruhr in bestimmten Riten, die sich über die Götter lustig machen, Zeremonien verhöhnen und Konventionen schmähen, wobei Religion und Obszönität ineinander übergehen. So wird auf erlaubte Weise jene Aggression freigesetzt, die ansonsten unterdrückt bleiben müßte. Derartige Riten werden vornehmlich von den Kachina-Priestern ausgeführt, die als „Koyemshi" oder „Schlammköpfe" bekannt sind. Sie sind heilige Clowns, die überaus grotesk wirken. Sie tragen mit Schlamm beworfene Masken, deren Nase und Augen hervorquellen, deren Mund eine große Höhlung und deren Gesicht von Warzen übersät ist.

Da man von den „Schlammköpfen" behauptet, sie seien aus Inzestverbindungen hervorgegangen, stehen sie außerhalb der Konvention, und ihre Obszönitäten und Verhöhnungen geheiligter Dinge werden straflos hingenommen. Sie tollen um die ernsthaften Tänzer und schreien jede Schmähung hinaus, die ihnen eben durch den Kopf geht. Die „Schlammköpfe" parodieren die Tänze, übertreiben die Bewegungen, tanzen noch, nachdem alle übrigen bereits geendet haben, um dann plötzlich ihren „Irrtum" zu bemerken. Wie viele westliche Komiker, spielt auch der Zuni-Clown mit einem imaginären Telephon, das ihn direkt mit den Göttern verbindet.

Da wir einen Bericht über Zuniparodien aus dem Jahre 1881 besitzen, muß man die Ansicht, sie stammten erst aus jüngster Zeit und seien eine Folge von Film und Fernsehen, als irrig zurückweisen. In dem Bericht aus dem 19. Jahrhundert wird von zwölf Mitgliedern einer religiösen Gemeinschaft gesprochen, die sich verkleideten und einen mexikanischen Priester, einen amerikanischen Soldaten, eine alte Frau und verschiedene andere Typen karikierten. Hauptspaß an jenem Abend soll eine umwerfende Parodie einer katholischen Messe gewesen sein: Man rollte sich auf dem Boden und schlug sich heftig an die Brust; einer brüllte ein Vaterunser, ein anderer mimte den leidenschaftlichen Priester, ein dritter spielte einen alten Rosenkranzbeter. Man aß Getreidehülse und alte Fetzen, und einer schrie, wie man im Restaurant nach dem Kellner ruft, man solle ihm Hundekot servieren. Statt Meßwein wurde Urin getrunken, und man konnte nicht aufhören, den köstlichen Geschmack zu rühmen. Das Publikum soll sich – laut Bericht – glänzend unterhalten haben.

Was bedeuten diese Riten? Sie als kindisch abzutun, wäre falsch.

Offenbar ist es möglich, durch das Betreten von gewöhnlich verbotenen Bereichen Emotionen abzureagieren. Doch die innere Befreiung durch Verspottung ist nur ein Teil der Antwort. Die Riten lösen auch Konflikte und stützen die soziale Ordnung. Einerseits wird die Konvention durch die Posse untergraben, anderseits aber durch das monströse Negativporträt um so schärfer konturiert und unterstrichen.

Eine Untersuchung der amerikanischen Indianergesellschaften, bei denen solche rituellen Clowns auftreten, ergab eine interessante Tatsache: Nur in Gesellschaften, die eine feste und unangefochtene Ordnung besitzen, spielen Clowns eine Rolle. In der modernen amerikanischen Gesellschaft ist kein Platz für institutionalisierte Rebellion, denn sie ist demokratisch. In einer demokratischen Gesellschaft ist die Ordnung nicht unverrückbar. Eine Darbietung, bei der man Exkremente ißt oder heilige Riten parodiert, würde man daher nicht für den Ausdruck einer Rebellion, sondern vielmehr für das Anzeichen einer Neurose halten. Die moderne amerikanische Gesellschaft war ihrer stets so unsicher, daß sie die „krankhaften Komödianten" nicht ertragen konnte und sie vertrieb, bis sie sich in die Phantasiewelt der Drogen zurückzogen oder Selbstmord begingen.

VII

Die Irokesen:
Primitive Demokratie

„Die Griechen Amerikas"

Als die Weißen in den Nordosten Amerikas kamen, bildete der heutige Staat New York das Zentrum der mächtigsten Indianergruppen jener Gegend. Diese Indianer sprachen Irokesendialekte und waren aus Süden und Westen eingewandert; ihre genaue Herkunft ist nicht eindeutig festzustellen. Als sie in kriegerischen Auseinandersetzungen immer wieder unterlagen, begannen sie, sich systematisch auszubilden und für die Kämpfe im Waldland zu rüsten. Rasch vermehrte sich ihre Zahl und vergrößerte sich ihr Wohlstand. Schließlich gelang es ihnen, einen Keil in die nahezu ausschließlich von Algonkin beherrschten Jagdgebiete des Nordostens zu treiben. Romantische Amerikaner nannten die Irokesen die „Griechen Amerikas". Treffender wäre es, sie mit dem Historiker Francis Parkman die „Verwandten der Wölfe" oder die preußischen Junker unter den Indianern zu nennen.

Die Kultur der Irokesenstämme unterschied sich ganz wesentlich von der ihrer Nachbarn, den Algonkinsippen im Norden. Sie errichteten ihre Dörfer im Flachland an Fluß- und Seeufern und umgaben sie mit Palisaden. So wurden die Irokesendörfer zu festen Bestandteilen der Landschaft; der Wald in der Umgebung wurde gerodet, und Gärten wurden angelegt. Die rechteckigen Langhäuser innerhalb der Palisaden wurden von je einer Familie bewohnt – von der Sippe der mütterlichen Abstammungslinie.

Die Jesuiten waren voll der Bewunderung für die Irokesen, zumal wenn sie diese seßhaften Farmer mit den nomadisierenden Sippen der Algonkin verglichen. Ordentlich bebaute Mais- und Gemüsefelder, Dörfer mit bis zu mehreren hundert Einwohnern, ein Ratskollegium – das alles fand den Beifall der Missionare. Ein Jesuit beschrieb die Eigenschaften der Irokesen, durch die sie sich von den Algonkin unterschieden: „Mehr als die anderen Nationen zeichnen sich Irokesen und Huronen (ein anderes den Irokesendialekt sprechendes Volk) durch ihren Hang zur Tugend aus. Sie sind die einzigen Wilden mit verfeinerten Gefühlen. Neben ihnen muß man die anderen als feig, undankbar und lasterhaft bezeichnen.

All ihren Tugenden zum Trotz standen die Irokesen bei ihren Nachbarn im Ruf von Plünderern. Bis nach Virginia und Tennessee im Süden, bis gegen Michigan im Westen waren sie gefürchtet. Ein Irokesenstamm, der an den Ufern des Hudson River lebte, war besonders gefürchtet: die Mohawk, was soviel wie „Kannibalen" bedeutet. Westlich davon lebten die Oneida, dann folgten die friedlicheren Onondaga. Noch weiter im Westen wohnte die kleine Gruppe der Cayuga, und schließlich gab es als westlichsten Außenposten die Seneca – den Schrecken der am Ohio lebenden Indianer. Diese fünf Nationen bildeten den Irokesenbund oder „Hodesaunee" (1722 kamen noch die Tuscarora hinzu). Zur Zeit der englischen Kolonialherrschaft genossen auch andere Stämme – zum Beispiel die Delaware – den Schutz des Irokesenbundes. Hätten die Weißen sie nicht daran gehindert, wären die Irokesen nach Unterwerfung der Algonkinstämme zu den Beherrschern des gesamten Gebietes zwischen den Großen Seen und dem Atlantik geworden.

Demokratie des Irokesenbundes und Marxismus

Der Name „Irokesen" bezieht sich gewöhnlich auf die fünf, später sechs Stämme, die sich in einem Bündnis zusammenschlossen. Irokesendialekte wurden auch von den Cherokee im Süden gesprochen sowie von den in der Nähe lebenden Stämmen (Huronen, Erie, Susquehanna). In diesem Kapitel soll von den Stämmen des Bundes gesprochen werden. Die Geschichte dieses Bundes mußte aus vielen Quellen rekonstruiert werden, von denen manche zweifellos erfunden sind. Man darf als wahrscheinlich annehmen, daß der „Große Friede", der den Krieg unter den fünf Stämmen beendete, im Jahre 1570 geschlossen wurde. Ein heiliger Prophet namens Deganawidah, Sohn einer Jungfrau, dessen Gesicht „rein und ohne Makel" war, soll ihn zustande gebracht haben. Dieser Prophet hatte – nach der Legende – einen Traum, in dem er einen riesigen, immergrünen Baum sah, der durch den Himmel hindurch bis ins Reich des „Meisters des Lebens" reichte. Dieser gewaltige Baum bedeutete die „Schwesternschaft" (nicht Brüderschaft, denn die Irokesen waren eine matrilineare Gesellschaft), und seine Wurzeln waren die fünf Irokesenstämme.

Hiawatha, der Ratgeber des Propheten, zog die Nutzanwendung aus den Lehren Deganawidahs. Hiawatha soll in einem weißen Boot von Stamm zu Stamm gezogen sein, um den Frieden zu predigen. Die Gründung des Bundes krönte seine Bemühungen.

Der Anstoß zur Gründung des Irokesenbundes dürfte jedoch, mit größerer Wahrscheinlichkeit als der Traum eines Propheten, das Eindringen französischer Schiffe in den Sankt-Lorenz-Golf gewesen sein. Obwohl keine Berichte über einen Kontakt zwischen Irokesen und Weißen im frühen 16. Jahrhundert vorliegen, müssen die Irokesen sehr wohl gewußt haben, daß sich Weiße in unmittelbarer Nähe ihrer Grenze befanden. So segelte etwa Cartier fünfunddreißig Jahre vor der Gründung des Irokesenbundes den Sankt-Lorenz hinauf und erreichte vermutlich die Gegend von Montreal. Immer und überall in Nordamerika hatte das Eindringen der Weißen entweder eine Flucht der Indianer (wie bei den Shoshone des Great Basin) oder eine Beendigung ihrer internen Feindseligkeiten und ein Bündnis zur Folge (wie bei den Puebloindianern, als sie sich 1680 gegen die Spanier erhoben). Die praktische Notwendigkeit einer Verteidigung gegen die Weißen mag durch die Visionen Deganawidahs die sakrale Sanktion erhalten haben.

Die weißen Siedler waren vom Irokesenbund zutiefst beeindruckt, und manche Historiker sind der Ansicht, daß dieser Zusammenschluß ein erstes Modell für die Verfassung der Vereinigten Staaten von Amerika gewesen sein könnte. Das Bündnis war der Union der dreizehn Kolonien zwar nicht unähnlich, ist jedoch eher mit den Vereinten Nationen zu vergleichen; wurden doch die inneren Belange der einzelnen Stämme nicht berücksichtigt, sondern es wurde ausschließlich über Krieg und Frieden, also über auswärtige Angelegenheiten entschieden. Es gab wohl eine Verfassung, die mündlich weitergegeben wurde, doch kannte man weder die Einhebung von Steuern noch eine Polizeimacht, die ihren Beschlüssen Nachdruck verleihen konnte. Die durch Erbrecht festgelegte Führung lag beim „Rat der Sachem", der sich jedoch in die Probleme der einzelnen Stämme nicht einschalten konnte. Jeder Stamm hatte seine eigenen „Sachem", allerdings waren auch ihre Rechte beschränkt. Sie kümmerten sich ausschließlich um die Beziehungen zwischen den einzelnen Stämmen und nicht um die Angelegenheiten innerhalb eines Clans.

Trotz scheinbarer Widersprüche gelang es den Irokesen, eine primitive Form der Demokratie zu verwirklichen. Es gab insgesamt 50 Sachem, 14 wurden von den Onondaga gestellt, 10 von den Cayuga, je 9 von den Mohawk und Oneida, 8 von den Seneca (obwohl sie zahlenmäßig am stärksten waren). Bevor eine Entscheidung gefaßt wurde, kamen die Sachem eines Stammes zusammen und einigten sich auf eine gemeinsame Einstellung. Der Rat der Sachem mußte allerdings einstimmig entscheiden. Vertrat nur einer der fünf Stämme eine andere Ansicht als die vier andern, so mußte so lange verhandelt werden, bis der eine oder die vier zu einer neuen Ansicht gelangten. Deshalb spielte die Ungerechtigkeit bei der Vertretung der zahlenmäßig überlegenen Seneca mit nur acht Sachem und der Onondaga mit vierzehn letztlich keine Rolle.

Den ersten Siedlern erschien das System der Irokesen durchaus demokratisch. Eine etwas wissenschaftlichere Untersuchung ergab allerdings, daß man sich getäuscht hatte. Der Titel „Sachem" konnte nicht von jedem erworben werden; er war Männern aus ganz bestimmten mütterlichen Abstammungslinien vorbehalten. Nach dem Tod eines Sachem wurde sein Nachfolger von den Frauen aus der Reihe der Kandidaten der bestimmten Linie ausgewählt. Das weibliche Oberhaupt der Linie versammelte alle Frauen seines Haushaltes und seines Clans um sich, um über den Nachfolger zu beraten. Die Kontrolle durch die Frauen endete auch nicht mit der Wahl des Sachem, denn wenn er seine Pflichten nicht in ihrem Sinn erfüllte, konnte er nach drei Warnungen durch das weibliche Sippenoberhaupt abgesetzt werden. Sein Amt ging auf einen anderen Kandidaten über. Wenngleich die Frauen also nicht selbst regierten, besaßen doch nur sie die Macht, über die Führung zu bestimmen.

Das Vorangegangene unterstreicht die führende Stellung der Frau bei den Irokesen. Nach der weiblichen Deszendenzlinie wurde auch das Eigentum vererbt. So waren es die Frauen, denen die Gartenparzellen gehörten (obwohl diese von den Männern gerodet wurden), die Werkzeuge und das Langhaus, in dem die Frauen für Frieden und Ordnung sorgten. Gatten kamen und gingen, je nachdem, welche Konsequenzen sich aus Kriegen oder Scheidungen ergaben. Die Kinder blieben in der Familie der Mutter. Im politischen Bereich bestimmten die Frauen nicht nur den Sachem, sondern regierten manchmal sogar an seiner Statt, wenn er selbst noch zu jung war. Man findet also bei den Irokesen eine Gesellschaftsform, die dem Matriarchat so nahekommt wie keine andere Gesellschaft auf der Welt.

Durch sonderbare Umstände wurde der Irokesenbund zu einem Modell für die marxistische Gesellschaftstheorie. Der Pfad, der auf Umwegen zu Friedrich Engels führt, beginnt bei dem Rechtsanwalt Lewis Henry Morgan, einem Interessenvertreter der Eisenbahnen von Rochester. Er ging den Bräuchen der Irokesen nach, da er deren Riten für eine von ihm und seinen Freunden geplante Bruderschaft verwenden wollte. Seine Forschungsergebnisse wurden zu einem Klassiker der Anthropologie, zu einem Werk, das 1851 veröffentlicht wurde: „League of the Ho-De-No-Sau-Nee or Iroquois." In der Folge studierte er noch weitere Primitivgesellschaften in Amerika und andernorts und verglich die Ergebnisse mit dem, was er über die Irokesen wußte.

Morgan war ein durch und durch konventioneller Mensch und überzeugter Kapitalist, der auch in religiösen Fragen orthodox urteilte. Er veröffentlichte 1877 seine Theorien in der Zeitschrift „Ancient Society", während Marx eben an den letzten Kapiteln seines Hauptwerkes arbeitete. Karl Marx exzerpierte diese Artikel begeistert, als er bemerkte, daß Morgans Feststellungen genau in sein Schema paßten; doch er starb, ohne seine Exzerpte im „Kapital" verwerten zu können. Für Engels aber wurden sie zu einem Grundpfeiler für seine berühmte Arbeit „Der Ursprung der Familie, des Privateigentums und des Staates" (1884), ein Werk, das in der Sowjetunion und in den meisten kommunistischen Staaten als Standardwerk der Anthropologie gilt. Engels war begeistert von dem neuen Wissen über den Irokesenbund, das er Morgan verdankte, und äußerte sich enthusiastisch über die Verfassung, die in ihrer kindlichen Einfachheit wunderbar war! Es gab keine Soldaten, keine Gendarmen, keine Polizei, weder Adelige noch Könige, Präfekten oder Richter, keine Gefängnisse, keine Gerichtsverhandlungen. Hier fand Engels die ideale Gesellschaft, denn es konnte keine Armen und keine Bedürftigen geben; der gemeinschaftliche Haushalt und die Verwandtschaft wußten um ihre Verantwortung für Alte, Kranke und Invalide. Alle waren gleich und frei – auch die Frauen. Engels starb, bevor er die Wahrheit über die amerikanischen Primitiven kennenlernte, und die Kommunisten zogen es später vor, sie zu ignorieren. Bis zum heutigen Tag hat der Bourgeois Morgan seinen Platz im Pantheon der Schriftsteller des Sozialismus. Die Marxisten haben es vorgezogen, über manche der geradezu peinlichen Urteile und Theorien Morgans hinwegzusehen, wie beispielsweise über seine Ansicht von der Armut: „Ich kann schwer verstehen, warum es in den USA Arme geben muß, abgesehen von jenen, die großes Pech hatten oder die aus Gründen arm sind, für die niemand außer sie selbst verantwortlich gemacht werden kann."

Große Männer und große Ereignisse

Nun scheint der Zeitpunkt für einige Überlegungen gekommen zu sein. Welchen Lauf hätte die Geschichte der Irokesen genommen, wäre Hiawatha nicht geboren worden? Hätte der Bund der Irokesenvölker auch ohne ihn entstehen können? Wenn ja, wären dieselben Ereignisse eingetreten? Die entscheidende Frage lautet also: Wird das Schicksal einer Kultur von großen Männern und großen Ereignissen bestimmt?

Wer diese Frage zu bejahen gesonnen ist, verweist meist auf plötzlich auftretende Sprünge, wie sie die Kulturgeschichte der meisten Zivilisationen kennt. So umfaßt die antike griechische Kultur einen Zeitraum von ungefähr 1250 Jahren, während sich ihr größter Glanz auf eine Epoche von kaum 150 Jahren konzentriert, auf Athen im vierten vorchristlichen Jahrhundert. Damals entwickelte sich die griechische Demokratie, vergrößerte sich die Bevölkerungszahl, wurden fast alle kriegerischen Unternehmungen siegreich beendet, blühten Wissenschaft und Kunst. Auch die Größe Roms beschränkte sich auf eine kurze Zeitspanne: auf die Regierungszeit Julius Cäsars und Augustus'! Ähnliche Energieexplosionen kennzeichneten aber auch das China der Tschou- und der Han-Dynastien, das Ägypten des Pyramidenzeitalters und des Mittleren Königreiches, die florentinische Renaissance und das Elisabethanische England.

Solche Höhepunkte der Kultur werden uns in der Schule mit dem Auftreten eines großen Mannes oder mit einem großen historischen Ereignis erklärt. Das würde am Beispiel Shakespeares in letzter Konsequenz bedeuten, daß ihm die Regierung Elisabeths I. und die Vernichtung der Armada zu seinen Dichtungen verholfen haben. Architektur, Straßenbau, Bildhauerei und Literatur Roms wären eine Folge der Eroberung Galliens und der Machtübernahme durch Augustus gewesen. Die Fadenscheinigkeit einer solchen Interpretation zeigt sich schon darin, daß eine Kulturblüte gewöhnlich bereits *vor* der Geburt der Hauptpersonen und auch *vor* den großen politischen Ereignissen einzusetzen beginnt.

Wir haben die Gewohnheit, in den Kategorien der großen Männer zu denken – weil dies den großen Männern so gefällt. So ließen die Pharaonen ihre Leistungen in Keilschrift festlegen; deshalb hielt man sich im Mittelalter Troubadoure, um sich in ihren Lobliedern verherrlichen zu lassen; deshalb hält man sich heute einen Stab von Werbefachleuten. Es gibt jedoch keine Kultur, die sich nur durch das Auftreten großer Persönlichkeiten erklären ließe, ob es sich dabei nun um Perikles oder Augustus, Karl den Großen, Dschingis-Khan, Franklin D. Roosevelt oder Hiawatha behandelt. Die große Persönlichkeit gibt nicht die ersten Impulse, sie ist ihre Manifestation. Wäre Newton nicht Physiker gewesen, sondern Gastwirt, die Gesetze der Gravitation wären trotzdem formuliert worden; die Kultur seiner Zeit wartete auf eine solche Entdeckung, und die intellektuelle Basis für ihr Verständnis war bereits vorhanden. Kein unglaublicher Geistesblitz war für die Entdeckung des Dampfschiffes vonnöten; das Phänomen Dampf war bereits in der Antike bekannt, und auch von Schiffen verstand man damals schon viel. Die Kombination von Dampf und Schiff vollzog sich, als die europäische Zivilisation für den neuen Gedanken reif und imstande war, ihn technisch zu realisieren. Die Synthese „Dampf" und „Schiff" hing weniger von den Erfindern als von der Zeit ab.

Zahlreich sind die Beispiele dafür, daß große Erfindungen und Entdeckungen gleichzeitig von mehreren Personen gemacht werden, die miteinander in keinerlei Verbindung stehen. Um nur einige zu nennen:

Teleskop: Jansen, Lippershey, Metius, 1608
Sonnenflecken: Galilei, Fabricius, Scheiner, Harriott, etwa 1610
Stickstoff: Rutherford, Scheele, 1772 bzw. 1773
Sauerstoff: Priestley, Scheele, 1774
Telegraphie: Morse, Henry, Steinheil, Wheatstone, Cooke, etwa 1837
Photographie: Talbot, Daguerre, 1839
Planet Neptun: Adams, Leverrier, 1845
Ätheranästhesie: Jackson, Liston, Morton, Robinson, 1846
Natürliche Auslese: Darwin, Wallace, 1858
Telephon: Bell, Gray, 1876
Flugzeug: Brüder Wright, Dumont, 1903
Herztransplantation: Barnard, Shumway, Kantrowitz, 1967 bis 1968 (innerhalb einer Periode von sechs Wochen)

Wie kann die Theorie von den großen Persönlichkeiten erklären, daß zum Beispiel die Erfindung des Teleskops nicht von einem, sondern von drei Männern gemacht wurde, die alle in demselben Jahr, ohne von den Bemühungen der anderen zu wissen, Erfolg hatten? „Zufall" wäre eine unbefriedigende Erklärung, die nur die Gesetze der Wahrscheinlichkeit strapaziert. Sagt man aber, diese Erfindungen „seien in der Luft gelegen" oder die „Zeit sei reif gewesen", dann meint man wohl nichts anderes, als daß nicht große Männer die Erfindungen machten, sondern die Kulturen. Und eben das scheint mir die zutreffendste Erklärung.

Jansen, Metius und Lippershey haben in Holland gearbeitet, wo die Technik der Linsenschleiferei am weitesten fortgeschritten war. Aus demselben Grund wurde auch das Mikroskop in Holland entwickelt, und die ersten wichtigen Entdeckungen in der Mikroskopie wurden ebenfalls von Holländern – Leeuwenhoek und Swammmderdam – gemacht. Die Abhängigkeit der Erfindungen vom Stand der Technik läßt sich ebensowenig mit der Theorie von den großen Männern erklären wie die 1958 anläßlich eines Kongresses bekanntgewordene Tatsache, daß Zoologen in den verschiedensten Ländern (England, Holland, Deutschland und Österreich) zur gleichen Zeit auf die Idee kamen, Primaten zum Malen von Bildern anzuregen. Und stellten die erfolgreichen Herzverpflanzungen nicht den Höhepunkt einer Entwicklung der Chirurgie dar, die vor dem Zweiten Weltkrieg begann, waren ihre Voraussetzung nicht die Herz-Lungen-Maschine und bestimmte Medikamente, die der Abstoßung fremder Gewebe entgegenwirken?

Die Irokesen des 17. Jahrhunderts kannten – wie von Missionaren in allen Einzelheiten beschrieben wurde – eine Art Psychotherapie, die auf Träumen basierte. Die Ähnlichkeit mit den Entdeckungen Freuds ist bemerkenswert; dem 200 Jahre später in Wien geborenen Wissenschaftler waren keine Berichte über die Irokesenkultur bekannt. Die Ideen der Irokesen unterscheiden sich von denen Freuds nicht mehr, als etwa die psychoanalytische Schule Freuds sich von jener Jungs unterscheidet.

Die Worte, mit denen die Irokesen den Missionaren ihre Vorstellungen erklärten, sind jenen Freuds verblüffend ähnlich: „Zu unseren im allgemeinen freien oder dem Willen unterstellten Wünschen, die dem Wissen um eine als gut angesehene Eigenschaft des ersehnten Gegenstandes entspringen, kommen – so glauben wir – auch andere Wünsche der Seele hinzu, die gleichsam angeboren und verborgen sind. Sie ... kommen aus der Tiefe der Seele, nicht durch Wissen, sondern aus einem blinden Drang der Seele nach bestimmten Gegenständen."

Die Irokesen glaubten auch, daß der natürliche Wunsch eines Menschen oft in seinen Träumen erfüllt werde, „die seine Sprache darstellen", und sie gelangten zu der intuitiven Einsicht, daß der Traum die wahren Wünsche nicht zu erkennen geben müsse, sondern sie ebensogut verschleiern könne.

Sie bewiesen also einen wahrhaft erstaunlichen Sinn für Phänomene, die in unserer durchaus anders gearteten Kultur zum Bereich der Psychiatrie gehören. Sie erkannten die Existenz eines Unbewußtseins, wußten um die Kraft unbewußter Triebe und hatten sogar eine Ahnung von den Mechanismen der Verdrängung und der Verschleierung, der Traumarbeit und der psychosomatischen Symptombildung. Der Symbolcharakter der Träume war ihnen klar.

Diese Traumsymbole wurden „bestimmten Personen vorgelegt, die erleuchteter waren als andere und deren Einsicht sozusagen in die Tiefe der Seele reichte". Diese hilfreichen Seher der Irokesen bedienten sich der Technik der freien Assoziation, um damit hinter der manifesten die latente Traumbedeutung aufzuspüren. Auch heute noch werden die Träume bei den Irokesen hoch bewertet; hat man sich für eine Heilungszeremonie oder für einen Freund zu entscheiden, will man einer bestimmten Vereinigung beitreten, so trägt man seine Träume einer hellseherischen begabten Person, zumeist einer Frau vor, um sie deuten zu lassen.

Die Schlußfolgerung drängt sich auf: Hätte nicht Freud die Psychotherapie entdeckt, so wäre es ein anderer gewesen; hätte nicht Hiawatha die Irokekesenstämme vereinigt, so wäre es einem andern gelungen. Die Kultur der Irokesen begünstigte einen Bund, die Entwicklungsstufe der gesellschaftlichen und politischen Ordnung machte ihn möglich, die Ankunft der Weißen machte ihn notwendig.

Kriegshandlungen in den Waldgebieten

Keines der vielen Sachem-Ämter wurde nach dem Propheten Deganawidah benannt, denn die Irokesen waren der Ansicht, der Prophet habe sich niemals für weltliche Ämter interessiert. Statt dessen wurde ihm zu Ehren der Titel „Föhrenbaum" geschaffen, den man nicht erben konnte, sondern der erworben werden mußte. Man konnte ihn durch Erfolg und Tapferkeit im Krieg erlangen. Es gab genügend Möglichkeiten, solche Beweise zu erbringen, war man doch von feindlichen Stämmen umgeben, die ein geeignetes Objekt für Raubzüge darstellten. Später konnte man sich dann an die weißen Siedler halten. Diese „Föhrenbaum"-Jünglinge stellten ein Problem für die Sachem dar, die den Frieden zu wahren suchten.

Die Krieger der Irokesen trug Pfeil und Bogen, deren man sich jedoch nur aus dem Hinterhalt bediente. Im Nahkampf griff man lieber zu jener Keule, die von den Algonkin „Tomahawk" genannt wurde. Die Irokesenkrieger trugen ein Holzschild und eine Art Rüstung, die aus Stäben, die mit Hirschleder verknüpft waren, bestand. Verängstigte weiße Siedler beschrieben die Kampftechnik der Irokesen mit folgenden Worten: „Sie schleichen wie Füchse, sie kämpfen wie Löwen, und sie verschwinden wie Vögel." Ziel der Überfälle war es, zu töten und Gefangene zu machen. Manche Gefangene, vornehmlich die jüngeren, wurden vom Stamm adoptiert;

sie nahmen die Stelle der im Krieg gefallenen Gatten, Brüder und Söhne ein. Die übrigen Gefangenen waren für die orgiastischen Folterungen bestimmt, die nach Grausamkeit und Vorgangsweise unterschieden wurden. Die Dauer der Folterung hing von der Widerstandsfähigkeit der Opfer ab. Man erfrischte die Gemarterten und ließ sie sogar ausruhen, sollten sie doch Kraft schöpfen, um den Schmerz um so klarer zu spüren. Der Jesuit Le Jeune hat eine solche Tortur mit angesehen und wie folgt beschrieben: „Wer das gesehen hat, hat die Hölle gesehen. Die ganze Hütte schien in Feuer getaucht, und mitten in Rauch und züngelnden Flammen tummelten sich die Barbaren; sie hielten brennende Holzscheite und schrien, so laut sie konnten. Ihre Augen, leuchtend vor Wut und Ekstase, schienen wie Dämonen, die keine Gnade kennen. Sie drängten den Gefangenen zur Hüttenwand, nahmen ihn bei der Hand und brachen ihm mit roher Gewalt seine Knochen. Andere stießen ihm Stöcke in die Ohren und ließen sie in seinem Schädel stecken. Als man ihm sein Geschlecht versengte, brach er bewußtlos zusammen ... Bald nach dem ersten Morgengrauen machten sie außerhalb ihres Dorfes ein Feuer und setzten ihre grausamen Exzesse fort. Noch schlimmer als in der Nacht wurde nun das Opfer von Feuerbränden gequält, die keinen Körperteil unberührt ließen. Wieder und wieder traf man dieselben Stellen ... Um zu vermeiden, daß der Beklagenswerte vielleicht in den Flammen anstatt durch das Messer sterben könnte, begann man ihm einen Fuß oder eine Hand abzuschneiden, während ein anderer seiner Peiniger ihm fast gleichzeitig den Kopf abschlug und ihn unter die Menge warf. Dieser Kopf wurde zum Häuptling Ondessone gebracht, dem es vorbehalten war, damit ein Fest zu veranstalten."

Dieser Bericht ist nicht die schlimmste Schilderung „indianischer Barbarei", wie der zivilisierte Westen zu sagen pflegt, wenngleich auch in unserem Kulturraum kein Jahrhundert ohne ebenso schreckliche oder noch gräßlichere Torturen vergeht. Manche Psychologen vertreten die Ansicht, daß die Marterorgien ein Ventil für Emotionen seien, die sich aufstauen, wenn Menschen einen Großteil ihrer Zeit gehorsam und in strenger Zucht verbringen müssen und überdies in überfüllten Häusern wohnen, in denen mehrere Familien zusammengepfercht sind.

Eine solche Erklärung ist sicherlich teilweise richtig, doch sollte eine andere nicht übersehen werden: Ein Stamm ist an sich eine höchst lockere Verbindung, da ihm keine Einrichtungen zur Verfügung stehen, die die Einheit innerhalb des Stammes bewahren. Will ein Stamm überleben, so muß er einen inneren Zusammenhalt herstellen – und eben der wird am besten durch ein gemeinsames aggressives Verhalten nach außen erreicht. Daher ist ein Stamm fortwährend im Zustand der Kriegsbereitschaft; jeder kleinste Vorfall, ja oft nur der Wunsch, sein Prestige zu mehren, kann ein Gemetzel auslösen. In der Frühzeit war der Kampf gegen den äußeren Feind unvermeidlich.

Das Blutvergießen war immer nur von kurzer Dauer, denn weder die innere Organisation noch die wirtschaftliche Lage erlaubten es einem Stamm, Kriege zu führen, wie sie in komplexeren Gesellschaften üblich sind. Ein Soldatenstand, der seine gesamte Zeit dem Kriegshandwerk widmete, war nicht vorhanden; die Arbeit der Männer war zur Urbarmachung und zum Hausbau notwendig. Die Irokesen wollten auch gar kein Neuland erobern, da ihnen politische Ordnung und Arbeitskraft fehlten, um fremde Gebiete erfolgreich verwalten zu können. Beute und Gefangene waren der einzige Gewinn. Deshalb stellte sich auch der Besiegte bereits nach kurzer Zeit wieder zum Kampf. Es ging nicht darum, eine mächtige Kriegsmaschinerie aufzubauen, sondern man wollte einen psychologischen Krieg führen; weniger einen Kampf von Angesicht zu Angesicht als einen Nervenkrieg, in dem Tortur, Hinterhalt, Massaker und nächtliches Kriegsgeschrei die siegreichen Waffen waren. Immerhin brachten es die Irokesen – im Gegensatz zu anderen Stämmen – so weit, daß sie die Gefangenen zum Teil in die eigene Gemeinschaft aufnahmen. Vor allem im 17. Jahrhundert, als Kriege an der Tagesordnung und die Verluste groß waren, machten Huronen und Algonkin mehr als die Hälfte der Stammesmitglieder aus; die adoptierten Gefangenen lernten schnell, es den Irokesen an Grausamkeit gleichzutun.

Der Monotheismus und der Große Geist

Wahrscheinlich war die Vorstellung von der Entstehung und Abstammung der Götter bei den Irokesen ursprünglich überaus komplex; sie überlebte in einer recht verstümmelten Form. Einst scheinen drei Klassen überirdischer Wesen verehrt worden zu sein: Geister, Totenseelen und Götter. Außerdem gab es den „Großen Geist" und seinen satanischen Widerpart. Nach dem Tod eines Menschen verließ ihn sein Geist und begann nunmehr sein eigenes Nachleben, das keineswegs in den „Ewigen Jagdgründen" stattfand; so stellten sich lediglich die Weißen das indianische Jenseits vor. Ein Irokese glaubte nicht an die Notwendigkeit, nach dem

Tode noch essen und sich Speisen verschaffen zu müssen; zu jagen bestand also kein Anlaß. Der Geist der Toten blieb an seinem Stamm weiterhin interessiert. Man bereitete ihm daher eigene Winterfeste und nahm an, die Seele des Toten beteilige sich an Tanz und Spiel. Ebenso waren die Geister der Toten Begleiter bei Raubzügen, obwohl sie nicht aktiv eingreifen konnten und nur als Zuschauer auftraten.

Die Irokesen stellen in Nordamerika die einfachste Gesellschaftsform dar, die sich zum Monotheismus bekennt. Man ist oft der Meinung, Monotheismus sei der Glaube an einen einzigen Gott. Das ist unrichtig. Monotheismus bedeutet vielmehr den Glauben an ein höchstes Wesen, das selbst nicht erschaffen wurde, das aber seinerseits Gruppen von anderen übernatürlichen und heiligen Wesen erschafft: das können Engel, Dämonen oder Heilige sein. Judentum, Christentum und Islam sind monotheistische Religionen, weil in jeder von ihnen das höchste übernatürliche Wesen Urgrund und Schöpfer der Welt ist. Auch im Alten Testament gibt es Hinweise auf andere Unsterbliche neben Jehova. Die Irokesen beteten ihren Großen Geist an, weil er der höchste Geist war und weil er die anderen Götter erschaffen hatte.

Die Religion der Irokesen führt zu einer interessanten, für den Ursprung des Monotheismus bedeutungsvollen Frage. Viele Forscher sind der Ansicht, Monotheismus trete überall dort auf, wo die Menschen mit einem mächtigen weltlichen Herrscher konfrontiert werden. Der einzige Gott sei dann nichts anderes als eine Projektion dieses Herrschers in himmlische Sphären. Diese Theorie mag auf Ägypten zutreffen, wo während der Regierungszeit des fanatischen Pharaos Echnaton der höchste Gott Aton verehrt wurde. Auch im Christentum spiegelte sich in der Hierarchie, Gott, Jesus, Papst, Priesterschaft, Engel und Heilige immer mehr die politische Gesellschaft des Römischen Reiches wider. Schließlich gab es in der himmlischen Hierarchie neun Ränge, zu denen 266 613 336 Engel gehörten. Bei den Irokesen war die Situation ganz anders gelagert. Sie besaßen weder einen mächtigen Herrscher noch eine mächtige Regierung. Der Rat der Sachem, der mit auswärtigen Angelegenheiten beschäftigt war, konnte nicht einmal seine jungen „Föhrenbaum"-Kämpfer in Schach halten. Die Situation gleicht jener im alten Israel, als ein mächtiger Jehova die Angelegenheit der Menschen lenkte, während die irdische Macht in den Händen eines schwachen Rates der Ältesten lag, der nicht in der Lage war, eine eigene Politik durchzusetzen.

Alle monotheistischen Gesellschaften – gegenwärtige und vergangene – zeichnen sich durch eine Gemeinsamkeit aus: Das Individuum ist Teil einer ganzen Hierarchie von Verpflichtungen und Abhängigkeiten. Bei den Irokesen sah diese Hierarchie folgendermaßen aus: Individuum – Familienkern – Haushalt im Langhaus – Clan – Phraterie – Stamm – Völkerbund. Der einzelne war in ein Netz von Beziehungen verstrickt. Um sich hier zurechtzufinden, brauchte er den Glauben an eine Ordnung, die bis in die höchsten, überirdischen Regionen reichte. Das erklärt auch die schon längst erkannte Verbindung zwischen Monotheismus und Agrargesellschaft. Denn erst die Landwirtschaft bringt eine genügend komplexe Hierarchie mit sich, deren Verpflichtungen und Abhängigkeiten die Wiege des monotheistischen Glaubens sind.

„Falsche Gesichter"

Trotz des erstaunlich komplexen Aufbaus der Irokesengesellschaft erinnerten die religiösen Riten noch immer an die Schamanen – wenngleich sie nicht von religiösen Einzelgängern, sondern von einer organisierten Gruppe zelebriert wurden. Die Lieder des Schamanen, seine Tänze und anderer Hokuspokus waren auf die „Gemeinschaft der falschen Gesichter" beschränkt, deren Mitglieder mit Hilfe einer großen Holzmaske Heilungen vornahmen. Von diesen verzerrten, alptraumhaften Masken gab es zwölf Grundtypen: verkrümmter Mund, gerade Lippen, Löffellippen, Hängemaul, herausragende Zunge, Lachen, Pfeifen, Rot-Schwarz-Teilung, Langnase, Gehörnte, Schwein und Blinder. Überdies gab es lokale Varianten, wie zum Beispiel das „Krankengesicht" und verschiedene Farbschattierungen. Ein Katalog sämtlicher Typen müßte einige Dutzend Arten nennen. Die Mitglieder dieser religiösen Gemeinschaft traten stets als Gruppe auf und gaben ihre schrecklichen Vorstellungen in den Häusern der Kranken. Sie machten Buckel und taumelten, sie krochen und stolperten auf das Haus des Kranken zu; sie stießen hinter den Masken schreckliche Schreie aus, sie umtanzten den Kranken und bewarfen ihn mit Asche; sie rasselten mit ihren großen Klappern aus Schildkrötenpanzern und stimmten Beschwörungsgesänge an.

Ein Pionier der amerikanischen Völkerkunde und großer Freund der Indianer, John Bartram, beschrieb 1751 die Begegnung mit einem Mitglied dieser Religionsgemeinschaft: „Er trug eine schwarz bemalte, grobe Holzmaske mit einer 10 bis 15 Zentimeter langen Nase, einem schiefen, grinsenden Maul, aus dem lange Zähne ragten, mit Augen aus glänzenden Messingringen, die von weißen

Farbkreisen umrahmt waren. Von der Stirn hingen Fransen aus Büffelhaar und von seinem Schädel Stricke aus abgeplatteten Getreidehülsen. An die Kleidung kann ich mich nicht mehr genau erinnern, doch sie war ebenso ungeschlacht wie die Maske. In der einen Hand hielt er einen langen Stab und in der andern einen Flaschenkürbis mit kleinen Steinen darin; den verwendete er als Klapper . . . manchmal hob er den Kopf und stieß einen gräßlichen Laut aus, der wie ein Eselsschrei klang."

Die „falschen Gesichter", die von den Mitgliedern dieser Glaubensgemeinschaft getragen wurden, sind eigentlich keine Masken, denn sie sollten nichts verbergen. Es wurde viel über sie geschrieben und diskutiert, man nimmt jedoch im allgemeinen an, daß sie als Idole dienten. Eindeutig ist die Frage jedoch noch nicht gelöst. Es stimmt, daß es neben den beschriebenen Masken, die man vor dem Gesicht trug, noch um vieles kleinere Masken gab, die oft nur ein paar Zentimeter maßen. Sie waren so etwas wie kleine Amulette, doch in erster Linie dienten sie als Ersatz für die großen Masken, als eine Art Maskottchen. Spricht jemand die Worte „Idol" und „Idolatrie" verächtlich aus, muß man die Irokesen dagegen verteidigen, da sie nicht ihre Idole, sondern überirdische Wesen angebetet haben – und das tun sie auch heute noch, trotz der christlichen Einflüsse. Sie sahen in den Masken Porträts, in denen sich die Götter manifestieren. Der Träger einer Maske benahm sich denn auch, als wäre er das überirdische Wesen, das er verkörperte. Er schuf seine Maske, indem er die Vision eines „falschen Gesichtes" in einen lebenden Baum einritzte und dann die ganze Maske aus dem Holz des Baumes herausschnitzte. Während dieser Zeremonie entdeckte sich der Gott dem Schnitzer, der sodann die Maske vollendete und bemalte. Der Irokese hat nicht das Bild selbst angebetet, sondern das, was er darstellte.

Die Historiker werden wahrscheinlich weiterhin ergebnislos darüber nachdenken, ob der Bund der Irokesen sich über den ganzen Osten ausgebreitet hätte und zu einer der größten Zusammenschlüsse geworden wäre, die die Welt jemals gekannt hat, wenn nicht die Ankunft der Weißen dieser Entwicklung ein Ende bereitet hätte. Die Irokesen konnten sich niemals voll entfalten, das ist richtig, doch sind daran wahrscheinlich nicht allein die Weißen schuld. Zu der jedem Stamm innewohnenden Schwäche kamen noch die Auseinandersetzungen zwischen den Sachem und dem militärischen Opportunismus der „Föhrenbaum"-Krieger. Diese Gegensätze wußten die Weißen weidlich auszunutzen, als zuerst Engländer und Franzosen, später Engländer und Amerikaner um die Loyalität der Irokesen wetteiferten. Der Irokesenbund entstand 1570, wurde von den Weißen erst um 1640 entdeckt und war um die Mitte des letzten Jahrhunderts nahezu aufgelöst. Damals schrieb Lewis Henry Morgan: „Die Feuer des Rates der Ältesten sind seit langem erloschen ... ihre Herrschaft ist zu Ende gegangen. Heute senken sich die Schatten des Untergangs über die letzten Reste eines schwachen und doch einst so mächtigen Bundes ... Bald werden die Irokesen als Volk in der undurchdringlichen Nacht verschwunden sein, die schon so viele Indianervölker für immer aufgenommen hat. Andere haben sich ihr Land angeeignet, die Wälder gerodet, die Fährten verwischt. Die Reste dieser stolzen und begabten Rasse, die sich noch um ihre einstigen Sitze scharen, sind dem Untergang geweiht. Die Irokesen werden als Volk verschwinden. Wir werden ihrer nur noch als Verlorener gedenken, deren Existenz erloschen ist. Zugleich werden wir sie als ein Volk ehren, dessen weise Männer keine Städte hatten, dessen Religion sich nicht in Tempeln verbarg, dessen Regierung keine Akten kannte."

VIII

Die Prärien:
Die Revolution zu Pferd

Das große amerikanische Epos

Als der typische Indianer gilt für viele der Prärieindianer – ein
Held in Technicolor mit Kriegsbemalung und Federschmuck, der
ohne Sattel reitet und das Dampfroß des weißen Mannes überfällt.
In Wahrheit war die pittoreske Kultur der Prärieindianer nicht bo-
denständig, sondern artifiziell und hielt sich nur kurze Zeit am Leben. Das Konglomerat, das man als „Präriekultur" bezeichnet, erlebte seine Blüte erst nach 1800, und wie das Frühlingsgras in den
Hochebenen ist es nach kurzer Zeit wieder verschwunden.

Diese Kultur entstand fast unbemerkt um die Mitte des 18. Jahrhunderts, als sich das Pferd von den spanischen Siedlungen in New
Mexico nach Norden zu verbreiten begann. Schon nach wenigen
Generationen fand man Pferde im gesamten Zentralland, und, aus
allen Richtungen kommend, ergossen sich Indianer in die Prärien.
Ursprünglich sprachen sie viele verschiedene Sprachen und hatten
unterschiedliche Sitten, gemeinsam aber war ihnen allen das neue
erfolgreiche Reittier für die Bisonjagd: das Pferd. In kürzester Zeit
brachten sie es zu einem unglaublichen Reichtum, der ihre kühnsten
Träume übertraf, und wie ein Traum schwand auch alles wieder
dahin. Um 1850, als das junge Amerika der Vereinigten Staaten,
„seinem Schicksal folgend", gegen Westen vordrang und die Indianer verdrängte, befand sich deren Kultur bereits im Niedergang.
Als die ersten Planwagen und die ersten Goldsucher ankamen, war
das Schicksal der Prärieindianer besiegelt. Die Vernichtungsschlach-
ten, die Kavallerie und Prärieindianer einander lieferten, sind das
große Epos der Amerikaner, ihre Ilias, ihre Äneis – der Wahrheits-
gehalt dieser Legende ist jedoch nicht größer als jener der anderen.

Trotz der unzähligen romantischen Erzählungen von umzingel-
ten Forts und von der berühmten letzten Kugel, die man für sich
selbst aufsparte, trotz der gelegentlichen Heldentaten und der zahlreichen Bestialitäten auf beiden Seiten – gab es in Wahrheit
erstaunlich wenig Kämpfe. Leidvolles Sterben war zwar an der
Tagesordnung, als die Prärieindianer ihrem katastrophalen Ende ent-

gegengingen, doch dieses Massensterben wurde weniger von Gewehrkugeln als durch Hungersnot, Seuchen, Alkoholismus und Brutalität verursacht. In den tatsächlichen Kämpfen zwischen weißen Soldaten und Indianerkriegern wurden höchstens einige Tausend Menschen von Gewehrkugeln oder Pfeilen getötet. Die Kriege in den Prärien waren nämlich keine Heldenepen, sondern grausame Aufräumungsarbeiten. In ihrem Verlauf verschwanden Millionen Bisons, die Hochebenen wurden in einen Kehrichthaufen verwandelt und die einst so stolzen Indianer an Geist und Körper gebrochen.

Als Coronado zum erstenmal die Hochebenen, die sogenannten Plains, erforschte, war von der späteren Kultur der Prärieindianer noch nichts zu bemerken. Verführt von Legenden über ein reiches Land, wo Könige von goldenen Glöckchen in den Schlaf gewiegt werden, erreichte Coronado 1541 das Gebiet von Kansas. Hier begegneten die Spanier jenem Tier, von dem sie so viel gehört hatten: der sonderbaren „Kuh", jenem Büffel, der so groß war wie ein spanischer Stier, jedoch eine riesige Mähne und gebogene Hörner besaß. Die Spanier stießen aber auch auf arme Indianer, die in ihren konischen „Tipis" wohnten, von denen im Expeditionstagebuch steht, sie sähen wie Zelte aus. Am meisten beeindruckte Coronado die Tatsache, daß der Bison den Indianern alles das lieferte, was sie brauchten: „Aus der Büffelhaut bauen sie ihre Unterkünfte, schneidern sie ihre Kleider, machen sie Seile und Wolle. Aus Büffelsehnen gewinnen sie Fäden, mit denen sie Kleider und Zelte zusammennähen. Ahlen werden aus Knochen hergestellt. Der Dung dient als Brennmaterial und stellt in dieser Gegend den einzigen verfügbaren Brennstoff dar. Die Blasen finden als Trinkgefäße oder als Flüssigkeitsbehälter Verwendung."

Zu Fuß war die Bisonjagd nicht sehr erfolgreich und konnte kaum eine große Zahl von Indianern erhalten. Diese Jagdtechnik übten vor allem arme Nomadengruppen aus, die in kleinen Gruppen umherzogen, nur geschwächte Tiere erlegten oder solche, die sie über Felsen in den Tod trieben. Die Einwohner der Steppen und Prärien ernährten sich ursprünglich nur von Mais, Bohnen und Kürbis; aus den Waldgebieten des Ostens hatte sich die Landwirtschaft nach Westen ausgebreitet. Sie folgte den Verzweigungen der Flüsse bis ins trockene Dakota und nach Texas. So wurden die ersten Ausläufer der Rocky Mountains erreicht. Die Bisonjagd war für diese Menschen lediglich eine Nebenbeschäftigung; man ging ungefähr einmal im Jahr jagen, um die Gemüsekost zu ergänzen und auch um Häute, Sehnen, Knochen und andere Rohmaterialien zu bekommen.

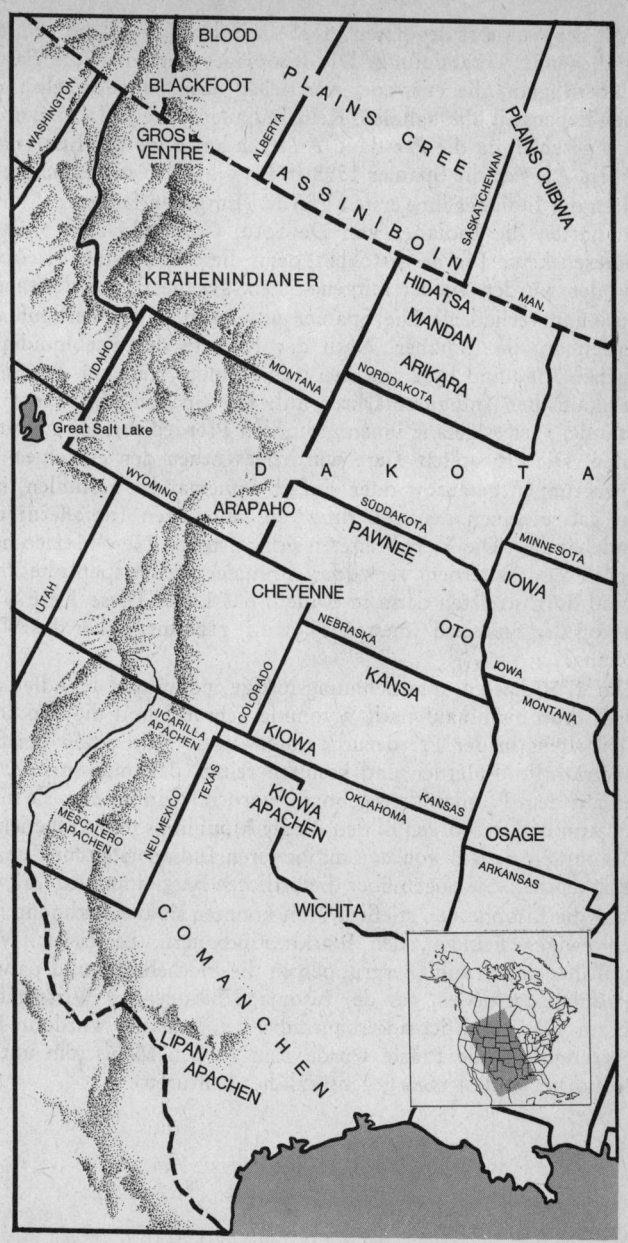

Mit der Ankunft des ersten Pferdes erfuhr diese Lebensform eine grundlegende Veränderung. Die Bisonjäger begannen die Farmer zu überflügeln, die entweder vertrieben wurden oder selbst den neuen Lebensstil übernahmen. Kein Indianer hatte jemals zuvor ein Pferd gesehen, da die Pferde in Amerika am Ende der Eiszeit ausstarben. Als sich die Spanier 1598 in New Mexico niederließen, erhielten die Indianer ihre ersten Pferde. (Entgegen früheren Annahmen hatten die Indianer von De Soto, Coronado oder anderen Pionieren keine Pferde gestohlen, denn diese Tiere starben entweder oder wurden wieder mitgenommen, als die Expeditionen den Kontinent verließen.) Die Spanier untersagten den Verkauf von Pferden an die Indianer. Nach der Revolte der Puebloindianer zwischen 1680 und 1692 tauchten jedoch einige Tiere auf den nordamerikanischen Indianermärkten auf. Die Spanier ergänzten ihre Bestände, aber es gelang ihnen nicht, den Pferdediebstahl zu unterbinden. Die erbeuteten Tiere wurden zwischen den einzelnen Indianergruppen getauscht oder einfach voneinander gestohlen, und bald gab es einen neuen Berufszweig unter den Indianern: den Pferdehändler. Die Tiere breiteten sich rasch von New Mexico nach Norden aus. Außerdem verwilderten immer wieder spanische Pferde und durchstreiften dann in Rudeln das Land. Diese Tiere wurden von den Spaniern „mesteños" (wild) genannt; daher das Wort Mustang.

Um 1750 hatten unternehmungslustige indianische Händler das Pferd schon bis hinauf nach Wyoming gebracht und die Shoshone des Nordens in der Pferdezucht unterwiesen. Bald schon besaßen sie beträchtliche Herden und konnten reiten, daß man meinte, sie seien auf dem Pferderücken geboren worden. Nun mußten sie nicht mehr arm und verborgen in den Rocky Mountains dahinvegetieren, nun konnten sie sich von den mächtigeren Indianerstämmen unabhängig machen. Sie zogen über die östlichen Bergkämme zu Tal, wo sie auf die Bisonherden stießen. Nun konnten sie die Rechnung mit ihren ewigen Feinden, den Blackfootindianern, begleichen. Von überall her zogen Indianergruppen in die Hochebenen und paßten sich schnell der neuen, auf der Bisonjagd beruhenden Wirtschaftsform an. Das Land der ackerbautreibenden Indianer wurde in Besitz genommen, die Prärie wurde zum großen Mahlstrom unterschiedlichster und oftmals gegensätzlicher Kulturen.

Das gestohlene, getauschte, gekaufte oder eingefangene Pferd bildete ein neues Kulturelement im Zentralgebiet Amerikas, und es veränderte dort die gesamte Lebensform. Die weiten Ebenen von Alberta bis Texas wurden nun von den verschiedensten Gruppen bevölkert, die aus allen möglichen Gegenden und oftmals nach langen Wanderungen dort zusammenkamen: Athapasken aus dem Norden (Kiowa-Apachen), Algonkin (Cree, Cheyenne, Blackfoot) und Siouan (Mandan, Krähenindianer, Dakota) aus dem Osten, Uto-Azteken (Comanchen und Ute) aus dem Westen und Caddoan (Pawnee, Arikara) aus dem Süden. Die Ebenen waren zu einem Schmelztiegel von mehr als 30 Völkern geworden, die mindestens fünf verschiedenen Sprachgruppen angehörten. Der Anthropologe hat somit ein lebendiges Labor kultureller Veränderungen vor sich. Kulturwandel ist die Reaktion, durch die sich eine Gruppe von Menschen infolge neuer Umstände verändert, beziehungsweise die Art und Weise, in der sie Merkmale anderer Kulturen annimmt und sie in das Schema der eigenen Kultur einfügt.

Um 1800 waren die ausgeprägtesten kulturellen Unterschiede zwischen den einzelnen Völkern bereits verschwunden. Natürlich konnte das geübte Auge des Anthropologen noch immer Unterschiede wahrnehmen; trotzdem bleibt es bemerkenswert, daß Völker, die noch vor wenigen Generationen an die 3000 Kilometer voneinander entfernt gelebt hatten, innerhalb so kurzer Zeit fast identisch geworden sind. Noch erstaunlicher wird dieses Phänomen, wenn man bedenkt, wie schnell sich die neu entstandene Homogenität ausbreitete, ohne daß sie den Völkern von irgendeiner mächtigen Gruppe aufgezwungen worden wäre und auch ohne die Zuhilfenahme einer allen gemeinsamen Sprache – sofern man von der Zeichensprache absieht.

Die Plains Cree liefern ein gutes Beispiel dafür, wie ein Volk, das ursprünglich von den Plains kulturell und geographisch weit entfernt war, schließlich zum Prototyp der neuen Kultur werden konnte. In den „Jesuit Relations" des Jahres 1640 findet sich eine erste Bemerkung über die Cree; damals lebten sie noch als Jäger und Sammler in den Wäldern zwischen der Hudson Bay und dem Lake Superior. Ihre Kultur war typisch für die Sippen der Algonkin; nach der Gründung der Hudson's Bay Company begannen sie mit dem Fallenstellen. Die Nachfrage der Weißen nach Biberfellen führte die Cree westwärts. Mit den Gewehren, die sie von den Weißen erhielten, fiel es ihnen nicht schwer, die Bewohner dieser

Gegenden zu vertreiben; um die Mitte des 18. Jahrhunderts waren einige Cree schon bis an die Westküste des Lake Winnipeg vorgedrungen. Ihre Kultur hatte sich drastisch verändert; sie waren von den weißen Händlern abhängig geworden, die sie mit Waffen, Kleidung, Küchengeräten und bisweilen sogar mit Nahrung versorgten, da sie sich fast ausschließlich auf das Fallenstellen verlegt hatten und nur noch selten auf die Jagd gingen. Dann entdeckten die am weitesten im Westen lebenden Cree den Wert des Bisons. Historischen Berichten ist zu entnehmen, daß die Cree schon 1772 primitive Methoden der Bisonjagd entwickelt hatten, obwohl sie noch keine Pferde besaßen. Innerhalb einer einzigen Generation entstanden dann die Plains Cree – ein typischer Reiterstamm der Prärie, der sich in seinen Sitten und Anschauungen von den Cree der Wälder grundlegend unterschied.

Diesen Wandel bewirkte einzig und allein das Pferd. Man fing nicht länger vereinzelte Bisons, sondern folgte nun der Herde zu Pferd und konnte die einträglichsten Tiere auswählen. Man verwendete auch nicht mehr das gesamte „Rohmaterial", das ein Bison bot – wie dies noch vom Chronisten der Coronado-Expedition beschrieben worden war –, jetzt konnte man sich den Luxus der Verschwendung leisten. Die Cree füllten ihre Zelte mit Vorräten; das Fleisch wurde an der Sonne getrocknet (jerkee) oder mit Fett und Beeren zu Pemmikan verarbeitet. Wenngleich nur wenige Prärieindianer jemals einen Weißen zu Gesicht bekamen – dazu kam es erst, als ihr Untergang schon besiegelt war –, so machte sich sein Einfluß doch überall bemerkbar, denn seine Waren ergossen sich in den Westen und wurden von Stamm zu Stamm eingetauscht. Ihre mehr als sieben Meter breiten Zelte waren randvoll mit neuen Reichtümern angefüllt; eine wirtschaftliche Revolution fand statt, auf die der Indianer in keiner Weise vorbereitet war. Die Frauen verließen die Felder, denn die Jagd war wesentlich ertragreicher, und überdies wäre inmitten der nomadischen Reiterstämme jede Gartenarbeit unmöglich gewesen. Man gab auch die Töpferei auf; es war so viel einfacher, Messinggeschirr zu kaufen. Bald gab es keine festen Dörfer mehr, und mit ihnen verschwanden auch die sorgsam gepflegten Sitten und Gebräuche, die Vorschriften über Eheschließung und Wohnort.

Kaum hatten die Indianer den Wert der Gewehre erkannt, als auf den Prärien ein Wettrüsten begann. War das Kräftegleichgewicht zuvor durch die Pferde gestört worden – denn jeder war nachgerade gezwungen, sie zu erwerben, wollte er nicht kampflos die Gegend verlassen –, so wurde es mit dem Aufkommen der Gewehre nochmals verschoben. Besaß ein Nachbarstamm Feuerwaffen, mußte man selbst schnell nachziehen, um nicht der Schwächere zu sein. Aber nicht nur Gewehre mußte man besitzen, sondern auch Pulver und Blei. Die Indianer wagten immer riskantere Unternehmen, um Pferde zu stehlen, die sie gegen Waffen eintauschen konnten. Nahezu fünfzig Jahre hindurch waren die Prärien eine Arena des Aufruhrs, wo der Status quo sich von Jahr zu Jahr veränderte.

Die angeblich typischen Indianer

In der Glanzzeit der Prärieindianer flossen die verschiedenartigsten Lebensformen ineinander: Farmer, Jäger und Sammler von Wildpflanzen trugen alle das Ihre dazu bei, fast über Nacht eine strahlende Kultur entstehen zu lassen, deren temperamentvolle Vitalität eine Zeitlang nicht ihresgleichen hatte. In diesem eigenartigen Klima trieben zahlreiche alte Traditionen die wildesten Blüten. Auch andere Indianergesellschaften kannten verschiedene Religionsgemeinschaften und Gruppierungen aller Art, doch nirgends waren Rituale und Insignien so extravagant wie bei den Kriegergemeinschaften der Prärieindianer. Auch anderswo glaubten die Indianer an die Realität ihrer Visionen, doch nirgends war man so unermüdlich auf der Suche nach ihnen, so besessen von emotionellen Religionsexzessen wie in den Prärien. Andere Stämme marterten ihre Gefangenen, der Prärieindianer aber blieb unerreicht in seiner Fähigkeit, dem eigenen Körper Qualen zuzufügen.

Auf den Hochebenen entwickelte sich eine besondere Art von sozialer Organisation, die man als „gemischten Stamm" bezeichnet. Wo immer man auf den gemischten Stamm stößt, kann man mit Sicherheit auf den Zusammenbruch einer Kultur schließen, die sich neu anpaßt und verändert etabliert. Dieser Zusammenbruch der Kultur kann die verschiedensten Ursachen haben: Bevölkerungsverlust durch Wanderungen oder durch Kriege, wie das bei den Puebloindianern um den Rio Grande in New Mexico der Fall war, oder wirtschaftliche Ausbeutung durch Außenseiter, wie das für primitive afrikanische Gesellschaften typisch war. Schließlich kann eine Kultur zugrunde gehen, weil alte Kulturelemente über Bord geworfen und an ihrer Stelle neue angenommen werden, wie das in den Prärien Nordamerikas geschehen ist. Jedenfalls entstehen gemischte Stämme, sobald eine fremde Kultur mit Nachdruck auftritt; wo immer die Weißen in eine Kultur eingedrungen waren, führte ihre Anwesenheit zur Bildung dieser Stammesform.

Ein Charakteristikum der gemischten Stämme ist die unspezifische Regelung der Vorherrschaft der Linien; manchmal hat die väterliche, manchmal die mütterliche Abstammungslinie Vorrang, hin und wieder sind sie auch gleichwertig. Vorschriften über den Wohnsitz sind ebenfalls vage; je nach den damit verbundenen Vorteilen lebt ein jung verheiratetes Paar bei den Verwandten des einen oder des andern Ehepartners. Der gemischte Stamm der Prärieindianer war in viel stärkerem Maß eine Vereinigung von Sippen als die Linienstämme der Zuni oder der Irokesen.

Einen Großteil des Jahres lebten die Bisons verstreut in kleinen Herden, doch im Sommer, zur Brunftzeit, färbten die gewaltigen Herden die Prärien schwarz. Der Jahreszyklus des Indianers verlief parallel; den größten Teil der Zeit verbrachten die Familien in kleinen Sippenverbänden, im Sommer aber vereinigten sie sich zu einer einzigen riesigen Gruppe, um Stammeszeremonien zu feiern und gemeinsam die „große Jagd" zu veranstalten. Auch die Sippenzugehörigkeit war nicht ein für allemal festgelegt; der Prärieindianer konnte im Laufe seines Lebens vielen verschiedenen Sippen angehören. Ein Grund hierfür waren die fortwährenden Kämpfe, die bisweilen so unerträglich wurden, daß man den Frieden nur erhalten konnte, indem man die ursprüngliche Sippe einfach auflöste. Die soziale Ordnung der Prärieindianer scheint kaum komplexer als die der Eskimo oder der Shoshonesippen im Great Basin, doch dieser Schein trügt; zumindest im Sommer, wenn man das gemeinsame Lager aufschlug, wurden sie zu gut funktionierenden Stammesverbänden. Dieses im Sommer erworbene Zusammengehörigkeitsgefühl wurde während der übrigen Monate aufrechterhalten, auch wenn die Gemeinschaft sich auflöste und in kleine Sippen zerfiel.

Das Zusammengehörigkeitsgefühl wurde in erster Linie nicht in den Clanen erworben, sondern in den „Sodalitäten". Dieses Wort ist vom lateinischen Ausdruck „sodalis" abgeleitet und bedeutet „Genosse" oder „Kamerad". In der modernen Gesellschaft ist die Sodalität einer Bruderschaft, einer politischen Partei oder einem Klub wie dem der Rotarier und religiösen Organisationen gleichzusetzen. Sie ist eine Vereinigung, die Menschen durch ein einziges gemeinsames Interesse zusammenhält, daher kann man sie auch mit den Darlehensgesellschaften des Mittelalters oder mit jenen chinesischen Dorfgemeinschaften vergleichen, die die Ernte überwachten. Kamen die Prärieindianer im Sommer zusammen, dann gab es in ihrer Gemeinschaft eine verwirrende Vielfalt von Sodalitäten mit rituellem, sozialem oder militärischem Charakter. Es gab Tanz-

Ein „typischer" Indianer: Rocky Bear, Häuptling der Dakota, posiert vor der Kamera mit allen Insignien eines Prärieindianers.

und Festgemeinschaften und sogar Gesellschaften, deren Mitglieder gemeinsame übernatürliche Erfahrungen besaßen. Manche Sodalitäten waren den Frauen vorbehalten, wie die Handwerkszünfte der Cheyenne, andere standen Männern wie Frauen offen, wie zum Beispiel die Tabakgesellschaften der Krähenindianer, die für besondere Zeremonien spezielle Tabaksorten kultivierten.

Die Cheyenne kannten sechs militärische Gemeinschaften, die den schlagenden Verbindungen deutscher Studenten nicht unähnlich waren. Zeigte ein Junge genügend Tapferkeit, so durfte er einer dieser sechs Gemeinschaften beitreten, für gewöhnlich schloß er sich jedoch der seines Vaters an. Diese Gemeinschaften stellten nicht nur die Militärmacht eines Stammes dar, sondern auch seine Polizei. Jede der sechs Gemeinschaften hatte ein bestimmtes Betätigungsfeld: die eine mußte die Schutztruppen bei der Verlegung des Lagers stellen, eine andere war damit betraut, individuelle Jagden zu verbieten, durch die die Tiere vertrieben wurden. Unter dem Namen „Contraries" war eine besondere Elitetruppe bekannt, der nur die Allertapfersten angehörten. Sie waren auch die privilegierten Clowns (ähnlich wie die „Schlammköpfe" der Zuni) und taten stets das Gegenteil dessen, was sie tun sollten: Sie sagten „nein", wenn sie „ja" meinten, sie kamen herbei, wenn man sie wegschickte; sie wiesen nach rechts, wenn sie links meinten, und an einem heißen Tag zitterten sie vor Kälte.

Unter den Mandan, Hidatsa, Arapaho und Blackfoot entwickelte sich eine besondere Hierarchie der Kriegergemeinschaften: die Mitgliedschaft war nach Altersklassen gestaffelt, und wenn man älter wurde, kam man in eine neue Gruppe. So gab es für jeden Mann, ob jung, ob alt, eine Kriegergemeinschaft, der er angehörte, sofern er nicht ein weibischer Mann, ein sogenannter „Berdache" war. Dieser wurde jedoch nicht mit Verachtung gestraft, sondern man behandelte ihn mit Mitleid und einer fast heiligen Scheu, da er das Opfer eines unverschuldeten Zustands war. Sogar der „Berdache" hatte seinen Platz im Leben der Präriegesellschaft; er trug Frauenkleider und benahm sich dementsprechend, erlernte Perlenstickerei oder Lederbearbeitung und wurde überdies in jene Gemeinschaften aufgenommen, die sonst nur den Frauen vorbehalten waren.

Die Sodalitäten waren so zahlreich und vielfältig, weil es keine Regeln gab, die nach den Gesichtspunkten der Abstammung den Wohnort festlegten. Da es somit auch keine Clane gab, wäre es ohne die von allen Verwandtschaftsverhältnissen unabhängigen Sodalitäten zu einem gesellschaftlichen Vakuum gekommen. Ohne sie wären die Stämme lediglich eine lose Ansammlung von Sippen geblieben. Soziale Homogenität war mit den uns manchmal lächerlich anmutenden Regeln der Sodalitäten nicht zu teuer erkauft, gaben sie doch einer der heterogensten Menschengruppen der Erde einheitlichen Charakter.

Es gab kaum eine Sodalität, die nicht religiös gefärbt gewesen wäre, kaum eine, die sich nicht auf diese oder jene Weise mit dem Kriegshandwerk beschäftigte. Die verschiedenen Gruppen waren schon vor ihrer Ankunft in den Prärien – und bevor sie Pferde bekommen hatten – in kriegerische Auseinandersetzungen verstrickt gewesen. Doch mit der Entstehung der Präriekultur im 19. Jahrhundert wurde der Krieg, ähnlich dem Rittertum im Mittelalter, ritualisiert. Erst als diese Kultur ihrem Ende entgegenging, fanden echte Schlachten statt, in denen Mann gegen Mann stand und jede Gruppe die andere zu vernichten suchte. Vor dieser Zeit waren die Konflikte jedoch begrenzt, kurz und niemals endgültig. Man focht keine Schlachten, man trug kleinere oder größere Händel aus.

Dem Indianer der Plains ging es nicht um Landgewinn oder um die Unterwerfung eines Gegners, sondern um eine Reihe von andern Dingen, beispielsweise um das Einfangen von Pferden, die einen hohen wirtschaftlichen Wert besaßen. Und wie bei den Irokesen wurde mancher Hader bloß deshalb ausgetragen, weil er eine innere Einigung des Stammes herbeiführte; der gemeinsame Feind war für ein so subtiles Gebilde, wie es ein Stamm, zumal ein gemischter Stamm war, einfach eine Raison d'être. Auch sah man im Krieg ein Spiel, in dem die Spieler an Ansehen gewinnen konnten; je größer die Gefahr, desto größer der Prestigegewinn. Die Ausführung einer Heldentat nannte man einen „Coup". Das Wort stammt von den französischen Trappern und bedeutete ursprünglich, dem Gegner „Schläge" versetzen, wobei man sich eines besonderen Knüppels bediente. Später sprach man von „counting coups", worunter man die Aufzählung der Heldentaten verstand. Diese Berichte schienen kein Ende zu nehmen: Wann immer ein junger Mann einen Sieg errungen hatte, nahm er das zum Anlaß, auch sämtliche alten Heldentaten aufzuzählen. Wich er allerdings von der Wahrheit ab, wurde er sofort von einem, der zur selben Kampfgruppe gehört hatte, in die Schranken gewiesen.

Jeder Stamm hatte seine eigene Hierarchie der Coups. So galt bei den Blackfootindianern der Diebstahl der Waffen eines Gegners als größte Leistung, während es bei andern die mutigste Tat war, einen Feind berührt zu haben, ohne ihn zu verletzen. Die Tötung eines Gegners schätzte man nicht sehr hoch ein, wenngleich auch hier zwischen den angewandten Mitteln genau unterschieden wurde. „Counting Coups" war bisweilen eine überaus komplizierte Angelegenheit. Bei den Cheyenne war es zum Beispiel möglich, daß mehrere Männer an einem einzigen Opfer ihre Gutpunkte erzielten, wobei es jedoch streng auf die Reihenfolge ankam, in der man den Feind berührt hatte; wer ihn jedoch tatsächlich tötete oder verwundete, war unwesentlich. Die „Coups" wurden – als eine Art Wappen – auf den Zelten oder Büffelgewändern in Bilderschrift festgehalten. Sie gaben dem Krieger das Recht auf ein öffentliches Amt. Bei vielen Stämmen war es Sitte, daß man für jeden Coup eine Adlerfeder erhielt, ein großer Federschmuck war also das Zeichen für eine beachtliche Anzahl erfolgreicher Coups.

Skalpe von einem getöteten oder verwundeten Feind wurden zwar hin und wieder als Trophäen angesehen, doch neben einem erfolgreichen Coup bedeuteten sie nur wenig. Manche Stämme begannen erst zur Zeit des allgemeinen Niedergangs mit dem Skalpieren, also nicht vor 1850. Hier sei auf zwei irrige Meinungen hingewiesen. Weder stimmt es, daß alle Indianer skalpierten, noch ist es zutreffend, daß diese Gewohnheit für die Neue Welt typisch wäre; schon Herodot berichtete über die Sitte des Skalpierens bei den Skythen. In Südamerika hingegen war diese Sitte praktisch unbekannt; in Nordamerika mag sie *vielleicht* schon vor der Ankunft der Weißen existiert haben, allerdings nur in einigen wenigen beschränkten Gebieten des östlichen Waldlandes. Viele Historiker sind der Ansicht, die Indianer hätten das Skalpieren überhaupt erst von den weißen Siedlern gelernt.

Woher der Brauch auch stammt, zweifellos verbreitete er sich rasch über ganz Nordamerika. Lediglich in den Eskimogegenden blieb er unbekannt. Ebenso kann es als sicher gelten, daß er eine Reaktion auf die Barbarei der Weißen war, denn die Siedler boten hohe Preise für erlegte Indianer, und was wäre ein besserer Beweis gewesen als die Kopfhaut des Opfers? Dem Gouverneur Kieft von Neu-Holland gebührt das „Verdienst", die Bezahlung der Skalps eingeführt zu haben, da sie einfacher zu handhaben waren als die ganzen Köpfe und als ein ebensoguter Beweis gelten konnten. Durch großzügige Honorierung gelang es den Holländern, noch vor der Ankunft der Engländer die südlichen Teile von New York und New Jersey von Indianern zu „säubern". In Massachusetts zahlte man im Jahr 1703 für jeden Indianerskalp einen Gegenwert von etwa 200 Mark. In Pennsylvania hingegen erhielt man um 1750 für einen Männerskalp etwa 480 Mark, während ein Frauenskalp nur 180 Mark einbrachte. So kam es, daß manche geschäftstüchtige Weiße alle alten und schwachen Indianer als bequeme Einnahmequelle ansahen. Auch die Franzosen waren in dieser Art von Politik nicht zimperlich. Im Wettrennen um den kanadischen Fellhandel boten sie jedem Micmacindianer eine hohe Prämie, wenn er einen Beothuk von Neufundland umbrachte. Eine Expedition, die 1827 nach Neufundland kam, fand keinen einzigen Beothuk mehr vor, obwohl dieser Stamm einstmals stolz und groß gewesen war.

Unter den Prärieindianern scheinen nur die Cree und die Dakota Wert auf Skalps gelegt zu haben. Beide Stämme kamen erst spät aus dem Osten, wo sie vermutlich von den Weißen gelernt hatten. Entgegen der allgemein verbreiteten Meinung marterten die Indianer der Präriegebiete ihre Gefangenen kaum. Die Tradition der weißen Siedler, die letzte Kugel für sich aufzusparen, um einem gräßlichen Tod zu entgehen, war ganz überflüssig, denn im Gegensatz zu den Indianern der östlichen Waldgebiete tötete der Prärieindianer schnell und ohne Grausamkeit. Die Sitte des Erhängens, die er bei den Weißen kennenlernte, schien ihm grausam und barbarisch.

Die Kriegsursachen

Der Prärieindianer wird allgemein als der Indianer bezeichnet, der das Kriegshandwerk am meisten liebte. Auch die Geschichte bestätigt, daß das Zentralgebiet des Kontinents der Schauplatz fortwährender Kämpfe war. Die Behauptung, daß etwa der Blackfootindianer besonders kriegerisch war, bedeutet jedoch wenig. Denn der ganze Stamm der Blackfoot zog noch nicht in den Krieg, weil einige seiner Mitglieder „kriegerische" Persönlichkeiten waren. Sicherlich, der einzelne zieht aus individuellen Motiven, wie Sozialprestige, wirtschaftlichen Erfolgen, religiösen Überzeugungen, Flucht vor persönlicher Enttäuschung, in den Krieg, doch ganze Gesellschaften führen niemals aus persönlichen Gründen Krieg. In Wahrheit war der einzelne Blackfootindianer nur deshalb so „kriegerisch", weil ihn sein kulturelles System dazu zwang.

Die zahlreichen Theorien, warum Menschen Kriege führten, lassen sich in vier Kategorien einteilen. Die erste Theorie läuft darauf hinaus, daß es in der Natur des Menschen liege, aggressiv und streitsüchtig zu sein. Das Kriegsmotiv wäre also biologisch fundiert. Diese Theorie ist alt und wurde in jüngster Zeit auch von Konrad Lorenz in seinem Werk „Das sogenannte Böse" wieder vertreten. Die äußeren Merkmale deuten jedoch nicht darauf hin, daß die Spezies Mensch zum Kämpfen geschaffen ist. Der Mensch hat keine Krallen und keine Reißzähne, seine Haut ist empfindlich, und überdies ist er langsam. Der ganzen biologischen Kriegstheorie widerspricht vor allem die Tatsache, daß die primitivsten Völker die friedlichsten sind. Die Shoshone des Great Basin kannten zum Beispiel keinen Krieg, und ebensowenig kannten ihn andere einfache Gesellschaften, bevor die Weißen kamen.

Die zweite Theorie widerspricht jeder Logik: Der Mensch ist kriegerisch, weil er kriegerisch ist. Diese lächerliche Erklärung findet sich bei einem so renommierten Anthropologen wie Ralph Linton, der behauptet, die Prärieindianer hätten sich nicht so sehr für Kriege interessiert, wären „sie nicht so kriegerisch gewesen". Ähnliches ist auch bei Ruth Benedict zu finden. Eine solche Argumentation würde auch die Fettleibigkeit einer bestimmten Altersklasse mit der Fettleibigkeit jener Menschen erklären, die besagter Altersklasse angehören.

Die dritte Erklärung ist psychologischer Art, und sie hat wahrscheinlich die meisten Anhänger. Das ist verständlich, denn sie kann sich auf statistische Analysen, Persönlichkeitstests und ähnliche Hilfsmittel der modernen Forschung berufen. Aber auch schon früher hatte sie ihre Anhänger. So schrieb Freud 1932 an Albert Einstein über die Ursachen des Krieges, daß es einen Trieb des Hasses und der Vernichtung gebe, der jeder Verhetzung entgegenkäme. Alle diese psychologischen Theorien können jedoch nur die Motivation des Individuums erklären. Und obwohl es Individuen sind, die einander bei einer Sauferei erschlagen oder Napalmbomben über Vietnam abwerfen, beginnen nicht Individuen einen Krieg, sondern die Gesellschaft.

Somit bleibt noch die vierte Erklärung, die behauptet, daß die Ursachen eines Krieges in den Kulturen der beteiligten Gruppen zu suchen seien. Diese Erklärung vermeidet die Vermengung der zu erörternden Problematik mit verwandten Problemen wie der Motivation des Individuums oder der Art der Kriegführung. Die Prärieindianer bestätigen diese Erklärung. Denn einerseits hätte ein gemischter Stamm ohne äußere Feinde – echte oder vermeintliche – nicht überdauern können, denn durch sie wurden die Kriegergemeinschaften zusammengehalten; andererseits war die Kultur der Prärieindianer künstlich; sie war allein durch die von den Weißen ausgelösten Veränderungen ins Leben gerufen worden. Die eindringenden Weißen störten das subtile Gleichgewicht gegenseitiger Anpassung, das sich im Laufe einer langen Zeit zwischen den Indianern ausgebildet hatte. Um nur ein Beispiel zu nennen: Die Franzosen hetzten die Ojibwa und die benachbarten Gruppen gegeneinander auf; die Ojibwa breiteten sich nach Westen aus und vertrieben die Stämme der Sioux, die ihrerseits nach Westen und Süden in die Ebenen wanderten, dort die Hidatsa und die Mandan aufscheuchten, die ihrerseits die Cheyenne und andere Gruppen verjagten. Es war, als würde wie bei einem Kugelspiel eine Kugel die andere treffen, die wiederum ihrerseits neue Kugeln in Bewegung setzt.

Wichtiger als alles andere aber war die Tatsache, daß die artifizielle Kultur, die die Prärieindianer zugleich mit Pferd und Gewehr angenommen hatten, nur überleben konnte, wenn sie dauernd in Bewegung blieb. Pferde mußten gestohlen werden, um dafür Gewehre einzutauschen, mit denen man wiederum Pferde stehlen konnte. Viele weiße Händler wurden reich, indem sie Gewehre, Alkohol und Küchengeräte an die Indianer verkauften; sie waren also an einer ständigen Unruhe unter den Indianern außerordentlich interessiert. Die Bisonherden, die man anfangs für unendlich gehalten hatte, wurden allmählich dezimiert, und damit ergab sich ein weiterer Anlaß zu Konflikten; man machte sich gegenseitig die Jagdreviere streitig. Die Gründe, warum der Prärieindianer „kriegerisch" wurde, waren also recht zahlreich; sie waren sozialer, politischer, technischer und wirtschaftlicher Natur. Mit der Biologie und der Psychologie des Indianers hatten sie nichts zu tun. Der Prärieindianer war kriegerisch, weil seine neue, von den Weißen ausgelöste Kultur es so verlangte.

Die Neureichen

Das Mitglied einer Kriegergemeinschaft der Mandan, Hidatsa, Arapaho oder Blackfoot erwarb stufenweise, seiner Altersgruppe entsprechend, den nächsthöheren Rang, bis er schließlich den höchsten Rang und damit das Recht erworben hatte, die berühmte Federhaube zu tragen. Bei jedem Abschnitt wählte er einen Verkäufer aus der nächstälteren Bruderschaft, dessen Rechte er käuflich erstand. In der Wahl des Verkäufers hatte der Käufer freie Hand, doch er wandte sich zumeist an ein Mitglied der Vaterfamilie. Oft war der Preis die eigene Frau, die man für eine bestimmte Zeit abtreten mußte. War man ledig, so borgte man sich zu diesem Zweck die Frau eines Verwandten aus. Wer einer in Altersgruppen gestaffelten Bruderschaft beitrat, übernahm damit eine komplizierte Etikette.

Auch die Mitgliedschaft in anderen Gesellschaften konnte man käuflich erwerben, ja bei den Präriestämmen gab es überhaupt die erstaunlichsten Dinge zu kaufen: heilige Gegenstände, religiöse Lieder, sogar die Schilderung einer besonderen Vision. Das Recht, die Vision eines andern malen zu dürfen, konnte mitunter ein Pferd kosten. Die Erlaubnis, einen Blick auf ein Heiliges Bündel von Fetischen und Federn zu werfen, entsprach einem Gegenwert von etwa vierhundert Mark. Ein Krähenindianer soll einmal zwei Pferde dafür gegeben haben, einer Tabaksgesellschaft beitreten zu dürfen, während weitere 23 Pferde von der Familie des Kandidaten beigestellt wurden. Ein Blackfoot, der sein Geld günstig anlegen wollte, war gut beraten, es in ein Heiliges Bündel zu investieren, denn das brachte ihm sichere Dividenden und konnte stets mit Gewinn verkauft werden. Gebühren erhielt der Besitzer nämlich, wenn er das Bündel bei Zeremonien anderen Mitgliedern gegen Bezahlung zur Verfügung stellte. Als die Prärieindianer immer reicher wurden, stiegen auch die Preise der Heiligen Bündel, so wie Aktien steigen, wenn eine Gesellschaft prosperiert.

Bevor die Indianer Pferde besessen hatten, war Wohlstand ihnen kaum jemals bekannt gewesen. Die Comanchen – um nur ein Beispiel zu nennen – waren vor dem 19. Jahrhundert ein armes Shoshonevolk vom Great Basin gewesen. Die meisten anderen Stämme waren noch wenige Jahrzehnte zuvor Jäger gewesen, deren Habseligkeiten von einem einzigen Hund geschleppt werden konnten. Die Prärieindianer lernten die Marktgesetze jedoch sehr rasch; sie lernten voneinander und zugleich von den Weißen. Die Anhäufung von Kapital wurde immer wichtiger, doch die Gesellschaft konnte es nicht sinnvoll integrieren. Vielleicht wäre das im Lauf der Zeit möglich geworden, vielleicht wären die Prärieindianer zu einem Modellfall geworden, wie eine Gesellschaft Schritt für Schritt kapitalistisch wird.

Anthropologen können nur Vermutungen anstellen, wie sich das System des Reichtums entwickelt hätte, wären die Präriekulturen noch ein Jahrhundert oder auch nur ein paar Jahrzehnte erhalten geblieben. Bei dem einen oder anderen Stamm finden wir immerhin einige Hinweise. So lernten zum Beispiel die Kiowa ihren Reichtum zur Vergrößerung eben dieses Reichtums zu verwenden. Die Sitte gebot dem Krieger dieses Stammes, einen Teil seines Besitzes aufzugeben. Er lernte aber auch, sein Eigentum zu horten und durch Erbschaft innerhalb seiner Familie zu halten. So entstanden in einer Gesellschaft, in der ursprünglich alle gleich waren, verschiedene Klassen. Die Reichsten konnten ihren Söhnen Vorteile verschaffen, indem sie ihnen die besten Pferde und die besten Gewehre gaben, die wiederum militärischen Ruhm garantierten. Und wenn der Sohn eines wohlhabenden Kiowa erfolgreich war, wurde das allgemein bekannt, denn die Reichen konnten Geschenke verteilen und so Propaganda betreiben. Propaganda aber führt wieder zu neuem Reichtum, denn der als fähig bekannte Sohn hatte es leicht, genügend Gleichgesinnte um sich zu scharen, die ihn auf seinen Raubzügen begleiteten.

Da sie nicht wußten, was sie mit ihrem Reichtum anfangen sollten, der sich in ihren Zelten häufte, betrachteten sie ihn ausschließlich als Statussymbol. Es wurde eine neue Art von „Counting Coups" daraus; da der Pferdediebstahl die wichtigste Quelle des Reichtums darstellte, wurde er zu einem Maßstab für die Tapferkeit.

Der plötzliche Reichtum, den die Massenabschlachtungen des Bisons mit sich brachte, veränderte die Sitten auch auf andere Weise. Eine Gewehrkugel tötete zwar ein Tier rasch, doch erforderte die Aufbereitung der Haut ihre Zeit. Da diese schwierige Arbeit den Frauen oblag, wurden diese bald zur „Mangelware". Schließlich mußten die Männer sogar einen „Brautpreis" bezahlen. Gleichzeitig begann sich auch die früher wenig bekannte Polygynie zu verbreiten, da ein guter Jäger möglichst viele Frauen benötigte. Es gibt Beispiele dafür, daß „Berdachen" als Zweitfrauen angenommen wurden – nicht um der sexuellen Abwechslung willen, sondern einzig, weil sie Frauenarbeiten ausführten.

Auf der Suche nach Visionen

Die meisten Indianer Nordamerikas hatten große Ehrfurcht vor Visionen, doch gaben sich nur wenige Stämme ihren Gesichtern mit einer ähnlichen Intensität hin, wie dies die Prärieindianer taten. Es konnte zwar vorkommen, daß ein Geist einen Sterblichen von selbst aufsuchte, um ihm seine Freundschaft anzubieten, doch zumeist mußte man sich aktiv auf die Suche nach ihm machen. Zu diesem Zweck ging der Prärieindianer in die Einsamkeit, fastete, kasteite und marterte sich, während er unablässig flehte, der Geist möge ihn von seinen Leiden befreien. Mancher Jugendliche schlitzte sich Arme und Beine auf, und unter den Kräheindianern war es Sitte, sich ein Fingergelenk der linken Hand abzuschneiden. Die Cheyenne stießen sich kleine Holzspieße in die Brust und hielten das Fleisch mit Klammern zusammen. An den Spießen hingen Schnüre, die an einem Pfahl befestigt waren. Den ganzen Tag hindurch riß der junge Cheyenne an seinen Wunden, indem er sich vom Pfahl zu entfernen suchte, an dem er durch Schnur und Fleisch befestigt war; gleichzeitig flehte er um eine Vision.

Die Selbstkasteiung hat religiöse Fanatiker zu allen Zeiten fasziniert, ist sie doch die eindrucksvollste Methode, das allzu schwache Fleisch zu besiegen und sich den Göttern zu nähern. Die jüdischen Essener am Toten Meer, die christlichen Orden asketischer Mönche, die heulenden Derwische des Islam und die buddhistischen Einsiedler verfuhren nicht anders.

Schließlich erbarmte sich ein Geist des jungen Indianers und schenkte ihm seine „göttliche Führung"; das heißt, Flüssigkeitsverlust, Delirium und Schmerz taten ihre Wirkung, und halluzinatorische Abwehrmechanismen traten in Kraft. Von einer solchen Vision zehrte der Jüngling sein ganzes Leben, hatte er doch einen Schutzgeist erworben, an den er sich in jeder Situation wenden konnte. Allerdings war es angezeigt, von Zeit zu Zeit die Qualen zu wiederholen, um einer Entfremdung zwischen Geist und Mensch vorzubeugen. Während der Vision erfuhr der Jugendliche, welche Gegenstände – Federn, Steinpfeifen, Lederstücke, Maiskörner und so fort – er sammeln mußte, um sein Medizinbündel zusammenzustellen. Alle diese Dinge kamen dann in einen kleinen Beutel. Hatte ein Jugendlicher besonders großes Glück, so erhielt er im Lauf einer Vision auch eigene Lieder, mit deren Hilfe er seinen Geist jederzeit herbeirufen konnte. Obwohl diese Lieder unverständlich und sinnlos klangen, verstärkten sie bei den anderen die Überzeugung, daß der Sänger eine Vision gehabt habe. Wem es niemals gelang, selbst eine Vision zu erleben, der konnte sich manchmal eine kaufen: gegen Bezahlung durfte er ein Medizinbündel ansehen oder nachahmen.

Es ist erstaunlich, daß die Vision nicht in jedem Fall eintrat, arbeitete doch die gesamte Kultur darauf hin, sie hervorzubringen. Jeder junge Indianer wuchs im festen Glauben an die Realität der Vision auf und hatte keinerlei Hemmungen und Widerstände zu überwinden. Außerdem versetzte sich der Jüngling durch Hunger, Durst, Marterungen, Einsamkeit und starke Sonnenbestrahlung in einen extrem empfänglichen Gemütszustand; all diese Kasteiungen rufen bekanntlich Halluzinationen hervor. Und schließlich war die Art seiner Vision durch die Mythen und Visionen, die er seit seiner Kindheit kannte, vorausbestimmt. Unbewußt paßte er seine Vision beim Erzählen an die Normen seiner Umwelt an. Ähnlich ergeht es uns, wenn wir einen zusammenhanglosen Traum erzählen; wir entstellen ihn stets, obwohl wir ganz sicher sind, nichts zu verändern.

Es besteht kein Zweifel, daß sich die Visionen der verschiedenen Indianer und der verschiedenen Stämme unterschieden. Manche individuellen Unterschiede waren biologischer und psychologischer

Natur; während ein auditiver Typ Vogelsang und Kauderwelsch vernahm, erschienen dem visuellen Typ eher Tiere und sonderbare Zeichen. Wahrscheinlich bestimmten auch die Angstvorstellungen eines Menschen seine Visionen. Obwohl sich der Prärieindianer sehr furchtlos gab, war die Vision von einer plötzlichen Verwandlung von Felsen und Bäumen in Feinde sehr häufig. Dabei schützte ihn sein Geist vor den Pfeilen. Anderen wiederum erschienen Tiere: fliegende Adler, deren Flügel wie Donner rauschten, Bisons, Hirsche, Bären, Falken und so weiter. Der einzige Stamm der Prärieindianer, der ein echtes religiöses Glaubenssystem, an dessen Spitze ein höchstes Wesen stand, besaß, waren die Pawnee. In ihren Visionen traten immer wieder Sterne und andere Himmelskörper auf.

Die Sehnsucht nach Visionen war bei fast allen Indianern Nordamerikas vorhanden und scheint sich in zwei Richtungen entwickelt zu haben. Einerseits führte sie direkt zum Schamanentum, denn der Schamane galt als der ideale Seher, der bewußt Visionen herbeiführen konnte, wann immer es ihm gefiel; anderseits begnügte man sich mit bescheideneren Visionen. Dabei gab es die verschiedensten Spielarten, vom Jugendlichen auf der Prärie, der sich schrecklichen Qualen unterwarf, bis zum Shoshone des Great Basin, der passiv darauf wartete, daß ihn der Geist finden würde.

Bevor diese verschiedenen Verhaltensweisen näher betrachtet werden können, sei festgehalten, was eine Vision eigentlich ist: Zuflucht zu übernatürlicher Hilfe bei einer Unternehmung, deren günstiger Ausgang durch die Anstrengungen des Individuums allein nicht gesichert zu sein scheint. Bei den Prärieindianern gab es zahlreiche derartige Unternehmungen – gefährliche Ritte mitten hinein in rasende Bisonherden oder heimliches Eindringen in feindliche Lager. Für einen Krieger waren derartige Unternehmen äußerst einträglich und machten sehr wohl die paar Tage des Fastens und Kasteiens wett, die einen Schutzgeist geneigt machen sollten. Im unfruchtbaren Great Basin bestand hingegen keinerlei Hoffnung auf einträgliche Unternehmungen, die allein mit großer Tapferkeit erfolgreich ausgeführt werden konnten; der Shoshone konnte nur fleißig Heuschrecken und Körner sammeln. Den Schutz eines übernatürlichen Wesens benötigte er nicht für Jagd- oder Kriegszüge, sondern für die Heilung einer Krankheit oder eines Schlangenbisses.

Die unterschiedliche Einstellung der verschiedenen Kulturen zur Vision erklärt zum Teil, warum manche Indianer den Alkohol des weißen Mannes begeistert willkommen hießen, während andere ihn ablehnten. Die Prärieindianer und einige Waldstämme, aus denen später viele Stämme der Prärieindianer hervorgehen sollten, liebten das „Feuerwasser", weil sie erkannten, daß man damit auf schnellstem Weg Visionen und Halluzinationen herbeiführen konnte. In der ersten Zeit gab es unter den Prärieindianern erstaunlich wenige Stämme, die von halluzinogenen Pflanzen (Peyote und Pilzen) Gebrauch machten. Die Prärieindianer hatten nicht einmal das Nachtschattengewächs Datura zur Verfügung, da sich diese Pflanze im Westen lediglich in Südkalifornien und im Südwesten findet. Sie hatten auch noch nicht bemerkt, daß der Tabak, den sie bei Ritualen rauchten, ganz andere Folgen hat, sobald man ihn schluckt – eine Sitte, die unter den Indianern Süd- und Mittelamerikas allgemein verbreitet war.

Der halluzinogene Meskalinkaktus Peyote wurde erst um 1850 beliebt, als sich die Kultur der Prärieindianer bereits im Niedergang befand. Damals verbreitete sich die in Nordmexiko beheimatete Pflanze wie ein Präriefeuer bis hinauf nach Kanada. Die Prärieindianer aber gewöhnten sich am schnellsten an Peyote. Denn diese Pflanze löste nicht nur Visionen aus, sondern wies auch einen Weg, der Erniedrigung zu entfliehen, in der sich die Indianer nach der völligen Unterwerfung durch die Weißen zu Ende des Jahrhunderts befanden.

Das Ende einer Kultur

Nach Beendigung des Bürgerkrieges strömte eine Flut weißer Siedler nach dem Westen; sie besiegelten das Schicksal der Präriestämme. Ein Vertrag nach dem anderen wurde gebrochen, als die Weißen in ihrer Gier nach Land und Bodenschätzen das Territorium der Indianer zerstückelten. Vorerst begnügten sie sich damit, den Indianern wertloses Land zur Verfügung zu stellen, doch bald begann der Vernichtungskrieg. General William Tecumseh Sherman sagte 1867: „Je mehr ich von diesen Indianern sehe, desto stärker wird meine Überzeugung, daß man sie alle töten oder zu Bettlern machen muß." Um die Säuberung der Prärien schneller voranzutreiben, gingen die Weißen an die Vernichtung der Nahrungsquelle der Indianer – sie schlachteten den Bison. Dabei sollten ihnen die Indianer auch noch helfen, denn sie boten Höchstpreise für Delikatessen wie Bisonzungen.

In den achtziger Jahren wurde das Verhältnis zwischen Weißen und Indianern immer gespannter. Am 5. Juli 1876 berichteten die Zeitungen nicht nur von der Hundertjahrfeier der Nation, sondern auch von einer schmählichen Niederlage: Die 260 Mann starke Elitegruppe des 7. Kavallerieregiments, eine Spezialeinheit für Indianerjagden, war am 25. Juni in der Schlacht von Little Bighorn durch die vereinten Kräfte von Sioux und Cheyenne vernichtet worden. Der Sieg der Häuptlinge Sitting Bull und Crazy Horse über General Custer war jedoch der Anfang vom Ende. Von nun an wurden die Indianer gnadenlos von Wasserstelle zu Wasserstelle verfolgt. Man schlachtete Frauen und Kinder vor den Augen der Männer, man verbrannte Lager und Zelte. Versengte Erde trat an die Stelle der romantischen Prärien. Aus den mächtigen Häuptlingen wurden gehetzte Flüchtlinge ohne Nahrung und ohne Munition. Die Überlebenden trieb man wie Vieh in die Reservate, und hier taten brutale Behandlung, Schnaps, Hunger, Verwahrlosung und Krankheit ein übriges, um die Indianer zu dezimieren.

Das Ende der Kultur der Prärieindianer läßt sich sehr genau datieren. 1890 trat unter den Indianern ein Messias auf, der von der Wiederkehr der Toten sprach und die Erlösung von den Weißen prophezeite. Die Regierung der USA schickte ihre Kavallerie aus, um dem sogenannten „Geistertanz" ein Ende zu bereiten. Sitting Bull wurde bei seiner Festnahme getötet; an die 300 Sioux – zumeist Frauen und Kinder – wurden bei Wounded Knee Creek massakriert, als sie sich ergeben wollten. Damit wurden die letzten Hoffnungen der Prärieindianer zunichte gemacht. Der Geistertanz war ebenso kurzlebig gewesen wie die gesamte Kultur der Prärieindianer.

IX

Die Nordwestküste:
Stellung und Wohlstand

Die Wohlstandsgesellschaften der pazifischen Küste

Unter den Begriff „Kultur der Nordwestküste" fallen Indianergruppen verschiedener Sprachzugehörigkeit und unterschiedlichen
Aussehens; sie bewohnten den schmalen Landstreifen zwischen der
am weitesten westlich gelegenen Gebirgskette des Kontinents und
dem Pazifischen Ozean, vom östlichen Alaska bis nach Nordkali-
fornien, also ein Gebiet von einer Länge von mehr als zweitausend
Kilometern. Die Jagd und das Sammeln von Wildfrüchten bildeten
die Ernährungsbasis dieser Stämme. Doch durch ein glückliches Zusammentreffen von Umweltfaktoren ähnelte ihre Nahrungsversorgung jener, die eine intensive Landwirtschaft hervorbringt. So reich
waren die Früchte des Landes und des Meeres an dieser Küste, daß
die Bewohner sie „ernteten", wie ackerbautreibende Indianer ihre
Feldfrüchte ernteten.

Für den Reichtum des Küstenstriches waren vor allem die Lachse,
die flußaufwärts zu ihren Laichplätzen schwammen, verantwortlich. Lachse waren früher so zahlreich, daß einer der ersten Entdecker meinte, „man könne auf ihren Rücken die Flüsse überqueren". Die Indianer lernten schnell, sich dieses Überflusses mit Hilfe
von Fallen, Netzen und Reusen zu bedienen. Und da sieben verschiedene Fischarten zu verschiedenen Zeiten die Flüsse hinauf-
schwammen, konnten die Indianer mit fünf bis sieben reichen
Fischzügen während des Sommers und des Herbstes rechnen. Im
Frühling gab es den Kerzenfisch, der so reich an Öl war, daß die
Indianer nur einen Docht durchstecken mußten. Unglaublich große
Stockfisch- und Heilbuttschwärme tummelten sich in der Nähe der
Küste, Schalentiere glänzten auf den Felsen, etwas weiter draußen
konnten die Indianer in großen Kanus Jagd auf die Säugetiere des
Meeres machen: auf Wale, Seelöwen, Robben und Seeottern, deren
Pelze die Weißen an diese Küste lockten. Und dieser ganze Reich-
tum bot sich einfach dar, man mußte nur zugreifen.

Wenn auch die Umwelt nicht die Art einer Kultur bestimmt, so
bietet sie doch Möglichkeiten und setzt Beschränkungen. Der Nah-

rungsüberfluß an der Nordwestküste ließ die Bevölkerung seßhaft werden. Der unglaubliche Reichtum des Meeres und die Entdeckung von Möglichkeiten der Konservierung, wie Trocknen und Räuchern, führten zu einer starken Anhäufung von Vorräten, und diese wiederum war für die große Bevölkerungszahl verantwortlich. Die Indianer der Nordwestküste besaßen die Voraussetzungen für sehr unterschiedliche Kulturformen. Diese große Gesellschaft mit ihren reichen Nahrungsvorräten entwickelte komplizierte Institutionen, die im wesentlichen auf Reichtum, Stellung und Rang basierten.

Eine komplexe gesellschaftliche Organisation

Hier entstand eine besondere Art von gesellschaftlicher Organisation – das Häuptlingtum, das in zwei wesentlichen Gesichtspunkten über den Stamm hinausgeht. In einem Häuptlingtum ist die Besiedlung im allgemeinen dichter, und das wirtschaftliche, soziale und religiöse Leben ist besser integriert. Häuptlingtümer entstehen vor allem dort, wo ein Überfluß an Nahrung und Material aus den verschiedensten Quellen stammt – aus dem Meer, vom Strand, von Wäldern, Flüssen und Bergen. Eine einfache Sippe macht sich eine solche Umwelt zunutze, indem sie von Ort zu Ort wandert, einmal fischt, einmal in den Wald zieht, um Beeren zu pflücken, und ein andermal in die Berge geht, um zu jagen. In einem Häuptlingtum aber wird eine solche Umwelt wesentlich gründlicher ausgewertet. Die Menschen streifen nicht umher; eine Gruppe lebt meist am Fluß und beschäftigt sich mit dem Fischfang; eine andere wohnt in den Wäldern und spezialisiert sich auf die Jagd; eine dritte sammelt wilde Pflanzen. Jede Gruppe liefert Nahrung und Rohmaterial bei einer zentralen Autorität – dem Häuptling – ab, der die Verteilung vornimmt.

In der Neuen Welt gab es zwei Gebiete, in denen eine solche Umwelt vorhanden war und Häuptlingtümer entstanden: an der Nordwestküste und im Karibischen Raum (im Südosten der USA von Virginia bis Texas, in Zentralamerika südlich von Guatemala, auf den Westindischen Inseln und in Venezuela). Die meisten anderen Häuptlingtümer der Erde entstanden auf den zahllosen Inseln Polynesiens, Mikronesiens und Melanesiens, bei den Steppennomaden Zentralasiens (einschließlich der türkischen und mongolischen Horden vor weniger als tausend Jahren) und in Westafrika unter den Aschanti, Benin und Dahomey – bevor die Weißen sie lehrten, zu Sklavenhändlern zu werden.

Es gibt in Nordamerika auch andere Gegenden, die reiche Nahrungsquellen bieten, doch hier blieben Jäger und Sammler auf der Stufe der Sippe oder des Stammes und wurden niemals zu einem Häuptlingtum. Diese Menschen waren nicht imstande, die Nahrung zu konservieren oder aufzubewahren, und so bedurften sie auch keiner zentralen Autorität, um die Vorräte wieder zu verteilen. Die Prärieindianer lebten im Sommer inmitten von ungezählten Bisonherden, und doch erlernten sie nur ein wenig davon zu Pemmikan zu verarbeiten. Den Rest des Jahres waren sie vollkommen von der Umwelt abhängig, lebten von den mageren Vorräten und hofften auf einen verirrten Bison. Gelingt es einer Bevölkerung nicht, ihre Nahrungsmittel aufzubewahren, so sind der kulturellen Entwicklung Grenzen gesetzt, denn die Gesellschaft hat keine Möglichkeit, ihre sozialen, wirtschaftlichen und politischen Bindungen während der langen Mangelperioden aufrechtzuerhalten. Die Indianer der Nordwestküste aber entwickelten eine erstaunlich gute Methode zur Konservierung ihrer Nahrungsmittel – sogar für den Fisch, der bekanntlich sehr rasch verdirbt. Der Lachs wurde getrocknet, geräuchert und zu Ballen zusammengepreßt. Der Rogen wurde in Robbenblasen aufbewahrt, oder er wurde geräuchert und zu Siwash-Käse (wie die weißen Siedler dieses Gericht bezeichneten) verarbeitet.

Im Grund war der Häuptling der Ökonom der Gruppe. Es war seine Aufgabe, genügend Nahrungsvorräte beiseite zu legen und sie zu verteilen, wenn sie gebraucht wurden. Aber er war auch – etwa wie die Königin von England es heute ist – ein geistiges Symbol für sein Volk. Die Tsimshian, die an der Küste von Britisch-Kolumbien gegenüber den Queen-Charlotte-Inseln lebten, einte die Loyalität zu ihrem Häuptling und die Teilnahme an seinem Leben. Von der Wiege bis zum Grab wurde er sorgfältig behütet. Sie bauten ihm ein prächtiges Haus, sie nahmen ihm jede manuelle Arbeit ab, sie finanzierten seine üppigen Festlichkeiten, die seiner Überlegenheit über benachbarte Häuptlingtümer Ausdruck verliehen. Und wenn er gestorben war, begruben sie ihn in tiefer Trauer. Verursachte ein Mitglied eines andern Häuptlingtums ihrem Häuptling das geringste Ärgernis – und sei es unabsichtlich –, standen die Tsimshian wie ein Mann auf, um ihn zu rächen. Da das Ansehen der Tsimshian bei den Nachbarn vom Ansehen ihres Häuptlings abhing, konnte er bei jedem Streitfall auf die Unterstützung und Hilfe der Seinen zählen.

Anderseits besaß der Häuptling keine politische Macht und keine Möglichkeit, seinen Entscheidungen Nachdruck zu verleihen.

Nur das Prestige seiner Stellung und die Kraft seiner Persönlichkeit ermöglichten ihm die Kontrolle über Leben und Besitz seines Volkes. Die immanente Schwäche des Häuptlingtums war das Fehlen jeder legalen Möglichkeit, die Wünsche des Häuptlings durchzusetzen. Für uns, die wir in einer komplexen modernen Gesellschaft leben, sind Polizei und Geheimdienst, die offen oder in aller Stille politische Macht ausüben, eine Selbstverständlichkeit. Wir erwarten, daß den politischen Entscheidungen der Regierung durch Spezialisten mit einem legalen Polizeiapparat Geltung verschafft wird. Dem Häuptling fehlte jedes derartige Machtmonopol. Er war die zentrale Autorität, doch wenn seine Person ihre Anziehungskraft einbüßte, konnte er nicht länger Häuptling bleiben Der Tsimshian-Häuptling zum Beispiel mußte fortwährend um die Gunst der Anführer der mächtigen Stammeslinien buhlen; sie bildeten sein Kabinett und berieten ihn in allen wichtigen Angelegenheiten. Mißfielen ihnen seine Pläne, so versagten sie ihm ihre Unterstützung, und damit war er politisch lahmgelegt. Manchmal gelang es einem starken Häuptling, sich über die Opposition hinwegzusetzen; in den meisten Fällen aber wußte der Häuptling, daß seine Macht nicht so grenzenlos war wie der Horizont über den grauen Wassern des Pazifik.

Rang und Stellung

Sobald ein Mann Häuptling wird, steigen Rang und Status seiner ganzen Familie. Auf der Entwicklungsstufe des Häuptlingtums scheint damit zum erstenmal der Begriff des Ranges auf; in Sippen und Stämmen sind alle Menschen gleichrangig. Jedes Mitglied der Häuptlingsfamilie ist jedoch etwas besser als ein Mitglied einer anderen Familie; diese Situation erinnert an das europäische Mittelalter, als jeder neue König seine Familie und damit seine Nachkommen adelte. Bei den Indianern der Nordwestküste wurden die engsten Familienmitglieder des ersten Häuptlings zu den ersten Adeligen. Im Lauf der Generationen aber wurden die Familien größer, und die Anzahl der mit dem herrschenden Häuptling verwandten Personen stieg entsprechend an. Die verschiedenen Verwandtschaftsbindungen bildeten zusammen mit den Abstammungslinien ein kompliziertes Netz von Beziehungen.

Sobald eine Gemeinschaft auf diese Weise festzuhalten beginnt, wer wohin gehört und wer mit wem verwandt ist, sind der genealogischen Buchführung keine Grenzen mehr gesetzt. Bei den Indianern der Nordwestküste ging das soweit, daß manche Familien die Namen ihrer Ahnen fünfzig Generationen zurück auswendig aufsagen konnten.

Bei den meisten Häuptlingtümern der Welt führte die Betonung von Rang und Stellung zu einem Klassensystem von Häuptlingen, Adeligen und Gemeinen. An der Nordwestküste kannte man jedoch kein derartiges Klassensystem. Statt dessen gab es eine kontinuierliche Abstufung vom obersten Häuptling bis hinunter zum niedrigsten Stammesangehörigen. Jeder Mensch hatte seinen genauen Platz, wobei er – ähnlich der Millimetereinteilung auf einem Lineal – gleich weit vom Mann über ihm wie vom Mann unter ihm entfernt war. Ein Fachmann meinte sehr klug: „Wenn man auf der Bezeichnung ‚Klassensystem' für die Indianer der Nordwestküste besteht, dann müssen wir sagen, daß jedes Individuum einer eigenen Klasse angehörte."

Niemals gehörten zwei Menschen genau derselben Klasse an – selbst eineiige Zwillinge wurden nach der Reihenfolge ihrer Geburt eingestuft. Die einzige Gleichheit bestand darin, daß jeder Mensch um seinen genauen Platz in der Rangordnung wußte. Obwohl sich die Adeligen von den Gemeinen deutlich unterschieden, obwohl manche Individuen allgemein als „hoch" und andere als „niedrig" gewertet wurden, ließ sich keine genaue Trennungslinie ziehen. Fraglos trugen die Ranghöchsten kostbaren Schmuck und stolzierten bei Zeremonien an der Spitze eines Festzuges einher; fraglos kleidete der Inhaber eines niederen Ranges sich bescheidener und ging weiter hinten. Aber es gab keinen bestimmten Punkt in der Rangordnung, ab dem ein gewisser Schmuck erlaubt war und unter dem es geschmacklos gewesen wäre, ihn zu tragen.

Die Frage der Rangordnung war für die „Potlatsche" von ungeheurer Wichtigkeit, jene großartigen Feste, bei denen an alle Gäste Geschenke verteilt wurden. Diese Geschenke mußten – um ein völliges Chaos zu vermeiden – in einer Reihenfolge ausgeteilt werden; es war daher logisch, zuerst dem wichtigsten Mann sein Geschenk zu überreichen; hierauf erhielt der nächstrangige ein etwas kleineres Geschenk, und so ging es weiter, bis auch der Geringste sein Scherflein erhalten hatte. Waren alle Geschenke ausgeteilt, kannte jeder die genaue Nummer seines Ranges, und diese Nummer wurde, da sie beim Potlatsch vor allen Anwesenden laut verkündet wurde, bald im ganzen Häuptlingtum bekannt.

Eine ähnliche Methode der Betonung des Ranges vor aller Welt existiert auch in der Sowjetunion, und zwar auf der Zuschauertribüne der Maiparade. Politische Beobachter aus anderen Ländern notieren ebenso sorgfältig wie die Sowjetbürger den Abstand der offiziellen Persönlichkeiten vom Zentrum der Tribüne. Jedes Jahr steigen bestimmte Persönlichkeiten im Rang und rücken näher an das Zentrum heran, während andere im Rang fallen und daher weiter entfernt stehen müssen.

Jeder Indianer der Nordwestküste erhielt seinen bestimmten Rang durch Geburt und Erbschaft, zum Teil auch durch Zufall, seltener durch einen geschickten Schachzug. Die Möglichkeit, in einen höheren Rang aufzusteigen, war gering. Alle Eltern wünschten, daß ihre Kinder einen Partner von hohem Rang heiraten sollten; diese Ambitionen hoben einander auf, und so fanden meist Heiraten zwischen Angehörigen annähernd gleicher Rangstufen statt. Erbschaft und Zufall spielten eine wesentlich größere Rolle. Ähnlich wie nach den europäischen Gesetzen der Primogenitur, teilten die Indianer der Nordwestküste ihr Erbe nur ungern auf. Daher gab ein Mann für gewöhnlich seinen Besitz zur Gänze an den ältesten Sohn seiner ältesten Schwester weiter, wenn er den mutterrechtlichen Tlingit, Haida, Tsimshian oder Haisla angehörte, oder an seinen eigenen ältesten Sohn, wenn er zu einer der vaterrechtlichen Gesellschaften der Nordwestküste zählte.

Rang und Status waren in jeder Hinsicht wichtig, sogar beim Ehebruch. War der Liebhaber einer verheirateten Frau von sehr hohem Rang, mußte der beleidigte Gatte beruhigt werden; die Angehörigen seines eigenen Clans gaben ihm Geschenke, denn wenn er sich an einem Mann von hohem Rang rächte, konnte die Vergeltung den ganzen Clan treffen. War der Liebhaber von geringem und die Frau von hohem Rang, nahm die Angelegenheit ganz andere Ausmaße an; zuerst hatte der Clan der Frau aller Welt zu zeigen, daß er beleidigt worden war, und er tat das, indem er zwei Männer aus dem Clan des Liebhabers tötete, und zwar Männer, deren Rang etwa zwischen dem Rang des Liebhabers und jenem der Ehebrecherin lag. Hierauf wurde vom Clan des Liebhabers erwartet, daß er einen seiner Männer, der dem Rang nach der Frau gleichwertig war, zur Tötung anbot. War das geschehen, gab sich der Clan der Frau zufrieden. Was den Liebhaber betraf, so wurde er zumeist zu einem Schuldsklaven seines eigenen Clans, um die Verluste zurückzuzahlen, die durch seine Tat entstanden waren. Während dieser komplizierten Wiedergutmachungsaktionen blieb der beleidigte Gatte unsichtbar; erst wenn die ganze Angelegenheit erledigt war, verließ er wieder sein Haus und nahm gnädig Geschenke vom Clan des Liebhabers entgegen; ins Deutsche übersetzt nannte man sie Geschenke, „die die Schande von meinem Gesicht waschen."

Ob im Häuptlingtum oder in unserem hochindustrialisierten Zeitalter, immer muß sich die Gesellschaft mit dem Problem auseinandersetzen, wie man Rang und Klasse kenntlich macht. An der Nordwestküste mußte der *Stellung* des Häuptlings eine besondere Würde verliehen werden, die unabhängig von der Persönlichkeit des Menschen war, der gerade dieses Amt innehatte. Ebenso mußte man aller Welt irgendwie deutlich machen, daß bestimmte Menschen einen hohen und andere einen niederen Rang hatten. Gesetze zur Beschränkung des Aufwands sind die einfachste Möglichkeit, ein hohes Amt oder auch einen ganzen Stand kenntlich zu machen; sie sind Gesetze, die den Privilegierten eine besondere Kleidung, besonderen Schmuck, ein bestimmtes Auftreten erlauben. Ein Häuptling an der Nordwestküste lebte im schönsten Haus des größten Dorfes und besaß das reichste Wappen. Eine gewisse Art der Bekleidung kam nur ihm und seinen hochgestellten Begleitern zu. Die meisten Gesetze betrafen Kleidung und Schmuck; zum Beispiel war es einzig den Oberhäuptern von Abstammungslinien erlaubt, Schmuck aus Ohrenmuscheln zu tragen und ihre Gewänder mit Seeotterpelz zu verbrämen.

Auch andere Gesellschaften kennen solche Gesetze. Im Aztekenreich wurde ein Gemeiner, der ein Steinhaus baute, mit dem Tode bestraft. Im England der Tudorzeit durften nur Männer mit dem Titel „Lord" einen Zobelpelz tragen. Manchmal führten solche Sitten sogar zu Unterschieden in der Sprache – ja sogar zum Gebrauch einer ganz anderen Sprache, wie etwa des Französisch im zaristischen Rußland oder des Mandarin in China.

Primitive Sklaverei

In der stufenweisen Rangordnung der Indianer der Nordwestküste gab es nur eine einzige Kluft: die Trennung zwischen freien Männern und „Sklaven". Letztere waren nicht wirklich Teil der Gesellschaft; als Gefangene aus anderen Häuptlingtümern waren sie mit niemandem von Rang verwandt und besaßen selbst keinen Rang. Anders als die echten Sklaven des Kolonialismus bildeten sie auch keinen produktiven Teil der Wirtschaft. Nur die niedrigsten Dienste im Dorf wurden ihnen zugewiesen, die gleichen Arbeiten, die manchmal auch ein freier Mann von sehr geringem Rang erledigte. In den meisten Fällen verdienten sie nicht einmal genug, um für ihren eigenen Unterhalt aufzukommen. Sie stellten ausschließlich einen sichtbaren Beweis für den hohen Rang ihres Besitzers dar – waren also eher eine Kriegstrophäe und ein Gegenstand des Prestiges als ein wirtschaftlicher Faktor. Die Kulturen der Nordwestküste als „Sklavengesellschaften" zu bezeichnen, ist daher unrichtig, und wir werden daher in der Folge nur noch von „Gefangenen" sprechen.

Man hat vielfach behauptet, es läge in der Natur des Menschen, andere Menschen zu versklaven. Als Beweis wies man auf die Indianer der Nordwestküste oder auf die Afrikaner hin, die früher andere Afrikaner in Ketten legten. Wahr hingegen ist, daß man in keiner primitiven Gesellschaft, die noch nicht auf der Entwicklungsstufe des Staates stand, jemals Sklaverei nachweisen konnte; Ausnahmen bildeten die Primitiven, die die Versklavung von einer anderen, komplexeren Kultur lernten. Primitive Gesellschaften in Westafrika und auf den Philippinen lernten den Sklavenhandel von den Spaniern; sie reagierten auf den wirtschaftlichen Anreiz der westlichen Zivilisation und nicht auf den ihrer eigenen Kultur. Die „Schuldsklaverei" der Indianer – sie wurde in manchen Teilen der Nordwestküste, besonders in Kalifornien und Oregon, praktiziert – kam der echten Sklaverei noch am nächsten. Schulden machte man auf verschiedenste Weise, am häufigsten beim Glücksspiel. Auch ein Mann, der vom Ertrinken errettet wurde, stand in der Schuld seines Retters, und wenn er nicht zahlen konnte, wurde er dessen Schuldsklave, bis die Verpflichtung ausgeglichen war oder bis seine Angehörigen ihn auslösten. In jedem Fall konnte nur der Herr über die Dienstleistungen der Sklaven verfügen, durfte ihm aber keinen körperlichen Schaden zufügen.

Die Gefangenen jedoch wurden zutiefst verachtet und besaßen überhaupt keine Rechte. Sie durften auch nur untereinander heiraten. Von den Angehörigen ausgelöst zu werden, war ihre einzige Hoffnung, und im allgemeinen machte die Familie eines Gefangenen auch alle Anstrengungen, ihn freizukaufen. Zu seinen Angehörigen zurückgekehrt, gab der Freigelassene viele glanzvolle Feste, um sein Ansehen wiederherzustellen, konnte jedoch niemals seinen alten Rang zurückerlangen. Der Makel, ein Gefangener gewesen zu sein, war so groß, daß die Verwandten sich manchmal sogar weigerten, ihn auszulösen, um nicht den lebenden Beweis der Familienschande im Dorf zu haben.

Ein Gefangener konnte jederzeit getötet werden, wenn seinem Herrn der Sinn danach stand. Bei den Tlingit war es zum Beispiel Sitte, den Körper eines Gefangenen in die Grube zu legen, die man für den schweren Pfosten eines neuen Hauses grub. Damit beabsichtigte man keineswegs, das Haus auf irgendeine Art zu segnen oder vor Unheil zu schützen; damit zeigte man nur, daß der Erbauer dieses Hauses von so hohem Rang war, daß er nicht nur ein Haus erbauen, sondern seinen Besitz beliebig verschwenden konnte. Nur dem Prestige zuliebe wurden hin und wieder die Leichen von Gefangenen als Rollen benützt, über die ein zu Besuch kommender Häuptling sein Kanu an den Strand ziehen konnte. Tötete ein Indianer der Nordwestküste einen Gefangenen – auch einen, der seit Jahren in seinem Haus lebte –, so hielt er diese Tat sicher nicht für barbarisch. Theoretisch war dieser Mensch ja von dem Augenblick an tot, wo er gefangen wurde; ihn erst ein paar Jahre später zu töten, bedeutete ausschließlich die Verzögerung eines Strafvollzuges. In der Praxis wurde ein Sklave jedoch selten getötet; der Besitzer gab ihm nicht selten die Freiheit zurück, denn auch das mehrte sein Ansehen.

Spezialisten für Religion und Kunst

Die Spezialisierung auf eine bestimmte Beschäftigung ist bei Stämmen selten und kommt auch bei Sippen nur hin und wieder vor; der Walbootbauer bei den Eskimo ist zum Beispiel ein Spezialist. In der Entwicklungsstufe des Häuptlingtums macht die Differenzierung einen großen Sprung nach vorne. Die Spezialisierung wird zu einem Teil des Wirtschaftssystems und ist in allen Bereichen zu finden. Der Mann, der Kunstwerke schafft, braucht Beeren als Nahrung, und der Mann, der weiß, wo die Beeren zu finden sind, versteht meist nichts von Kunstwerken; beide brauchen Fische aus dem Meer und Wild aus den Wäldern. Durch die zentrale Autorität des Häuptlings können all diese Bedürfnisse befriedigt werden, so daß Handwerker, Fischer, Beerensammler und Jäger zu Spezialisten auf ihrem Gebiet werden können, ohne auf die lebensnotwendigen Dinge verzichten zu müssen.

Ganz bestimmte Arbeiten – wie die Jagd im Wald, das Bauen von Kanus, das Schnitzen von Totempfählen oder das Fischen – wurden an der Nordwestküste immer von bestimmten Familien ausgeführt, die ihr Können an die nächste Generation weitergaben. So übernahmen sie im Laufe der Zeit eine Aufgabe ähnlich jener der mittelalterlichen Zünfte. Außer dem handwerklichen Können, das vom Vater an den Sohn weitergegeben wurde, war jedoch noch etwas anderes nötig, denn zuerst mußte ein junger Mann durch

Diese Klapper eines Schamanen zeugt von der Vielgestaltigkeit der Kunst der Nordwestküste. Sie stellt einen großen Raben dar, auf dessen Rücken eine menschliche Gestalt ruht.

einen Traum erfahren, daß er die Arbeit, die ihm zugedacht war, meistern konnte. Auch wenn er aus einer Familie stammte, die seit Generationen Holzschnitzer hervorbrachte, mußte er dennoch eine Vision haben, um sicherzugehen, daß er ein guter Holzschnitzer werden würde. Deshalb ging der Jüngling mit viel Begeisterung auf die Suche nach Visionen; er peitschte seinen Körper mit Dornenzweigen und sprang in eiskalte Seen. Die Visionen kamen anscheinend dem Rang des Jünglings entsprechend. Der Sohn eines hochgestellten Mannes fand schnell den Geist, der schon seinen Vorfahren geholfen hatte, sich auf einem bestimmten Gebiet zu spezialisieren. Ein armer Jüngling hatte zumeist klägliche oder uninteressante Visionen, also wählte er eine bescheidenere Beschäftigung, wie etwa die niedere Arbeit des Holzsammelns. Offensichtlich ermutigte die Gesellschaft der Nordwestküste Menschen von niederer Geburt nicht zu Ruhmesträumen. Gefangene waren keine Menschen und durften daher keine wie immer gearteten Visionen haben.

Auch die Religion wurde zu einer speziellen Beschäftigung. Auf den ersten Blick scheint sie sich nicht wesentlich vom Schamanentum bei vielen Sippen und Stämmen zu unterscheiden, sieht man aber genauer hin, kann man gewisse Unterschiede erkennen. In einer Sippe heilt der Schamane immer nur eine bestimmte Person, im Häuptlingtum ist sein Aufgabenbereich weit größer. Er nimmt an Zeremonien und Riten teil, die eine echte soziale Funktion haben und nicht nur ein individuelles Bedürfnis befriedigen. In den Mythen von der Entstehung der Welt stehen die übernatürlichen Wesen in einer genealogischen Ordnung, die jener des Häuptlingtums ähnlich ist.

Der wesentliche Unterschied aber besteht darin, daß der Schamane des Häuptlingtums fast so etwas wie ein Priester ist – das heißt der ständige Inhaber eines besonderen religiösen Amtes. In der Eskimogesellschaft konnte jeder zum Schamanen werden, vornehmlich wenn er durch gewisse psychotische Merkmale gekennzeichnet war. In den Häuptlingtümern der Nordwestküste aber kamen die Schamanen zumeist aus bestimmten Familien, die sich darin spezialisiert hatten. Der Schamane der Nordwestküste ist also bereits ein Vorläufer der Priester des Aztekenstaates. Auch ein geheimes Einverständnis zwischen dem weltlichen Oberhaupt (dem Häuptling) und dem geistlichen Oberhaupt (dem Schamanen) war nicht selten. In politischen Belangen arbeiteten sie oft zusammen, und gelegentlich lagen beide Ämter in den Händen der gleichen Familie. Mitunter kam es sogar vor, daß dieselbe Person beide Ämter innehatte.

Die Ergebnisse dieser Spezialisierung zeigten sich am deutlichsten in der Kunst dieser Indianer. Besonders die Kunstwerke der Haida, Tlingit, Tsimshian sind allein schon durch ihre Größe und Mächtigkeit beeindruckend. Die Kunst der gesamten Nordwestküste ist mehr oder weniger ähnlich, so daß sie von einem Museumsbesucher sofort erkannt wird. Geschnitzte und bemalte Figuren von Tieren oder Fabelwesen – sie sind meist streng symmetrisch, und jedes Fleckchen ihrer Oberfläche ist gefüllt – finden sich auf Totempfählen, Häuserfronten, Kanus, Holzschachteln, Eßwerkzeugen, mit einem Wort auf jeder verfügbaren Fläche. Die Kunst war Teil der Gesellschaft. Für einen Indianer der Nordwestküste wäre die Vorstellung einfach lächerlich gewesen, daß Schnitzerei an einer Hausfront das Haus hübscher mache. Ein solches Schnitzwerk hatte nur einen einzigen Sinn: es glorifizierte die soziale und wirtschaftliche Stellung des Hausbesitzers und weckte den Neid der Nachbarn.

Die Darstellung höchst komplizierter „Wappen" war besonders beliebt, da gewisse Wesen, sterbliche und überirdische, mit bestimmten Abstammungslinien in Verbindung gebracht wurden. Mit der Zurschaustellung dieser „Wappen" bekundete man seinen Status, genau wie man es im alten Europa machte.

Totempfähle

Die eindrucksvollste und bekannteste Manifestation dieser Kunst ist der Totempfahl – ein ganz irreführender Name, den die Weißen diesen Schnitzereien gegeben haben. Ein Pfahl, der einen Bären, einen Adler und einen Biber und dazwischen ein paar mythologische Wesen zeigt, stellt kein Totem dar, sondern einfach ein „Wappen" – das den Stolz auf die Vorfahren und die Verherrlichung des hohen Ranges symbolisiert.

Die Person, die einen solchen Pfahl errichten und bemalen ließ, brachte dieselbe Figurenkombination auch andernorts an; auf dem Totempfahl neben dem Grab eines Verwandten, auf den Haushaltsgeräten, auf den Balken des Hauses und auf dem Kanu der Familie.

Für die Entstehung der Kunst in den verschiedenen Kulturen wurden zahlreiche Ursachen angeführt: religiöse Verehrung, Magie, Ästhetik und so fort. Doch in kaum einer anderen Kultur, außer in jener der Nordwestküste, waren es Prahlerei und Spott, aus denen Kunst entstand. Ein Totempfahl, der vom Besitzer und seinen illustren Vorfahren berichtete, sollte den Nachbarn beschämen und einschüchtern. Zu den großen Ereignissen, die ein Häuptling auf einem neuen Pfahl festgehalten haben wollte, gehörte vor allem der Bericht, wie er einen anderen Häuptling überlistet hatte, und deshalb sind manche Totempfähle nichts anderes als Plakate, die die Erniedrigung des Feindes künden. In einem Dorf der Haida, Old Kassan, fand sich ein Pfahl, auf dem zweifellos russische Priester dargestellt sind; der Besitzer des Pfahles war überaus stolz darauf, den Bekehrungsversuchen der Priester widerstanden zu haben. (Der Pfahl stammt aus dem 19. Jahrhundert.) Er hatte die Priester in einem geistigen Kampf besiegt, wie er einen benachbarten Häuptling im Krieg besiegt hätte. Also fühlte er sich berechtigt, das Ereignis festzuhalten und die Priester auf seinem Pfahl zu verspotten.

Sieht man die von der Witterung gezeichneten, rissigen Pfähle im Museum oder an Ort und Stelle in Alaska oder Britisch-Kolumbien, so hält man sie wahrscheinlich für sehr alt. In Wahrheit ist kaum einer von ihnen älter als hundert Jahre, die meisten sogar noch jünger, und nur ganz wenige sind über 150 Jahre alt. Es erhebt sich also die Frage: Bis zu welchem Grad sind Totempfähle Ausdruck einer bodenständigen Kunst? Erst 1791 wurde der erste Totempfahl von einem weißen Entdecker beschrieben; zu diesem Zeitpunkt hatten mehr als hundert Schiffe aus Europa und den USA die Nordwestküste angelaufen, und man trieb dort bereits seit zwanzig Jahren Handel mit den Einwohnern. Unter der Besatzung dieser Schiffe befanden sich Filipinos und Hawaiianer; vielleicht haben sie die Indianer in ihren Künsten unterwiesen. Jedenfalls findet man die dem Totempfahl ähnlichsten Kunstwerke auf den Inseln des Pazifischen Ozeans. Es wäre auch denkbar, daß ein aus Asien kommendes Schiff die Nordwestküste vor der Ankunft der Weißen erreicht und die Idee des Totempfahls mitgebracht hätte.

Ob Totempfähle eigenständige oder importierte Kunst sind, ist keine müßige Frage, denn die Antwort erklärt vielleicht, auf welche Weise sich Kulturen verändern. Eine Tatsache läßt sich nicht leugnen: die *Idee* des Totempfahls entstand an der Nordwestküste, denn eine der Funktionen des Totempfahls stand in Verbindung mit den Bestattungsriten für die Häuptlinge, und diese Sitte gab es bereits lange vor der Ankunft der Weißen. Obwohl die Berichte der ersten weißen Entdecker keine großen Totempfähle erwähnen, steht darin zu lesen, daß die Sitte, ein „Wappen" auf das Haus oder das Grab zu malen, alt und ehrwürdig sei. Anderseits besaßen die Indianer vor der Ankunft der Weißen keine Metallwerkzeuge, und das Schnitzen der riesigen Totempfähle war nur mit ihnen möglich. Betrachtet man einen Totempfahl im Museum, so hat man nicht nur einen Gegenstand vor sich, sondern auch die faszinierende *Idee* des Totempfahles; sie war seit Jahrtausenden ein Teil der Kultur der Nordwestküste, doch sie konnte nicht verwirklicht werden, weil das nötige Werkzeug fehlte. Dann kamen die Weißen mit ihrem billigen Eisen, und nun konnte das dargestellt werden, was in Gedanken schon längst vorhanden war.

Prestigewirtschaft

In der Kultur der Indianer der Nordwestküste bestimmte der materielle Reichtum den sozialen Rang; die beiden gingen Hand in Hand. Fast überall an der Küste wurden Reichtum in Dentalia-Muscheln (Dentalium Elephantium: Muscheln, deren Form dem Stoßzahn eines Elefanten gleichen) ausgedrückt. Muscheln der gleichen Größe wurden auf Schnüre von bestimmter Länge aufgefädelt, und der Wert einer Kette stieg mit der Größe der Muscheln; im frühen 19. Jahrhundert war eine Kette mit elf großen Muscheln etwa 180 Mark wert. Eine Schnur derselben Länge, die fünfzehn kleinere Muscheln zählte, war bloß etwa 9 Mark wert. Doch Dentalia in Geldwert auszudrücken, hieße diese Kultur mißverstehen. Denn sie drückte den Wert eines Gegenstandes nicht durch eine Anzahl von Muscheln aus, wie wir es mit unserem Geld tun. In der fruchtbaren Gegend der Nordwestküste mit ihren reichen Nahrungsquellen und den Häuptlingen, die für eine gerechte Verteilung sorgten, war der Ankauf lebensnotwendiger Dinge ganz überflüssig. Der Indianer brauchte kein Geld, um Nahrung und Bekleidung zu kaufen, er brauchte es ausschließlich, um soziales Prestige zu erwerben. Der Besitz einer großen Anzahl von Muschelketten verbesserte weder Kost noch Kleidung, aber er verlieh Ansehen. Mußte ein Dorf ein anderes demütigen, weil sein Häuptling beleidigt worden war, verlangte es oft eine Wiedergutmachung in Form von Muscheln. Hatte jemand eine Belohnung verdient, so waren ein paar Muschelschnüre wertvoller für sein Ansehen als eine Bootsladung voller nützlicher Gegenstände.

Die durch materiellen Besitz erworbene Stellung mußte immer von neuem bestätigt werden. Unser System des Trinkgeldgebens ist zumeist nur eine kleine Geste, an der Nordwestküste nahm sie jedoch ungeahnte Dimensionen an, und ein Mann, der seinen Rang bewahren wollte, hatte fortwährend kleine Geschenke auszuteilen. Wurde er zu einem Fest geladen, mußte er seinen Gastgeber beschenken; erwähnte jemand respektvoll seinen Namen, erhielt er selbstverständlich sofort ein Geschenk. Strauchelte ein Mann von Ansehen bei einer Zeremonie – was ihm vielleicht Spott eintragen und sein Prestige vermindern könnte –, mußte er den Zuschauern Geschenke geben, um sein Ansehen wiederherzustellen. Deshalb verließ er am Morgen sein Haus, beladen mit einigen Decken, die er verteilen konnte, wenn jemand ihm einen wichtigen Dienst erwies, und mit verschiedenen kleineren Geschenken, die er so beiläufig verteilte, wie wir einem Boten Trinkgeld geben.

Das wirklich erstaunliche am Wirtschaftssystem der Nordwestküste aber war, daß es ohne Gesetze, die ihm Nachdruck verliehen hätten, funktionierte. Eitelkeit, Geltungsbedürfnis und Spott hielten es in Gang. In riesigen Mengen wurden Lebensmittel und andere Produkte angehäuft und nahmen über die Adeligen und ihre Trabanten den Weg zum Häuptling. Dieser Zustrom an materiellen Gütern kann jedoch nicht als Steuer oder Tribut bezeichnet werden wie etwa im Aztekenstaat. Vielleicht funktionierte das System so gut, weil alle wußten, daß sie früher oder später anläßlich eines Potlatsch einen entsprechenden Teil wieder zurückbekommen würden. Das Wort „Potlatsch" stammt ursprünglich aus dem Nootka *patschatl*, „geben", doch als die Weißen an die Nordwestküste kamen, entwickelte sich eine Art Pidgin-Englisch, das im Grund ein Dialekt der Chinook-Sprache war. Die Chinook veränderten das Wort *patschatl* zu dem von den Weißen gebrauchten Wort Potlatsch. Diese Zeremonien wurden organisiert, sobald eine Gruppe genug Vorräte angelegt hatte, um als Gastgeber fungieren zu können; ein wirklich großer Potlatsch aber wurde immer von einem Häuptling gegeben. Das Häuptlingtum erhielt seine Vorräte von der gesamten Bevölkerung, und dann bewirtete ein Häuptling den andern. Jeder wußte, daß der geladene Häuptling sich in ein bis zwei Jahren revanchieren und ebenso viele Geschenke verteilen würde.

Dieses System unterscheidet sich sehr wesentlich von dem, was wir Marktwirtschaft nennen. Wir würden eine solche Folge von Transaktionen zum Wettbewerb nutzen und bestrebt sein, einen Vorteil dabei zu erlangen. Die Einstellung dieser Indianer aber bewies genau das Gegenteil; ihr Ehrgeiz lag darin, mehr herzugeben, als sie erhalten hatten, um den andern zu demütigen. Ein Potlatsch brachte überdies Vorteile mit sich, die unser Handelssystem nicht kennt. Als Dividende wurde allen Teilnehmern ein rauschendes Fest und die Gelegenheit geboten, mit den Nachbarn gute Beziehungen anzuknüpfen. Die Sitzordnung des Festes und die Reihenfolge, in der die Geschenke ausgehändigt wurden, erfüllte eine wichtige soziale Funktion, nämlich die Festlegung des Ranges der Teilnehmer.

Sobald Pläne für einen Potlatsch entstanden, sammelte man ungeheure Mengen von Öl, Decken, Eisengeräten, Schnitzereien und anderen begehrten Gegenständen, und manchmal brauchten die Vorbereitungen für einen wirklich großen Potlatsch mehrere Jahre. Jedermann steuerte gern dazu bei, denn auch das war eine Gelegenheit, den eigenen Rang geltend zu machen. Wurde die Beteiligung einer Person als unbefriedigend empfunden, konnte sie auf der Rangleiter um einige Stufen hinunterrutschen. Ein Potlatsch bot auch Gelegenheit, eine andere Abstammungslinie oder einen anderen Häuptling zu demütigen, indem man dessen Potlatsch an Großartigkeit noch übertraf. Dieser Wettstreit nahm solche Ausmaße an, daß an einem Kwakiutl-Potlatsch acht Kanus, sechs Gefangene, 54 Hirschhäute, 2000 Silberarmreifen, 7000 Messingarmreifen und 33 000 Decken verschenkt wurden; die Gäste verzehrten an die fünfzig Robben. (Diese üppigen Feste wurden im vergangenen Jahrhundert gefeiert, aber die Idee des Potlatsch ist in dieser Kultur so tief verwurzelt, daß die Restbevölkerung der Häuptlingtümer noch heute Geschenke austauscht: Nähmaschinen, Kühlschränke, Bettdecken, Kleider und ähnliches werden in einem Maß verschenkt, das zum tatsächlichen Gebrauch in keinem Verhältnis steht.)

Schließlich degenerierte der Potlatsch zu einer solchen Orgie der Verschwendung und Zerstörung, daß das System sich selbst auffraß. Die Häuptlingtümer der Nordwestküste hatten mit dem Potlatsch einen Weg gefunden, den Reichtum, den Meer und Wälder ihnen boten, neu zu verteilen. Doch in ihrer Gier nach Otter- und Seehundfellen pumpten die Weißen neuen Reichtum in ein System, das bereits des eigenen Überflusses Herr zu werden bemüht war. Der Potlatsch konnte die hereinbrechende Flut von Massenartikeln – Gewehren, Küchengeräten, billigem Schmuck – aus dem industrialisierten Europa und aus den USA nicht mehr absorbieren. Eine der Ursachen für den Niedergang des Potlatsch war der Überfluß des Reichtums der Weißen, den diese Wirtschaftsform nicht brauchte.

Ein zweiter Grund für den Niedergang war, daß die von den Handelsschiffen der Weißen eingeschleppten Krankheiten und die durch den Gebrauch des Gewehres ermöglichten blutigen Kriegszüge die Bevölkerung radikal dezimierten; immer weniger Indianer konnten den phantastischen Reichtum unter sich aufteilen. Infolge der zahlreichen Todesfälle waren auf einmal mehr adelige Titel vorhanden als hochrangige Persönlichkeiten. So fand sich vielleicht ein einfacher Mann, der bei einem vergangenen Potlatsch zu den letzten gehört hatte, die ihre bescheidenen Geschenke bekommen hatten, plötzlich – durch den Tod der vor ihm Rangierenden – unter den Anwärtern auf die Häuptlingswürde. Doch er war nicht der einzige Anwärter; wahrscheinlich war ein halbes Dutzend einfacher Männer aus dem gleichen Grund im Rang gestiegen.

So entwickelten sich erbitterte Konkurrenzkämpfe, um Feste von nie dagewesener Pracht zu veranstalten; ein Potlatsch diente dann nur noch dem Zweck, einen anderen Anwärter auszustechen und einen freigewordenen hohen Rang einzunehmen. Die traditionelle Funktion des Potlatsch – Verteilung des Überflusses, Festsetzung des Ranges und Anknüpfen wertvoller Freundschaften – ging verloren. Der Besitz dieser Neureichen schien grenzenlos und konnte bei einem Potlatsch niemals konsumiert werden. Also zerstörte man vor den entsetzten Augen der Zuschauer riesige Mengen von Gütern, um das Ausmaß des eigenen Besitzes drastisch zu dokumentieren. Vermögen wurde in die Feuer des Potlatsch geworfen; Kanus wurden zerstört und Gefangene getötet. Die rivalisierenden Anwärter hatten keine andere Wahl, sie mußten bei *ihrem* Potlatsch eine noch größere Menge von Gütern zerstören.

Besonders unter den Kwakiutl nahmen die Zeremonien des Potlatsch gigantische Ausmaße an; sie entwickelten ein kompliziertes System zur Finanzierung der Feste. Entgegen der Vermutung früherer Anthropologen gab es keinen festen Zinssatz. Der übliche Zinssatz für eine Anleihe über weniger als sechs Monate betrug etwa zwanzig Prozent; von sechs Monaten bis zu einem Jahr vierzig Prozent; für ein Jahr hundert Prozent. War der Kreditnehmer jedoch schlecht angeschrieben, konnte die Rate bis auf zweihundert

Prozent für weniger als ein Jahr steigen. Der Kreditnehmer borgte hierauf prompt, was er erhalten hatte, jemandem andern, wenn möglich zu einem noch höheren Zinssatz. Innerhalb weniger Jahrzehnte stand jeder in jedermanns Schuld. In einem Kwakiutldorf besaß die Einwohnerschaft von etwas mehr als hundert Menschen bei vierhundert Decken. Doch das System von Schulden, Krediten und theoretischen Profiten war in einem solchen Maß angeschwollen, daß die Verschuldung im ganzen Dorf fast 75 000 Decken ausmachte.

Wir, die wir in einer kapitalistischen Gesellschaft aufgewachsen sind, erblassen bei der Vorstellung, welche Panik ausgebrochen wäre, hätte eine einzige Person ihre Schulden eingetrieben. Doch den Indianern der Nordwestküste kam so etwas nie in den Sinn. Die Kredite sollten nicht Profit bringen, sondern Anspruch auf einen höheren Rang. Würde ein Indianer seine Kredite eintreiben, wäre ihm niemand mehr verpflichtet, und sein Ansehen nähme Schaden. Es gab jedoch ein Ventil, das einen vollkommenen Zusammenbruch dieser überhitzten Wirtschaft verhinderte: die Zerstörung der „coppers" – gehämmerter und dekorierter Kupferbleche von ungefähr einem Meter Länge, die die Indianer von den Weißen erhielten. Ein „copper" war so etwas wie eine Banknote von sehr hohem Wert. Zuerst entsprach der Wert eines „copper" mehreren tausend Decken. Als die Nachfrage nach den seltenen Blechen jedoch immer mehr stieg, erhöhte sich ihr Wert, bis er sich in Decken gar nicht mehr ausdrücken ließ. Ein Kwakiutl-„copper", der ursprünglich für vierhundert Decken gekauft wurde, stieg bis zu einem Gegenwert von 23 000 Decken (das entsprach zu Beginn des Jahrhunderts einem Wert von mehr als 40 000 Mark).

Für den Anwärter auf einen hohen Rang gab es schließlich nur noch eine einzige Möglichkeit, einen wohlhabenden Rivalen zu demütigen: er mußte einen der wertvollen „coppers" vernichten. Der Akt war gleichbedeutend mit der Tilgung aller Forderungen, die er gegen andere hatte. Der Preis war unglaublich hoch, doch der Mann, der eine so dramatische Geste setzte, stieg zweifellos in der Rangordnung meteorhaft empor.

Aufstieg und Fall der Häuptlingtümer

Fraglos besaß das Häuptlingtum durch inneres Wachstum, durch die Aufnahme von Menschen, die man besiegt hatte, ja sogar durch den Wunsch benachbarter Stämme, an dem Verteilungssystem teilzuhaben, Möglichkeiten zur Expansion. Wir wissen von Sippen und Stämmen, die sich freiwillig an die Häuptlingtümer der Nordwestküste, zweifellos weil sie deren wirtschaftliche Vorteile erkannten, anschlossen. Ein solches Wachstum war für das Häuptlingtum von Vorteil, weil die neu hinzukommende Gruppe meist eine andere Gegend bewohnte und neue Produkte in das Verteilungssystem einbrachte.

Die Mitwirkung des Krieges an dieser Entwicklung wird von Anthropologen oft bestritten. Es wurde bereits gesagt, daß Sippen und Stämme niemals kämpften, um zusätzlichen Lebensraum zu erobern oder um ihre Bevölkerungszahl zu vergrößern, da ihnen die komplexe soziale Organisation fehlte, um die Besiegten in ihre Gesellschaft zu integrieren. Häuptlingtümer hingegen assimilierten die besiegten Stämme mühelos und nahmen ihr Land in Besitz. Deshalb begegnen wir auf dieser Entwicklungsstufe sozialer Organisation erstmals echten Kriegszügen. Sie hatten nichts mit den Scharmützeln der Irokesen oder mit den Coups-Zeremonien der Prärieindianer zu tun. Hier wurden Kriegszüge organisiert, um den Feind zu vernichten oder gefangenzunehmen und um sein Land zu gewinnen, oft wurden langwierige und erbitterte Kriege geführt, um neues Land zu erobern; so vertrieben etwa die Tlingit die Eskimosippen von den Kayak-Inseln, und die Haida zwangen die Tlingit, sich aus Teilen der Prince-of-Wales-Inseln zurückzuziehen.

Doch das Erstarken des Häuptlingtums beschleunigte gleichzeitig dessen Untergang. Meist wurde es so groß, daß die Produkte nicht mehr ordnungsgemäß zur Wiederverteilung gelangten. In diesem Fall entschlossen sich wahrscheinlich manche Bürger, deren freiwillige Mitarbeit die Basis des ganzen Wirtschaftssystems bildete, die Gesellschaft zu verlassen. Wenn ein Mann im Rangsystem die Nummer 987 erhält, wird er früher oder später auf den Gedanken kommen, sich mit Nummer 986 und ein paar anderen Rangniedrigen zusammenzutun, um ein neues Häuptlingtum zu gründen. Da sie so weit von der zentralen Autorität entfernt sind, wird ihr Abfall kaum bemerkt. Der Häuptling kann sie auch nicht zwingen, innerhalb des Verteilungssystems zu bleiben, weil er über keine Polizeigewalt verfügt, um seine Wünsche durchzusetzen.

Ausdehnung und Zersplitterung der Häuptlingtümer an der Nordwestküste fanden so häufig statt, daß man sie vermutlich als charakteristisch für diese gesellschaftliche Organisationsstufe ansehen muß. Meistens wurde eine Erklärung für den Zerfall gegeben: Kriegszüge, ein Aufstand der Unzufriedenen, ein Streit um die

Totempfähle in dem verlassenen Kwakiutldorf an der Albert Bay in Britisch-Kolumbien. Sie verherrlichen wahre und erfundene Begebenheiten aus der Familiengeschichte.

Nachfolge im Häuptlingsamt und so weiter. In Wahrheit war oft augenfälliger Mißbrauch des Häuptlingsamtes die Ursache dafür. In einem solchen Fall behielt der Häuptling – der für die Güterverteilung verantwortlich war – einen unverhältnismäßig großen Anteil für sich, für seine vielen Frauen und Angehörigen, für seine privaten Schamanen und Handwerker zurück. Welche Gründe auch immer dafür ausschlaggebend waren, früher oder später zerfiel jedes Häuptlingtum in kleine Gruppen, und die Kriegszüge um des Landgewinnes willen begannen von neuem. Doch das neue Häuptlingtum war ebenso unstabil wie das alte. Jedes Häuptlingtum mußte früher oder später zusammenbrechen, denn ihm fehlte etwas Wesentliches: die Möglichkeit der Ausübung einer legalen Macht, wie sie erst im Aztekenstaat aufscheint.

X

Die Natchez:
Das Volk der Sonne

Die französischen Romantiker

Der Glanz der Häuptlingtümer in Georgia, Alabama, Mississippi und in Teilen von Louisiana und Tennessee – sie gehörten der Sprachfamilie der Muskhogee an – überstrahlte alle anderen Häuptlingtümer des Südostens von Amerika. Die Muskhogee zählten einst mehr als 50 000 Menschen, und zu ihnen gehörten die Chickasaw, die Choctaw, die Creek und die Seminolen. Die berühmtesten von ihnen aber waren die Natchez (der Name kommt aus dem Französischen, die Bedeutung ist unbekannt). Sie gründeten mindestens neun Dörfer, deren eines, nahe der heutigen Stadt Natchez in Mississippi, vom Häuptling bewohnt und daher das Große Dorf genannt wurde. Über die Zahl der ursprünglichen Bevölkerung bestehen Meinungsverschiedenheiten, doch nimmt man an, daß sie etwa 4500 betrug, möglicherweise aber auch wesentlich mehr.

Das seßhafte Dorfleben beruhte auf der Landwirtschaft, und ihre Grundlage bildete der Mais. Die Namen der dreizehn Monate, in welche die Natchez das Jahr teilten, beweisen, daß sie eine Vielfalt von Nahrungsmitteln kannten: Wild, Erdbeeren, Mais, Wassermelonen (wahrscheinlich von den Spaniern eingeführt), Pfirsiche (vielleicht von den englischen Siedlungen an der Atlantikküste stammend), Maulbeeren, Truthähne, Bison, Bären, Kalte Mahlzeit, Kastanien und Nüsse. Außerdem pflanzten sie an den Flußufern wilden Reis und sammelten die Körner wilder Pflanzen. Ein großer wolfsähnlicher Hund, der bei der Bären- und Truthahnjagd half, wurde ebenfalls dann und wann verspeist. Umwelt und Wirtschaftssystem der Natchez boten offensichtlich die Vorbedingungen für die Entstehung des Häuptlingtums: eine große Vielfalt an Nahrungsmitteln, die man zur Wiederverteilung an eine zentrale Stelle leiten konnte.

Vermutlich waren es die Natchez, von denen De Soto bei seinem Marsch durch ihr Land im Jahre 1542 berichtete, daß sie über alle ihre Nachbarn herrschten. Die Natchez, die die Sonne anbeteten, nahmen De Sotos Behauptung, er sei der jüngere Bruder der Sonne, zur Kenntnis, waren allerdings skeptischer als die Indianer Mexikos, die bekanntlich die Spanier als Götter willkommen hießen. Die Natchez verlangten, De Soto sollte seine Behauptung beweisen, indem er seine Macht bei der Trockenlegung des Mississippi bewies. Da er außerstande war, diesen Beweis zu erbringen, wurden die Überlebenden der Expedition De Sotos auf ihrer Flucht stromabwärts nach Mexiko von den Kanus der Natchez hartnäckig verfolgt. Die Natchez tauchten dann erst 1682 wieder in der Geschichte auf, als La Salle eines ihrer Dörfer besuchte. Danach kam der Untergang sehr rasch: In einer Reihe von Kriegszügen wurden sie von den Franzosen besiegt, und die Überlebenden wurden als Sklaven verkauft.

In der kurzen Zeit, die man die Natchez leben ließ, wurden die Franzosen von ihnen seltsam fasziniert. Vielleicht darum, weil die Natchez von allen Indianern, denen die Franzosen von Kanada bis zu den Karibischen Inseln begegnet waren, den Sitten, Idealen und sogar der Moral des Hofes von Versailles am nächsten kamen. Eine poetische Metapher heißt Ludwig XIV. den Sonnenkönig von Frankreich, die Natchez aber schienen in ihrem gesellschaftlichen und politischen System diese Metapher wahr gemacht zu haben. „Für diese Menschen steht die Sonne im Mittelpunkt der Verehrung", schreibt Maturin Le Petit, ein Jesuitenpriester, der über seinen Besuch bei den Natchez im Jahre 1699 berichtet, „da sie sich nichts vorstellen können, was über diesem Himmelskörper stehen könnte, scheint er ihnen am anbetungswürdigsten. Aus demselben Grund trägt der Häuptling dieses Volkes, der auf Erden nichts Großartigeres kennt als sich selbst, den Titel ,Bruder der Sonne', und der Glaube des Volkes nimmt die despotische Autorität hin, die er fordert." Le Petit war besonders von den hohen Tempelhügeln beeindruckt, die die Natchez errichten, um, wie er sagte, ein Gespräch zwischen der irdischen und der himmlischen Sonne möglich zu machen. „Jeden Morgen ehrt der große Häuptling das Aufgehen seines älteren Bruders durch seine Anwesenheit und grüßt ihn mit lauten Rufen, sobald er sich am Horizont zeigt ... Dann hebt er die Hand an die Stirn und wendet sich von Osten nach Westen, um dem Bruder den Weg zu weisen."

Die Große Sonne

Der Häuptling der Natchez, Große Sonne, vereinigte alle Merkmale der Häuptlinge der Nordwestküste. Die Gesellschaft der Natchez war als Häuptlingtum so vollkommen, wie es nur möglich

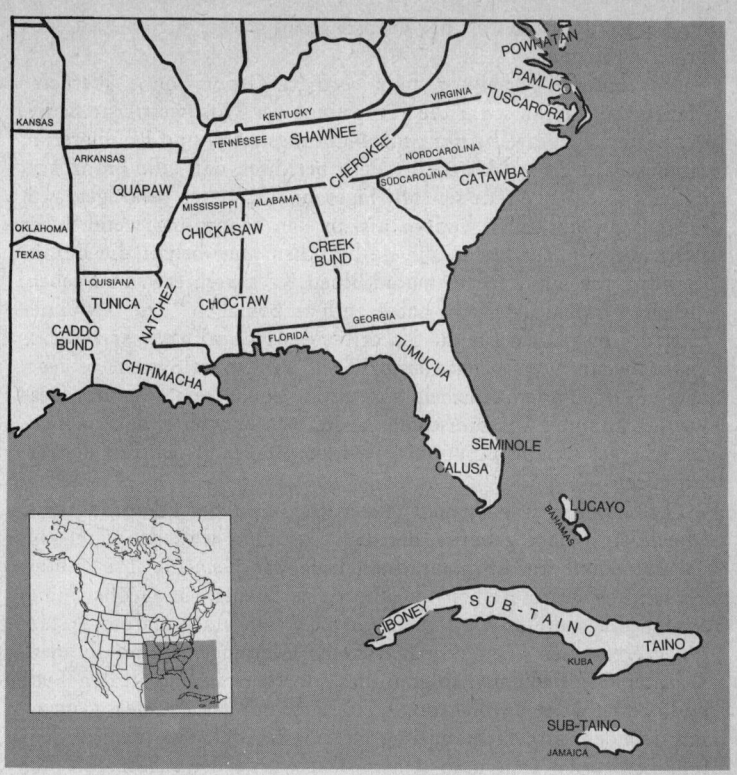

war, ohne daß sie die nächste Entwicklungsstufe, jene des Staates, erreichte. Große Sonne und die bedeutendsten Adeligen – sie wurden einfach Sonnen genannt – behandelte man mit größter Ehrerbietung. Stets wurde ihnen der Vortritt gelassen, und niemand drehte ihnen den Rücken, wenn er sich in Gegenwart der erlauchten Persönlichkeiten zurückzog. Nur einige auserwählte Ältere und die Frauen von Großer Sonne durften dessen Haus betreten. Große Sonne wurde in einer Sänfte umhergetragen; Gruppen von acht Männern lösten einander ab, wenn das schnelle Tempo sie ermüdete. Auch der bekannte französische Entdecker Charlevoix war zutiefst beeindruckt von der Macht von Großer Sonne und berichtete, „daß der Häuptling kein höheres Wesen anerkennt außer der Sonne, von der abzustammen er vorgibt. Über seine Untertanen übt er eine unbeschränkte Macht aus, verfügt über ihren Besitz und über ihr Leben, und wenn er ihre Dienste beansprucht, dürfen sie keinen Lohn verlangen."

Als zentrale Verteilungsstelle verfügte Große Sonne über eine Macht, um die ihn sogar die Häuptlinge der Nordwestküste beneidet hätten. Er verteilte nicht nur Nahrungsmittel und Rohmaterial, sondern auch Arbeitskräfte. Le Petit berichtet, daß „die Franzosen, die für ihre langen Reisen oft Jäger und Ruderer benötigen, sich niemals an jemanden andern als an den Häuptling wenden. Er stellt alle Männer bereit, die sie brauchen, und behält die Bezahlung für sich, ohne jenen unglücklichen Kreaturen etwas zu geben, die nicht einmal das Recht haben, sich zu beklagen." Die Bewunderung des Franzosen für die Autorität des Häuptlings war zweifellos ein wenig vom eigenen autoritären politischen System gefärbt; aber entgegen allem Anschein war Große Sonne kein absoluter Despot. Er konnte zwar hinrichten lassen, wen er wollte, doch in Fragen, die das Häuptlingtum betrafen, mußte er auf den Rat der Alten hören.

Große Sonne war Symbol und Mittelpunkt des Häuptlingtums. Wurde ein Knabe geboren, der dazu bestimmt war, den Titel von Großer Sonne zu erben, brachten Edle wie Gemeine ihre Kinder herbei, aus deren Reihen die künftigen Diener für Große Sonne ausgewählt wurden. Und wenn Große Sonne starb, gab es Bestattungszeremonien von einzigartigem Gepränge. Seine Frauen, Wächter und Bedienten folgten ihm selbstverständlich in den Tod; und der Rest der Bevölkerung wetteiferte um das Privileg, gemeinsam mit dem großen Häuptling in die Nachwelt eingehen zu dürfen. Etwa vier Tage nach seinem Tod wurde der Leichnam unter großartiger Prachtentfaltung zum Tempel gebracht. Jene, die ihm freiwillig in den Tod folgten, schluckten ein Gebräu aus Tabak, das sie das Bewußtsein verlieren ließ, worauf sie von ihren Verwandten erwürgt wurden. Das Haus des Häuptlings wurde niedergebrannt und die Feuer im Dorf gelöscht. Nach einigen Monaten grub man die Knochen wieder aus, entfernte das verbliebene Fleisch und legte sie in einen Korb im Tempel. Auch bei diesem zweiten Begräbnis wurden mehrere Tempelwächter erdrosselt.

Das Häuptlingtum der Natchez war eine reine Theokratie. Weltliche und geistliche Autorität wurde von Großer Sonne verkörpert. Sein stattliches Haus stand auf einem Hügel; in nächster Nähe gab es einen zweiten Hügel, und dieser wurde vom Tempel gekrönt. „Um die beiden Hügel verläuft eine Palisade, auf der man alle Schädel bewundern kann, die die Krieger aus den Schlachten mitgebracht haben", berichtete Le Petit. Die beiden Hügel lagen nahe beieinander, damit sich, laut Le Petit, Große Sonne mit der himmlischen Sonne „besser unterhalten kann". Im Inneren des Tempels lagen die Gebeine der Vorfahren von Großer Sonne, und dort brannte auch, als Symbol seiner Macht, das ewige Feuer.

Nur Große Sonne und einige von ihm bestimmte Priester durften den Tempel betreten. Le Petit war es entweder gelungen, trotzdem eingelassen zu werden, oder er hatte eine gute Beschreibung des Inneren erhalten, denn er schilderte: „Ihre Religion gleicht in gewisser Hinsicht jener der alten Römer. Ihr Tempel ist voll von Idolen – verschiedenen Figuren von Menschen und Tieren, für die sie eine tiefe Verehrung zeigen ... Es gibt Figuren von Männern und Frauen, die aus Stein oder gebranntem Ton verfertigt sind, Köpfe und Schwänze von sonderbaren Schlangen (wahrscheinlich Klapperschlangen), ein paar ausgestopfte Eulen, Kristallstücke und etliche Kieferknochen von großen Fischen." Er fügte hinzu, daß die Natchez von den Franzosen eine Glasflasche erhalten hätten, die sie im Tempel als einen besonders wertvollen Gegenstand aufbewahrten.

Der Herrscher als oberster Priester

Die Anbetung der Sonne war die offizielle Religion des Häuptlingtums; sie wurde vom Häuptling gebilligt, und ihre Priesterschaft besaß seine offizielle Unterstützung. Die Theologie dieser Religion war recht komplex, sie beruhte auf einer obersten Gottheit, die im Himmel lebte und mit der Sonne eng verbunden war (vielleicht war sie auch mit der Sonne identisch; die französischen Berichte über diesen Punkt sind nicht ganz klar). Die Natchez glaubten, der Sohn dieser Gottheit sei in ferner Vergangenheit zur Erde herabgestiegen und habe ihnen als dem auserwählten Volk die Zivilisation, Gesetze, Sitten, Zeremonien und Künste gebracht, die ihnen Macht über alle Nachbarn gaben. Danach hatte diese Gottheit sich in einen Stein verwandelt, der seitdem im Haupttempel aufbewahrt wurde; sie überließ die Herrschaft über ihr Volk Großer Sonne. Ein Drittel des Raumes auf dem Tempelhügel war diesem Stein geweiht; der Rest des Gebäudes beherbergte die Körbe mit den geheiligten Knochen der verstorbenen Großen Sonnen.

Französische Priester und Entdecker berichteten, daß Große Sonne jeden Morgen und jeden Abend zum Tempel kam, um die Idole zu verehren und hierauf dem Volk zu verkünden, was die Idole prophezeit hatten. Hierher brachte Große Sonne auch die ersten

Früchte der Ernte – ein Beweis dafür, daß die Vorstellungen von Verteiler und oberstem Priester miteinander verschmolzen, wie es auch in den Häuptlingtümern Polynesiens der Fall war. Eigens dazu bestimmte Wächter hüteten im Tempel ein ewiges Feuer und wurden mit dem Tode bestraft, wenn sie es ausgehen ließen. Dieses Feuer durfte durch keinen irdischen Zweck entweiht, ja nicht einmal zur Bereitung der Speisen für den Häuptling verwendet werden, denn es brannte ausschließlich zu Ehren der himmlischen Sonne. Auch ein durch Blitz entfachtes Feuer wurde verehrt, denn es galt als Manifestation der Sonne, und ein Blitz, der einen Tempel zerstörte, wurde als Zeichen göttlichen Zorns gewertet. Die Gottheit mußte besänftigt werden, und deshalb warfen die Frauen ihre kleinen Kinder in die Flammen.

In den meisten Häuptlingtümern des Südostens, von den Natchez entlang den Küstenebenen bis zu den Powhatan in Virginia, wurde das Priestertum zu einem besonderen Amt. Den Priestern wurden Tempel und Gebeine anvertraut, und ihre Ausbildung für die komplizierten Riten und Zeremonien dauerte mehrere Jahre. Natürlich wehrten sich die Priester gegen die Schamanen, doch das Schamanentum konnte aus dem Natchez-Häuptlingtum ebensowenig ausgemerzt werden wie der Aberglaube aus unserer heutigen Gesellschaft. Zum Beispiel glaubte man, daß jeder, der vom Blitz getroffen wurde und überlebte, die Macht gewonnen hätte, Krankheiten zu heilen. Man versuchte jedoch die Schamanen niederzuhalten, indem man ihnen harmlose kleine Ämter übertrug. Es gehörte zum Beispiel zu ihrer Aufgabe, die Tabakspillen zu segnen, die jene zu schlucken hatten, die erdrosselt wurden.

Die Natchez hatten eine klare Vorstellung vom Leben nach dem Tode, und dieses schien ihnen überaus erstrebenswert. Daher gingen sie bereitwillig in den Tod, sei es als Begleiter von Großer Sonne oder als Krieger. „Sie glauben an die Unsterblichkeit der Seele, und wenn sie diese Welt verlassen, gehen sie, wie sie sagen, in eine andere ein, um bestraft oder belohnt zu werden", berichtet Le Petit.

„Die Belohnung, die sie erhoffen, besteht vor allem in großen Festen, die Bestrafung im Entzug aller Vergnügen. So glauben sie, daß jene, die die Gesetze geachtet haben, in ein Land der Freude gelangen, wo ihnen köstliche Speisen gereicht werden und sie ihre Tage in Ruhe und Glückseligkeit mit Festen, Tänzen und Frauen verbringen werden; kurz gesagt, jeder nur erdenkliche Genuß wird sie dort erwarten."

Doch jene, die die Gesetze verletzt und die Tradition mißachtet

haben, erwartet ein anderes Los – ein Land, „das vollkommen unfruchtbar und mit Wasser bedeckt ist, wo es keinen Mais gibt, wo
sie vollkommen nackt den Bissen der Mücken ausgesetzt sind, wo
alle Völker gegen sie Krieg führen, wo sie niemals Fleischmahlzei-
ten haben werden, sondern nur das rohe Fleisch von Krokodilen,
verdorbenen Fischen und Schalentieren".

Kaste kontra Klasse

Bei den Indianern der Nordwestküste gehörte jeder Mensch einer
eigenen Klasse an, bei den Natchez jedoch gab es betonte, erbliche
Klassenunterschiede. An der Spitze stand natürlich Große Sonne;
er war der älteste Sohn der Weißen Frau (mütterliche Verwandt-
schaftslinie). Sein nächstjüngerer Bruder wurde Kleine Sonne genannt
und bekleidete außerdem das Amt des Großen Kriegshäuptlings.
Alle übrigen Brüder hießen ebenfalls Sonne. Nach den Sonnen
kamen die Edlen, dann die Geehrten – und zuletzt, als unterste
Schichte, die „Stinker". (In der vornehmen Natchezgesellschaft
sprach kein Mitglied der oberen Klassen einen aus der untersten
Schichte mit „Stinker" an, ebenso wie kein gut erzogener Weißer
heute einen Neger „Nigger" nennen würde, obwohl ihm das Wort
hinter dessen Rücken leicht über die Lippen kommt.)
Man hat das Klassensystem der Natchez gelegentlich als Kastensystem bezeichnet, aber das ist nicht richtig. Alle Kastensysteme
führen eine strenge Trennung durch, das Bemerkenswerte am Klassensystem der Natchez aber war, daß es genau das Gegenteil bewirkte. Alle Mitglieder der drei höchsten Klassen mußten einen
Stinker heiraten. Überdies waren nur bestimmte Ehekombinatio-
nen möglich, und das Kind aus einer solchen Ehe gehörte fast immer einer andern Klasse an als sein Vater. Um als Sonne geboren
zu werden, mußte man eine Sonnen-Mutter und einen Stinker-Va-
ter haben. Um als Edler geboren zu werden, mußte die Mutter eine
Edle und daher mit einem Stinker verheiratet sein. Eine männliche Sonne aber mußte eine Stinker-Frau heiraten, und sein Sohn
sank daher eine Klasse tiefer und war nur ein Edler und keine
Sonne wie sein Vater. Die Stinker-Klasse setzte sich auf zwei verschiedene Arten fort: entweder durch die Heirat zwischen einem
Geehrten-Vater und einer Stinker-Mutter oder durch die Heirat
zwischen zwei Stinkern, denen es nicht gelungen war, in die Nobilität einzuheiraten.
Uns, die wir an das Erbfolgerecht der europäischen Herrscherfa-

milien gewöhnt sind, mag dieses System grotesk erscheinen. Obwohl Große Sonne der oberste Herrscher war, fiel seine männliche Abkommenschaft mit jeder Generation um eine Stufe zurück. Sein Sohn war als Sonne verpflichtet, eine Stinker-Frau zu ehelichen – und daher gehörte der Sohn aus dieser Ehe, der Enkel von Großer Sonne, der Klasse der Edlen an. War es für diesen Edlen an der Zeit zu heiraten, mußte er ebenfalls eine Stinker-Frau zum Weib nehmen, und so war der Urenkel von Großer Sonne nur noch ein Geehrter. Der Ururenkel aber kam dann in die Klasse der Stinker. Eine andere Merkwürdigkeit dieses Systems war die fortwährende Dezimierung der Stinkerklasse, da sie ja in die Nobilität einheiratete. Man kann sich leicht ausrechnen, daß mehr Stinker in die Nobilität aufstiegen als durch die Ehe eines Geehrten und einer Stinker-Frau in die Welt gesetzt wurden. Allmählich hätten die Natchez alle ihre Stinker an die oberen Klassen verloren, hätte es nicht einen ausgleichenden Faktor gegeben. Dieser ergab sich durch die Unterwerfung benachbarter Völkerschaften, die dann in die Stinkerklasse eingegliedert wurden.

Die Mutter von Großer Sonne trug den Titel Weiße Frau. Nach ihrem Tod erbte die älteste Tochter, eine Schwester der herrschenden Großen Sonne, den Titel. Daher wurde der älteste Sohn dieser Tochter später Große Sonne. Auf diese Weise blieb der Titel Große Sonne in der weiblichen Abkömmenschaft, während die männliche Abkömmenschaft der Großen Sonne mit jeder Generation tiefer sank, bis sie schließlich mit dem Urenkel in der Stinkerklasse landete. Diese männliche Abkommenschaft konnte wieder in die Nobilität aufsteigen, wenn es dem Urenkel gelang, eine Sonnen-Frau zu heiraten; doch niemals konnte der männliche Nachkomme einer Großen Sonne wieder Große Sonne werden.

Ähnlich wie bei den Häuptlingtümern der Nordwestküste hatte jede Klasse ihre eigenen Sitten und Gebräuche. Lage, Größe und Einrichtung des Wohnhauses spiegelten die Zugehörigkeit zu einer bestimmten Klasse wider. Die Kinder aller Klassen und beiderlei Geschlechts waren berechtigt, eine Tätowierung in Form eines einfachen Striches über dem Gesicht zu tragen. Stiegen sie aber später im Rang, durften sie Sonnensymbole, Schlangen und andere Muster hinzufügen. Bei einer Person von sehr hohem Rang oder bei einem guten Krieger war der ganze Körper mit einer verwirrenden Vielzahl von Mustern bedeckt. Was die Kleidung betraf, so durften nur die männlichen Angehörigen höherer Klassen einen schwarzen Schurz tragen; alle übrigen Männer trugen weiße. Einzig den Sonnen-Frauen war es gestattet, ihr Haar mit Schwanenfedern zu schmücken. Die oberen Klassen betonten ihre Vornehmheit durch vielerlei Schmuck und andere Gegenstände, die alle von der Gemeinschaft erzeugt wurden. Diese aufwendigen Sitten demonstrierten der Masse, daß der Häuptling, der engste Kreis des Adels und die Priester auf die Produkte ihres Fleisches Anspruch hatten.

Trotz der strengen Heiratsgesetze und des erblichen Klassensystems gab es Möglichkeiten des Aufstiegs. Die soziale Beweglichkeit war bei den Natchez wesentlich größer als bei den Indianern der Nordwestküste. Die beste Gelegenheit, emporzukommen, bot der Krieg. Zeichnete sich ein Stinker durch besonderen Mut und Kriegstüchtigkeit aus, konnte er zu einem Geehrten werden. Und wenn er selbst sich über die Stinkerklasse erhob, wurde auch seine Frau im Rang erhöht. Sobald ein Stinker eine große Heldentat vollbracht hatte und in die Klasse der Geehrten aufgenommen war, erhielt er einen neuen Namen, und eine neue Tätowierung zeugte von seinem gesellschaftlichen Aufstieg. Die Kluft zwischen Geehrten und Edlen zu überspringen war wesentlich schwerer, denn in diesem Fall mußte der Krieger zwanzig Skalps oder zehn Gefangene bringen. Aus den frühen französischen Berichten geht nicht klar hervor, ob ein Krieger mehr als eine Stufe aufsteigen konnte, jedenfalls ist das nicht wahrscheinlich.

Die letzten Grabhügelbauer

Über die Herkunft der Natchez und mehrerer anderer Kulturen des Südostens sind die Anthropologen geteilter Meinung. Viele Merkmale dieser Kulturen zeigen eine auffallende Ähnlichkeit zu Häuptlingtümern an den Küsten der Karibischen See, am Golf von Mexiko und in den Küstenebenen am Südatlantik. Zu diesen Gemeinsamkeiten gehören eine auf den Häuptling ausgerichtete politische Organisation und die Sitte, diesen Häuptling in einer Sänfte umherzutragen, ein religiöses System mit Tempelhügeln, eine spezielle Priesterschaft, Idole und ein ewiges Feuer und schließlich ein Kriegssystem, das Verdienste mit einer Namensänderung und einer Rang- oder Klassenerhöhung belohnt.

Einige dieser Gemeinsamkeiten lassen sich mit ähnlichen Reaktionen auf eine ähnliche Umwelt erklären, mit Tendenzen, die der Organisation eines Häuptlingtums innewohnen, oder einfach mit dem Zufall. Doch viele dieser spezifischen Kulturelemente sind ohne Zweifel auf unmittelbare Kontaktnahme zurückzuführen. Die Indianer des Karibischen Raumes besaßen seetüchtige Einbäume, und die ersten Entdecker berichten von Indianern, die weit hinaus aufs Meer fuhren. Bartolomeo Kolumbus zum Beispiel traf 1502 auf Mayas in Einbäumen die sich, nachdem sie in Zentralamerika Handel getrieben hatten, auf dem Heimweg nach Yukatan befanden. Die Arawak kamen von Südamerika und besiedelten zahlreiche Westindische Inseln sowie Teile von Florida. Die karibischen Indianer bauten sogar Einbäume mit drei Masten. Man weiß von zahlreichen andern Indianergruppen in Mexiko und Zentralamerika – unter ihnen die Mosquito, Sumo, Paya, Jicaque, Cuna, Guaymi und Cabecar –, die seetüchtige Fahrzeuge besaßen.

Damit sind allerdings nicht alle Lücken in unserem Wissen um die Natchez gefüllt. Man darf annehmen, daß die Natchez und einige andere Häuptlingtümer im südöstlichen Teil Nordamerikas zu den Nachfahren jener großen Kultur der Grabhügelbauer gehören, die um 500 nach Christus in den Gebieten entlang des Mississippi und seiner Nebenflüsse entstand. Doch diese glänzende Kultur, die zu ihrer Entfaltung Hunderte von Jahren gebraucht hatte, verschwand unmittelbar nach der Ankunft der Weißen. Europäische Krankheiten trugen das Ihre zur Entvölkerung der Häuptlingtümer des Südostens bei, die größten Verluste erlitten die Indianer infolge der Rivalität zwischen England und Frankreich: Beide Länder übten in diesen Gebieten einen starken Einfluß aus, und sie waren entschlossen, bis zum letzten Mann zu kämpfen.

Genau dreißig Jahre nach dem Besuch des ersten französischen Missionars im Jahre 1699 unternahmen die Natchez ihren letzten verzweifelten Widerstandsversuch. Sie griffen einen französischen Handelsposten an und massakrierten etwa zweihundert Weiße. Die Vergeltung war unbarmherzig, und binnen zweier Jahre hatten die Franzosen und ihre Choctaw-Verbündeten die Natchez endgültig vernichtet. Die meisten von ihnen wurden getötet, und nur vierhundert Gefangene (unter ihnen Große Sonne) wurden nach Santo Domingo in die Sklaverei verkauft. Wie durch ein Wunder gelang es einigen wenigen zu entkommen, und sie flüchteten zu den Chickasaw, Creek und Cherokee. Das heilige Feuer der Natchez, das brennen sollte, solange die Sonne schien, war für immer erloschen. Erstaunlicherweise entdeckte man 1940 bei den Cherokee zwei alte Leute aus der Natcheznachkommenschaft, die noch immer die alte Sprache gebrauchten. Mit ihrem Tod verschwanden die letzten Spuren der Natchezkultur. Obwohl vielleicht in den Adern mancher Chickasaw, Creek oder Cherokee noch Natchezblut fließt, ist nur der Name einer feuchtheißen Stadt am Mississippi die einzige Erinnerung an diese einst blühende Kultur.

Diese Skulptur aus der späten Mississippizeit zeigt einen Krieger, der einen Gefangenen enthauptet. Vermutlich waren die Natchez die letzten Überlebenden dieser Grabhügelbauer-Kultur.

XI

Die Azteken:
Eine Studie der totalen Macht

Der Aufstieg

Die mexikanischen Eingeborenen, deren Goldschätze Cortés mit glühendem Neid erfüllten, deren gigantische Menschenopfer ihn entsetzen und deren militärische Beherrschung eines großen Teiles Mittelamerikas ihn beeindruckte, werden fallweise als Azteken, Tenochca oder Colhua Mexika bezeichnet. Der Name wechselte während ihres raschen Aufstieges. Anfangs wurden diese Menschen nach ihrer vermeintlichen Heimat im Norden, einem wahrscheinlich mythischen Platz namens Aztlán*, benannt. Sie sind ein Stamm der uto-aztekischen Völker, mit den armen Diggerindianern Nevadas und einigen wohlhabenderen Puebloindianern Neu Mexikos verwandt. Das ist das einzige, was man mit Sicherheit über ihre Abstammung weiß. Nachdem sie in Zentralmexiko Fuß gefaßt hatten, wurden sie zu Ehren des Erzvaters, der ihre Hauptstadt Tenochtitlán gegründet hatte (wo heute Mexico City liegt), Tenochca genannt. Als sie in eine alte und ehrwürdige Familie der Colhuacán (Kulwakan ausgesprochen) einheirateten, erhielten sie den Namen Colhua. Das war der Name, den Kolumbus immer wieder hörte, als er fragte, wer im Westen der Inseln lebe. In ihren letzten Jahren, kurz vor der Eroberung durch Cortés, wurden sie Colhua Mexika genannt (das heißt Nachfahren von Colhuacán und Beherrscher von Mexiko). Der Ursprung des Wortes „Mexika" ist umstritten, doch stimmen viele Fachgelehrte darin überein, daß es wahrscheinlich „Nabel des Mondes" bedeutet hat.

Die Geschichte der Azteken ist ein glänzendes Beispiel dafür, wie sich ein Volk in knapp drei oder vier Jahrhunderten von der Sippe zum Stamm, dann zum Häuptlingtum und schließlich zum Staat entwickeln kann. Diese Evolution wird zum Großteil in den Berichten spanischer Entdecker und Priester und vor allem in den

---

* In der Nahuatlsprache werden bei Namen meist alle Konsonanten betont. Akzente geben an, wo die Hauptbetonung liegt.

Im 11. oder 12. Jahrhundert zogen die Tolteken von Tula nach der von den Maya bewohnten Halbinsel Yukatan und erbauten Chichén-Itzá, eine Nachbildung ihrer eigenen Hauptstadt.

Rechts: Die gewaltige, von den Spaniern „El Castillo" genannte Pyramide. Sie war vermutlich dem Sonnenkult geweiht. Unten: Teil des runden Observatoriums, in dem die Maya-Astronomen ihre Beobachtungen machten.

Schriften der Azteken selbst geschildert. Wie alle Völker, die in einer Diktatur leben, waren auch die Azteken besessen von der Idee, ihre Auffassung von der Geschichte niederzuschreiben; unglücklicherweise wurden die meisten dieser Bücher von den Spaniern als heidnisch bezeichnet und vernichtet, dennoch blieben genügend erhalten, um uns ein lebendiges Bild vom Alltag und der Geschichte der Azteken zu vermitteln.

Die Geschichte dieser einfachen Jäger beginnt mit dem Zusammenbruch der klassischen Kulturen von Zentralmexiko und dem Niedergang der mächtigen Tolteken von Tula (etwa 60 Kilometer von Mexico City entfernt) im 12. Jahrhundert. Es folgte eine Periode des Chaos, als die verschiedensten Gruppen Gebiete für sich zu beanspruchen suchten. Um die Mitte des 12. Jahrhunderts waren fünf neue Staaten entstanden, deren vornehmster Colhuacán war, dessen Herrscher in direkter Linie von den Königen von Tula abstammten. Ungefähr um dieselbe Zeit fielen verschiedene andere Sippen und Stämme, die sich auf Landsuche befanden, in das Gebiet ein, und unter diesen Spätankömmlingen befand sich auch eine Volksgruppe, die – nach ihren Berichten – Aztlán verlassen habe und, von dem Bildnis ihres höchsten Gottes Huitzilopóchtli (Schmetterling zur Linken) geleitet, umhergezogen sei; ihr Gott war gleichzeitig Kriegsgott und Stellvertreter der Sonne.

Anfangs konnten die Azteken im dicht bevölkerten Zentralmexiko keinen Platz finden, doch im Laufe der Zeit wurden sie von den hochgeborenen Colhuacán als Knechte und Söldner aufgenommen. Sie stahlen die Frauen ihrer Nachbarn und begannen sich rasch zu vermehren. Schließlich gingen die niederen Azteken sogar zu den herrlichen Colhuacán und verlangten nicht nur, sondern erhielten auch tatsächlich eine toltekische Prinzessin als Frau für ihren Häuptling. Zweifellos waren sie überzeugt, den Colhuacán eine einzigartige Wohltat zu erweisen, als sie die Prinzessin im Jahre 1323 opferten – im Glauben, sie würde dadurch zu einer Göttin. Doch die entsetzten Colhuacán vertrieben daraufhin die Azteken aus ihrem Land.

Und so begaben sich die Azteken – die nun nicht mehr hungrige Jägersippen, sondern nach den Dienstjahren bei den Colhuacán zu einem weisen Volk geworden waren – von neuem auf die Wanderschaft. Sie zogen an das Südwestufer der Seen, die einst Mexico City umgaben, und fanden dort zwei unbewohnte, sumpfige Inseln vor. Ihrem Glauben nach waren sie ein auserwähltes Volk, dem man prophezeit hatte, daß es dort eine mächtige Stadt gründen würde, wo es einem Adler begegnen würde, der, auf einem Kaktus sitzend, eine Schlange verspeise. Just auf einer dieser verlassenen Inseln, die niemand haben wollte, wurde ihnen dieser Anblick vergönnt. Um 1345 hatten sie unter ihrem Häuptling Tenoch bereits beachtliche Fortschritte bei der Urbarmachung erzielt; die Sümpfe waren trockengelegt, die Inseln miteinander verbunden, das Land kultiviert worden. Und sie begannen mit dem Bau von Tenochtitlán, einer der wundervollsten Städte, die jemals auf Erden errichtet wurden. Um diese Zeit befanden sich die Azteken in ihrer gesellschaftlichen und politischen Organisation, mit Ausnahme einiger Merkmale des Häuptlingtums, noch immer auf der Entwicklungsstufe des Stammes. Aber sie ergriffen jede Gelegenheit, um zu lernen und sich zu verändern; ihre eigene Kultur bot wenig, doch sie war aufnahmefähig für alles Neue.

Im Jahre 1428 waren die Azteken bereit. Sie besiegten alle Rivalen und wurden zum mächtigsten Staat Mexikos. Ein kluger Ratgeber bei Hof leitete sofort alle Reformen ein, die nötig waren, um die Azteken zu jener Größe zu führen, zu der sie sich berufen fühlten. Seine erste Tat war die Verbrennung aller Bücher der Besiegten, denn in ihnen war dem Volk von Tenochtitlán nicht genug Beachtung geschenkt worden. Um Tributzahlungen und Gefangene für die Opferungen zu erhalten, führte man eine aggressive Politik. Bald waren alle Völker Zentralmexikos – teils durch Diplomatie, teils durch nackte Gewalt – davon überzeugt worden, daß die Azteken oder Tenochca, Colhua oder Mexika – wie auch immer man sie nannte – als die wahren und einzigen Erben der großen toltekischen Tradition anzuerkennen seien.

Der achte Herrscher der Azteken, Ahuitzotl, wurde 1486 gekrönt. Bei seinem Tod im Jahre 1502 waren die meisten Völker im Süden bis nach Guatemala und im Norden bis zum Rand der Wüste unterworfen; er hatte von der Golfküste bis zum Pazifik geherrscht. Ähnlich wie im alten Rom unter Augustus erreichte die Kultur eine ungeahnte Blüte: Neue Aquädukte brachten das Wasser vom Festland zur Inselhauptstadt; gewaltige Dämme – eine technische Meisterleistung – wurden erbaut; der glanzvolle Große Tempel wurde errichtet – und mit der Opferung von 20 000 Gefangenen eingeweiht. Man förderte Kunsthandwerk und Literatur, man baute zahlreiche neue Schulen. Ahuitzotl wurde, während er die Errichtung eines Deiches beaufsichtigte, von einem Stein getroffen und getötet. Sein Neffe, der Philosophenkönig Montezuma II., folgte ihm auf den Thron; unter seiner Herrschaft erstrahlte die Kultur der Azteken über ganz Mexiko, unter seiner Herrschaft wurde sie von Cortés für immer zerstört.

Das Herzland der Azteken und verschiedener vorangegangener großer Zivilisationen war das sogenannte Tal von Mexiko. Die Bezeichnung Tal ist nicht ganz korrekt, denn in Wahrheit handelt es sich um eine Hochlandsenke von etwa 7500 Quadratkilometern, die von Bergen eingeschlossen ist. Da diese Senke keinen Abfluß besitzt, bildete das von den Bergen herabströmende Wasser im Winter fünf seichte Seen, die sich im feuchten Sommer zu einem einzigen großen See vereinten. 1608 ließen die Spanier das Wasser aus den Seen ab, indem sie einen Kanal zum Golf von Mexiko gruben. Ein um 1900 erbauter Tunnel legte das Hochtal fast vollkommen trocken. Heute sind nur noch der seichte Xochimilco-See im Südosten und der kleine Texoco-See im Nordosten der Stadt übriggeblieben. Als eine Folge davon sinkt das heutige Mexico City langsam in den weichen Grund zurück.

Der größte Teil des Tales war trocken, und auf den Sommerregen konnte man sich nicht verlassen. Außerdem ließ die Wasserverdunstung der Seen einen Salzrückstand zurück, ähnlich wie beim Great Salt Lake in Utah. Um das Tal von Mexiko zu beherrschen, mußten die Azteken also vorerst den Wasservorrat unter Kontrolle bringen. Eine einzigartige Anbaumethode, das sogenannte Chinampasystem, ermöglichte es ihnen, auf den sumpfigen Inseln zu leben. Das System wurde nicht von ihnen erfunden – es ist wahrscheinlich 2000 Jahre alt –, aber sie entwickelten es soweit, daß die ständig wachsende Bevölkerung der Stadt ernährt werden konnte.

Chinampas sind schmale Landstreifen – etwa hundert Meter lang und zwischen fünf und zehn Meter breit –, die fast zur Gänze von Kanälen umgeben sind. Sie bringen mehrfache Ernten jährlich und bleiben Jahrhunderte lang fruchtbar. Früher waren sie im ganzen Hochtal verbreitet, heute sind sie auf kleine Gebiete beschränkt; die „schwimmenden Gärten" von Xochimilco gehören zu den beliebtesten Touristenattraktionen der Stadt.

Die Methoden der Chinampa-Bebauung waren zur Zeit der Azteken vermutlich kaum anders als heute. Die Bauern erreichen ihre Chinampas auf breiten Barken, von denen aus sie das Land bestellen. Vor jeder neuen Anpflanzung holt der Bauer den fruchtbaren Schlamm vom Grund der Kanäle, lädt ihn auf seine Barke und verteilt ihn sodann über die Chinampas. Mit jeder Ernte wird die Chinampa etwas höher, und eines Tages beginnt der Bauer die oberste Schlammschicht wieder abzutragen, um irgendwo anders neue Chinampas anzulegen. Jede Chinampa bringt jährlich ungefähr sieben Ernten – zumeist zweimal Mais, dann Bohnen, Chilipfeffer, Tomaten, Amaranten und aus Europa eingeführtes Gemüse, wie Karotten, Kohl, Rote Beete und Zwiebel.

Diese Chinampas ermöglichten es den Azteken, ihre herrliche Hauptstadt zu errichten. Als Cortés nach Tenochtitlán kam, war es immer noch im Wachsen begriffen und hatte bereits eine Bevölkerung von 200 000 bis 300 000 Menschen erreicht – ein Vielfaches vom London der damaligen Zeit. Alle die wunderbaren Städte, die die Spanier auf ihrem Marsch von der Golfküste gesehen hatten, waren nichts gegen den Anblick von Tenochtitlán, das sich wie eine Märchenstadt aus den Wassern des Texoco-Sees erhob. „Cortes erklärte sie zur schönsten Stadt der Welt" und verglich sie mit Venedig. Der klügste und verläßlichste Chronist der Cortés-Expedition, Bernal Díaz del Castillo, schildert seine Verwunderung beim Anblick der Stadt im November 1519:

„Wir sahen so viele Städte und Dörfer aus dem Wasser aufragen und andere große Stadtteile auf dem festen Land und den kerzengeraden Damm, der nach Mexiko (gemeint war die Stadt Tenochtitlán) führte; wir waren verwundert und sagten, daß das Bild, das sich uns bot, den Zauberwerken gleiche, von denen die Sage des Amadis berichtet, vor allem wegen der hohen Türme und der gewaltigen Gebäude, die sich aus dem Wasser erhoben und die alle aus Stein gebaut waren. Einige Soldaten fragten sogar, ob das, was wir sahen, nicht ein Traum sei. Man darf sich nicht wundern, daß ich das alles hier so niederschreibe, denn es gibt so vieles zu überdenken, daß mir die Worte fehlen; wir sehen Dinge, wie wir dergleichen niemals zuvor erblickt oder geträumt haben."

Er beschrieb Paläste, die „wunderbar aussahen" und aus erlesenem Holz erbaut waren. Er schilderte eine Wanderung durch Obstgärten und durch einen Park, „der so herrlich anzusehen war", und die Vielfalt der Bäume und Blumen, deren jede einen eigenen süßen Duft ausströmte. Doch auch ein trauriger Ton schlich sich in den Bericht ein, denn es war ein Paradies, das mutwillig zerstört wurde: „Ich sage nochmals, daß ich um mich blickte und dachte, niemals mehr würde etwas Ähnliches auf Erden entdeckt werden, denn damals gab es noch ein Peru und niemand wußte davon. All das Wunderbare, das ich damals sehen durfte, ist heute zerstört und verloren, nichts blieb übrig."

Fünf Jahre nachdem Montezuma II. 1502 die Herrschaft angetreten hatte, ging einer der Zweiundfünfzig-Jahre-Zyklen des komplizierten Aztekenkalenders zur Neige. Die Azteken fürchteten immer das Ende eines Zyklus als gefahrvolle Zeit; im Jahre 1507 schienen sich alle Ängste zu bewahrheiten; Wahrsagen erklärten, daß die Vorzeichen für den folgenden Zyklus schlecht stünden. Während der nächsten zehn Jahre häuften sich die Anzeichen kommenden Unheils, und Schrecken erfaßte alle Menschen: ein gewaltiger Komet erhellte den Himmel; im Großen Tempel brachen geheimnisvolle Feuer aus; der See überflutete die Hauptstadt; des Nachts konnte man seltsame Schreie vernehmen. Montezuma ließ jeden, der einen Traum von der Zukunft des Reiches hatte, zu sich rufen, und er schickte seine Soldaten aus, um in der Stadt nach Träumern suchen zu lassen. Der mächtige Herrscher, dem fast das ganze Land tributpflichtig war, bezahlte jetzt seine eigenen Untertanen, um ihre Träume zu erfahren. Doch keiner der Träume konnte ihn zufriedenstellen, und so setzte er eine dramatische Tat: er ließ die Träumer töten.

Montezuma war ein Philosophenkönig und glich manchem römischen Feldherrn vor dem Untergang Roms; er wußte zuviel und grübelte zuviel. Er kannte die alten Bücher der Tolteken, die prophezeiten, der vertriebene Gott Quetzalcóatl, die „gefiederte Schlange", würde eines Tages aus dem Osten zurückkehren. Montezuma schloß aus den Vorzeichen, daß es ihm bestimmt sei, die Zerstörung Mexikos zu erleben. Schließlich fügte er sich in sein Schicksal.

Seine schlimmsten Befürchtungen schienen sich zu bestätigen, als 1519 ein junger Abenteurer namens Hernando Cortés in der Nähe des heutigen Vera Cruz mit einer Armee von 508 Soldaten, 16 Pferden und 14 Stück Artillerie an Land ging. Einige Monate später zog Cortés gegen Westen in das Landesinnere, um Millionen von Menschen in Zentralmexiko zu besiegen. Zu diesem scheinbar törichten Wagnis trieb ihn keine romantische Abenteuerlust, auch nicht, wie manche Historiker behaupten, der Wunsch, für seinen König Land zu gewinnen, sondern ganz einfach die Gier nach Gold. Zu jener Zeit träumte jeder Europäer vom Gold, suchte es in verlassenen Höhlen, ja verschrieb sogar seine Seele dem Teufel, um es zu gewinnen. Cortés sprach das ganz offen einem mexikanischen Edelmann gegenüber aus: Wegen einer Krankheit sei er über das Meer in dieses Land gekommen, „denn die Spanier sind von einem Herzleiden befallen, für das nur Gold das einzige Heilmittel ist".

Die Einzelheiten der Eroberung wurden von Díaz del Castillo, von Prescott in seinem Werk „Conquest of Mexico" und von Cortés selbst geschildert. Wenn man die Ereignisse in wenige Worte fassen will, kann man sagen, daß das mächtige Reich der Azteken kurz nach der Landung Cortés' zerfiel. Montezuma verwirrt und angsterfüllt, befragte die Vorzeichen, während der Eroberer immer näher heranrückten. Von den ursprünglichen 508 spanischen Soldaten waren nur noch 400 übriggeblieben, aber Tausende Indianer hatten sich ihnen angeschlossen; sie alle hofften auf die Befreiung vom Joch der Azteken. Cortés mußte den Zugang in die Stadt gar nicht erst erkämpfen; er wurde von Montezuma eingeladen, der resigniert sein Schicksal in die Hände des Eroberers legte.

Letztlich kam es aber doch zu einer Schlacht, und Cortés mußte Tenochtitlán verlassen. Zum gleichen Zeitpunkt starb auch Montezuma, und niemand weiß, ob er einer Krankheit erlag, ob er von Cortés ermordet oder von seinem eigenen Volk erschlagen wurde. Sein Nachfolger starb innerhalb von vier Monaten an Blattern, und ihm folgte Cuauhtémoc, der den Kampf gegen die Spanier leitete. Mit neuer Verstärkung aus Spanien und mit Zehntausenden Indianern als Verbündeten marschierte Cortés zurück nach Tenochtitlán. Die Azteken schlugen sich tapfer, verteidigten jede Straße und kämpften auf den Dächern, während die Kanäle sich mit dem Blut von 120 000 Gefallenen ihres Volkes rot färbten. Jetzt endlich begriffen sie, daß Montezuma sich getäuscht hatte. Diese Menschen waren keine Götter – nur Plünderer, wie sie es einst selbst gewesen waren.

Doch ein aztekischer Sieg war unmöglich geworden. Nach einer 85stündigen Belagerung und einem furchtbaren Massaker unter seinen Soldaten mußte Cuauhtémoc sich am 13. August 1521 ergeben. Cortés empfing diesen elften, letzten und zweifellos edelsten der Aztekenkaiser – nach alter spanischer Rittertradition – mit viel Pomp und schmeichlerischer Höflichkeit. Drei Jahre später ließ er ihn schmachvoll hängen. Alles, was heute von der herrlichsten Stadt der Welt noch übrig ist, sind ein paar Skulpturen; der Schutt der Paläste – die so „wunderbar aussahen" – liegt unter den Grundmauern des modernen Mexiko begraben. Kurz nach der Eroberung der Stadt verfaßte ein Eingeborener, der Zeuge des Unterganges gewesen war, das folgende Gedicht in Nahuatl, der Sprache der Azteken:

Die Wasser sind rot gefärbt
Und wenn wir davon trinken, ist es, als tränken wir
salziges Wasser.

Die Mauern aus Ton sind zerbrochen
Und was uns blieb, ist ein Netz aus Löchern.

Schilde haben es beschützt,
Doch auch die Schilde konnten seine Einsamkeit
nicht behüten . . .!

Wir kauten das salzige Gras unserer Bettmatten,
Ziegelsteine, Eidechsen, Mäuse, Würmer und den
Staub der Erde.

Der Aztekenstaat

Um Aufstieg und Fall des Aztekenreiches zu verstehen, muß man
sich darüber im klaren sein, daß alle Merkmale einer guten und
geordneten Verwaltung Trugbilder waren. In ihrem außerordentlich
raschen Aufstieg zu einem Staat hatten die Azteken sich von einigen Merkmalen der weniger komplexen Entwicklungsstufen der
Sippe, des Stammes und des Häuptlingtums nicht ganz freimachen
können. Reste einfacherer Institutionen sind auf allen Ebenen der
Aztekengesellschaft zu finden.

In manchen wichtigen Belangen unterschied sich der Aztekenstaat sehr deutlich von dem einfacheren Häuptlingtum. Die
Häuptlinge der Nordwestküste und Große Sonne der Natchez besaßen große Autorität, doch diese Autorität war gleichzeitig beschränkt. Ein Häuptling konnte die Seinen in die Schlacht führen,
und er war mächtiger als jedes andere Mitglied der Gesellschaft,
doch es fehlte ihm das *alleinige* Recht, Gewalt anzuwenden. Auch
wenn er oft Gewalt anwandte, so war das nicht die einzige Gewaltanwendung in seiner Gesellschaft: die verschiedenen Familien
trugen untereinander Kämpfe aus; eine Gruppe von Kriegern fiel
eigenmächtig in ein benachbartes Land ein; eine Verwandtengrup-
pe konnte einen der ihren bestrafen. In einem Staat aber darf niemand Gewalt anwenden, mit Ausnahme des Staates selbst – das
heißt mit Ausnahme des Herrschers und seiner gesetzlich bestimmten Delegierten wie Polizei und Armee. In einem Staat werden
Kämpfe untereinander zum Verbrechen, denn sie sind ein Zeichen,

daß sich noch jemand – außer dem Staat – anmaßt, Gewalt anzuwenden. Sobald eine Gesellschaft eine bestimmte Gruppe von der übrigen Bevölkerung abgesondert hat – jene, die berechtigt ist, Gewalt anzuwenden –, kann sie die Bevölkerung auch noch auf andere Weise gliedern; dadurch entstehen politische Klassen. Die Natchez besaßen Klassen, die von Sonnen bis zu Stinkern reichten, und auch in den Häuptlingtümern des Nordwestens gab es verschiedene Rangstufen; doch das alles waren gesellschaftliche Klassen und Ränge, denen keinerlei politische Bedeutung zukam. Nummer 625 am Potlatsch galt vor dem Gesetz nicht mehr als Nummer 125.

Zwischen dem Aztekenreich einerseits und Babylon, Ägypten und Rom anderseits gibt es einen signifikanten Unterschied: Letztere gliederten verschiedene Kulturen und verschiedene ethnische Gruppen in ein System ein. Die Azteken aber glichen eher Plünderern oder Kolonisatoren. Bis zu einem gewissen Grad waren sie den Assyrern des Altertums nicht unähnlich, die ebenfalls raschen Aufstieg und plötzlichen Fall erlebten. Wieder und wieder stießen die Assyrer aus den Hügeln ins Flachland vor, um die reichen Städte der Levante zu plündern, und zogen sich zurück, sobald sie ihre Tributforderungen geltend gemacht hatten. Ebenso stießen die Armeen der Azteken vor, um Unruhen niederzuschlagen, um Handelswege zu schützen, um zu plündern und Tribute zu erpressen – aber es gelang ihnen nicht, die Struktur der besiegten Gesellschaften zu ändern. Wohl arrangierten sie politische Ehen zwischen ihren eigenen Familien und der eines unterworfenen Königs, und manchmal ersetzten sie die Götter der unterworfenen Völker durch ihre eigenen. Die eroberten Territorien dauernd dem Reich einzuverleiben, gelang ihnen jedoch nicht. Sie ließen ein unverändertes Gesellschaftssystem und schwelenden Haß zurück, den sich Cortés schnell zunutze machte. Der Aztekenstaat war noch damit beschäftigt, sich selbst zu konsolidieren, und zeigte daher wenig Talent, nach der Art der Römer andere Völker zu integrieren. Schließlich waren sie in der Kunst der Staatsführung noch Amateure, und dafür hatten sie in der kurzen Zeit viel erreicht.

Der Aztekenstaat kannte bereits ein anderes Problem, das heute, in der viel komplexeren Industriegesellschaft, noch wesentlich aktueller geworden ist. Der gewöhnliche Azteke hatte, außer er war überdurchschnittlich begabt, kaum Gelegenheit, an den wichtigen Staatsgeschäften teilzuhaben. Der Staat bot ihm die verschiedensten Möglichkeiten des Broterwerbs, doch er blieb ohne Einfluß. Öffentliche Ämter blieben ein paar hohen Würdenträgern vorbehalten; der einfache Mann konnte bloß von weitem zusehen und wurde von der Masse anderer, ebenso bedeutungsloser Individuen umhergestoßen. In einem Staat, der für die prächtigen Gewänder seiner Würdenträger berühmt war, ging der einfache Mann fast nackt. Je komplexer eine Gesellschaft, desto größer wird die Möglichkeit für ihre Mitglieder, zu Wohlstand zu gelangen; doch in der Praxis wird der einzelne zu einem Zuschauer reduziert, zu einem hilflosen Beobachter, während andere die lebenswichtigen Entscheidungen fällen. Eine Art stellvertretende Teilnahme ist das einzige, was ihm übrigbleibt; er kann sich mit berühmten Athleten identifizieren oder mit dem Mann aus seinem Dorf, der in der großen Stadt seinen Weg gemacht hat. Wahrscheinlich gab es den Azteken der unteren Schicht ein Gefühl der Zugehörigkeit, den Prunk am Hofe Montezumas in Tenochtitlán zu beobachten. Ähnlich wie in den meisten modernen Gesellschaften vermißten auch in der Aztekengesellschaft jene, die am meisten zum allgemeinen Wohlstand beitrugen, dessen Vorteile. So etwas wäre in der Eskimosippe undenkbar, denn jedes Mitglied der Eskimogesellschaft weiß um die Notwendigkeit seines vollen Einsatzes. Wenn Alter oder Krankheit den Eskimo hindern, nützlich zu sein, bittet er oft einen Verwandten, ihn zu töten, oder er begeht Selbstmord.

Klasse und Clan

Das Klassensystem in Tenochtitlán war außerordentlich kompliziert – vor allem, weil es mit Grundbesitz, Siedlungsordnung, wirtschaftlicher Spezialisierung und Verwandtschaft Hand in Hand ging. Die Stadt war in vier Bezirke aufgeteilt, in die *campans* oder „großen Nachbarschaften", wie die Spanier sie nannten. Jeder Bezirk war wieder in mehrere *calpulli* oder „kleine Nachbarschaften" unterteilt, und von ihnen gab es zwanzig in der ganzen Stadt. Jeder *calpulli* bestand aus kleineren Verwandtschaftseinheiten, den sogenannten *tlaxilacalli* oder „Straßen". Die *tlaxilacalli* schließlich waren in individuelle Familiengrundstücke aufgeteilt, die aus mehreren Chinampas bestanden. Das bedeutete ohne Zweifel eine strenge Reglementierung, die die Bewegungsfreiheit einer modernen Stadt nicht aufkommen ließ. Anderseits war es eine hervorragende Methode, eine große Bevölkerung zu verwalten und zu regieren.

Über dieses territoriale System hinausgehend, gab es ein Klassensystem. Der Erbadel machte die Politik und besaß sein eigenes Land, das nicht zum *Calpulli*-System gehörte. Den Großteil der

Bevölkerung aber bildete die Klasse der Gemeinen, die in zwanzig *calpulli* organisiert waren. Ursprünglich scheinen die *calpulli*, die von den ersten Siedlern der Stadt gegründet worden waren, Clane gewesen zu sein, und alle Mitglieder eines *calpulli* behaupteten, gemeinsame Ahnen zu haben. Jeder *calpulli* besaß einen eigenen Tempel, und die wichtigen von ihnen hatten sogar Militärschulen für ihre Jünglinge. Männer aus demselben *calpulli* dienten im Krieg als besondere Einheit unter ihrem eigenen Führer. Ihren Tribut an den Adel zahlten die Mitglieder als Gruppe und bearbeiteten gemeinsam ihr Land. Jeder *calpulli* war also eine Gemeinschaft, die Land besaß, eine Siedlungsgruppe und gleichzeitig eine echte oder fiktive Verwandtschaftsgruppe.

Auf den ersten Blick scheinen im *Calpulli*-System alle die gleichen Rechte besessen zu haben wie bei den Clanen der Irokesen, aber das war nicht der Fall. Jedes Mitglied eines *calpulli* wurde nach seinem Verwandtschaftsgrad mit dem fiktiven Gründer des Clans eingestuft. Daher gab es in jedem *calpulli* bestimmte aristokratische Familien, die die Leitung innehatten; nach dem Tod eines Leiters übernahm wiederum ein Mitglied derselben Familie die Führung. Wie der *calpulli* als Ganzes dem Staat tributpflichtig war, so waren auch die rangniederen Mitglieder jedes *calpulli* den ranghöheren Mitgliedern tributpflichtig. Außerdem waren einige *calpulli* besser als die anderen, und von den vier Bezirken waren wiederum manche besser als die andern. Ein Mann, der aus einer aristokratischen Familie des wichtigsten *calpulli* im besten *campan* kam, war also eine bedeutende Persönlichkeit.

Eine andere soziale Klasse bildeten die *mayequauh* oder „rechten Hände". Das waren die Arbeiter, die aus den besiegten Völkern kamen. Sie waren die ursprünglichen Besitzer der eroberten Landstriche, und sie waren – ähnlich wie die Leibeigenen unter den Zaren – an ihr Land gebunden. Abgesehen davon aber waren sie freie Menschen und durften sogar Eigentum besitzen. Vom *Calpulli*-System waren sie allerdings ausgeschlossen.

Zusätzlich gab es noch mehrere andere Klassen. Als die militärischen Eroberungen der Azteken immer größeres Ausmaß annahmen, gründeten die Herrscher neben dem Erbadel eine neue Adelsklasse, die „Ritter" oder „Söhne des Adlers"; sie boten den Ehrgeizigen unter den *Calpulli*-Mitgliedern eine Aufstiegsmöglichkeit. „Sohn des Adlers" zu werden war eine Auszeichnung für dem Staat geleistete Dienste; eine solche Anerkennung sorgte für gesellschaftliche Bewegung und verhinderte Unzufriedenheit. Die Ernennung dieser „Ritter" gleicht in gewisser Beziehung der *Honors List* im heutigen England, die es einem ehrgeizigen Staatsmann, Schauspieler oder Geschäftsmann ermöglicht, den Titel „Sir" vor seinen Namen zu setzen, ihm jedoch nicht das Recht gibt, den Titel an seinen Sohn zu vererben.

Schließlich nahmen auch die Kaufleute, die *pochteca*, wegen ihrer Bedeutung für den Staat einen besonderen Platz ein. Diese Händler, die den hohen Würdenträgern Zentralamerikas exotische Produkte brachten – Federn des Quetzalvogels, Türkise, Jaguarfelle, Federmäntel, Kakaobohnen und Edelmetalle –, waren viel mehr als bloß einfache Händler. Sie betätigten sich auch als Spione und als Vorhut der Aztekenarmee. Als Belohnung für diese Dienste durften sie ihre eigenen *calpulli* bilden. Sie hatten ihre eigenen Götter, eigene Zeichen und Zeremonien, ähnlich wie eine Zunft im Mittelalter besondere Privilegien genoß. Sie hatten eigene Gerichte und eigene Gesetze, sie wurden von ihren eigenen Leuten regiert. Als weitere Konzession durften sie ihren Tribut an den Staat in Form von Handelsgütern leisten und mußten nicht in Form von landwirtschaftlichen Produkten zahlen.

Die Stellung der *pochteca* unter den Azteken vor der Ankunft von Cortés glich in gewisser Hinsicht jener der aufstrebenden Klasse der Kaufleute im Mittelalter. Wie in Europa, waren die *pochteca* privilegierte Personen, die politische Immunität genossen, wenn sie von einem Stadtstaat zum andern reisten; die aztekische Armee schützte ihre Handelsrouten, und wurde ein *pochteca* behelligt, konnte es zum Krieg kommen. Es gab auch Orte – „offene Häfen" –, wo Kaufleute aus rivalisierenden Gesellschaften einander trafen und unbehelligt Handel treiben konnten. Ähnlich wie in Europa wehrte sich auch hier der Adel gegen diese aufstrebende Klasse. In den Jahren vor der Eroberung gelang es der aztekischen Nobilität, die wachsende Macht der *pochteca* etwas einzuschränken. Sie durften zum Beispiel nicht den Rang eines Offiziers bekleiden; einige von ihnen wurden sogar hingerichtet und ihr Vermögen an die Adeligen verteilt. Wäre es nicht zur spanischen Eroberung gekommen, hätte sich im Laufe des nächsten Jahrhunderts – ebenso wie in Europa – eine handeltreibende Mittelklasse herauskristallisiert.

Der Herrscher gehörte selbstverständlich einer gesonderten Klasse an. Die Spanier, deren Monarch absolute Macht ausübte, waren von der – wie es ihnen schien – grenzenlosen Macht Montezumas tief beeindruckt. Sie fielen jedoch einem Trugbild zum Opfer, denn die große Verehrung, die Montezuma genoß, verschleierte nur die Tatsache, daß er keinerlei solide Machtbasis besaß. Er wurde wie ein Halbgott behandelt, und auch die höchsten Würdenträger wagten nicht, ihn anzusehen; bevor sie vor Montezuma erschienen, entledigten sich die Adeligen ihrer prunktvollen Gewänder und kleideten sich armselig wie Bettler. Geruhte der Herrscher seine Füße auf den Boden zu setzen, so eilten die Adeligen voraus, um den Weg mit Tüchern zu bedecken, auf daß sein Fuß nicht die bloße Erde berühre. Während ihm zur Mahlzeit einige hundert Speisen zur Auswahl angeboten wurden, schützte ihn ein Wandschirm vor neugierigen Blicken.

Díaz del Castillo war über alle Maßen beeindruckt von dem Luxus, der Montezuma umgab, und vornehmlich von dem großartig konzipierten Palast und „den vielen Tänzerinnen, die Montezumas Unterhaltung dienten, von anderen, die Stelzen an den Füßen trugen, und wieder anderen, die während des Tanzes durch die Luft flogen". Im Palast gab es auch einen Zoo, der mit Tieren aus ganz Mittelamerika bestückt war, und eine private kleine Monstrositätenschau, einschließlich Menschen mit jeder nur erdenklichen körperlichen Anomalie. Der königliche Garten versetzte den Spanier in helles Entzücken.

„Wir dürfen nicht den Garten voller Blumen und süß duftender Bäume vergessen, und die vielen Pflanzen, die es gab, und ihre Anordnung und die Wege und die Teiche mit frischem Wasser, das an einem Ende ein- und am andern Ende austrat; und die Bäder, die er dort hatte, und die Vielfalt kleiner Vögel, die im Gezweige nisteten, die Heil- und Gewürzkräuter, die in den Gärten wuchsen ... Es gab in den Gärten ebensoviel zu bestaunen wie überall sonst, und wir wurden nicht müde, seine große Macht zu bewundern."

Krieger und Priester

Auf zwei Grundpfeilern ruhte die Macht ihres Staates – meinten die Azteken: auf den nicht geringen Tributzahlungen der eroberten Völker in Form von Lebensmitteln und Rohmaterialien und auf den ebenfalls keineswegs geringen religiösen Menschenopfern. Beides ließ sich nur durch Krieg beschaffen; kein anderes Volk in Nordamerika war jemals derart vom Krieg besessen wie die Azteken. Jeder Mann war Soldat. Auch die Priester bildeten keine Ausnahme, obwohl sie in eigenen Einheiten kämpfen durften. Jeder der vier Stadtbezirke hatte ein eigenes Arsenal, das stets einsatzbereit war. Der Krieg wurde verherrlicht, und wer auf dem

Schlachtfeld für Huitzilopóchtli sein Leben lassen durfte, schätzte sich glücklich, wie das folgende Lied der Azteken zeigt:

Nichts gleicht dem Tod in der Schlacht,
Nichts gleicht diesem blütenreichen Tod,
der Ihm so kostbar ist, der Leben schenkt:
In der Ferne seh ich ihn, und mein Herz sehnt sich danach.

Kriege wurden mit tödlichem Ernst geführt, und sie waren von einer Mystik umgeben, gegen die die Heiligen Kriege der Mohammedaner prosaisch erscheinen. Die Azteken sahen im Krieg die irdische Wiederholung einer gewaltigen Schlacht, die im Himmel ausgetragen wurde, ein Spiegelbild des heiligen Krieges der Sonne, die jeden Tag die Kräfte des Bösen abwehren muß, um ihren Weg über den Himmel zu nehmen.

Die Forderung nach Tributen war wesentlich weniger mystisch. Das ergibt sich aus den Aufstellungen über die den unterworfenen Völkern abverlangten Tributleistungen. Die Spanier zerstörten zwar einen Großteil der aztekischen Bücher, waren jedoch auch Männer der Praxis, und so benutzten sie die Listen in Montezumas Archiv als Leitfaden, um zu sehen, was aus den aztekischen Provinzen herauszuholen war. Diese Aufstellungen zeigen, daß im Laufe eines einzigen Jahres unglaubliche Mengen von Dingen nach Tenochtitlán flossen: 7 Millionen Kilogramm Mais, je 4 Millionen Kilogramm Bohnen und Amaranten, 2 Millionen Baumwollmäntel, Kriegsgewänder, Federn, Schilde, Edelsteine und viele andere Dinge. Ein Teil dieser Schätze war zweifellos für die Adelsklasse bestimmt, und die Lebensmittel dienten der Ernährung der Bevölkerung. Ein beachtlicher Teil wurde jedoch sicherlich zur Bezahlung der Handwerker und Bediensteten des Palastes verwendet sowie zur Versorgung der *pochteca* mit Waren, die sie gegen Lebensmittel eintauschen konnten.

Die Religion der Azteken war unglaublich kompliziert; ständig sich wiederholende zyklische Riten lagen ihr zugrunde. Das Sonnenjahr setzte sich aus achtzehn Monaten zu je zwanzig Tagen zusammen, die fünf Tage vor Beginn eines neuen Jahres galten als besonders gefährlich. Für jeden Monat gab es besondere Zeremonien, an denen alle Azteken teilzunehmen hatten. Diese Zeremonien waren eng mit dem primitiven Zyklus des landwirtschaftlichen Jahres verbunden, mit dem Säen, dem Bewässern und dem Ernten. Daneben gab es noch zahlreiche andere Zyklen, wie zum Beispiel das Almanac-Jahr von 260 Tagen, in dem jeder Tag, jede

Kalenderstein der Azteken; er mißt vier Meter im Durchmesser und wiegt über 20 Tonnen. Er symbolisiert das Universum der Azteken und die Geschichte der Welt. Im Zentrum steht die Sonne, umgeben von den Symbolen für die vorangegangenen Zeiten, deren Daten in Hieroglyphen auf den vier Sonnenarmen angegeben sind. Die Namen der zwanzig Tage umrahmen die zentralen Symbole, hinter ihnen liegen die Strahlen der Sonne und verschiedene Sternsymbole.

Woche und jeder Monat einem bestimmten Gott oder einer bestimmten Göttin geweiht waren. Der Tag wurde in „Stunden" unterteilt, die allerdings etwas länger als 60 Minuten dauerten, und jede der dreizehn „Tagesstunden" und der neun „Nachtstunden" war ebenfalls einer bestimmten Gottheit gewidmet.

Die Religion der Azteken scheint besessen von Rhythmen und Zyklen, doch unterscheiden sich diese nicht wesentlich von den „zyklischen Riten", die wir in den meisten Hochkulturen finden und die dem Rhythmus der Natur entsprechen.

Die Azteken entfernten sich jedoch vom landwirtschaftlichen Zyklus, da die *chinampas* das ganze Jahr hindurch produktiv waren. Warum also hielten sich die Azteken und andere Kulturen weiter an die veralteten zyklischen Riten? Die übliche Antwort lautet, daß die zyklische Natur der Landwirtschaft eine praktische Methode sei, sich der Riten zu Ehren der Götter zu erinnern. Diese Antwort muß zumindest im Fall der Azteken abgelehnt werden, denn diese besaßen zahlreiche Wächter für ihre weltlichen und heiligen Kalender und so viele Priester, daß ein Vergessen der geheiligten Pflichten kaum zu befürchten war.

Also muß man anderswo nach einer Erklärung suchen; sie ist gegeben, wenn man in diesen zyklischen Gruppenzeremonien „Riten der Intensivierung" sieht. Wenn Gesellschaften im Laufe ihrer Entwicklung komplexer werden, läßt das Interesse an den Mitteln zur Erhaltung des Lebens allmählich nach, denn der Durchschnittsbürger entfernt sich immer weiter von den Quellen seines Lebensunterhaltes.

Ändert eine Gruppe ihre Beziehung zu den lebensnotwendigen Dingen, so vollzieht sich damit parallel auch ein Wandel in der Einstellung zur alten Ordnung und zu den traditionellen Institutionen. Die konservativen Herrscher der Azteken und die Oberpriester führten Riten ein, die die Erinnerung an die alten Bräuche wachhielten. Diese Riten – Stützpfeiler des Konservatismus – lösten jene bedingten Reaktionen aus, die dem Individuum anerzogen waren. Die Einhaltung der Riten unterschied sich kaum von der Einhaltung der Sukkoth (des Laubhüttenfestes) in einer modernen jüdischen Familie. Die Sukkoth ist ein Erntefest des östlichen Mittelmeerraumes, das – auf einem Sonnenzyklus von achtundzwanzig Jahren basierend – die Segnungen der Sonne feierte. Das Fest ist, wenn man von seinem moralischem Wert absieht, für die Mittelstandsgesellschaft von heute in jeder Beziehung bedeutungslos.

Die Riten der Azteken lagen in den Händen einer ausgedehnten Hierarchie, die in ihrer strengen Organisation und in ihrer Macht den Priesterhierarchien des alten Ägypten und Mesopotamiens glich. Auch hier gab es kaum Schamanen. Statt dessen verließ sich der Azteke fast ausschließlich auf seine Priester. Priester unterscheiden sich grundlegend von Schamanen. Priester besitzen keine übernatürlichen Kräfte, sie sind nur Menschen, die die Gesellschaft dazu ausersehen hat, Experten in der Durchführung heiliger Riten zu werden. Zum Schamanen wird man geboren, Priester aber wird man durch eine lange und mühevolle Ausbildung. Wo immer das

Schamanentum auftaucht, bedeutet es eine Bedrohung der Orthodoxie und wird mit allen Mitteln unterdrückt. Die katholische Kirche wandte bis zur Reformation und auch später beachtliche Energie auf, „falsche Propheten" und Häretiker anzuprangern und zu verbrennen; sie waren Schamanen, die sich von einem inneren religiösen Gefühl leiten ließen, nicht von einer orthodoxen Ausbildung.

Die Vereinigten Staaten haben in den letzten Jahren bei allen Klassen und Rassen ein Aufleben schamanenartiger Kultur erlebt. Heilprediger wirken in Harlem und Schlangenbeschwörer in Appalachia; es gibt psychedelische Propheten, die Halluzinogene empfehlen, „Erweckungspriester", die sich die Massenmedien zunutze machen; Propheten eines seltsamen neuen kybernetischen Zeitalters und mystische Weise, die den Hausfrauen Erkenntnisse aus dem Tibet nahezubringen suchen. Trotz der offensichtlichen Ehrlichkeit der meisten, sind sie alle im Grund Schamanen. Sie stehen im Gegensatz zum berufsmäßigen Klerus, der in seinen Seminaren eine spezialisierte Erziehung genießt, der auf die übliche Weise die Weihen erhält, der den orthodoxen Glauben aufrechterhält. Das Wiederaufleben des Schamanentums in den USA ist wahrscheinlich symptomatisch für die immer schwächer werdende Fähigkeit der orthodoxen Religionen, das Verhalten der Gesellschaft zu beeinflussen und die gesellschaftlichen Werte zu erhalten – symptomatisch auch für das Fehlen einer neuen erregenden Philosophie oder Ethik, die das Vakuum ausfüllen könnte.

Allein in Tenochtitlán unterhielten die Azteken fünftausend Priester; die Riten, der Kalender und die Astronomie, religiöse und weltliche Erziehung, alles war genauestens geregelt. Die Lehre, die die Priester verkündeten, sah den Menschen an der Schwelle des Jüngsten Gerichts und von furchtbaren Katastrophen bedroht. Das Ende jedes Zweiundfünfzig-Jahre-Zyklus war ganz besonders gefahrvoll, denn zu diesem Zeitpunkt konnten die Götter der Fortsetzung des Lebens ein Ende bereiten. In allen Tempeln wurden die Feuer gelöscht, die Bürger folterten sich, fasteten und beteten. Sobald die Priester im Himmel ein günstiges Omen zu entdecken vermeinten, wurde die Brust eines lebenden Opfers aufgeschlitzt und in seinem Herzen ein neues Feuer entzündet. Mit diesem Feuer wurden alle Feuer in Tempeln und Häusern wieder angezündet. Jetzt war die Welt für die nächsten zweiundfünfzig Jahre mehr oder weniger gesichert. Auch am Ende jedes Sonnenjahres gab es fünf Schreckenstage, und mit Zyklen von längerer und kürzerer Dauer waren ebenfalls alle möglichen Gefahren verbunden.

Die große Angst, die all dem zugrunde lag, galt einem Verlöschen der Sonne – durch eine Sintflut, durch die herabstürzenden Himmel oder durch einen gewaltigen Windstoß. Die Azteken hielten sich für das Volk, das dazu ausersehen war, die Sonne gegen diese Gefahren zu schützen – und sie taten das durch Kühnheit, Besonnenheit und sexuelle Mäßigung. Es war auch ihre Aufgabe, die kämpfenden Himmelskräfte im Gleichgewicht zu halten, und das konnte nur durch Menschenopfer von ungeheurem Ausmaß erreicht werden.

Die spanischen Soldaten – ein Haufen von Abenteurern, wie sie brutaler kaum jemals unter einem Banner vereint waren – wurden zutiefst erschüttert von den gigantischen Menschenopfern, die ihnen auf ihrem Marsch durch das Land begegneten. Díaz del Castillo berichtet, was er in einer einzigen Stadt sah: „Ich erinnere mich an die Plaza, wo die Haufen menschlicher Schädel so regelmäßig aufgeschichtet waren, daß man sie zählen konnte, und ich schätze, daß es mehr als hunderttausend waren. Ich wiederhole, es waren mehr als hunderttausend." Die Spanier erkannten rasch, daß die gewaltigen Pyramiden, denen sie auf Schritt und Tritt begegneten, Altäre zur Darbietung von Menschenopfern waren. Auf der Spitze jeder Pyramide lag ein gewaltiger Stein mit einer Vertiefung, die dazu diente, das Herz aufzunehmen, und einer Rille, so daß das Blut die Treppen hinabrinnen konnte. Das Menschenopfer wurde auf den Rücken gelegt, worauf der Priester ihm das Messer in die Brust stieß und das Herz herausriß. Das war die übliche Art, die Gefangenen zu opfern, aber es gab noch andere Formen der Opferung, wie das Rösten des Opfers, bevor man ihm das Herz herausriß. Dem Regengott Tláloc wurde eine Unzahl kleiner Kinder geopfert, und die Azteken waren der Meinung, der Gott sei um so erfreuter, je mehr die Kinder vor Entsetzen schrien.

Menschenopfer gab es auch in andern Teilen Mittelamerikas, aber im Ausmaß blieben die Azteken unübertroffen. Man hat verschiedentlich zu erklären versucht, warum das Menschenopfer bei den Azteken so extreme Formen angenommen hat. Einige Gelehrte versuchten diese Opfer zu rechtfertigen, indem sie einen Vergleich mit den Kriegen und den Unmenschlichkeiten anstellten, die heute noch vorkommen. Dieses Argument geht jedoch am Kern der Sache vorbei. Psychologisch orientierte Anthropologen haben die Erklärung in einer blutdürstigen aztekischen „Persönlichkeit" gesucht – eine unhaltbare Hypothese, denn niemals wurde der Nachweis erbracht, daß die Persönlichkeit von Individuen eine Kultur forme. Auch die Meinung anderer Forscher, es seien die Hungersnöte des

15. Jahrhunderts gewesen, wodurch die Menschenopfer solche Ausmaße annahmen, klingt nicht glaubhaft; die Azteken hatten einfachere Methoden, einer Hungersnot zu begegnen, als ganze Völker auszurotten – vor allem eine Erhöhung der Tribute oder die Eroberung weiterer Landstriche.

Besser als psychologisch oder geschichtlich läßt sich das Problem aus sich selbst heraus erklären. Im Augenblick, wo die Religion der Azteken mit der Praxis der Menschenopfer begann, um drohenden Katastrophen vorzubeugen, war sie in einem Circulus vitiosus gefangen. Menschenopfer konnte man nur durch Kriege erhalten, aber Kriege konnten nur erfolgreich geführt werden, wenn man Opfer darbrachte. Es war ein Kreis, der sich immer weiter ausdehnte und immer mehr Menschenopfer forderte.

Bei einer Gesellschaft unterhalb der Entwicklungsstufe des Häuptlingtums kommt es nie zu Menschenopfern, denn in einfachen Gesellschaften ist jeder mit jedem verwandt – durch Ehebündnisse, Allianzen und wirtschaftliche Partnerschaften. Niemals würde ein Zuni einen Menschen X opfern, denn es könnte sein, daß dieser Mensch X mit der Tochter des Sohnes der Schwester seiner Großmutter verheiratet war. Niemals wäre der Eskimo so töricht, jene Angehörigen und Partner zu opfern, die er vielleicht eines Tages brauchen könnte, um eine Beleidigung zu rächen oder um gemeinsam auf Jagd zu gehen. Erst mit der zunehmenden Vielschichtigkeit der Gesellschaft verliert die Verwandtschaft an Bedeutung; erst dann ist der Mensch bereit, einen Mitmenschen zu opfern. Menschenopfer tauchen auf der ganzen Welt in komplexen Gesellschaften auf, in Eurasien schien sich die Praxis jedoch auf die mediterrane Welt und die umliegenden Gebiete konzentriert zu haben. Menschenopfer waren in Mesopotamien weit verbreitet, und es gab sie auch unter den alten Hebräern, bis Abraham einen Widder an Sohnes Statt opfern durfte. Gelegentlich tauchten sie im alten Griechenland auf. Und in den Jahrhunderten, die dem Fall des Römischen Reiches vorangingen, nahmen sie gigantische Ausmaße an.

Der Tod der Sonne

Die Katastrophe, die man so oft prophezeit hatte, ereignete sich schließlich. 1521 erloschen die heiligen Feuer für immer, und spanische Priester begannen die Völker Mexikos zu taufen. Sie fanden so viele Millionen Indianer vor, daß das Weihwasser knapp wurde, und die Priester mußten, wie man sagte, ihren Speichel benutzen. Der Zusammenbruch des Aztekenreiches war vollkommen und endgültig; nachdem die Spanier 1524 den letzten Aztekenherrscher getötet hatten, trafen sie kaum mehr auf Widerstand. Historiker haben sich lange Zeit den Kopf zerbrochen, wie fünfhundert Spanier ein Reich besiegen konnten, das Hunderttausende tapfere und gut gerüstete Krieger ins Feld schickte. Doch schon die kurze Skizzierung der sozialen und politischen Struktur des Aztekenstaates in diesem Kapitel macht begreiflich, wie verwundbar er gegenüber einem Angriff wie jenem von Cortés sein mußte. Keine bestimmte einzelne Schwäche führte zum Zusammenbruch, vielmehr das gesamte Wesen der Gesellschaft, die die Azteken errichtet hatten. Rückblickend muß man sich sogar wundern, warum Cortés für die Eroberung ganze zwei Jahre benötigte. Denn aus folgenden Gründen war die Niederlage der Azteken unabwendbar:

FEHLEN EINER SOZIALPOLITISCHEN INTEGRATION. Die Azteken hatten ihr Reich noch nicht integriert, und die besiegten Nachbarn waren ständig zur Rebellion bereit. Weiters waren die Azteken – so gut sie ihr Klassensystem, ihre Priesterschaft und die Armee organisierten – erstaunlich schlechte Verwalter der eroberten Territorien. Sie gaben den Besiegten jeden Anlaß zum Haß; unbarmherzig wurden die Unterworfenen ausgebeutet sowohl was die Tribute und Abgaben als auch was die Menschenopfer betraf. An den Wohltaten der aztekischen Kultur hatten sie keinerlei Anteil. Cortés kam in ein Land, in dem Intrige und Rebellion bereits gärten, zu Menschen, die jederzeit bereit waren, die aztekischen Unterdrücker zu verraten.

GERINGES MILITÄRISCHES GESCHICK DER AZTEKEN. Obwohl die Kriegsmaschinerie der Azteken glänzend organisiert, mit einer phantastischen Anzahl von Kriegern gut ausgestattet und mit Waffen und Rüstungen versehen war – die Spanier hielten sie den ihren für überlegen –, obwohl die Krieger gut trainiert waren und nach dem Tod auf dem Schlachtfeld dürsteten, zeigten sich dennoch viele Schwächen. Sie konnten einen Feldzug nicht lange durchhalten, weil sie keine Lasttiere hatten, um Nachschub zu bringen, und die Feindseligkeit der besiegten Bevölkerung machte es schwer, von dem zu leben, was das Land bot. Obwohl sie Berufssoldaten hatten, fehlte den Azteken eine Kriegsstrategie; das Auskundschaften durch die Kaufleute und ein darauffolgender Angriff – das war die einzig übliche Methode. Eine beliebte europäische

Taktik, die ihnen einen sofortigen Sieg über die Spanier gebracht hätte, war ihnen unbekannt; nämlich einen Keil in die Feindkräfte zu treiben, um die kleinen Einheiten hierauf einzeln zu schlagen. Die Massenangriffe der Azteken erwiesen sich als nutzlos, weil sie jedesmal nur einen Bruchteil ihrer ungeheuren Menge an Kriegern mit den wenigen Spaniern in Kontakt bringen konnten. Dagegen war die kleine spanische Armee ein wunderbar leistungsfähiges Instrument. Generationen von Spaniern hatten im Kampf gegen die Mauren zwischen 711 und 1492 und auch in anderen europäischen Konflikten das Kriegshandwerk geübt. Sie hatten in Afrika und ebenso in Mittelamerika den primitiven Krieg kennengelernt. Cortés Armee war so klein, daß sie vom Land leben konnte und keinen Nachschub benötigte.

RELIGIÖSE UNBEWEGLICHKEIT DER AZTEKEN. Die aztekische Religion sah in der Welt eine Abfolge zahlreicher, einander überschneidender Zyklen. Da die gewaltige Maschinerie, die den Ablauf dieser Zyklen bestimmte, weitgehend außerhalb der Kontrolle des Menschen lag, lebten die Azteken in der fortwährenden Angst, diese Maschinerie könnte eines Tages zusammenbrechen. Die bösen Omen im Jahrzehnt vor der Ankunft Cortés' schienen auf ebendiese Katastrophe hinzudeuten; die unvermeidliche Folge war lähmender Schrecken.

SOZIALE UNBEWEGLICHKEIT DER AZTEKEN. Die Azteken waren überorganisiert. Jeder Stern am Himmel hatte seinen festen Platz und ebenso jedes Individuum auf Erden. Das Erziehungssystem brachte eine Jugend hervor, die gehorchte, ohne zu fragen, und die Religion forderte einen bedingungslosen Glauben. Wurde ein Anführer im Krieg gefangengenommen oder getötet, so wurde er nicht automatisch ersetzt; kein Krieger aus den unteren Rangstufen übernahm die Führung. Ein Gemeiner, der sein ganzes Leben nur zu gehorchen gelernt hatte, konnte nicht über Nacht kommandieren lernen.

BESCHRÄNKTE MACHT DES HERRSCHERS. Montezuma mag allmächtig wie ein Halbgott erschienen sein, in Wahrheit aber war seine Autorität beschränkt, und ebendiese Beschränkung wurde ihm zum Verhängnis. Er hätte den Angriff befehlen können, sobald die Spanier in Vera Cruz landeten. Eine sofortige Aktion lag innerhalb seiner Macht, doch fehlte ihm die Möglichkeit, Entschlüsse auf weite Sicht allein zu fassen. In dem Augenblick, als er auf eine sofortige Reaktion verzichtete, war er praktisch bereits verloren; nun mußte er endlose Verhandlungen führen und sich mit seinen Ratgebern besprechen, mit den Oberpriestern und Offizieren. Während die Spanier sich langsam durch Zentralmexiko auf Tenochtitlán zu bewegten, wurden Montezumas Handlungsfähigkeit und Entscheidungsgewalt immer schwächer. Als die Spanier schließlich die Stadt erreichten, war er von den einander widersprechenden Ratschlägen so betäubt, daß er sich Cortés als Geisel stellte.

MANGELNDE KONSEQUENZ NACH EINEM SIEG.

Nach Montezumas Tod und dem Aufstand der Bevölkerung Tenochtitláns gegen die Spanier mußte Cortés sich aus der Stadt zurückziehen und verlor während der Rückzugsgefechte drei Viertel seiner Leute. Anstatt ihren Vorteil zu nutzen und die restlichen Spanier zu überwältigen, verhielten die Azteken sich so, wie sie sich seit eh und je nach einem Sieg verhalten hatten: Sie plünderten die Leichen und suchten nach verwundeten Spaniern, um sie als Opfer darzubringen. Damit gewann Cortés wertvolle Zeit, um sich neu zu formieren und auf die Verstärkungen zu warten, die ihm dann im nächsten Jahr zum entscheidenden Sieg verhalfen. Cortés führte einfach eine andere Art von Krieg. Als die Führer der Azteken sich wie üblich anschickten, mit den Siegern über die Tributzahlungen zu verhandeln, lernten sie plötzlich den totalen Krieg kennen – die Kanonen, die ihre Häuser zerschossen, die erbarmungslose Vernichtung von Menschenleben, die Zerstörung ihrer Götter und ihres Glaubens.

Die Ergebnisse der Kriegshandlungen entsprachen den damals herrschenden Gegebenheiten innerhalb des Aztekenreiches und Mexikos. Man kann nicht versuchen, den Zusammenbruch der Azteken mit der Überlegenheit von spanischer Kriegsführung, Bewaffnung, Moral oder Rasse zu erklären. Cortés war ein guter Anführer, aber wahrscheinlich hätte jeder andere durchschnittlich Befähigte die Azteken ebenso mühelos besiegt – nicht auf Grund der Überlegenheit der Europäer, vielmehr auf Grund der tiefgreifenden sozialen und politischen Schwächen der Aztekenkultur selbst.

Zweiter Teil

DIE LANGE WANDERSCHAFT

XII

Die Besiedlung Nordamerikas

Ein menschenleerer Kontinent

Bisher haben wir von einigen Indianergruppen gesprochen, die von den Entdeckern und später von den Siedlern in Nordamerika angetroffen wurden. Vom ersten Augenblick an fragten sich die Entdecker, wer diese Menschen waren und wie sie überhaupt nach Nordamerika gekommen waren. Trotz der fremdartigen Sitten und der ungewöhnlichen Bekleidung – oder dem Fehlen derselben – waren die Entdecker überzeugt, es mit Angehörigen der menschlichen Rasse zu tun zu haben. Papst Julius II. verkündete feierlich, auch die Indianer stammten von Adam und Eva ab – aber damit war das Rätselraten, wie sie die Neue Welt erreicht hatten, nicht vorüber. Eine beliebte Theorie der damaligen Zeit besagte, daß die Indianer die Kinder Babels seien, denen als Strafe für ihre Sünden ein primitives Leben auferlegt wurde. Auch die Ansicht, die Indianer seien Nachfahren der zehn verlorenen Stämme Israels, war kurzzeitig in Mode, wurde aber später verworfen, obwohl die Mormonen sie bis heute beibehalten haben. Die Puritaner in Neuengland führten die Ankunft der Indianer in Amerika, wie so vieles andere, auf den Teufel zurück, der sie böswillig hingeführt hatte, um ihre Erlösung zu verhindern. Zu den Völkern, die man als Vorfahren der Indianer vorschlug – die entweder absichtlich nach Nordamerika gekommen waren oder weil der Wind ihre Schiffe hin verschlagen hatte –, gehörten die alten Ägypter, die Trojaner, Griechen, Karthager, Etrusker, Tartaren, chinesische Buddhisten, indische Hindus, Mandingos aus Afrika, alte Iren, Wikinger, Basken und Hunnen.

Es ist jedoch nicht notwendig, den Ursprung der amerikanischen Indianer mit wunderbaren Ereignissen oder gestrandeten Schiffen zu erklären. Die wahre Geschichte der Besiedlung Nordamerikas ist phantastisch genug und gehört zu den großen Ereignissen der Menschheitsgeschichte.

Als die Landmasse des nordamerikanischen Kontinents allmählich die Form annahm, die wir heute kennen, wurde auch seine

Fauna der heutigen immer ähnlicher. Heute sind Alaska und Sibirien an der engsten Stelle durch hundert Kilometer nebelverhangenen, unruhigen Wassers getrennt. Doch bis vor etwa einer Million Jahren waren die beiden Kontinente miteinander verbunden, und eine Vielzahl von Tieren wanderte von einem Kontinent zum anderen – Vorfahren des Pferdes, Kamele, Opossum, Wildhunde, Wiesel und viele Vogelarten. Anderseits hatten vor einer Million Jahren Elch, Moschusochse, Wapitihirsch, Bergschaf, Bär, Wolf, Bison und viele andere Säugetiere, die heute in Nordamerika leben, noch nicht die Landbrücke von Sibirien nach Alaska überschritten. Auch der Mensch, der sich eben über Eurasien zu verbreiten begann, war noch nicht bis Nordamerika gekommen. Ungefähr um diese Zeit ließ eine Verschiebung in der Erdkruste der Arktis die Landbrücke in die Beringstraße versinken; die beiden Kontinente waren getrennt.

Man besaß keine klare Vorstellung davon, wie die Menschen und die Säugetiere Asiens nach Nordamerika gelangten, bis in den letzten zwanzig Jahren wichtige Entdeckungen gemacht wurden. Untersuchungen über das Pleistozän – ein Zeitabschnitt in der Eiszeit, der vor etwa 1 500 000 Jahren begann – brachten die Antwort. Das Pleistozän wurde von gewaltigen Klimaschwankungen eingeleitet; viermal stießen die Eismassen vor und zogen sich wieder zurück; der letzte Rückzug ist heute noch im Gange. Zur Zeit der größten Ausdehnung bedeckten die Eiskappen ungefähr 32 Prozent der gesamten Landmasse. Diese gewaltige Vereisung brachte für alle Lebewesen einschneidende Veränderungen mit sich. Alte Wälder wurden niedergemäht, als wären sie Zündhölzer; Flußläufe nahmen eine neue Richtung, und einige wurden vom Eis so gründlich eingedämmt, daß sie zu riesigen Seen wurden; gewaltige Senken wurden aus dem Land herausgeschält.

Es ist seltsam, daß Evolution und Verbreitung des Menschen in die Epoche der Eiszeit fallen. Dieser schwächliche Zweifüßler besaß kein Fell, das ihn gegen die Kälte schützte, er hatte keine Fänge, und mit seinen krallenlosen Händen war er den Eiszeitsäugetieren wie dem Mammut und dem Mastodon nicht gewachsen. Für die Verfolgung von Wild war er zuwenig schnell. Während seiner langsamen Entwicklung mußte er sich von dem ernähren, was sich ihm gerade bot. Seine magere Kost bestand aus Samen, Körnern und Wurzeln, aus Heuschrecken und Termiten; mit primitiven Werkzeugen tötete er Eidechsen und kleine Nagetiere. Und doch – während die Eisdecken einander ablösten – ging die Entwicklung des Menschen weiter, und er verbreitete sich über die asiatischen

Steppen. Er verließ den Schutz der Waldlandschaft und paßte sich der Steppenlandschaft an. Sein hochentwickeltes Gehirn erlaubte es ihm, die Beutetiere zu überlisten, Kleidung zu erfinden und damit der Kälte zu trotzen, Waffen herzustellen, die Größe, Schnelligkeit und Fänge der großen Säugetiere aufwogen.

Um die Mitte des letzten Eisvorstoßes, der vor etwa 65 000 Jahren begann und bis vor ungefähr 10 000 Jahren andauerte, hatte der *Homo sapiens* in Sibirien festen Fuß gefaßt. Er stellte Waffen und Werkzeuge her, er baute halb unter der Erdoberfläche gelegene Behausungen, Tierfelle dienten ihm als Kleidung; er beschäftigte sich mit dem Übernatürlichen. Die Entwicklung besserer Jagdmethoden ließ die Bevölkerung Eurasiens rapid zunehmen. Da ein einzelner Jäger mit den riesigen Eiszeitsäugern nicht fertig werden konnte, muß es zu Zusammenarbeit und einfacher politischer Organisation gekommen sein. Noch wußte der Mensch nichts von der Kultivierung der Pflanzen oder der Domestizierung von Tieren, mit Ausnahme vielleicht des Hundes. Noch hatte er weder Pfeil und Bogen noch das Boot erfunden. Noch hatte er Nordamerika nicht betreten.

Über die Landbrücke

Dem Menschen war es möglich, die Neue Welt zu betreten, weil die Eisdecke ungeheure Wassermengen aufnahm und der Meeresspiegel sank. Daß Eisdecken enorme Wasserquantitäten aufspeichern können, beweisen die Gletscher in Grönland und in der Antarktis; würden sie plötzlich schmelzen, stiege der Meeresspiegel um hundert Meter, und die meisten Großstädte der Welt würden überschwemmt. Die Geologen sind sich nicht ganz einig, um wieviel der Meeresspiegel zu den verschiedenen Zeiten im Pleistozän sank, vermutlich fiel er während der letzten Vereisung um fünfzig bis hundert Meter. Eine Senkung von hundert Metern hätte eine Landbrücke von 1500 Kilometern Breite auftauchen lassen, eine Senkung von nur fünfzig Metern eine Landbrücke in einer Breite von etwa 500 Kilometern. Die Landbrücke existierte, mit Unterbrechungen, einige zehntausend Jahre, bis ein plötzlicher Temperaturanstieg auf der ganzen Welt vor etwa 10 000 Jahren das Schmelzen des Eises beschleunigte und das Wasser in die Ozeane zurückströmen ließ. Die Landbrücke wurde überschwemmt und blieb bis zum heutigen Tag versunken.

Da die Brücke immer dann auftauchte, wenn die Eismassen ihre größte Ausdehnung erreicht hatten, könnte man meinen, sie müsse wegen des Eises unpassierbar gewesen sein. Aber das war nicht der Fall. Während einer Periode der letzten Vereisung, als die Eiskappe bis zu den Ohio-, Missouri- und Columbiaflüssen reichte, blieb ein Großteil von Alaska, Westkanada und ein Teil Sibiriens eisfrei. Wir haben keine sichere Erklärung für dieses Phänomen, vermutlich wurde es durch geringe Niederschläge im Gebiet der Beringstraße verursacht; gab es wenig Regen und Schnee, so können nur die Bergzüge vom Eis bedeckt gewesen sein. Jedenfalls waren Sibirien und Alaska während des größten Teiles des Pleistozäns durch trockenes Land verbunden. Die Breite der Landbrücke wechselte mit dem Rhythmus der vorstoßenden und sich zurückziehenden Eismassen, nahm zu, wenn das Eis sich ausdehnte, wurde schmäler und verschwand vollkommen, wenn das Meer in den Zwischeneiszeiten stieg. Die Verbindung zwischen Sibirien und Alaska war gleichsam eine sich langsam öffnende und wieder schließende Zugbrücke.

War die Landbrücke vorhanden, so hielt sie die kalten Wasser der Arktis ab und erlaubte es der warmen Luft des Pazifiks, das nördliche Klima zu mildern. Die Landbrücke muß eine weite Ebene mit schimmernden Seen und Teichen gewesen sein; gewaltige Säugetiere grasten auf dem fetten Weideland, fraßen die langen Halme und die Blätter der Zwergbirken, Weiden und Erlen, das Heidekraut und das Moos, das sich noch heute auf den Tundren Nordkanadas findet. Diese Vegetation war für die gewaltigen Herden der Eiszeittiere, die auf der Suche nach Nahrung und Lebensraum von einem Kontinent zum andern überwechselten, überaus günstig. Eine Vielzahl von Säugetieren – viele von ihnen sind heute ausgestorben – erreichten Nordamerika; große Kamele, gleich jenen, die wir heute in Asien finden; Riesenfaultiere; mächtige Bisons mit Hörnern bis zu zwei Meter Länge; ein Tier, das dem heutigen Elch gleicht; verschiedene Arten von Moschusochsen und das zottige Mammut mit seinem rötlichbraunen Pelz. Auch das Wildpferd kam, das sich in Nordamerika entwickelt und dann in Eurasien verbreitet hatte, bevor es in der Neuen Welt ausgestorben war. Gegen Ende der Eiszeit verschwand das Pferd zum zweitenmal aus Nordamerika und tauchte erst wieder auf, als es im 16. Jahrhundert von den Spaniern eingeführt wurde.

Das Tor, das den Menschen in die Neue Welt einließ, war, wie wir heute mit Sicherheit wissen, die Landbrücke der Beringstraße. Der Mensch kam nicht über die Aleuten, obwohl diese Inseln auf der Landkarte ein Bindeglied nach Asien zu bilden scheinen. Wegen der großen Wassertiefe westlich der Insel Attu und weil die Inselkette zum Unterschied von Alaska vollkommen mit Eis bedeckt war, kann man diese Möglichkeit ausschließen. Es fehlt auch jeder Hinweis dafür, daß irgendein anderer Primat (Affe, Menschenaffe oder Neandertaler) die Landbrücke vor dem Homo sapiens überquerte. Der Mensch überschritt die Brücke trockenen Fußes – nicht in tobenden Schneestürmen, während er seinen Weg von Eisberg zu Eisberg suchte, wie man früher einmal vermutet hat. (Nachzügler, die später als vor 10 000 Jahren kamen, konnten die 100 Kilometer Beringstraße natürlich von Zeit zu Zeit auf dem Wintereis passieren; noch spätere Ankömmlinge, wie die Aleuten und die Eskimo, machten die Reise im Boot.) Auch läßt sich diese Wanderung von einem Kontinent zum andern nicht in ein Heldenlied vom Pioniergeist der menschlichen Natur formen; der Mensch kam ganz unbeabsichtigt nach Alaska, weil er den Tierherden folgte. Niemand kann mit Sicherheit angeben, wann die ersten Jäger die Landbrücke überquert haben, und es besteht auch keine Hoffnung, jemals präzise Hinweise darauf zu finden; das Meer ist gestiegen und hat die Landbrücke überschwemmt, an manchen Stellen haben sich über dreißig Meter starke Ablagerungen angesammelt, die alle Spuren überdecken. Daß der Mensch schon vor sehr langer Zeit nach Nordamerika gekommen ist, ist das einzige, was wir mit Sicherheit sagen können. Vor etwa 11 000 Jahren erreichten die Wanderer aus Asien die Südspitze des amerikanischen Kontinents. Unverkennbare Anzeichen menschlicher Anwesenheit wurden am südlichen Ende Südamerikas in Fell's Cave gefunden. Die Überquerung selbst fand wahrscheinlich wesentlich früher statt, denn es mag Jahrtausende gedauert haben, bis diese Entfernung im Laufe von Generationen bewältigt wurde.

Der erste untrügliche Hinweis auf die Anwesenheit des Menschen in Nordamerika – abgesehen von Alaska – ist ungefähr 13 000 Jahre alt. Die eigentliche Wanderung von Sibirien über die Landbrücke muß daher noch ein paar tausend Jahre früher angenommen werden. Viele Fundorte in Nord- und Südamerika lassen vermuten, daß zumindest einige Sippen ganz wesentlich früher ankamen. Holzkohlenfunde – man nimmt an, daß sie von einer Feuerstelle stammen – in Lewisville ergeben nach der Radiokarbon-Datierung ein Alter von mehr als 38 000 Jahren. Diese Funde haben allerdings nur dann einen Wert, wenn die Holzkohlenstückchen von einem Feuer, das von Menschenhand entfacht wurde, stammen und nicht von einem, das durch Blitzschlag oder Selbstentzündung entstanden ist. Neben den einfachen Werkzeugen wurde auch eine Speerspitze gefunden, doch nimmt man an, daß sich jemand damit einen Scherz erlaubt hat. Trotzdem halten viele Archäologen den Fund weiterhin für eine der erregendsten und wichtigsten Entdeckungen, die jemals in Nordamerika gemacht wurden.

Den Beweis zu führen, daß der Mensch vielleicht bereits vor 40 000 Jahren Nordamerika erreicht hat, ist schwierig, weil er damals wahrscheinlich noch keine Speerspitzen herstellen konnte, die den einzig sicheren Nachweis bieten würden. Andere Anzeichen wurden entdeckt, die *vielleicht* auf eine so frühe Anwesenheit des Menschen hinweisen: Holzkohle von möglichen Lagerfeuern, verschiedene Steinstücke, die wie primitive Schab- oder Schlagwerkzeuge aussehen, kleine Splitter, die auf bestimmte Plätze als Herstellungsstätten von Werkzeugen hinweisen. Oft sind sich die Archäologen über die Bedeutung dieser Funde nicht einig: einige behaupten, die Steine seien nicht Artefakte, sondern zufällige Gebilde der Natur, die beispielsweise entstehen, wenn sich Steine in einem Flußbett aneinander reiben. Die Holzkohlenreste könnten von durch Blitzschlag entstandenen Feuerstellen stammen. Diese Hinweise auf Menschen in der Neuen Welt wurden jedoch an so vielen Plätzen gefunden, daß zahlreiche Archäologen heute der Ansicht sind, sie könnten vielleicht doch von Bedeutung sein. Es gibt solche Fundorte auf der Halbinsel von Baja California, in Nevada, Arizona, Texas und Wyoming, deren Alter mit 30 000 Jahren angegeben wurde. Die Datierung archäologischer Fundstellen ist eine besonders schwierige Kunst, und volle Gewißheit konnte noch nicht errungen werden.

Pfade durch den Kontinent

Überreste der Paläoindianer, wie man die ersten Jäger bis vor etwa 7000 Jahren nennt, werden immer zusammen mit den Knochen der Tiere gefunden, die zu Ende der letzten Eiszeit verbreitet waren. Alle diese heute ausgestorbenen Spezies – Wildpferde, Bison, Kamel, Mammut, Mastodon und andere – besitzen gemeinsame Merkmale, die für das Überleben des Menschen auf dem neuen Kontinent von Bedeutung waren. Sie alle fraßen Gras; sie bildeten Herden, die im offenen Land umherzogen und schon von weitem gesehen werden konnten; und jedes einzelne Tier stellte ein üppiges Mahl dar. Die Tiere hinterließen auch deutliche Spuren, die zu Wasserstellen und geschützten Tälern, zu Salzlecken und Bergpässen führten. Noch die weißen Entdecker verließen sich auf die Pfa-

196

de, die Millionen Bisons kreuz und quer durch den Norden des Kontinents gelegt hatten.

Es besteht kein Zweifel daran, daß der Frühmensch ihren Spuren folgte und so die Landbrücke der Beringstraße überquerte. Die Route, die er nahm, ist noch nicht zur Gänze bekannt, doch wahrscheinlich folgte er den nördlichen Ausläufern der Alaska Range, bevor er sich nach Süden wandte. Die Route entlang der Gebirge hatte den Vorteil, trockener zu sein als die feuchte Tundra, und bot überdies Ausblicke auf die Tierherden; sicherlich ist es kein Zufall, daß fast alle Fundstellen in Alaska und im Nordwesten Kanadas am Rand der Gebirge liegen. (Einige Sippen scheinen auch die Landbrücke im Gebiet der Seward-Halbinsel überquert und stromaufwärts entlang des Yukon River gezogen zu sein.) Die reichliche Nahrung und die Abwesenheit anderer Menschen muß in Alaska zu einem raschen Anwachsen der Paläoindianersippen geführt haben. Und wahrscheinlich trieb der Bevölkerungsdruck die Sippen in neue Gegenden. Hin und wieder öffnete sich um das Mackenzie-Tal ein eisfreier Korridor in das Innere des Kontinents. Der Mackenzie führte zum Ostrand der Rocky Mountains und zu den Great Plains, von wo aus es zur primären Verbreitung der Paläoindianer kam.

Heute sind die Ebenen ein unfruchtbares Tafelland. Doch am Ende der letzten Eiszeit war dieses Gebiet von Flüssen durchzogen und von Seen und Mooren übersät; die fetten Gräser dienten riesigen Säugern als Nahrung; einen solchen Überfluß hatte die Welt niemals zuvor gesehen und wird sie vermutlich niemals mehr sehen. Auf seiner Wanderung nach Süden entlang den Gebirgszügen genoß der Mensch die Vorzüge zweier Landschaften; einerseits stand ihm das Grasland der Ebenen mit seinen Herden zur Verfügung, anderseits die geschützten Täler des Hügellandes. Kein besonderer Instinkt trieb ihn nach dem Süden. Seine Vorväter waren im allgemeinen nach Norden gezogen und hatten solcherart den sibirischen Teil der Bering-Landbrücke erreicht. Er folgte ganz einfach den Spuren des Wildes, die ihn weiter lockten; sicherlich folgten manche Sippen auch Wildwegen, die zurück nach Asien führten. Ein paar Sippen zweigten, den Flußtälern folgend, nach Osten ab, andere zogen über eisfreie Bergpässe der Rocky Mountains nach Westen; und einige zogen weiter und weiter nach Süden, bis sie schließlich die Spitze Südamerikas erreichten.

In dem Zeitintervall zwischen der Ankunft des Menschen in der Neuen Welt und dem Schmelzen der letzten Eisdecken vor etwa 10 000 Jahren gab es zwei Lebensformen des Menschen: die Großwildjagd auf den Prärien und in den Wäldern des Ostens, das Sammeln von Wildpflanzen und Erlegen von Kleinwild im Gebiet westlich der Rocky Mountains. Auch die primitiven Jäger ernährten sich sicherlich zum Teil von Pflanzen. Abgesehen von kleinen regionalen Variationen, ähnelten diese Kulturen im großen gesehen einander in erstaunlicher Weise. Von den beiden Arten der Nahrungsbeschaffung war jene der Großwildjägerei stärker verbreitet, und wir besitzen über sie auch wesentlich mehr Informationen.

Der älteste bekannte Fundort der Großwildjägerkultur wurde 1936 entdeckt, als ein Student der Universität New Mexico in den Sandia-Bergen nahe Albuquerque verschiedene Höhlen erforschte. Er fand eine Höhle, die von Puebloindianern bewohnt gewesen zu sein schien, und begann sie genauer zu untersuchen. Archäologen der Universität krochen etliche Meter tief in die Höhle und entdeckten die Klaue eines ausgestorbenen Erdfaultieres als Beweis dafür, daß die Höhle Jahrtausende vor den modernen Puebloindianern bereits bewohnt wurde. Als die Archäologen sich weiter vorwärts arbeiteten, stießen sie auf Schichten, die vermuten ließen, daß hier viele Generationen von Frühmenschen gehaust hatten.

Die tiefste Schicht wies deutliche Spuren der Anwesenheit von Menschen auf: Feuersteinstücke, zerschmetterte Mammut- und Bisonknochen und Holzkohlenreste eines Feuers. Unter den zerbrochenen Knochen fanden die Archäologen Messer und Schaber aus Feuerstein, die vermutlich zur Bearbeitung der Häute gedient hatten, und – als wichtigste Funde – Speerspitzen. Diese Sandiaspitzen, wie man sie nennt, sind grob behauen, doch sehr charakteristisch; um sie leichter an einem Schaft befestigen zu können, sind die meisten von ihnen an einer Seite der Basis abgeflacht.

Wie bei zahlreichen anderen Fundstätten gab es Meinungsverschiedenheiten über die Datierung von Sandia; die Schätzungen schwankten zwischen 12 000 und 25 000 Jahren. Nur an wenigen anderen Plätzen in der Nähe von Sandia wurden noch Sandiaspitzen gefunden.

Die nächstälteste paläoindianische Jagdkultur war wesentlich weiter verbreitet. Diese Kultur wird als Llano- oder Cloviskultur bezeichnet. Eine bestimmte Speerspitze, die *Clovis Fluted* (gerillte Clovis), ist das wesentliche Merkmal dieser Kultur. Sie ist dünn, zumeist sieben bis zehn Zentimeter lang und ein Drittel davon breit. Die Bearbeitung ist primitiv, Abrundung der Kanten und Glättung der Basis sind nur angedeutet. Aber jede Spitze besitzt eine Rille, einen schmalen Kanal, der von der Basis bis zur Spitze verläuft.

Diese gerillten Spitzen wurden zusammen mit anderen Artefakten auf zahlreichen Lagerplätzen oder Kampfstätten gefunden, deren Alter für die Prärie mit 12 000 und für Teile Alaskas mit 14 000 Jahren angegeben wird. Clovisspitzen wurden in jedem der achtundvierzig Bundesstaaten und im Süden bis nach Mexiko hinein gefunden; die Kultur auf dem ganzen Kontinent, besonders östlich der Rockies, war so gleichartig, daß beispielsweise eine Fundstätte in Massachusetts von einer anderen in Colorado kaum zu unterscheiden ist. Clovisspitzen wurden fast immer zusammen mit Mammutknochen gefunden – hin und wieder stieß man allerdings auch auf Pferde- und Bisonknochen –, was auf eine Spezialisierung auf die Mammutjagd hindeutet. Die große Anzahl von Knochen junger Mammuts an einigen Fundstätten läßt darauf schließen, daß die Jäger das Jungtier von der Herde der Alten trennten und somit leichter erlegen konnten. Sicher wurden diese Jagden oft gemeinsam durchgeführt, denn ein in Arizona entdecktes Mammut war mit acht gerillten Speerspitzen gespickt.

Auf die Cloviskultur folgte die bekannte Folsomkultur, die nach einer Gemeinde in New Mexico benannt ist, wo sie zum ersten Mal entdeckt wurde. Der zufällige Fund alter Speerspitzen durch einen Kuhhirten, der sich auf der Suche nach seinen Tieren befand, war im Jahre 1925 ein wichtiges Ereignis: Zum ersten Mal erhielten jene Archäologen, die man bisher verlacht hatte, wenn sie von einer jahrtausendealten Besiedlung des Kontinents sprachen, einen Beweis für ihre Theorie. Man fand neunzehn Spitzen, die zumeist in den Überresten von Bisons staken. Seitdem wurden an verschiedenen Orten zahlreiche Folsomspitzen gefunden, und sie alle sind zwischen 9000 und 11 000 Jahre alt. Auch für den ungeschulten Blick des Amateurs sind diese Spitzen sehr schön gearbeitet. Zuerst wurde einem etwa acht Zentimeter langen Stück Feuerstein die grobe Form gegeben. Hierauf wurde auf jeder Seite eine Schuppe, die manchmal von der Basis bis fast zur Spitze reichte, abgehoben, so daß eine lange Hohlkehle entstand. Schließlich wurden die Kanten des Werkstücks abgeflacht, indem man kleine Splitter abhob, und die Basis geglättet.

Über den Zweck dieser sorgfältigen Bearbeitung wurde heftig diskutiert. Einige Archäologen sind der Meinung, daß sie die Befestigung an den Schaft erleichterte, andere, daß sie das Gewicht der Spitze reduzierte und ein weiteres Werfen erlaubte. Eine dritte Theorie behauptet, der Zweck sei der gleiche wie der des Hohlschliffes bei einem Bajonett, nämlich einen stärkeren Blutaustritt aus der Wunde hervorzurufen. Es gibt auch eine Theorie, die in der Hohlkehle nur ein künstlerisches Beiwerk sehen will, ähnlich der feinen Überarbeitung der Kanten, die vermutlich lediglich der ästhetischen Befriedigung diente. (Die Betonung der Funktion scheint eine moderne Idee zu sein, denn viele primitive Völker verwenden auf die Herstellung ihrer Werkzeuge weit mehr Mühe, als es die reine Zweckmäßigkeit erfordern würde.) Am wahrscheinlichsten klingt noch die Hypothese, daß die Einkerbung die Befestigung am Schaft erleichtert hat. Dafür spricht auch, daß die unteren Kanten meist stumpf sind, als wollte der Werkzeugmacher sichergehen, daß keine scharfe Kante die Sehnen durchschnitt, die zur Befestigung der Spitze an den Schaft dienten.

Wie bei den Sandia- und Cloviskulturen, besitzen wir auch über die Menschen der Folsomzeit nur spärliche Informationen. Wir wissen nur, wie sie die Tiere erlegt haben, aber nicht wie sie gelebt oder woran sie geglaubt haben. Vermutungen kann man nur in beschränktem Maß anstellen; deshalb sind die Archäologen auch für jeden bescheidenen Anhaltspunkt dankbar. Ein solcher ergab sich, als ein Student der Universität New Mexico am Stadtrand von Albuquerque den vielleicht ältesten menschlichen Wohnort entdeckte, den wir in der Neuen Welt kennen. Wegen seiner zahlreichen und vielfältigen Artefakte ist dieser Fund zweifellos der wichtigste aus der gesamten Folsomkultur. Auf dieser sogenannten Rio-Rancho-Fundstätte wurden mindestens zwei Folsombehausungen entdeckt. Jede Behausung war rund und hatte einen Durchmesser von etwa fünf Metern. Sie bestand aus einem Rahmen von kleinen Pfählen, die offensichtlich mit Bisonhäuten überspannt gewesen waren. Die Feuerstelle befand sich außerhalb dieses Raumes. Es wird noch einige Jahre dauern, bis wir genaueres über die Lebensweise der Folsommenschen erfahren werden; weitere Artefakte müssen ausgegraben und analysiert, die Fundstätten genauer untersucht werden.

Eine als Plainview bezeichnete Kultur – ihre Blütezeit war kurz nach der Folsomkultur – verbesserte ihre Jagdmethoden weiter. In der Nähe von Plainview in Texas fand man die Überreste von Tausenden Bisons. Offensichtlich handelt es sich um die Überreste einer gewaltigen Herde, die über eine Felsklippe in den Tod getrieben wurde. Die zuunterst liegenden Tiere weisen keine Speerspitzen auf; wahrscheinlich waren sie die Leittiere der Herde, die durch den Fall oder das Gewicht der andern Bisons getötet wurden. Doch die letzten Bisons, die auf den Haufen fielen, waren vermutlich nur betäubt und wurden durch die Feuersteinspitzen getötet, die man in ihren Knochen fand. Die Plainviewspitzen gleichen in ihren Umrissen jenen der Folsomzeit, allerdings fehlt die Hohlkehle.

Die Stellung der Plainviewkultur in der Chronologie der paläoindianischen Jäger ist noch nicht präzis fixiert, doch vermutet man, daß es sich bei den meisten bisher entdeckten Fundstätten eher um Kampfstätten als um Siedlungen handelt. Das setzt Wanderungen oder zumindest eine bewegliche, auf Jagd ausgerichtete Bevölkerung voraus. Abgesehen von den Geräten, die sie zur Tötung des Bisons und zur Bearbeitung der Häute verwendet haben, wissen wir sehr wenig von diesen Menschen; nur vereinzelt wurden Malpaletten, Perlen und ornamentierte Steinplatten (vermutlich zu Schmuckzwecken) gefunden. Die Entdeckung der Plainviewfundstätten ist jedoch in einer Hinsicht wichtig; sie beweist das hohe Alter der Jagdmethode, die Bisons über die Felsklippen zu treiben – einer Methode, die noch Mitte des letzten Jahrhunderts von den Prärieindianern angewandt wurde. Die Expedition von Lewis und Clark berichtet zum Beispiel von über hundert Bisonkadavern, die die Indianer verwesen ließen, nachdem sie eine Herde in den Abgrund getrieben hatten. Die Plainviewmenschen zerstören sehr gründlich die romantische Vorstellung, der Mensch der Frühzeit hätte nur so viel getötet, als er zu seiner Ernährung brauchte. Seine Jagdmethode bedingte den Tod vieler Tiere, während nur einige wenige zur Nahrung verwendet wurden.

Die Plainview- und eine Reihe anderer Kulturen nach Folsom gelten als Übergangsstadium zu der nächsten größeren Kulturstufe, die auf der Jagdwirtschaft basierte. Die anfangs mit dem Yuma County in Colorado und mit dem Eden Valley in Wyoming, wo viele für diese Epoche typische Speerspitzen gefunden wurden, verbundene Kultur wird heute Planokultur genannt; die meisten Fundstätten sind 7000 bis 9500 Jahre alt. Dieser Abschnitt war eine Zeit großer klimatischer Veränderungen auf dem Kontinent; die Regenfälle ließen nach, und die üppigen Grassteppen wurden spärlicher. Mammut, Wildpferd und Kameliden starben aus, und auch das Urbison machte der heute bekannten Spezies Platz. Die Planospeerspitzen werden noch immer vor allem in den Knochen der Urbisons gefunden, doch an manchen Fundorten tauchen bereits unser heutiger Bison, der Gabelbock und sogar Rehe auf.

Vor mehr als 20 000 Jahren, in ferner Vergangenheit, taucht die erste undeutliche Spur der altindianischen Jäger auf, um etwa vor 7000 Jahren wieder zu verschwinden. Während dieser ungeheuren Zeitspanne haben sich viele Methoden der Großwildjagd entwickelt und verbreitet. Die Knochen der Eiszeitriesen und die Vielzahl der Waffen und Geräte, die zu ihrer Erlegung dienten, geben, von Alaska bis zum Kap Hoorn, ein eindrucksvolles Zeugnis von der Geschicklichkeit des Paläoindianers, sich seine Umwelt nutzbar zu machen.

Diese Jagdwirtschaft verschwand durch die Veränderung eben jenes Faktors, der sie ins Leben gerufen hatte: des Klimas. Am Ende der letzten Eiszeit war das Klima im Inneren Nordamerikas allgemein kühl und feucht, eine üppige Vegetation umgab zahlreiche seichte Seen. Die Menschen, die die Llano- und Folsomspitzen herstellten, lebten ebenso wie die meisten Planomenschen in einem Jagdparadies. Als das Eis jedoch vor etwa 10 000 Jahren sehr rasch zu schmelzen begann, brachte das einschneidende Klimaveränderungen mit sich. Die Temperaturen stiegen an, die Wolkenschicht wurde dünner und die Verdunstungsrate der Binnengewässer nahm zu. Während sich die kalten Luftmassen nach Nordwesten zurückzogen, ging vermutlich auch die Niederschlagsmenge zurück. Zuerst langsam und dann immer schneller verschwand die dichte Pflanzendecke und mit ihr die großen Herden. Die Zeit der paradiesischen Fülle ging vor etwa 7000 Jahren zu Ende, und von dieser Zeit datieren die letzten paläoindianischen Fundstätten der Großwildjäger. Von diesem Zeitpunkt an beschränkte sich die Großwildjagd auf einige feuchte Gebiete in den Ebenen und galt ausschließlich dem heutigen Bison.

Die letzte Eiszeit nahm mit dem Schmelzen riesiger Eisblöcke ein dramatisches Ende; Wassermassen ergossen sich in die Flüsse und ließen sie zu reißenden Strömen anschwellen. Ein Tiersterben setzte ein, wie es die Erde kaum jemals zuvor erlebt hatte. Vor ungefähr 12000 Jahren beginnend und über 6000 Jahre andauernd, erreichte das große Sterben der Säugetiere Nordamerikas fast dasselbe Ausmaß wie der Untergang der Saurier vor 65 000 000 Jahren. So starben etwa das Wollhaarmammut vor 10 000 Jahren aus, verschiedene Tapirformen und das Erdfaultier vor 9500 Jahren, das Riesenfaultier und Urbison vor 8500 Jahren, Wildpferd, Kamel, Riesengürteltier und kolumbianisches Mammut vor 7500 Jahren. Die La-Brea-Teergruben bei Los Angeles illustrieren das Ausmaß

Ent-wicklungs-stufen und Kulturen	Unge-fähre Zeit	Wichtigstes Jagdwild		Speer-spitzen
Plano	von 7.500 bis 5.000	heutiger Bison Gabelbock Urbison		
Plainview	von 8.000 bis 5.000	Urbison		
Folsom	vor 9.000 bis 7.000	Urbison		
Clovis oder Llano	von 13.000 ? bis 9.000 v. Chr.	Mammut		
Sandia	von 23.000 ? bis 9.000 v. Chr.	Mammut Kamelid Urbison Wildpferd		
Prä-Speer-spitzen-Stadien	von 36.000 ? bis 18.000 v. Chr.	Mammut Canis dirus Säbelzahntiger Urpferd		keine Speer-spitzen Schaber

dieses Dramas: dort fand man die Überreste von 35 Säugetierarten, die vor 15 000 Jahren gelebt haben. 9000 Jahre später gab es in ganz Nordamerika keine einzige von ihnen mehr.

Man könnte annehmen, diese Katastrophe sei nur auf die großen Klimaveränderungen am Ende der Eiszeit zurückzuführen. Aber so einfach ist die Erklärung nicht. Alle Tierformen, die mit dem Ende des Pleistozän ausstarben, hatten die nicht minder einschneidenden Klimawandlungen überstanden, die sich beim Übergang von einer der vier Vereisungen zu den wärmeren Zwischenzeiten und umgekehrt eingestellt hatten. Obwohl auch in anderen Weltteilen Säugetiere ausstarben, wurde Nordamerika weitaus am stärksten betroffen. Kamel und Pferd starben in Nordamerika aus, aber beide überlebten in Eurasien, obwohl auch dort das Eis schmolz; Tapir und Mylodon verschwanden aus Nordamerika, aber beide überlebten in Südamerika. Offensichtlich müssen die Voraussetzungen in Nordamerika anders gewesen sein, und das machte sich erst am Ende der Eiszeit bemerkbar.

Es gab aber nur einen einzigen Faktor, den es in Nordamerika in den vorangegangenen Zwischeneiszeiten nicht gegeben hatte: den Menschen, der Feuer besaß und eine hochentwickelte Jagdtechnik. Das Aussterben der eiszeitlichen Säuger war in Afrika und Eurasien vielleicht weniger dramatisch, weil Mensch und Tier auf diesen Kontinenten seit über einer Million Jahre miteinander lebten und die Säugetiere Zeit hatten, sich an die Lebensweise des Menschen anzupassen. Auch hatte Afrika bereits 50 000 Jahre früher ein großes Sterben erlebt, als 26 Gruppen von großen Säugern verschwanden – zu einer Zeit, als eine auf die Jagd mit Steinäxten spezialisierte Kultur sich über den Kontinent ausbreitete. Südamerika erlebte nichts Vergleichbares, vermutlich weil die menschliche Bevölkerung nicht groß genug war, die Säugetierpopulationen entscheidend zu dezimieren. Die Säuger Nordamerikas wurden ohne Zweifel durch die klimatischen Veränderungen einem großen Druck ausgesetzt; den letzten Anstoß zur Ausrottung aber wird die Jagdwirtschaft der Paläoindianer gegeben haben.

Man hat oft gefragt, wie es den wenigen Menschen in Nordamerika möglich gewesen sein sollte, eine so gewaltige Anzahl Säugetiere zu töten; die Antwort geben einige ökologische Gesetze der Tierpopulationen. Jede Tierspezies braucht zum Überleben eine bestimmte Populationsgröße. Kormorane zum Beispiel pflanzen sich nicht mehr fort, wenn die Population auf ihren Nistplätzen unter eine Dichte von einem Nest pro Quadratmeter fällt. In Sibirien hat man festgestellt, daß die optimale Anzahl von Rentieren für eine Herde bei 300 bis 400 Tieren liegt, weil eine vielgestaltige Beziehung zwischen dem Rentier, blutsaugenden Insekten und der Pflanzennahrung besteht. Bestimmt begann das Aussterben der Eiszeitsäuger mit den enormen Verlusten, die die Tierpopulationen durch den Klimawechsel erlitten. Die relativ unbedeutende Zahl der von den Paläoindianern erlegten Tiere genügte jedoch, um die Populationen unter das kritische Minimum absinken zu lassen.

Obwohl es nicht viele Eiszeitjäger gab, standen die Verluste, die sie den Tierpopulationen zufügten, in keinem Verhältnis zu ihrer Zahl. Der Frühmensch bevorzugte Wasserlöcher und Flüsse; als der Boden trockener wurde, mußten die Tiere zu diesen Wasserstellen ziehen, an denen der Mensch auf der Lauer lag. In den Folsom- und Planofundstätten finden sich riesige Knochenhaufen, und sie sind nicht zufällig dort, denn es gibt einen Mammutfriedhof ebensowenig wie jenen mythischen Friedhof der afrikanischen Elefanten. Die Knochen weisen vielmehr auf wiederholte Schlachtungen entlang den Wasserläufen hin.

Obwohl es technische Unterscheidungen zwischen der Sandia-, der Llano-, der Folsom- und der Planokultur gibt, gehören sie alle einer großen gemeinsamen Kultur an – jener des Eiszeitjägers. Die Eiszeitsäuger bildeten die wesentliche Nahrungsgrundlage des Paläoindianers, und um diese Quelle auszuschöpfen, perfektionierten sie ihre Methoden, die sich über ganz Nordamerika und bis nach Südamerika verbreiteten. Durch die Großwildjagd vergrößerte sich die Zahl der Paläoindianer; die Haut der Tiere diente ihnen als Schutz gegen die Klimaschwankungen der ausgehenden Eiszeit. Der Überfluß hatte aber auch den Anreiz geschwächt, in weniger fruchtbare Regionen zu ziehen, ein Leben in der Wüste oder an der Küste zu versuchen, den unglaublichen Reichtum an kleinen Säugetieren, Vögeln, Fischen und Pflanzen zu nutzen.

Als die Herden dahinzuschwinden begannen wie das schmelzende Eis, wurde der Mensch in ein früheres Entwicklungsstadium zurückgeworfen. Er wurde wieder zum Sammler und ernährte sich von dem, was er eben fand – von kleinen Säugetieren, von Fallwild, Insekten und Körnern der Wildpflanzen. Während ein paar Sippen noch die letzten Mammute und Urbisons jagten, begannen andere zu neuen Lebensformen überzuwechseln. Die großen Jagdkulturen, die vom Pazifik zum Atlantik und fast von einem Pol zum anderen gereicht hatten, wichen den verschiedensten lokalen Kulturen, die aus dem langwierigen Prozeß von Versuch und Irrtum geboren wurden. Diese archaischen Menschen, wie sie von den Archäologen genannt werden, spezialisierten sich auf nichts und versuchten alles.

In einer Umwelt von erstaunlicher Mannigfaltigkeit – in den dichten Föhrenwäldern des Südostens, in den kalten Wäldern des Nordens, in den Wüstengebieten des Westens – erfanden die Menschen Speere zum Fischfang, Fallen für Vögel und kleine Nager, Wurfspieße, um Kleinwild zu erlegen, Körbe, um darin Wurzeln zu sammeln, und Steine, um damit Körner zu mahlen. Vor allem *manos* (runde Mühlsteine, die man in der Hand hält) und *metates* (flache Basissteine) zum Zerreiben der Pflanzennahrung wurden im Laufe der Zeit immer gebräuchlicher. Ihr Auftauchen beweist, daß die Zahl der Pleistozäntiere abnahm und zumindest einige Menschengruppen ihre Nahrung durch Wildpflanzen ergänzten. Auch die Siedlungsmuster veränderten sich; der Mensch zog an die Meeresküsten und Flußläufe, wo er Fische, Schalentiere, Pflanzen und Kleinwild vorfand. Das Leben wurde zunehmend seßhafter, die Zahl der Menschen scheint angestiegen zu sein. Verschiedene Methoden, sich der verschiedenartigen Umwelt anzupassen, ließen neue Kulturen aufblühen und neuartige Institutionen entstehen.

Dem Menschen von heute, der im Besitz einer fortgeschrittenen Technik ist, mag es unwesentlich erscheinen, ob man zum Lebensunterhalt große Säuger oder kleinere Tiere tötet – ebenso, wie es im Grunde gleichgültig ist, ob man Steak oder Huhn zum Abendessen bestellt. Aber in den frühen Stadien der Kulturentwicklung waren diese Unterschiede von eminenter Bedeutung. Der Sammler erhält seine Nahrung in kleineren Mengen als der Großwildjäger; es müssen also andere Methoden der Jagd und des Transportes, der Aufbewahrung, der Verteilung und schließlich der Zubereitung entwickelt werden. Anstatt von einem riesigen Mammut einfach Fleischstücke abzuschneiden und vielleicht ein paar Teile für den künftigen Verbrauch zu trocknen, mußten Fallen und Reusen entwickelt werden, um kleine Landtiere und Fische darin zu fangen.

Es wäre eine groteske Vereinfachung, sich einen Kontinent mit paläoindianischen Jägern vorzustellen, die, als ihre Beutetiere seltener wurden, sofort zu einer archaischen Lebensweise überwechselten. Während die Jäger ihr Handwerk zur Perfektion ausbildeten, haben sie die andersgearteten archaischen Lebensformen, die sich ebenfalls entwickelt hatten, überschattet. Als der Klimawechsel Veränderungen der Flora und Fauna mit sich brachte, waren die archaischen Kulturen bereits so weit entwickelt, daß sie die veränderten Gegebenheiten zu ihrem Vorteil nutzen konnten. Mit einem Wort, sie waren für die Veränderungen „präadaptiert".

Präadaptation ist ein bekanntes Phänomen in der biologischen Evolution. Die Struktur der Lebewesen ist ungeheuer komplex und weist viele Merkmale auf, die in bestimmten Entwicklungsstadien zwecklos zu sein scheinen. Doch kaum findet eine Umweltveränderung statt – Klimawechsel, Überfluß einer neuen Nahrung oder Mangel an einer gewohnten Konkurrenz durch andere Spezies –, mag dieses zufällige Merkmal gerade das richtige sein, dem Organismus eine Anpassung an die veränderten Umstände zu gestatten. Ein Beispiel ist die zufällige Präadaptation gepaarter Flossen und Lungen bei gewissen Fischen; nach einer langen Reihe kleiner Veränderungen begann der Fisch luftatmend auf dem Land zu leben und sich schließlich zu einem Amphibium zu entwickeln.

Die gleiche Art von Präadaptation ist auch bei menschlichen Kulturen zu beobachten. Oft gibt es keine vernünftige Erklärung dafür, warum eine Menschengruppe etwas auf eine bestimmte Art und Weise tut, ohne daraus anscheinend irgendeinen Vorteil zu ziehen. Eine Zeitlang sahen die Anthropologen in den seltsamen Sitten der Primitiven Überreste einer älteren Lebensform. Doch in den meisten Fällen sind derartige exzentrische Verhaltensformen auf nichts Bestimmtes zurückzuführen; sie entstanden zufällig oder als Begleiterscheinungen anderer Kulturveränderungen. Diese scheinbar bedeutungslose Veränderung kann jedoch eines Tages für die Anpassung an neue Lebensumstände von größter Bedeutung werden. Archäologische Funde weisen eindeutig darauf hin, daß sich während der Epoche der Eiszeitjäger verschiedene seltsame Lebensformen entwickelt haben. Hätten die Umweltbedingungen nach dem Rückzug des Eises in Nordamerika sich nicht gewandelt und damit diese Lebensformen in den Vordergrund gerückt, man wüßte kaum mehr etwas über sie. Aber die Anpassungen waren vorhanden, und die Umstände erfuhren eine Veränderung; damit gewannen diese Anpassungen in der Geschichte des Menschen auf dem nordamerikanischen Kontinent eine hervorragende Bedeutung.

Wüstenkultur und archaische Lebensformen des Ostens

Nach dem Schmelzen des Eises verbreitete sich die archaische Lebensweise in zwei Formen über den gesamten Kontinent: als Wüstenkultur im Westen und als archaische Kultur des Ostens. Von den Wüsten des Südwestens und dem Great Basin bis zum Pazifischen Ozean war das Land zum Großteil unfruchtbar, und das Fehlen großer Säugetiere ließ keine spezialisierte Jagdkultur entstehen. Die Wüstenkultur mußte sich statt dessen den Pflanzen zuwenden – dem Sammeln von Samen, Körnern und Wurzeln, der Verwendung von Pflanzenfasern zur Herstellung von Körben und Sandalen. Wo immer sich eine Wüstenkultur entwickelte, zeigte sie bestimmte Eigenheiten. Am charakteristischsten waren die Körbe zum Sammeln und Aufbewahren der Körner und die *manos* und *metates* zum Zerreiben von Samen, Früchten, Wurzeln und sogar Insekten. Im Danger Cave in Utah scheint die typische Wüstenkultur bereits vor 9500 Jahren voll entwickelt gewesen zu sein – etwa zur gleichen Zeit, als die Llano- und Folsomkulturen auf den Prärien ihre Hochblüte erlebten.

Die Bewohner der Wüsten machten sich jede nur mögliche Nahrungsquelle ihres unwirtlichen Landes zunutze, sie verwendeten große Netze, Fallen und Mahlsteine; auf des Messers Schneide zwischen Überleben und Untergang müssen sie eine überaus gefährdete Existenz geführt haben. Die Entdeckung einer Reihe von Höhlen in Nevada, Utah, Arizona und Oregon gibt uns ein deutliches Bild ihrer Lebensform und ihrer Werkzeuge. Die Höhlen sind eng, und sie wurden nur zeitweise bewohnt; man muß annehmen, daß die Menschen, zu kleinen Gruppen zusammengeschlossen, den größten Teil des Jahres auf der Suche nach Nahrung umherzogen. Tausende Jahre lang änderte sich nur wenig an den grundlegenden Lebensformen der Wüstenkultur, und in manchen Gegenden Kaliforniens und des Great Basin blieben sie bis zur Ankunft der Weißen praktisch unverändert. Es war jedoch diese Kulturform und die Bedeutung, die sie den Pflanzen beimaß, die später die Grundlage für die landwirtschaftlichen Kulturen der Pueblos und der mexikanischen Reiche bildete.

Da die archaische Lebensform des Ostens nicht in erster Linie von Wildpflanzen abhängig war, ist sie schwieriger zu bestimmen als die Wüstenkultur. Für viele Archäologen ist sie einfach eine lange Zeitperiode, während der die lokalen Gegebenheiten geschickt und auf verschiedene Weise genutzt wurden. Heute sind mehr als 10 000 Fundstellen aus dem Osten bekannt, und es gibt für sie nur einen einzigen gemeinsamen Nenner: überall kam der Mensch mit den gegebenen Umständen auf irgendeine Weise zurecht. Er verwendete Geweihe und Knochen, um Fischhaken, Speere und Harpunen herzustellen; er lernte Kupfer für Werkzeuge und Schmuck zu verwenden; er erfand die verschiedensten Wurfgeschosse für die zahlreichen Wildarten.

Einer der ältesten Fundorte – er ist mehr als 9000 Jahre alt – ist der Modoc Rock Shelter in Illinois, eine Höhle in den Klippen am

Ufer des Mississippi südöstlich von St. Louis. Die tiefste und daher älteste Schicht von Artefakten stammt aus einer primitiven Kultur, die sich ganz wesentlich von jener der Eiszeitjäger unterscheidet, die um die gleiche Zeit blühte. In den Modoc-Höhlen finden sich keine Mammut- oder Bisonknochen; die Bewohner machten Jagd auf Rehe, Hirsche, Waschbären und Opossums. Mammut- und Bisonjäger mußten bereit sein, den wandernden Herden zu folgen, während die Säugetiere, auf die die Bewohner der Modoc-Höhlen Jagd machten, mehr oder weniger ortsansässig waren. So konnte der Modoc-Jäger das ganze Jahr lang auf Nahrung rechnen, ohne den natürlichen Schutz der Klippen verlassen zu müssen. Außerdem bot der Fluß Fische, Schildkröten, Schnecken und Muscheln. Es ist bezeichnend, daß mehr als die Hälfte aller in der ältesten Schicht gefundenen Fischknochen jene des Seewolfs waren, eines langsamen Bewohners der seichten Ufergewässer. Vermutlich war die Fangtechnik der frühen Modoc-Menschen noch nicht weit genug fortgeschritten, um einen schnelleren Fisch zu fangen.

In dieser ältesten Schicht finden sich noch keine Mahlsteine; das ist ein Hinweis dafür, daß kleine Tiere damals die Hauptnahrungsquelle darstellten. Doch vor etwa 8200 Jahren begann den Pflanzen große Wichtigkeit zuzukommen. Die Schichten aus dieser Zeit weisen bereits zahlreiche Mahlsteine auf. Wildbret war noch immer die wesentlichste Nahrung, doch nun erleichterten vom Atlatl (Speerwerfer) geworfene Speere die Jagd. Die Werkzeuge wurden immer vielfältiger; man verwendete Knochen, um Ahlen herzustellen, und Feuerstein zur Erzeugung von Bohrern; man verfertigte Ornamente aus Muscheln und Anhänger aus bearbeiteten Steinen. Die Ernährungsbasis hatte sich erweitert und umfaßte nun auch Wildenten und Wildgänse, die entlang der Flußufer und in den Teichen ebenso zahlreich gewesen sein müssen wie heute. Die ersten Hundeknochen treten in Erscheinung und weisen auf eine Domestizierung durch den Menschen hin, vielleicht wurde der Hund jedoch auch hin und wieder gegessen. Jeder, der die Kultur der Modoc etwas eingehender betrachtet, muß über die Ähnlichkeit mit der uns vertrauten Welt der Waldlandindianer aus der frühen amerikanischen Geschichte verblüfft sein.

Die archaische Periode des Ostens erscheint als eine paradiesische Zeit in der Geschichte des nordamerikanischen Menschen; als eine Zeit, in der er die Gegebenheiten seiner Umwelt bis zum äußersten nutzte und doch harmonisch in ihr lebte. J. R. Caldwell, ein Fachgelehrter für dieses Gebiet, preist die Frühmenschen wegen ihrer „ursprünglichen Begabung für ein Leben in Waldgebieten", wie er es ausdrückt – das heißt wegen ihrer Anpassung an die verschiedensten Umweltgegebenheiten, wobei sie nur jene Nahrungsmittel heranzogen, die gerade in großer Fülle vorhanden waren. Bis zu welchem Grad sie sich die Umwelt zunutze machten, ist überaus beeindruckend: Als die Weißen in das Gebiet der Großen Seen vordrangen, verwendeten die Nachfahren dieser archaischen Menschen 275 Pflanzensorten als Heilmittel, 130 als Nahrung, 31 als magische Zaubermittel, 27 zum Rauchen, 25 zum Färben, 18 als Getränke und Geschmackszusätze und weitere 52 für verschiedene andere Zwecke. Kein Tier und keine Tiergruppe wurde von ihnen bis zum Aussterben gejagt; die archaischen Menschen des Ostens praktizierten ein System, das man heute als Vielzweckkonservierung bezeichnen würde.

Anfänge der Landwirtschaft

Im Nahen Osten begann der Ackerbau wahrscheinlich schon vor 11 000 Jahren; in der Neuen Welt entwickelte er sich einige tausend Jahre später, zweifellos unabhängig von der Alten Welt, denn im Nahen Osten wurden Weizen, Gerste und Roggen angebaut, die im vorgeschichtlichen Nordamerika nicht existierten. Die Landwirtschaft der Neuen Welt unterschied sich nicht nur von jener der Alten Welt, sie war ihr in mancher Beziehung sogar überlegen. Zum Zeitpunkt der Entdeckung Amerikas kultivierten die Indianer eine größere Anzahl von Pflanzen als die Europäer, und die von ihnen benutzten Anbaumethoden waren in vielen Fällen fortschrittlicher als die europäischen. Eine Illustration für die enge Verbindung zwischen Indianer und domestizierter Wildpflanze ist der Mais. Weizen und Roggen aus der Alten Welt können auch als Wildpflanze überleben, doch noch niemals hat man eine wildwachsende Maisform der Neuen Welt gefunden; jede Maispflanze, die heute irgendwo auf der Welt wächst, ist domestiziert. Der Mais wurde so vollkommen domestiziert, daß er sofort ausstürbe, würde der Mensch ihn nicht mehr anpflanzen, denn er besitzt keine Möglichkeit, seinen Samen zu verbreiten. Ebenso erstaunlich war die geschickte Verwendung giftiger Pflanzen: die Indianer entwickelten eine Methode, die tödliche Blausäure von der Maniokwurzel zu separieren, so daß die Tapioka übrigblieb.

Das am weitesten verbreitete und wichtigste Anbauprodukt war jedoch ohne Zweifel der Mais, der überall in dem weiten Gebiet zwischen Kanada und Chile angepflanzt wurde. Weil die Grundlage aller Hochkulturen der Neuen Welt der Mais war, wollten die Anthropologen Zeit und Ort seiner Domestizierung erfahren. Die Hoffnung, etwas über die schrittweise Domestizierung des wilden Maises zu erfahren, war allerdings gering. Vergeblich suchte man in Mittel- und Südamerika nach Hinweisen, zahlreiche Theorien wurden aufgestellt und wieder verworfen. Endlich beantwortete 1960 die Untersuchung einiger Höhlen im Tehuacán-Tal südlich von Mexico City die meisten offengebliebenen Fragen. Die Archäologen, die immer weiter in den Schutt vordrangen, legten 28 Schichten menschlicher Behausungen frei – eine vollkommene Dokumentation der Menschheitsgeschichte von der Zeit vor etwa 12 000 Jahren bis zur Ankunft Cortés. Keine andere archäologische Fundstelle der Welt bietet ein so klares Bild von der schrittweisen Entwicklung einer Zivilisation. Die Überreste von Pflanzen und Tieren zeigen deutlich die sich verändernden Verhältnisse und die immer wieder neuen Reaktionen des Menschen auf diesen Wandel. Auch auf die Frage wie, wann und wo der Mais in der Neuen Welt domestiziert wurde, geben die Ausgrabungen Antwort.

Vor etwa 12 000 bis vor etwa 9200 Jahren waren die Höhlen von kleinen Sippen umherziehender Familien bewohnt, von Sammlern und Wildbeutern, die Vögel und Kaninchen fingen. Dann trat allmählich eine Veränderung ein: immer häufiger wurden Wildpflanzen als Nahrung verwendet. Etwas später, vor 8700 oder 7000 Jahren, lebten die Menschen zwar immer noch in der Hauptsache von Chilipfeffer und Bohnen, doch sie begannen bereits domestizierten Kürbis und Avocados zu ziehen. Etwa vor 7200 Jahren tauchte dann der wilde Mais auf. Eine Ähre war kaum größer als ein Daumennagel, und die Pflanze selbst unterschied sich vermutlich nicht wesentlich vom Unkraut, das heute am Straßenrand und auf verwilderten Feldern wächst. Doch mit Hilfe des Menschen nahm der Mais seine heutige Gestalt an.

Vor 5400 Jahren waren die Höhlenbewohner bereits intensiv mit dem Ackerbau beschäftigt. Fast ein Drittel ihrer Nahrung stammte von Kulturpflanzen. Die ersten festen Siedlungen wurden gegründet, und das Fundament für eine Zivilisation war gelegt. Vor ungefähr 3500 Jahren gab es, wie die Archäologen feststellen konnten, bereits ein reges Dorfleben, komplizierte religiöse Riten und jene hohe soziale Organisation, die die Voraussetzung dafür bildet. Vor etwa 2000 Jahren konstruierte man ausgedehnte Bewässerungsanlagen; Tomaten und Erdnüsse wurden zu Kulturpflanzen, und man begann Truthähne zu halten. In der Religion, im Kunsthandwerk und in der Verwaltung entwickelten sich spezialisierte Berufe, und es gibt Beweise für ein ausgedehntes Handelsnetz. Diese Zivilisation erreichte vor etwa 1000 Jahren in der Kultur der Mixteken ihren Höhepunkt, einem Volk, das erst kurz vor der Ankunft der Spanier von den Azteken besiegt wurde. So demonstriert die 12 000 Jahre alte Geschichte Tehuacáns den allmählichen Aufstieg kleiner Nomadensippen von Sammlern und Wildbeutern zu einer komplexen und despotischen Hochkultur, die auf der Landwirtschaft beruhte.

Unter Heranziehung und vereinfachter Auslegung von Funden aus dem Nahen Osten haben Soziologen in der Vergangenheit gern von einer „Agrarrevolution" gesprochen, während der die Bevölkerung plötzlich stark zunahm, Städte gegründet wurden und sich alle Merkmale einer Zivilisation zeigten. Jüngste archäologische Entdeckungen im Nahen Osten lassen diese Interpretation als fraglich erscheinen, und die vielen Jahrtausende, die die Landwirtschaft in Tehuacán zu ihrer Entwicklung bedurfte, führen sie ad absurdum. Diese *Revolution* war in Wahrheit eine langsame *Evolution*, eher eine lange Phase von Versuchen als ein plötzliches Ereignis. Obwohl in Tehuacán etwa 8700 Jahre alte Anzeichen einer Pflanzenkultivierung zu finden sind, begann ein geregeltes Dorfleben erst 3500, die Erzeugung von Keramik erst 5000 und eine Bevölkerungsexplosion erst 5500 Jahre nach der ersten Domestizierung der Wildpflanzen. Das, was wir als Hochkultur bezeichnen, entstand erst vor 3000 Jahren.

Kontakte mit fernen Kulturen?

Die Höhlen von Tehuacán geben Aufschluß darüber, wie Kulturen sich allmählich wandeln, wie sich neue Ideen und Methoden aus den alten entwickeln. Sie widerlegen die Theorien jener Archäologen, die für kulturelle Veränderungen am liebsten eine Welle der Wanderungen verantwortlich machen. Diese Archäologen weisen auf verschiedene Neuerungen hin, die ihre Ansicht nach aus Asien eingeführt worden sein müssen; zu diesen Neuerungen gehört der Ackerbau. Techuacán liefert uns jedoch den unwiderlegbaren Beweis dafür, daß viele Pflanzen in Mexiko domestiziert wurden und sich die Anbaumethoden in der Alten Welt unabhängig von fremden Einflüssen entwickelt haben. Ebenso wurde die Errichtung von Grabhügeln lange Zeit auf asiatische Einflüsse zurückgeführt, heute sind die meisten Archäologen jedoch der Ansicht, diese Hügel seien die logische Konsequenz einer intensiveren Beschäftigung mit der Bestattung und dem Leben nach dem Tode.

Trotzdem gibt es ohne Zweifel auffallende Ähnlichkeiten zwischen den nordamerikanischen Indianern und den Völkern Asiens – was Geräte, Riten, Kunst und Technik, ja sogar was die Sitten betrifft. Man kennt zum Beispiel Speerschleudern aus der nordamerikanischen Prärie, die in Entwurf und Ausführung von jenen der australischen Eingeborenen kaum zu unterscheiden sind. Es läßt sich noch eine recht beachtliche Liste von andern Gegenständen aufstellen; dazu gehören beispielsweise Steinkeulen aus Kalifornien und Neuseeland, Glocken aus Arizona und China, Pfeifen aus Kalifornien und Burma.

Diese Gemeinsamkeiten lassen sich nicht leugnen, doch kann man die meisten durch zwei Gesetzmäßigkeiten der Wissenschaft erklären. Einmal durch das Gesetz der Konvergenz, ein Prinzip, das sich leichter in biologischen als in anthropologischen Begriffen erläutern läßt. Es besagt, daß sich verschiedene Pflanzen und Tiere auf der ganzen Welt gleichen, nicht immer weil sie verwandt sind, sondern einfach, weil sie sich an die gleiche Umwelt anpassen mußten. Kakteen sind in den Wüsten der Neuen Welt weit verbreitet, in die Alte Welt wurden sie erst vom Menschen eingeführt. Aber in den afrikanischen Wüsten sind die Euphorbien beheimatet – eine andere Pflanzengruppe, die jedoch ebenso stachelig, sukkulent und an das trockene Klima angepaßt ist, so daß auch ein geübtes Gärtnerauge sie leicht mit einem Kaktus verwechseln kann. Eine derartige Konvergenz ist auch bei Kulturen festzustellen. Zwei verschiedene menschliche Gemeinschaften, die nicht verwandt und örtlich weit voneinander getrennt sind, jedoch mit den gleichen Umweltbedingungen konfrontiert werden, können möglicherweise bestimmte Dinge auf sehr ähnliche Weise tun: Im Waldgebiet des Amazonas, wo Holz und Pflanzengift reichlich vorhanden sind, entwickelten die Indianer das Blasrohr. In einer ähnlichen Umgebung lebend, erfanden die Semang auf Malaysia ebenfalls – vollkommen unabhängig davon – das Blasrohr.

Das zweite hier anwendbare Gesetz ist das Prinzip der beschränkten Möglichkeiten. In der kalifornischen Ursprache, dem Yuki, bedeutet *ko* dasselbe wie das englische „go", und *kom* dasselbe wie „come". Andere Ähnlichkeiten zwischen Yuki und dem Englischen sind nicht feststellbar, und es wäre absurd, an eine Verwandtschaft zwischen den beiden Sprachen zu denken. Ein anderes Beispiel: Es gibt nur eine beschränkte Anzahl von Möglichkeiten, wie der Mensch seine Sexualorgane als Fruchtbarkeitssymbol

213

darstellen kann. Die Menstruation kann mit zehn oder zwanzig verschiedenartigen Mysterien umgeben werden, die der menschliche Geist erdacht hat, aber die Anzahl der Möglichkeiten ist bald erschöpft. Es ist also unvermeidlich, daß auch in voneinander vollkommen unabhängigen Gesellschaftsformen hie und da Ähnlichkeiten auftauchen.

Die viel beachtete Reise Thor Heyerdahls auf seinem Floß Kon-Tiki von der Küste Südamerikas nach Westen sollte seine Theorie untermauern, daß die Indianer Amerikas die polynesischen Inseln und Südostasien bevölkert hätten. Unter den umstrittenen Beweisstücken, die Heyerdahl für diese große Auswanderung vorbrachte, findet sich auch ein Beispiel sprachlicher Akrobatik: Eine Gruppe von südamerikanischen Indianern aus der Zeit vor den Inka hatte einen Gott namens Kon-Tiki oder Illa Tiki, und die Polynesier nennen heute einen ihrer Götter Tiki. Er unterläßt es aber, zu erwähnen, daß ein afrikanischer Stamm – den er nicht mit den südamerikanischen Indianern in Verbindung bringt – von seinen Nachbarn Tiki-Tiki genannt wird. Ohne Zweifel kommt die Lautgruppe *tiki* auch in andern, mit den genannten nicht verwandten Sprachen vor.

Vermutlich lassen sich die meisten Ähnlichkeiten zwischen den asiatischen und den amerikanischen Kulturen auf die Prinzipien der Konvergenz und der beschränkten Möglichkeiten zurückführen. Und doch gibt es einige Fakten, die sich nicht so einfach erklären lassen. Das Gesetz der Wahrscheinlichkeit wird überfordert, will man mit seiner Hilfe erklären, daß Asiaten und mexikanische Indianer unabhängig voneinander genau dieselben komplizierten Regeln für das Pachisi-Spiel entwickelten. Auch kann der Zufall nicht erklären, warum Pfeifen von den Salomon-Inseln im Pazifik ebenso aussehen wie Pfeifen aus der Neuen Welt, warum beide Gesellschaften ihre Instrumente auf die gleiche Tonlage stimmten und die gleiche Tonleiter benutzten.

Die Bedeutung solcher Ähnlichkeiten ist jedoch umstritten. Augenblicklich sind die Archäologen eher bereit, Kontakte mit Gebieten jenseits des Pazifiks anzunehmen, als sie es noch vor ein paar Jahrzehnten waren, und alte Berichte und Artefaktensammlungen werden neuerlich überprüft. Wesentlich ist jedoch nicht, ob Kontakte zwischen Asien und Amerika stattfanden, sondern vielmehr in welchem Ausmaß sie die lokalen Kulturen Nordamerikas beeinflußt haben. In den meisten Fällen waren die Kontakte nicht von großer Bedeutung, weil sie verhältnismäßig kurze Zeit zurückliegen – das heißt sie erfolgten, *nachdem* die einheimischen amerikanischen Kulturen bestimmte Entwicklungsrichtungen angenommen hatten. Vor der Entwicklung seetüchtiger Schiffe in Asien ist ein Einströmen neuer Ideen und Methoden nach Nordamerika unwahrscheinlich. Neuseeland liegt Asien viel näher als der amerikanische Kontinent, und doch besiedelten die Polynesier diese Insel erst vor siebenhundert Jahren. Als die Polynesier weite Reisen über den Pazifik zu unternehmen begannen, waren die Hauptmerkmale der nordamerikanischen Kultur bereits entwickelt. Das erste Argument gegen die Bedeutung derartiger Kontakte lautet demnach, daß sie zu spät stattfanden, um die bereits vorhandenen einheimischen Kulturen entscheidend zu beeinflussen. Daß es bei der Betrachtung einer Kulturentwicklung im Grund unwichtig ist, ob Töpferei und Schrift über den Pazifik kamen, ist das zweite Argument. Wahrscheinlich war es der Fall, viel wesentlicher aber ist, in welcher Form die sich entwickelnden Kulturen diese Errungenschaften nutzten, modifizierten oder überhaupt ablehnten.

Das dritte Argument zugunsten einer unabhängigen Entwicklung der indianischen Kulturen ist ein charakteristisches Merkmal aller Kulturen: Jede Kultur nimmt leichter eine Änderung in unwesentlichen Bereichen an, wie zum Beispiel beim Spielzeug, als in etwas so Wesentlichem wie dem Anbau von Kulturpflanzen. Gab es in prähistorischer Zeit Kontakte zwischen Asien und der Neuen Welt, dann hatten sie sicherlich wenig Einfluß auf den Ackerbau. Von den Tausenden Pflanzen, die angebaut wurden, sind nur vier der Alten und der Neuen Welt gemeinsam: Kürbis, Baumwolle, Bataten und Kokosnüsse. Pflanzengeographen sind überzeugt, die Batate sei ursprünglich eine Pflanze der Neuen Welt gewesen, und bei der Kokosnuß ist die Situation überhaupt anders, weil nicht der Mensch, sondern Meeresströmungen für ihre Verbreitung sorgen. So bleiben aus der Vielzahl der in der Alten Welt angebauten Pflanzen nur zwei übrig – Kürbis und Baumwolle –, die theoretisch durch Kontakte mit weit entfernten Gebieten in die Neue Welt gelangt sein könnten. Viel wahrscheinlicher ist es, daß sie auf der ganzen Welt verbreitet waren, bevor die Kontinente sich bildeten und der Mensch entstand. Ebenso ist es *möglich*, daß die Maya von Mexiko und Guatemala das dekorative Motiv der Lotusblume infolge von transpazifischen Kontakten erhielten – vielleicht vor ein paar hundert oder sogar tausend Jahren. Doch verhielt es sich so, warum übernahmen sie dann nicht auch die Konstruktion des Bogens, ein weitaus wichtigeres Element, von den Asiaten?

Schließlich muß man feststellen, daß kein Zweifel daran besteht, daß außerordentliche Dinge in der Neuen Welt erfunden wurden.

Hierher gehören die vielen Arten der Pflanzenkultivierung und der Gärtnerei, die Hängematte und die Tabakspfeife, ein kompliziertes Ventilations- und Kühlungssystem für Zeremonienräume, die Klistierspritze und der hohle Gummiball, die chirurgische Technik der Trepanation, der Schlitten und zahlreiche andere Dinge, die nach der Entdeckung Amerikas in die Alte Welt gebracht wurden. Wenn die Indianer das alles zu erfinden imstande waren, konnten sie sehr wohl auch andere Dinge entdeckt haben, die in der Alten Welt bereits bekannt waren.

Von der Töpferei kann man allerdings mit großer Wahrscheinlichkeit annehmen, daß sie tatsächlich aus Asien gekommen ist. Die ältesten Tonwaren, die in der Neuen Welt gefunden wurden, haben ein Alter von 5000 Jahren; sie stammen aus der Gegend um Valdivia an der Küste von Ekuador. Die äußerst charakteristischen Schmuckmuster existieren nirgendwo auf der Welt außer in der Jomonkultur auf Kiuschiu, der südlichsten Insel von Japan. Und diese Art von Keramik wurde an beiden Plätzen ungefähr zur gleichen Zeit hergestellt. Jeder, der die Scherben in Händen hält, ist beeindruckt, wie schwierig, ja praktisch unmöglich es ist, die Valdivianischen Stücke von jenen aus Jomon zu unterscheiden. Diese verblüffende Ähnlichkeit zu erklären, erfordert allerdings fast einen Märchenglauben.

Die Archäologen, die diesen erstaunlichen Fund machten, haben folgende Hypothese aufgestellt: Ein japanisches Fischerboot ist in der Nähe der Küste in einen Taifun geraten und so weit ins offene Meer getrieben worden, daß es nicht mehr zurückkehren konnte. Auf irgendeine Weise haben die Insassen die vielen Monate überlebt, während denen sie 8000 Seemeilen weit nach Ekuador trieben; der Regen versorgte sie mit Frischwasser und das Meer mit Nahrung. Sie landeten an der Küste Ekuadors, wo Indianer, die einer vollkommen anderen Kultur und Sprachfamilie angehörten, sie aufnahmen. Diese Japaner waren nicht nur geschickte Fischer; sie hatten auch von ihren Frauen die schwierige Kunst der Töpferei gelernt. In den Bewohnern von Valdivia fanden sie gelehrige Schüler. Soweit die Hypothese. Im ersten Moment erscheint eine solche Folge glückhafter Ereignisse überaus unwahrscheinlich, und doch hat bisher kein Archäologe eine andere Erklärung dafür finden können, wie japanische Keramik an die Küsten Ekuadors gekommen ist oder wie eine so fortgeschrittene Töpferkunst plötzlich in Ekuador auftauchen konnte, ohne daß jemals Spuren früherer Versuche gefunden wurden.

Damit scheint also die Herkunft der Keramik in Ekuador geklärt, aber diese Tatsache ist für ein Studium der nordamerikanischen Kulturen ohne Bedeutung. Das Ende der archaischen Zeit ist durch Neuerungen auf allen möglichen Gebieten gekennzeichnet, nicht nur in der Keramik, und es wäre töricht, eine solche Blüte neuer Errungenschaften ausschließlich auf einen Ideenimport aus Asien zurückführen zu wollen. Daß die zahlreichen Spezialisierungen, die sich in den verschiedenen Indianergruppen herausbildeten, ihre Entstehung fremden Techniken verdankten, die der Zufall an die nordamerikanischen Küsten trieb, ist recht unwahrscheinlich. Glaubhafter scheint die Ansicht von J. R. Caldwell, daß die archaische Kultur selbst ein großes „Reservoir von Erfindern" besaß, das für die zunehmende Spezialisierung der Kulturen verantwortlich war.

Das Entstehen der Mannigfaltigkeit

Während der dreitausend Jahre, die der Entdeckung Nordamerikas vorangingen, wurde die Kultur der Indianer immer vielfältiger und reicher. Auf jeden Fundort aus der archaischen Zeit kommen Dutzende aus den nachfolgenden Perioden, und diese Fundstellen unterscheiden sich ganz wesentlich voneinander: überall jedoch zeigen sich Spezialisierung und Mannigfaltigkeit.

Noch bis vor kurzem sahen die Archäologen in den landwirtschaftlichen Kulturen der südwestlichen Wüstengebiete, die nach der archaischen Zeit entstanden, bloß Variationen desselben Themas. Heute weiß man, daß die Vorstellung einer solchen Uniformität trügerisch ist. Es entwickelten sich wesentliche Spezialisierungen, deren Ursprünge ganz verschieden sind. So entstand zum Beispiel vor etwa 4000 Jahren in Südarizona – um die Flüsse Gila und Salt sowie deren Nebenflüsse – die Hohokamkultur („jene, die verschwunden sind", in der heutigen Pimasprache der Indianer). Zwischen Hohokam und den andern Kulturen des Südwestens bestehen zahlreiche Unterschiede, am auffallendsten jedoch ist das ausgedehnte Bewässerungssystem der Hohokam. Das älteste ist ungefähr 2000 Jahre alt. Anstatt den Ackerbau einfach in das bereits vorhandene System des Körnersammelns einzubauen, wie es die andern Völker des Südwestens taten, gelang es den Hohokam, sich von den Beschränkungen ihrer Umgebung zu befreien. Sie errichteten Dämme an den größeren Flüssen und lenkten das Wasser in Kanäle, von denen manche bis zu zehn Meter breit und über vierzig Kilometer lang waren. Die Hohokam waren für neue Ideen sehr aufgeschlossen. Ihr Schmuck ist von erlesener Schönheit, ihre Keramik unterscheidet sich von jeder andern; sie bauten Pyramiden und Ballspielplätze und benutzten aus Mittelamerika eingeführte Gummibälle. Sie scheinen sich der Astronomie bedient zu haben, um die Zeiten der Aussaat zu bestimmen. Die erstaunlichen Kunstwerke, die die Hohokam aus Meeresmuscheln fertigten, sind möglicherweise die ersten Gravierungen durch Säuren. Doch um 1100 vor Christus verschwand ihre Kultur; Reste der Hohokam sind heute nur noch in den Pima- und Papagoindianern im südlichen Arizona zu finden.

Eine andere große Kultur, die von der archaischen Phase ausging, war die Anasazikultur („die Alten" in der Sprache der Navaho, die später einen Großteil ihres Landes besiedelten). Von allen Kulturen des Südwestens ist jene der Anasazi am besten bekannt: Mesa Verde in Colorado, Chaco Canyon in New Mexico und Canyon de Chelly in Arizona sind nur drei von Hunderten von „Cliff-Dwellings" (Siedlungen, die unter überhängenden Felsen oder in großen Höhlen angelegt wurden) in dem Gebiet, wo Utah, Colorado, New Mexico und Arizona aneinandergrenzen. Die typischen Merkmale der Anasazikultur stammen nicht aus Mexiko, sondern aus dem Südosten der Vereinigten Staaten; die Maissorte, die sie anpflanzten, kam ebenso wie Keramik, die sie herstellten, aus dem Südosten. Besonders bemerkenswert sind ihre architektonischen Leistungen: so enthielten zum Beispiel die riesigen Häuser in Pueblo Bonito achthundert Räume. Auch die Anasazi entwickelten Bewässerungssysteme (wenn auch nicht in demselben Maß wie die Hohokam), und ihre Fertigkeit im Weben, Korbflechten, in der Herstellung von Tonwaren und Haushaltsgeräten sowie in der Errichtung von Ziegelbauten wurde anderswo nördlich von Mexiko kaum jemals erreicht. Die reichen Nahrungsquellen und eine relative Stabilität förderten die Ausbildung eines überaus vielfältigen zeremoniellen und künstlerischen Lebens. Die Großartigkeit der religiösen Feste kann man an den Dimensionen ihrer Tanzplätze erkennen; die Tänze, die sich noch heute bei den Puebloindianern Arizonas und New Mexicos erhalten haben, sind – obwohl eindrucksvoll – nur ein schwacher Abglanz des prunkvollen religiösen Lebens der Anasazi.

Um 1300 nach Christus erlosch die Anasazikultur schlagartig. Die großen Dörfer wurden verlassen, und die Bevölkerung wanderte zu den heutigen Siedlungsplätzen auf den Mesas von Arizona und am Rio Grande in der Nähe von Santa Fé und Albuquerque. Für diesen plötzlichen Exodus wurden die verschiedenartigsten Erklärungen gefunden. Archäologen haben ihn auf innere Kriege zurückgeführt, auf Überfälle durch die Ute und die Apachen, die etwa um diese Zeit aus dem Norden nach Südosten zogen, oder auf die große Dürre, die von 1276 bis 1299 dauerte. Alle diese Erklärungen sind sicherlich zum Teil richtig – vornehmlich die Kämpfe, denn alle späteren Dörfer waren mit entfernbaren Leitern ausgerüstet. Vielleicht hat man jedoch den Umweltveränderungen zuwenig Beachtung geschenkt. In den zwei Jahrhunderten vor dem Auszug aus den Dörfern veränderte sich die Niederschlagsmenge; vermutlich gruben sich die Flußbetten, von denen die Wasserversorgung der Indianer abhing, tiefer in den Boden ein und ließen die höher gelegenen Bewässerungskanäle austrocknen. Da den Indianern das Prinzip der Pumpe nicht bekannt war, konnten sie das Wasser nicht auf das Niveau ihrer Felder anheben. Der Verlust dieses Bodens für die Landwirtschaft wurde wahrscheinlich durch die immer unverläßlicher werdenden Regenfälle noch verschärft.

Das Waldland des Ostens

Ungefähr vor 3500 bis 4000 Jahren, als sich aus der Wüstenkultur die Kulturen des Südwestens entwickelten, fanden zwei einschneidende Veränderungen in der archaischen Kultur des Ostens statt: man begann damit, einfache Töpferwaren herzustellen und sich intensiver mit den Bestattungsriten zu beschäftigen. Viele Archäologen sehen darin die Merkmale der sogenannten Waldlandkultur. Diese Kultur blühte vor etwa 2000 Jahren in dem Gebiet, das heute das südliche Chile, das nördliche Kentucky und den Nordwesten von Virginia umfaßt; sie bestand etwa achthundert Jahre. Aus der Blütezeit, auch Adenakultur genannt, besitzen wir zahlreiche Funde, Unmengen von Grabhügeln wurden entdeckt, und die Gräber hoher Persönlichkeiten enthalten nicht nur reiche Opfergaben, sondern auch Skelette – wahrscheinlich jene ihrer Gefolgsmänner. Hügel türmte sich auf Hügel, als immer neue Grabstätten errichtet und neue Erdmassen aufgeschüttet wurden, bis manche eine Höhe von über zwanzig Meter erreichten. Ein aus mehreren Hügeln bestehender Komplex war zumeist von einem Erdwall umgeben, dessen Durchmesser bis zu zweihundert Meter betrug. Allein die Größe der Hügel und die Fülle der Opfergaben weisen auf ein vielschichtiges religiöses Leben und auch auf eine komplexe politische Organisation hin.

Eine Besonderheit der Adenakultur liegt darin, daß sie eine politischen Gliederung, soziale Klassen, eine große Bevölkerung, Keramik und reiche Schmuckornamentik aufwies, ohne daß die Landwirtschaft eine wesentliche Rolle gespielt hätte. Die Adenafundstätten enthalten Überreste von Kürbis- und Sonnenblumenkernen, jedoch keinen Mais; diese Lebensform ist typisch für die archaische Zeit, da alle Umweltgegebenheiten durch Sammeln und Jagen genutzt wurden. Die Adenakultur muß den benachbarten primitiveren Kulturen die Möglichkeiten eines Lebens im Waldland vor Augen geführt haben, ähnlich wie das alte Rom den Galliern die Pax Romana vorlebte.

Adena war nur die Vorstufe zu der bedeutendsten und einflußreichsten Kultur, die nach der archaischen Zeit nördlich von Mexiko entstand. Sie wird als Hopewellkultur bezeichnet, nach einem Farmbesitzer in Ohio, auf dessen Grund und Boden man eine große Siedlung und verschiedene Grabhügel fand. In der Hopewellkultur verschmolzen Elemente aus der Adena- und der archaischen Kultur mit neuen Elementen. Ihr Mittelpunkt lag im Süden von Ohio und Illinois, doch erstreckte sie sich später auch über das Adenagebiet, und ihr Einfluß reichte bis nach Minnesota, New York, Florida und Louisiana. Obwohl die genauen Zeitangaben umstritten sind, entstand die Hopewellkultur vermutlich bereits vor 2250 Jahren, und wahrscheinlich gab es an manchen Orten Hopewell und Adena bis 300 n. Chr. nebeneinander.

Hopewell sollte eigentlich nicht als Kultur – das heißt als eine bestimmte Gemeinschaft mit spezifischen sozialen, politischen und technischen Aspekten – bezeichnet werden. Hopewell bestand vielmehr aus verschiedenen Gemeinschaften mit eigenen Sitten und Gebräuchen, allerdings waren allen zwei Dinge gemeinsam: Das eine war der Totenkult, das andere eine wirtschaftliche Bindung. Der Totenkult verlangte ungeheure Mengen an Opfergaben, und die Beschaffung dieser Gegenstände erforderte die Ausnutzung verschiedenster, über den ganzen Kontinent verstreuter Gebiete.

Der Stil der Hopewellkultur war weitaus großartiger als jener der Adenakultur: die Grabhügel waren imposanter, die Opfergaben reicher. Meilenweit erstreckten sich die Erdarbeiten in Oktogonen, Rechtecken und Kreisen. Die Totengaben waren von verschwenderischer Fülle: eine einzige Fundstätte brachte 48 000 Perlen von Süßwassermuscheln zutage. Hopewellhandwerker verarbeiteten exotische Rohmaterialien, die auf Handelswegen herbeigeschafft wurden, zu einigen der schönsten Kunstwerken, die es jemals in Amerika gab. Aus Kupfer (von den Ufern des Oberen Sees) und Glimmer (aus den Appalachen) wurden zarte Ornamente verfertigt; aus Obsidian (aus den Rocky Mountains) machte man kostbare Messer, die bei Zeremonien verwendet wurden; Alligatorzähne und große Muscheln (aus Florida und vom Golf von Mexiko) wurden als Schmuck und für Dekorationen verwendet. Aus verschiedenen Gesteinsarten (von den Steinbrüchen in Minnesota und Wisconsin) machte man Pfeifenköpfe in Form von Tieren.

Nach den Erdarbeiten zu schließen, muß eine ungeheure Arbeitskraft vorhanden gewesen sein, und das ist nur bei einer großen, seßhaften Bevölkerung möglich. Aus Untersuchungen anderer primitiver Gemeinschaften weiß der Anthropologe, daß zur Koordinierung einer großen Bevölkerung eine mächtige zentrale Regierung notwendig ist. Diese machtvolle zentrale Autorität scheint sowohl durch die Gräber hoher Persönlichkeiten als auch durch das Ausmaß der Warentribute bestätigt, die primitivere Nachbarn aus dem Waldland an die Hopewell abliefern mußten. Totenkult setzt auch eine Priesterschaft voraus. Allein die Tatsache, daß derart viele religiöse Gegenstände von gleichmäßiger Qualität erzeugt wurden, weist darauf hin, daß der Priesterschaft eine spezialisierte Klasse von Künstlern zur Verfügung stand.

Einige Archäologen haben den Hopewellkult, insbesondere die Grabhügel, auf Einflüsse aus dem Gebiet um Vera Cruz in Mexiko zurückgeführt. Doch die Sitte, Erdhügel über die Toten zu häufen, reicht in Nordamerika 3000 Jahre zurück; die ältesten dieser Hügel wurden in Ohio und Illinois gefunden und nicht an den Grenzen von Mexiko. Diese Hügel waren abgerundet, während die mexikanischen Indianer ihren Hügeln die Form von Pyramiden gaben. Auch die prächtigen Totenriten und die wertvollen Grabbeigaben haben in den Bestattungsbräuchen der archaischen Zeit des Ostens ihre Vorläufer und müssen keineswegs aus Mexiko stammen.

Um 500 n. Chr. befand sich der Hopewellkult überall im Niedergang. Für diesen Verfall machte man früher einen Bevölkerungsrückgang verantwortlich, doch stellte man kürzlich fest, daß die Bevölkerung der Hopewellsiedlungen während der letzten Jahrzehnte ihres Bestehens dichter war als in den vorangegangenen Jahrhunderten. Die wahrscheinlichste Erklärung ist, daß die sozialen und politischen Institutionen der Hopewell für die ständig wachsende Bevölkerung nicht mehr ausreichten. Diese Institutionen hatten sich zu einem Zeitpunkt entwickelt, als die Bevölkerung wesentlich geringer war, und lange Zeit entsprachen sie den Bedürfnissen der Menschen. Als aber die Bevölkerungsdichte zunahm und die Hopewellgesellschaft immer komplexer wurde, erwiesen sich diese Institutionen vermutlich den neuen Problemen nicht mehr gewachsen. Eines dieser Probleme waren Unruhen im Osten Nordamerikas. Archäologische Funde lassen auf Kriegszüge und Überfälle schließen; an einem für die letzte Periode typischen Fundort weisen 78 Prozent der männlichen Skelette auf einen gewaltsamen Tod hin. Etwa ab 500 n. Chr. ließen die Hopewell davon ab, weiterhin in offenen Tälern Zeremonienzentren zu errichten und zogen sich in die Hügel zurück, die leichter zu verteidigen waren.

Trotzdem gab es keine Möglichkeit, den Totenkult zu schützen, und so mußte er zugrunde gehen; die unsicheren Verhältnisse beeinträchtigten den Handel, und daher gab es keine Totengaben mehr. Als das einigende Merkmal des Hopewellkultes – die für die Beschaffung der Totengaben unerläßliche wirtschaftliche Verflechtung – dahinschwand, war das Ende des gesamten Kultes besiegelt. Um 750 n. Chr. baute man noch ein paar Grabhügel mit spärlichen Gaben, es waren jedoch die letzten, denn nach diesem Zeitpunkt gab es die einst so mächtigen Hopewell nicht mehr.

Die Grabhügelbauer

Mit dem Untergang der glänzenden Hopewellkultur versanken die Waldlandkulturen wieder in jene Monotonie, die bereits in archaischer Zeit charakteristisch gewesen war. Eine große Ausnahme gibt es jedoch: Entlang des Mississippi und anderen Flußsystemen des Südens entstand um 500 n. Chr. eine Kultur, die jener der Hopewell an Reichtum nicht nachstand. Diese sogenannte Mississippikultur war der unmittelbare Vorläufer der fortschrittlichen Häuptlingtümer des Südostens – der Choctaw, Chickasaw, Natchez und anderer –, von denen Entdecker wie De Soto so beeindruckt waren. Obwohl der Kern der Mississippikultur sich südlich von Ohio bis nach Louisiana und von Tennessee westlich nach Arkansas erstreckte, reichte ihr Einflußgebiet bis in die Prärien und in das Gebiet des heutigen New York.

Viele Fragen über den Mississippikult sind noch offen, obwohl er erst 1000 Jahre vor der Entdeckung Nordamerikas entstand und eine Vielzahl von Fundstätten vorhanden sind. So sind sich die Archäologen über seinen Ursprung nicht einig. Einige machen Einflüsse aus Mexiko oder Mittelamerika dafür verantwortlich. Es stimmt, daß vieles in der Kunst der Mississippizeit – Keramik, Textilien, Schmuckgegenstände aus Muscheln, Holz, Kupfer und

Stein – an die mittelamerikanische Kunst erinnert. Doch die wichtigsten Wurzeln dieser Kunst sind in der Adena- und der Hopewellkultur zu suchen. Derzeit sieht man im Mississippikult eine eigenständige Kultur, eine Nachblüte der Hopewellkulte im Süden, die mit mexikanischen Elementen vermengt wurden, die sich relativ spät geltend machten.

Das eindrucksvollste Charakteristikum des Mississippikultes ist der Pyramidenhügel, der kein Grab darstellte, sondern einem Tempel oder einem Häuptlingshaus als Fundament diente. Anscheinend wurden diese Tempelpyramiden ohne einheitlichen Plan gebaut; einige waren in einem gleichmäßigen Rund um einen zentralen Platz angelegt, andere reihten sich mehr oder weniger zufällig aneinander und erinnern an Hopewell. Oft lagen die Behausungen in der Nähe der kultischen Bauten, manchmal aber auch ziemlich weit von ihnen entfernt. Einige Zentren waren klein und umfaßten bloß zwei oder drei Hügel, während Cahokia in Illinois mehr als 85 Hügel aufweist und ein Dorfareal, das neun Kilometer lang den Lauf des Ohio River säumt. Einer der größten Cahokia-Hügel ist etwa dreißig Meter hoch, und seine Basis bedeckt über sechs Hektar. Die ungeheuren Erdarbeiten, die hierfür erforderlich waren, wären sogar heute, in der Zeit des Bulldozers, beachtlich; die Mississippimenschen aber besaßen weder Fahrzeuge noch Lasttiere. Die Hügel entstanden allein durch menschliche Arbeit, und jeder Erdbrocken wurde in einem Korb herbeigeschleppt. Verschiedene Experten haben versucht, die Anzahl der Arbeiter und die Zeitspanne zu schätzen, die zur Errichtung von Cahokia nötig waren; sie stimmen überein, daß es dafür der mehrhundertjährigen Arbeit Tausender oder Zehntausender Menschen bedurfte. Die Bevölkerung muß zur Mississippizeit außerordentlich dicht gewesen sein. Auf dem kurzen Stück von etwa 1000 Kilometern entlang des Mississippi zwischen der Mündung des Ohio und jener des Red River lagen 389 Dörfer. Und es gab Tausende von anderen Dörfern am Mississippi, an seinen Nebenflüssen und an anderen Flußsystemen.

In diesem kurzen Überblick über die Wurzeln der Indianerkulturen, die von den ersten Entdeckern vorgefunden wurden, mußten viele Fragen über Entstehung, Verbreitung und Niedergang unbeantwortet bleiben. Die bodenständigen Indianerkulturen wurden in ihren verschiedenen Entwicklungsstadien nur mit einer beschränkten Anzahl von Möglichkeiten konfrontiert. Bestimmte Gesellschaftsformen – die kleine Sippe, die große Sippe, der Stamm, das Häuptlingtum, der Staat und verschiedene Variationen dieser Formen – trafen bestimmte Entscheidungen hinsichtlich Religion,

Gesetz, Verwaltung und Kunst. Diese Entscheidungen wurden natürlich nicht bewußt gefällt, erst die Zukunft zeigte, ob sie sich für die Gesellschaft als brauchbar oder unbrauchbar erwiesen. Oft waren sie die einzigen Formen der Anpassung, die für die Gesellschaft überhaupt möglich waren.

Bevor wir die rasche und endgültige Zerstörung aller jener Indianerkulturen betrachten, die im Laufe von Zehntausenden Jahren entstanden waren, wollen wir sehen, welche Aspekte Anthropologie und Linguistik für die kulturelle Entwicklung des Menschen in Nordamerika bieten können.

XIII

Die Generationen Adams

Die fehlenden Skelette

Man fand ein Lager von Folsommenschen und Plätze, an denen andere Paläoindianer ihre Jagdbeute zerlegt hatten; Geschoßspitzen, Waffen, Geräte und die Knochen verschiedener Beutetiere wurden ausgegraben. Zehntausende von Artefakten kamen ans Tageslicht – aber nur ganz selten die Knochen jener, die sie angefertigt haben. Die Anthropologen müssen mehr über den Frühmenschen erfahren – Speerspitzen und Tierknochen genügen nicht. Sah er primitiv aus, hatte er starke Augenwülste und ein fliehendes Kinn, oder glich er dem Indianer von heute? Bekräftigen die biologischen Veränderungen des Menschen in Nordamerika die Geschichte seiner kulturellen Entwicklung, wie die Archäologie sie sieht?

Skelette von Paläoindianern sind überaus selten, zum Teil wohl deshalb, weil die Bevölkerungsdichte des Frühmenschen im Vergleich mit den Millionen Säugetieren, deren Knochen man auf Schritt und Tritt begegnet, gering war. Auch kannte der Frühmensch der Neuen Welt vermutlich keinerlei Bestattungsriten – in der Alten Welt waren solche bekannt –, und seine Skelette sind wahrscheinlich einfach vermodert. Eine Reihe von Skeletten wurden zwar gefunden, aber da man sie nicht als solche erkannte, wurden sie nicht beachtet und sogar zerstört. Dieses Mißverständnis entstand dadurch, daß die Anthropologen ein äußerst primitives Aussehen erwartet hatten – Skelette mit stark ausgeprägten Überaugenwülsten, einer gebückten Haltung und nach auswärts gedrehten Armen. Mit anderen Worten, sie hatten einen Neandertaler oder eine Art Affenmensch erwartet. Und da diese Anthropologen der Auffassung waren, nur was altertümlich aussehe, könnte alt sein, wurden viele Skelette nordamerikanischer Frühmenschen einfach deshalb übersehen, weil sie jenen des heutigen Indianers zu ähnlich waren.

Wir kennen mehr als 25 Schädel, deren Alter unbestritten ist und die aus der ausgehenden letzten Eiszeit stammen; ein in Kalifornien in der Nähe von San Diego gefundener Schädel ist nach einer kürzlich durchgeführten Radiokarbondatierung wahrscheinlich 29 000 Jahre alt. Nordöstlich von Mexico City, bei Tepexpan, wurde ein Fund aus der letzten Eiszeit gemacht: vor mindestens 12 000 Jahren (vielleicht sogar vor 16 000 Jahren) ertrank dort ein Indianer im sumpfigen Uferwasser eines großen Sees. Unter dem Schlamm fand man sein auf dem Gesicht liegendes Skelett, und in der Nähe befanden sich zwei große Mammutskelette, die ebenfalls im Sumpf verendet zu sein schienen. In der Nähe von Midland in Texas fand man im Jahre 1953 in einer Schicht unterhalb der Steinwerkzeuge des Folsommenschen und seiner Beute, dem Urbison, einen Frauenschädel. Die Midlandfrau ist also älter als die Folsomkultur, die vor 10 000 Jahren in dieser Gegend entstand. Man versuchte mit verschiedenen Methoden zu einer genauen Datierung der Midlandfrau zu kommen, doch es wurde keine Übereinstimmung erzielt; die Schätzungen schwanken zwischen 10 000 und 20 000 Jahren.

Eine sorgfältige Zusammensetzung der Schädelfragmente dieser Midlandfrau ergab einige erstaunliche Tatsachen. Sie besaß einen langen Schädel mit zarten Gesichtszügen; ihre Augenbrauenwülste waren nur schwach ausgeprägt, Kinn und Zähne klein. Nichts „Primitives" ist an ihr festzustellen; sie sieht genauso aus, wie man es von einem Homo-sapiens-Vorfahren des heutigen Indianers erwartet. Jene Anthropologen, die nach einem robusten Neandertalertypus mit schweren Überaugenwülsten gesucht hatten, wurden enttäuscht. Modern gekleidet würde der Paläoindianer nicht anders aussehen als die Menschen, die man heute in den Straßen von New York antrifft. Keiner der frühen Schädel weist die klassischen mongoliden Merkmale auf, die wir heute bei Chinesen, Koreanern, Mongolen und Eskimo feststellen können: breite flache Gesichter, starke Kiefer, schaufelförmige Vorderzähne. Diese Schädel unterscheiden sich auch grundlegend vom europäischen Neandertalertypus. Sie sind alle eindeutig modern und gehören der gleichen Spezies an wie wir selbst.

Die Schädel bestätigen den Zeitpunkt, der von den Archäologen für die Ankunft des Menschen in der Neuen Welt genannt wird. Hätten diese frühen Schädel eine Ähnlichkeit mit dem Neandertaler aufgewiesen, könnte man auf eine viel frühere Einwanderung schließen. So aber steht nun trotz der geringen Anzahl von erhaltenen Schädeln fest, daß der Mensch relativ spät, das heißt erst vor etwa 25 000 Jahren, auf den nordamerikanischen Kontinent kam, während seine Geschichte in der Alten Welt fast 2 Millionen Jahre alt ist.

Diese Schädel liefern auch den eindeutigen Beweis dafür, daß die Vorfahren der Indianer aus Asien kamen. In den verschiedensten Teilen Chinas wurden in jüngster Zeit Schädel ausgegraben, die alle aus derselben Periode stammen wie die nordamerikanischen Funde. Würde man diese chinesischen Schädel neben die frühen nordamerikanischen stellen, wäre kein Unterschied festzustellen. Sie sehen genauso aus wie jene der Indianer und weisen wie jene kaum mongolide Merkmale auf. Diese entwickelten sich erst vor etwa 15 000 Jahren als Anpassung an eine kalte Umwelt. Die Vorfahren des amerikanischen Indianers haben demnach Nordamerika erreicht, bevor der klassische mongolide Typus entstand. (Anderseits ist der früheste Aleutenschädel – mit einem ungefähren Alter von 4000 Jahren – ebenso wie die ältesten Eskimoschädel deutlich mongolid.) Vermutlich waren die frühen Chinesen wie die frühen amerikanischen Indianer Vertreter einer allgemein mongoliden Rasse, die vom klassisch-mongoliden Typus des kalten Klimas überrannt wurde; die ältere Rasse überlebte nur, weil einige ihrer Vertreter in die Neue Welt oder in andere Teile Asiens zogen. Die asiatischen Schädel bezeugen, daß es im späten Pleistozän dem amerikanischen Indianer verwandte Typen des modernen Menschen in Ostasien gab und daß einige von ihnen als die ersten Amerikaner über die Landbrücke der Beringstraße in die Neue Welt kamen.

Die amerikanische Rasse

Als die ersten Weißen kreuz und quer durch den amerikanischen Kontinent zogen, trafen sie auf ganz verschiedenartige Indianer. Viele Leute halten den federgeschmückten Reiter, wie er in den Wildwestfilmen gezeigt wird, für den typischen Indianer, doch die Entdecker berichteten von zahlreichen verschiedenen Indianertypen; es gab große und kleine, schlanke und fette Indianer; ihre Haut war dunkelbraun, rötlich, gelb und sogar weiß; das Haar glatt oder gelockt, schwarz oder braun. Diese Vielfalt ist jedoch ein Trugbild. Die amerikanischen Indianer gehören zu den homogensten Populationen unserer Erde. Früher ging man davon aus, daß zahlreiche Einwanderungen der verschiedensten Menschentypen in die Neue Welt stattgefunden hätten. Heute nehmen die meisten Anthropologen nur zwei solcher wichtigen Einwanderungen an: die der Eskimo, Aleuten und Athapasken (im nordwestlichen Kanada und im Südwesten) und die aller übrigen Stämme. Vermutlich ist keine menschliche Rasse, die ein so großes Gebiet bevölkert hat, jemals derart uniform geblieben. Die Menschen, die nach Amerika kamen, blieben ungemein isoliert, da sie ein Gebiet besiedelten, in dem sie keine Population vorfanden, mit der sie sich vermischen konnten. Abgesehen von den später ankommenden Eskimo, Aleuten und Athapasken haben sich die Gene der frühen Amerikaner nicht mit jenen anderer Völker vermengt.

Genetische Merkmale wie Blutgruppe, Schädelform, Fingerabdrücke und so weiter lassen sich nicht verwischen; weder durch die Umwelt noch durch die Ernährung verändern sich solche Rassenmerkmale. Mit Ausnahme der Eskimo und Aleuten sind die Blutgruppen der Uramerikaner so erstaunlich gleichartig, daß ein bekannter Anthropologe sie als eigene Rasse und nicht den asiatischen Mongoliden zugehörig klassifizieren wollte. Der amerikanische Indianer ist einzigartig, weil seine spezifische Kombination verschiedener Blutgruppen und andere körperliche Merkmale bei keiner anderen Rasse der Welt zu finden sind. Rot-grün-Farbenblindheit und das Vorhandensein von Haaren auf dem Mittelsegment der Finger sind zum Beispiel sehr selten. Amerikanische Indianer bekommen kaum jemals eine Glatze oder graue Haare, nicht einmal in sehr hohem Alter, und ihre Haut bräunt rasch. Die Fingerabdrücke zeigen wesentlich mehr Bogen als Wirbel. Mögen diese und andere Merkmale auch nicht so wichtig erscheinen, beweisen sie doch, daß sich der amerikanische Indianer von allen andern menschlichen Populationen unterscheidet.

Die Auffächerung der ersten Einwanderer in eine Anzahl offensichtlich unterschiedlicher Indianergruppen läßt sich nur durch vier von der modernen Genetik anerkannte Möglichkeiten erklären. Diese sind Mischung, Mutation, zufallsbestimmte genetische Drift und natürliche Auslese. Eine Mischung kommt nicht in Betracht, da der Kontinent vor der Ankunft der ersten Indianer unbewohnt war. Auch Mutationen – zufällige Veränderungen der Gene – können nicht direkt als Erklärung dienen. Denn Mutationen sind nur die Quelle einer Neuerung; ob sie von Wichtigkeit sind, hängt von den beiden andern Faktoren ab, von der zufallsbestimmten genetischen Drift und der natürlichen Auslese.

Als zufallsbestimmte genetische Drift bezeichnet man eine zufällige Proportionsänderung verschiedener Gene bei einer Bevölkerung; sie wird durch Kriege, Hungersnot, Abwanderungen oder andere Faktoren ausgelöst, die den Teil einer ursprünglichen großen Population zu einer neuen Fortpflanzungseinheit werden lassen. Eine kleine Menschengruppe unterscheidet sich mit großer Wahrscheinlichkeit genetisch von der großen Population, der sie einmal angehört hat. Bildet sie eine geschlossene Fortpflanzungsgemeinschaft, so werden die Unterschiede zwischen ihr und der Elternpopulation von Generation zu Generation ausgeprägter werden.

Um zu verstehen, wie eine genetische Drift vor sich geht, mag man sich eine ursprüngliche Fortpflanzungspopulation von 100 schwarzen und 100 weißen Mäusen vorstellen, die alle nur ihre eigene Farbe weitergeben können. Aus dieser Kolonie von 200 Mäusen sondert man willkürlich 50 Mäuse ab. Es entspricht der mathematischen Wahrscheinlichkeit, daß mehr von der einen als von der andern Farbe abgesondert werden – nehmen wir an, 20 schwarze und 30 weiße. Diese 50 Mäuse repräsentieren jetzt eine kleine Population, die sich von der ursprünglichen Population von 100 schwarzen und 100 weißen Mäusen abgesondert hat. Sie unterscheidet sich bereits zu Beginn von den andern, denn sie ist nicht zu 50 Prozent, sondern zu 60 Prozent weiß. Nachdem sich alle Mäuse der Splitterpopulation vermehrt haben, kann man wiederum 50 Mäuse separieren. Da bereits wesentlich mehr weiße als schwarze Mäuse vorhanden sind, werden aller Wahrscheinlichkeit nach wiederum mehr weiße geboren werden.

Sobald also in der Gruppenzusammensetzung der ersten Generation die weißen Mäuse überwiegen, werden die schwarzen Mäuse immer weiter abnehmen, bis sie letztlich aus der abgewanderten Population zur Gänze verschwunden sind. Damit wird sie sich von der ursprünglichen Population stark unterscheiden; anstatt 50 Prozent wird es 100 Prozent weiße Mäuse geben. Dieses Mäuseexperiment sollte die wesentlich komplexeren Veränderungen ein wenig veranschaulichen, die in abgesonderten menschlichen Populationen vor sich gehen. Eine Fortpflanzungsgemeinschaft von 50 Mitgliedern, wie in unserem Beispiel, ist beim Menschen gar nicht ungewöhnlich. Die Fortpflanzungsgemeinschaften mancher Eskimogruppen zählen nicht mehr als zehn Mitglieder, und solche kleine Fortpflanzungsgemeinschaften waren während der Inbesitznahme des nordamerikanischen Kontinents durch den Menschen vermutlich lange Zeit die Regel.

Die Folgen einer Mutation in einer solchen kleinen Fortpflanzungsgemeinschaft sind, im Gegensatz zu ihrem Auftreten in einer großen Bevölkerung, überaus einschneidend. In der Bevölkerung des heutigen Amerika wird sich eine Mutation nicht schnell verbreiten, aber sie wird auch wahrscheinlich nicht vollkommen verschwinden. In einer sehr kleinen Population aber kann eine Mutation leicht durch Zufall verlorengehen – wenn, zum Beispiel, ihre drei Träger in einer Auseinandersetzung getötet werden. Anderseits kann sich die Mutation aber auch rapid verbreiten, wenn die drei Personen, die sie *nicht* haben, getötet werden.

Die zweite wichtige Ursache für die Vielfalt innerhalb der indianischen Bevölkerung ist die natürliche Auslese. Organismen mit günstigen Voraussetzungen überleben in größerer Zahl und hinterlassen mehr Nachkommen als Organismen der gleichen Spezies, die diese Merkmale nicht besitzen. Zum Beispiel kann die Nahrung als selektiver Faktor wirken. Ist eine bestimmte Nahrungsart reichlich vorhanden, so wird die Vermehrung jener Organismen begünstigt, die sie verwenden und verwerten können. Auch eine Krankheit ist selektiv, weil sie jene begünstigt, die gegen die Krankheit immun sind. Der gewaltigste Filter natürlicher Auslese war jedoch der nordamerikanische Kontinent selbst, seine 10 Millionen Quadratmeilen Tundra, Wald, Grasland, Wüste, von denen jedes Gebiet mit bestimmten klimatischen und geographischen Eigenheiten versehen ist. Jede Indianerpopulation war der natürlichen Auslese ausgesetzt und wurde von ihr positiv oder negativ beeinflußt.

So bestätigt die genetische Theorie, was die von den Archäologen ausgegrabenen Artefakte vermuten lassen. Größe und Unterschiedlichkeit des nordamerikanischen Kontinents können die Verschiedenheit in Größe, Statur und Farbe der Indianer hinreichend erklären; diese Vielfalt war in erster Linie die Folge der natürlichen Auslese; sie ging in kleinen Populationen vor sich, die die Wirkung der zufallsbestimmten genetischen Drift erfahren hatten. Die Hypothese großer Menscheninvasionen erweist sich als überflüssig.

Hunderte von Sprachen

Auch die Linguistik hat mitgeholfen, den langen Weg zu rekonstruieren, den die Vorfahren des heutigen Indianers durch Nordamerika nahmen. Als die Neue Welt entdeckt wurde, fanden die Weißen ein babylonisches Sprachengewirr vor. In Nord- und Südamerika wurden mehr Sprachen gesprochen – etwa 2200 – als es zu dieser Zeit in ganz Europa und Asien gab.

Entgegen der Ansicht mancher Entdecker und Gelehrter gab es

niemals so etwas wie eine „Indianersprache". Dialekte gab es in Hülle und Fülle – das heißt Variationen einer bestimmten Sprache –, aber es gab auch zahlreiche vollkommen verschiedene Sprachen. Allein die Indianer Nordamerikas sprachen 550 verschiedene Sprachen, und jede Sprache umfaßte zahlreiche Dialekte. Ein zweiter Irrtum war die Ansicht, daß eine Sprache geschrieben sein müsse, um als echte Sprache zu gelten. In Nordamerika entwickelte sich nur in Mexiko eine geschriebene Sprache, und trotzdem waren die meisten anderen Indianergruppen durchaus imstande, eine reiche, ungeschriebene Überlieferung an Gedichten, Gebeten und Dramen weiterzugeben.

Gelehrte, die die Berichte der ersten Entdecker studierten, hofften, im primitiven Leben der Indianer ließen sich Hinweise auf die Entstehung der Sprache finden. Doch hat das Studium der Indianersprachen Amerikas klar gezeigt, daß diese um nichts primitiver und in ihrem Wortschatz auch nicht beschränkter waren als die europäischen Sprachen. Ein Wörterbuch der englischen Sprache für Mittelschüler enthält ungefähr 45 000 Wörter, und Shakespeare gebrauchte für die blühende Sprache seiner Dramen und Gedichte etwa 24 000 Wörter. Die Anzahl der in der Nahuatlsprache von Mexiko bekannten Wörter beträgt 27 000; die der Mayasprache 20 000; die der Dakota 19 000 – und ohne Zweifel entgingen den Linguisten viele jener Feinheiten, die unsere Wörterbücher so umfangreich machen. Auch Darwin, der den primitiven Völkern keine Sprache zutraute, war im Irrtum. Er hielt die Sprache der Eingeborenen von Feuerland, die zu den primitivsten Völkern der Erde gehören, kaum für menschlich. Das Studium eines dieser Völker, der Yahgan, ergab jedoch ein Vokabular von mindestens 30 000 Wörtern.

Tausende Sprachen primitiver Völker auf der ganzen Welt wurden untersucht, und nirgends fand man eine sogenannte „primitive" Sprache. Alle Sprachen können das ausdrücken, was ihre Kultur erfordert, sei es die konkrete Bezeichnung eines Vogels oder ein abstraktes Wort, das die Schaffung des Universums erklärt. Die Konversation gehört zum wichtigsten Zeitvertreib des Menschen. Primitive Völker lieben sie ganz besonders, und ein guter Sprecher oder Erzähler genießt oftmals hohes Ansehen. Unter der bäuerlichen Bevölkerung Irlands ist das Gespräch heute noch *die* wichtigste gesellschaftliche Beschäftigung.

Sprachen werden durch große Ereignisse erstaunlich wenig beeinflußt. Kriege, neue Religionen, kulturelle Erschütterungen oder Veränderungen im Wirtschaftssystem wirken sich für gewöhnlich nicht in der Sprache aus. Die französische Sprache überlebte die Französische Revolution, und die walisische Sprache leistete dem 1500jährigen Druck und der politischen Herrschaft der Engländer erfolgreich Widerstand. Das alte Ägypten wurde von Hyksos, Assyrern, Persern, Griechen und Römern besiegt, doch die Menschen sprachen weiter ägyptisch. Erst als die Araber nicht nur Ägypten besiegten, sondern auch eine neue Religion einführten, begann sich auch die Sprache zu verändern. Und das Koptische, ein Dialekt der alten ägyptischen Sprache, hat sich trotz allem unter den Christen Ägyptens bis heute erhalten. Ebenso werden Nahuatl, Maya und zahlreiche andere Sprachen der Zeit vor der Ankunft Kolumbus' auch heute noch in Mexiko gesprochen – trotz der mehr als vier Jahrhunderte aufgezwungener Wanderschaft, trotz der Krankheiten, Hungersnöte und Grausamkeiten der Weißen, die entschlossen waren, diese Kulturen auszurotten.

Die Sprachen der amerikanischen Indianer lassen sich ebenso wie andere Sprachen analysieren. Sprachliche Veränderungen erfolgen nämlich mit einer bestimmten Regelmäßigkeit, und nur selten kommt es vor, daß sich ein Laut lediglich in einem einzigen Wort verändert. Eine Lautverschiebung findet zumeist bei allen Wörtern statt, die diesen Laut enthalten. Derartige Sprachregeln wurden auf die unter dem Namen Algonkin bekannte Sprachfamilie der Indianer angewandt, zu der unter anderm die Penobscot, Delaware, Ojibwa, Menomini, Cheyenne, Blackfoot, Arapaho und Yurok gehören. Indem sie eine ziemlich große Anzahl Wörter aus verschiedenen Algonkinsprachen verglichen und die Veränderungen studierten, die in den einzelnen Sprachen stattgefunden hatten, konnten die Sprachforscher ein Protoalgonkin rekonstruieren, das der modernen Sprachenfamilie der Algonkin zugrunde liegt.

Die meisten Veränderungen einer Sprache betreffen ihren Wortschatz. Die Erfindung des neuen Wortes „Radioaktivität" hat die deutsche Sprache bereichert, aber nicht verändert. Und obwohl das Wort „Zähre" heute nicht mehr gebräuchlich ist, hat sich die deutsche Sprache seit der Zeit, da es in Verwendung war, nicht wesentlich verändert. Die Sprachlaute sind wesentlich konstanter als der Wortschatz, und die allgemeine Struktur einer Sprache ist überhaupt kaum Veränderungen unterworfen. Diese Prinzipien gelten ebenso für die ungeschriebenen Sprachen; denn die Annahme, ungeschriebene Sprachen veränderten sich schneller als geschriebene, ist falsch. Die spanische Sprache hat sich zum Beispiel während der letzten vier Jahrhunderte wesentlich stärker verändert als das Nahuatl, die Sprache der Azteken und ihrer heute noch lebenden Nachkommen.

Anthropologen können eine Sprache nicht ausgraben wie eine Speerspitze. Trotzdem können sie das Tempo der sprachlichen Veränderungen feststellen, und das Studium der alten Sprachverwandtschaften gibt wertvolle Hinweise auf die kulturelle Entwicklung; seit 1950 haben einige anthropologische Sprachforscher auf diesem Gebiet intensiv gearbeitet. Die Glottochronologie, wie sich ihre Methode nennt, wird eines Tages eine Zeitrechnung liefern, die den Datierungsmethoden der Archäologen entspricht. Die Glottochronologie geht folgendermaßen vor: Zuerst wird eine Liste der wichtigsten Wörter verfertigt, die fast in allen Sprachen vorkommen. Diese Wörter beziehen sich auf Dinge und Situationen, die mit keiner bestimmten Kultur in Verbindung stehen und die sich nicht verändern: niedrige Zahlen, Fürwörter, Farben, Tier- und Pflanzenarten, Körperteile, Temperaturextreme und so weiter. Zu diesen Wörtern, die in jeder bekannten Sprache auf der ganzen Welt vorkommen, gehören: ich, wir, zwei, alle, viele, Mann, Frau, Fisch, Vogel, Baum, Samen, Wurzel, Haut, Fleisch, Blut, Knochen, Ohr, Auge, Nase, Mund, Zahn, Fuß, trinken, essen, hören, schlafen, gehen, fliegen, Sonne, Mond, Wasser, Berg, Nacht, heiß, kalt, rot, grün, groß, klein.

Solche Wörter verändern sich wesentlich langsamer als das übrige Vokabular. Doch auch diese fundamentalen Wörter gehen im Laufe der Zeit einmal verloren, und zwar scheint es eine gleichbleibende Ausfallsrate zu geben. Die Untersuchung der dreizehn Sprachenfamilien ergab, daß die Verlustrate relativ konstant ist: alle tausend Jahre verliert eine Sprache etwa 19 Prozent ihrer grundlegenden Wörter.

Der nächste Schritt der Glottochronologie besteht dann darin, diese grundlegenden Wörter zu vergleichen, die sich in zwei verwandten Sprachen erhalten haben. Ein geübter Sprachforscher kann diese Verwandtschaften schnell herausfinden, das heißt die Wörter, die in beiden Sprachen gebräuchlich sind und die von einer gemeinsamen Muttersprache stammen. Weisen die beiden Tochtersprachen eine große Anzahl von Ähnlichkeiten auf, dann sind sie eng verwandt, sind nur wenige vorhanden, dann haben sie sich bereits vor längerer Zeit gespalten. Man kennt heute die linguistischen Abstände zwischen Hunderten von nordamerikanischen Indianersprachen.

Nehmen wir an, die Sprachen X, Y und Z haben sich vor langer Zeit von einer gemeinsamen Muttersprache abgespalten. Da X und

Y mehr Ähnlichkeiten zur Muttersprache aufweisen, muß sich Z wesentlich früher von der Muttersprache entfernt haben als X und Y. Das ungefähre Datum dieser Abspaltungen läßt sich mittels der oben erwähnten Formel errechnen. (Eine Sprache verliert alle tausend Jahre 19 Prozent ihrer grundlegenden Wörter.) Tausend Jahre nach ihrer Teilung wird die Sprache X ebenso wie die Sprache Y noch 81 Prozent ihrer Grundwörter besitzen. Im allgemeinen verlieren zwei Sprachen nicht dieselben Grundwörter, also wird jede Sprache einen Prozentsatz – das heißt 81 Prozent – der Wörter behalten, die die andere verliert. Vergleicht man zwei Sprachen, dann haben sie nach tausend Jahren 66 Prozent gemeinsame Grundwörter. Werden weniger als 66 Prozent Wörter beibehalten, so schließt der Sprachforscher daraus, daß mehr als tausend Jahre vergangen sind; lassen sich mehr als 66 Prozent Wörter feststellen, dann war der Zeitraum kürzer. Die Glottochronologie geht also davon aus, daß die Veränderungsrate einer Sprache voraussagbar ist. Ist diese Voraussetzung richtig – und es hat allen Anschein –, so besitzen wir damit ein ähnliches Werkzeug wie die Radiokarbondatierung.

Wie die Glottochronologie arbeitet, illustriert das Studium der eskimo-aleutischen Sprachfamilie. Die Grönlandeskimo und die Yukoneskimo Alaskas weisen in ihrem Grundwörtervokabular eine Übereinstimmung von 66 Prozent auf. Daraus schließt die Glottochronologie, daß diese Eskimogruppen erst vor tausend Jahren getrennt wurden; archäologische Datierungsmethoden haben diese Schätzung bestätigt. Eskimo und Aleuten aber besitzen wesentlich weniger gemeinsame Wörter, daher muß man annehmen, daß diese beiden Sprachen schon bedeutend früher getrennt wurden. Die Glottochronologie kommt zu dem Schluß, daß die Trennung von Eskimo und Aleuten vor viertausend Jahren erfolgte – ein ähnliches Datum wurde von den Archäologen festgestellt.

Eine Analyse der Ursprachen Nordamerikas hat ergeben, daß die zahlreichen Sprachen, die zur Zeit der Entdeckung Amerikas vorhanden waren, zu ihrer Entwicklung mindestens fünfzehn- bis zwanzigtausend Jahre gebraucht haben. Diese Daten sind natürlich nur eine grobe Schätzung, denn die Glottochronologie bedarf noch vieler Verbesserungen. Aber die Sprachforscher nennen jedenfalls ein ungefähres Datum für die Bevölkerung Nordamerikas, das sich von dem der Archäologen und Anthropologen nicht allzu wesentlich unterscheidet.

Dritter Teil

GESELLSCHAFTEN UNTER DER WIRKUNG VON STRESS

XIV

Das Ende des Weges

Erste Begegnungen

Über den Völkermord, den die Weißen an den Indianern begingen, wurde bereits viel geschrieben, auch über die Kriegszüge und die absichtliche Verbreitung der Pocken, über die Verschickung vieler Menschen in wüste, unfruchtbare Gegenden, über die Demütigungen, über das Schlachten der Bisons, die die Nahrungsgrundlage der Indianer bildeten, über die Zerstörung ihrer Kultur, die die Indianer jeder Hoffnung beraubte. Es liegt nicht in der Absicht dieses Buches, zu diesem Thema noch etwas hinzuzufügen. Doch um den gesamten Erfahrungsbereich der Eingeborenen von Nordamerika zu begreifen – und auch um die beiden letzten Kapitel dieses Buches zu verstehen, die den Zerfall von Kulturen untersuchen –, muß etwas über den Wandel der Beziehungen zwischen Weißen und Indianern gesagt werden.

Die erste Nachricht einer Begegnung der Weißen mit Indianern stammt von Kolumbus. Er beschreibt die Arawakindianer auf den Karibischen Inseln „als ein liebenswertes Volk bar jeglicher Habgier ... Ihre Sprechweise ist die liebste und sanfteste der Welt." Doch in ihrer Gier, sich die Reichtümer der Neuen Welt rasch anzueignen, ließen die Spanier die liebenswerten, sanften Arawak in Bergwerken und auf Plantagen arbeiten. Ganze Dörfer der Arawak verschwanden vom Erdboden; Sklaverei, Krankheiten, Kriegszüge und Flucht in die Berge waren der Grund dafür. So ging zum Beispiel die Zahl der Eingeborenen auf Haiti von 200 000 im Jahr 1492 innerhalb von 22 Jahren auf 29 000 zurück.

Die ersten Kontakte zwischen Indianern und Weißen fanden in einer Atmosphäre der Neugierde und der Vorsicht statt. Zwar waren sich manche Europäer zuerst nicht schlüssig, ob die Indianer wirklich Menschen seien: König Ferdinand von Spanien billigte die Auswanderung weißer Frauen nach den Westindischen Inseln, um eine Verbindung der Spanier mit den eingeborenen Frauen zu verhindern, „die weit davon entfernt sind, vernünftige Wesen zu sein". Aber auch die Indianer wußten nicht recht, was sie von den

Weißen halten sollten. Ein spanischer Chronist dieser Zeit berichtet, daß die Indianer der Karibischen Inseln jeden Weißen, den sie fangen konnten, ertränkten. Hierauf hielten sie wochenlang bei den Leichen Wache – um festzustellen, ob die Toten Götter wären oder ob sie wie andere Sterbliche der Verwesung anheimfielen. Die unterschiedlichen Einstellungen zeigen den fundamentalen Unterschied in den Erwartungen der beiden Kulturen. Die Weißen behandelten die Indianer wie Tiere; die Indianer vermuteten, die Weißen seien Götter. Beide haben sich geirrt, doch die Einstellung der Indianer ist für die Menschheit weitaus schmeichelhafter.

Wo immer die Weißen hinkamen, sank die Zahl der Indianer rapid, und man wird wahrscheinlich niemals genau feststellen können, wie groß die Bevölkerung der Neuen Welt vor Kolumbus war. Bis vor kurzem glaubte man, 1492 hätten etwas weniger als eine Million Indianer nördlich von Mexiko gelebt. Jüngste Untersuchungen haben ergeben, daß Nordamerika zur Zeit der Ankunft der Weißen keineswegs dünn besiedelt war. Frühere Schätzungen nahmen für Mexiko eine größere Bevölkerungsdichte an; die Zahlen schwanken zwischen 3 Millionen Menschen für das Gebiet zwischen dem Rio Grande und Costa Rica und 15 Millionen allein für Mexiko. In den letzten Jahren wurden die alten Angaben jedoch nochmals überprüft und neue Hinweise gefunden; in der Folge neigten die Anthropologen dazu, die Zahlen weitaus höher anzusetzen. Letzte Schätzungen der Gesamtbevölkerung von Mexiko vor der Ankunft der Spanier – sie beruhen auf den verschiedensten Prüfungsmethoden – ergeben 30 bis 37 Millionen Menschen. Die Zahl der Indianer und Eskimo zwischen Rio Grande und Arktis wird heute mit 9 800 000 bis 12 500 000 angesetzt. Die ersten Entdecker fanden also einen dicht besiedelten Kontinent mit einer Fülle verschiedener Indianergruppen vor.

Das Ausmaß der Vernichtung der Indianer durch die Weißen wird durch die lange Liste jener Indianergruppen, die vollkommen ausgerottet wurden, und durch die wenigen armseligen Überlebenden, die zumeist Mischlinge sind, bezeugt. Die Aleuten, die Bewohner der Aleuteninseln von Alaska, zählten, bevor sie mit den Handelsschiffen der Weißen in Kontakt kamen, mehr als 20 000 Menschen. Heute leben noch ein paar Tausend in verstreuten Dörfern an Flußmündungen; doch ihre Zahl geht weiter zurück. Die Indianerbevölkerung in dem Gebiet der amerikanischen Bundesstaaten erreichte 1850 ihren Tiefpunkt; damals gab es kaum mehr als 250 000 Indianer. Seitdem haben sich die Indianer erstaunlich erholt – nicht, was ihren sozialen und wirtschaftlichen Status betrifft, doch zumindest zahlenmäßig. Eine Volkszählung im Jahre 1960 gibt die Indianerbevölkerung mit 551 669 Menschen an, berücksichtigt jedoch nicht die Mischlinge – mehrere Hunderttausend –, die nicht zu den Indianern gezählt werden wollen. Daneben wurden von den kanadischen Behörden etwa 225 000 Indianer und Eskimo registriert.

Viele Menschen haben sich schon die Frage gestellt, warum die Indianerbevölkerung derart drastisch zurückgegangen ist. Mord, Hunger und Krankheit sind nur eine Teilantwort – dazu kommt nämlich noch der physische und psychische Druck, dem die Indianer ausgesetzt waren. Die Wirkung des Streß auf menschliche Populationen ist noch nicht völlig geklärt, doch daß seine Wirkung verheerend sein kann, steht außer Zweifel. Der Zweite Weltkrieg liefert eindeutige Beweise dafür. Ungefähr 25 000 Amerikaner kamen in japanische Gefangenschaft und wurden wesentlich brutaler behandelt als die Amerikaner in europäischen Gefangenenlagern. Die Japaner wandten physische wie psychologische Druckmittel an und raubten den Gefangenen ihre menschliche Würde; mehr als ein Drittel der in Japan internierten Amerikaner starb, in Europa jedoch nur ein Prozent. Sechs Jahre nach ihrer Befreiung aus den japanischen Lagern wurde eine Gruppe ehemaliger Kriegsgefangener untersucht. Ihre Todesrate war doppelt so hoch wie die von Männern der gleichen Altersklasse, der gleichen Rasse, der gleichen Statur und so weiter, die keine Gefangenschaft erlebt hatten. Die Todesursachen standen jedoch nicht in direktem Zusammenhang mit der Gefangenschaft. Doppelt so viele, als man erwarten konnte, starben an Krebs; mehr als viermal so viele an Magen- und Darmerkrankungen; mehr als neunmal so viele an Tuberkulose. Man muß daher annehmen, daß die amerikanischen Indianer, die in überfüllte Reservate getrieben, von ihren Familien getrennt und schweren Demütigungen ausgesetzt waren, ebensosehr unter den Wirkungen des Streß litten.

Die edle Rothaut und der blutrünstige Wilde

Zwei einander widersprechende Vorstellungen vom Indianer – die edle Rothaut und der blutrünstige Wilde – waren während der letzten fünfhundert Jahre verbreitet, und die Gefühle pendelten zwischen diesen beiden Extremen hin und her. Kolumbus brachte sechs Indianer nach Europa mit, um sie Königin Isabella zu zeigen; in ihrer prächtigen Kleidung, in voller Kriegsbemalung, wurden sie rasch zu einer der Kuriositäten Spaniens. Sir Walter Raleigh schleppte Häuptling Mateo herbei, damit er Königin Elisabeth einen Besuch abstatte. Diese war so entzückt von dem Indianer, daß sie ihm den Titel Lord of Roanoke verlieh. Das Elisabethanische England wurde von einem wahren Indianerfimmel befallen, und Shakespeare beklagt sich darüber in seinem Stück „Der Sturm": „... wenn sie keinen Deut geben wollen, einem lahmen Bettler zu helfen, so wenden sie zehn dran, einen toten Indianer zu sehen."

Nach einer anfänglichen Verwirrung gelangten einige Philosophen, vornehmlich französische, zu einer überaus romantischen Ansicht. Die Europäer hatten schon oft davon geträumt, daß es in irgendeinem Winkel der Erde eine Rasse edler Menschen gebe, Überreste jenes Goldenen Zeitalters, als der Mensch noch nicht von der Zivilisation verdorben war. Die Berichte über das Leben der Indianer wurden immer zahlreicher, und ein hervorragender französischer Philosoph des späten 16. Jahrhunderts, Michel Eyquem de Montaigne, suchte die Entdecker auf, um sich persönlich mit ihnen zu unterhalten, studierte die Reiseberichte und traf sogar mit drei Indianern zusammen, die man als Kuriosität an den Hof von Versailles gebracht hatte. Er kam zu dem Schluß, daß der edle Wilde endlich gefunden sei, denn dem Indianer „sind Handel, Schrift und Rechenkunst, Magistrate und Politik, Dienstleistungen, Reichtum und Armut unbekannt. Er weiß nichts von Verträgen oder Erbrecht, von der Düngung des Bodens oder vom Wein. Er kennt keine andere Beschäftigung als die Muße, und seine Kleidung ist paradiesisch. Wörter, die Lüge, Falschheit, Habgier, Neid oder Verleumdung bedeuten, sind ihm unbekannt." Montaigne entwarf von den Einwohnern der Neuen Welt ein Idealbild, das den edlen Wilden Rousseaus vorwegnahm.

Gegen Ende des 17. Jahrhunderts waren die Beobachter zu der festen Überzeugung gelangt, daß die amerikanischen Indianer in keiner Weise minderwertiger seien als die Weißen, und viele Schriftsteller gaben ihrer Freude über die Entdeckung der edlen Rothaut Ausdruck. Der Jesuitenmissionar Bressani, der von 1645 bis 1649 in Kanada lebte, berichtet: „Die Einwohner sind nur dem Namen nach Barbaren. Es besteht kein Anlaß, sie für tierisch, zottig, schwarz oder häßlich zu halten." Bewundernd spricht er von dem guten Gedächtnis der Indianer, von „ihrer unglaublichen Fähigkeit, sich an Orte zu erinnern und diese zu beschreiben". Ein Indianer, stellt Bressani fest, kann sich Dinge merken, die ein Weißer „ohne sie niederzuschreiben niemals auswendig lernen könnte". Begeistert bestätigt ein anderer Jesuit diese Bemerkungen und erklärt: „Die Indianer zeigen in ihren Geschäften, in ihren Gesprächen und im Umgang mit Menschen mehr Intelligenz als die schlauesten Bürger und Kaufleute Frankreichs."

Die Vorstellung von der edlen Rothaut faszinierte Europa, doch in den Augen von Kolonisten, die am Rand der Neuen Welt ein gefahrvolles Leben führten, waren die Indianer eine minderwertige Menschenrasse. Diese Überzeugung hinderte sie vorerst nicht daran, zu glauben, die Indianer könnten nach Erlösung dürsten und die europäische Zivilisation würde für sie überaus segensreich sein. Wenige Jahre nach der Besiedlung von Virginia erschienen 50 Missionare und nahmen die Bekehrung der Heiden in Angriff. Die Indianer zeigten allerdings wenig Begeisterung, eine Kultur anzunehmen, die ihnen in vieler Hinsicht barbarisch erschien. Außerdem verärgerte es sie mehr und mehr, daß die Weißen sich auf ihrem Land breitmachten: bereits 1622 erhoben sich die Indianer Virginias gegen die Kolonisten und töteten 350 von ihnen.

Für die Puritaner Neuenglands war das Indianerproblem anfangs nicht aktuell, denn die Krankheiten, die bereits mit den ersten Handelsschiffen gekommen waren, hatten der Küstenbevölkerung arg zugesetzt und ihre Zahl drastisch vermindert. Doch als sich die Pequote 1637 gegen die Besiedlung des Connecticut Valley zur Wehr setzten, umzingelte eine Puritanergruppe ihr Dorf und verbrannte es. Etwa 500 Indianer starben in den Flammen oder wurden erschossen, als sie fliehen wollten. Die frommen Weißen dankten Gott, daß sie nur zwei Menschen verloren hatten. Hierauf wurden die Wälder nach überlebenden Indianern durchsucht, und fand man einen, so wurde er als Sklave verkauft.

In ihren Auseinandersetzungen mit den Indianern Neuenglands erwiesen sich die Puritaner als besonders mitleidslos, und kaum ein Schimmer von Menschlichkeit erhellt die düsteren Chroniken, die voll von Grausamkeit und Erniedrigung sind. Es gab verschiedene Gründe, warum die Puritaner mit den Indianern wesentlich schlechter zu Rande kamen als die Spanier, die Franzosen, ja sogar als die Engländer. Die Puritaner bestanden auf der Frömmigkeit, die die Indianer nicht akzeptieren wollten oder konnten. Es fehlte den Puritanern jede Möglichkeit, die Indianer zu integrieren, denn sie hielten nichts von Massentaufen (wie sie etwa die Franzosen hatten), und auch eine missionarische Tätigkeit lag ihnen fern. Anders als bei den Spaniern war die Bekehrung der Heiden für die Siedler Neuenglands niemals ein zwingendes Motiv oder eine

Rechtfertigung gewesen. Die Verachtung, die die Puritaner für die Indianer empfanden, zeigt sich in einem Befehl ihres Rates:

„Es wird angeordnet, daß kein Indianer am Tage des Herrn eine englische Stadt oder ein englisches Haus (ohne Erlaubnis) betreten darf, außer, um öffentlichen Versammlungen beizuwohnen. Auch an andern Tagen darf kein Indianer das Haus eines Engländers betreten, ohne vorher anzuklopfen. Erst wenn man ihm die Erlaubnis dazu gibt, darf er eintreten (und sonst nicht) . . ."

Der Wunsch der Weißen, das Land der Indianer zu besiedeln, und die ständige Rivalität zwischen französischen und englischen Pelzhändlern führten zu zahlreichen Zusammenstößen und blutigen Kriegen; stets kämpften Indianer auf beiden Seiten. Die Weißen waren entschlossen, die Sache – bis zum letzten Indianer – auszutragen. Diese Kämpfe erreichten im Krieg von 1763 einen Höhepunkt, der vielen Indianergruppen im Nordosten des Kontinents zum Verhängnis wurde. Im Mai 1763 überfiel ein Ottawastamm namens Pontiac die Stadt Detroit und eroberte ein englisches Fort nach dem andern. Lord Jeffrey Amherst, der die englischen Streitkräfte in Nordamerika befehligte, überlegte, ob es vorteilhafter sei, die Indianer mit Hunden zu hetzen oder sie mit Pocken zu infizieren. Da Hunde nicht zu beschaffen waren, verteilten die Offiziere Taschentücher und Leintücher aus dem Pockenspital in Fort Pitt an die Indianer – das war vermutlich der erste Fall biologischer Kriegführung in der Geschichte. Von der Bewunderung der edlen Wilden hatte man sich bereits weit entfernt.

Man begann in den Indianern verstockte Tiere zu sehen, die sich den augenfälligen Segnungen der Zivilisation hartnäckig widersetzten; die Vorstellung vom blutrünstigen Wilden wurde geboren. Die Worte Hugh Henry Brackenridges, einer bescheidenen Figur in der Literatur der jungen Nation, sind für die veränderte Einstellung bezeichnend. 1782 schreibt er von den „. . . Tieren, die man gemeinhin Indianer nennt". Rousseaus edler Wilder wurde zu Grabe getragen, als John Adams 1790 feststellte: „Ich kann mich Rousseaus Ansicht nicht anschließen. Seine Vorstellungen über die reine Moral der Wilden und jener, die sich im Frühstadium der Zivilisation befinden, sind reine Hirngespinste." Sogar ein aufgeklärter Mann wie Benjamin Franklin sagte, man solle im Rum ein Geschenk der Vorsehung sehen, das dazu diente, „diese Wilden auszurotten und für jene Platz zu machen, die die Erde kultivierten".

Nach dem Krieg von 1812 hatte die junge Nation die Indianer als Verbündete im Kampf gegen die Engländer nicht mehr nötig, und so ging es mit den Indianern schnell bergab. 1884 gab es auf ihrem Territorium bereits zwölf neue Staaten; man hatte mit den Indianern zwei große und zwei kleinere Kriege ausgefochten und eine Gruppe nach der andern westwärts in Gewaltmärschen über den Mississippi getrieben.

Wie in andern grausamen Kapiteln der amerikanischen Geschichte wurden Gott und die Kultur zur Rechtfertigung bemüht. Für Senator Thomas Hart Benton war das alles sehr einfach: Die Weißen müssen die Indianer ablösen, weil die Weißen das Land so nutzen, „wie es den Absichten des Schöpfers entspricht". Andere sprachen davon, wie gut es für die Indianer sei, nicht mehr mit den Weißen in Konflikt zu kommen und Zeit zu haben, die Segnungen der Zivilisation in dem ihnen angemessenen Tempo anzunehmen. In der Hoffnung, die Indianer aus seinem Staat in das Gebiet abzuschieben, aus dem später Oklahoma wurde, beschrieb ein Senator von Georgia diese unfruchtbare, kahle Gegend in den leuchtendsten Farben, „als einen Platz, über den Flora mit freigiebiger Hand ihre Schönheiten ausgeschüttet hat, wo zahllos wilde Tiere ein idyllisches Leben führen".

Trotz solcher Behauptungen fanden die Indianer auch Verteidiger, aber die Intensität der Verteidigung stand in direktem Verhältnis zur Entfernung der Weißen von den Indianern. Im Grenzgebiet sah man im Indianer den verfluchten Wilden; an der Ostküste aber, wo Spanier, Holländer, Engländer und später Amerikaner längst alle Indianer ausgerottet hatten, begannen Philosophen und Dichter die Rothaut zu verteidigen. Als Antwort auf die Vernichtung der Indianerbevölkerung in Georgia protestierte Ralph Waldo Emerson: „Die Seele des Menschen, die Gerechtigkeit, die Barmherzigkeit, die in allen Herzen der Menschen von Maine bis Georgia wohnt, verachtet dieses Verhalten." Präsidenten aus dem Osten, wie Jefferson, Monroe und Adams, äußerten gelegentlich gewisse Skrupel hinsichtlich der Behandlung der Indianer. Thomas Jefferson aber muß einer Selbsttäuschung erlegen oder blind gewesen sein, als er kurz vor seinem Tod über die Zivilisation schrieb, die der Weiße den Indianern gebracht hat: „Lassen wir einen philosophierenden Beobachter vom Gebiet der Wilden der Rocky Mountains nach Osten bis zu unserer Küste reisen. Er wird feststellen, daß die Wilden im ältesten Stadium der Gemeinschaft leben, von keinem andern Gesetz wissen als von dem der Natur, und nur das Fleisch und die Haut der wilden Tiere kennen, um sich zu nähren und zu bekleiden. Die Indianer an unseren Grenzen jedoch sind mit Landwirtschaft und der Zucht von Haustieren beschäftigt, die ihre Jagdbeute ergänzen. Danach kommen unsere eigenen Bürger, die Pioniere des Fortschritts der Zivilisation, und so wird er auf seiner Wanderung alle Schattierungen des Fortschritts antreffen, bis er schließlich in unseren Hafenstädten auf das am weitesten fortgeschrittene Stadium trifft. Das entspricht einer Reise durch die Zeit, dem Fortschritt des Menschen vom Beginn der Schöpfung bis zum heutigen Tage."

Präsident Andrew Jackson ist im Grenzgebiet aufgewachsen, auf ihn machte die Behandlung der Indianer nicht den geringsten Eindruck. Er bezeichnete es als „absurde Farce", daß die Vereinigten Staaten sich die Mühe nähmen, mit den Indianern zu verhandeln, als seien sie unabhängige Nationen, die auf ihr Land Anspruch besäßen. Die Politik der Umsiedlung aller Indianer in Gebiete westlich des Mississippi fand seine volle Billigung. Er machte seinen ganzen Einfluß geltend, damit der Kongreß eine Handlungsweise sanktionierte, die man heute, nach den Nürnberger Gesetzen, als Völkermord bezeichnen würde. 1830 bestätigte der Kongreß die *Removal Act*, der dem Präsidenten das Recht gab, alle Indianer auszurotten, die östlich des Mississippi noch lebten. Man schätzte, daß die ganze Sache mit einem Kostenaufwand von 500 000 Dollar erledigt werden könnte – Versprechungen, Drohungen und Bestechungen der Indianerhäuptlinge sollten die Kosten niedrig halten. Als der Vorsitzende des Obersten Gerichtshofes, John Marshall, in einem Fall ein Urteil zugunsten der Cherokee aussprach, das für die Zukunft folgenschwer werden konnte, soll Jackson bemerkt haben: „John Marshall hat eine Entscheidung gefällt; jetzt soll er versuchen, sie auch durchzusetzen."

Während der folgenden zehn Jahre wurden praktisch alle Indianer aus dem Osten entfernt. Manche, wie die Chickasaw und Choctaw, fügten sich in ihr Los, andere wichen nur den gezückten Bajonetten. Die Seminole leisteten aktiven Widerstand, und manche flüchteten in das Sumpfgebiet von Florida, wo sie sich hartnäckig gegen die Armee der Vereinigten Staaten verteidigten. Der Krieg gegen die Seminole dauerte von 1835 bis 1842 und kostete die USA etwa 1500 Soldaten und schätzungsweise 20 Millionen Dollar (ungefähr das Vierzigfache der Kosten, die Jackson für die Beseitung aller Indianer berechnet hatte). Viele Irokesen suchten in Kanada Schutz, und die Oheida und die Seneca wurden nach

Westen vertrieben; kleinen Teilen der Irokesenstämme gelang es, im westlichen New York zu bleiben. Sac und Fox unternahmen in Illinois einen verzweifelten Versuch, sich gegen eine Übermacht von Weißen zur Wehr zu setzen, doch letztlich mußten die Überlebenden weiterziehen, ebenso wie die Ottawa, Potawatomie, Wyandot, Shawnee, Kickapoo, Winnebago, Delaware, Peoria, Miami und viele andere, an die heute nur noch der Name einer Stadt, eines Sees oder einer Gemeinde erinnert.

Alles in allem wurden, so schätzt man, ungefähr 70 000 Indianer in das Gebiet westlich des Mississippi umgesiedelt, vermutlich liegt ihre Zahl sogar bei 100 000. Über die Zahl jener, die getötet wurden, bevor sie den Osten verlassen konnten, gibt es ebenso wenige Angaben wie über die ungeheuren Verluste durch Krankheit, Kälte und Hunger auf dem großen Marsch nach Westen, der durch unbesiedeltes und unwirtliches Land führte.

Die Cherokee

Manche Indianer können zurecht als „Wilde" bezeichnet werden, auf die Cherokee aber trifft diese Bezeichnung keineswegs zu. Um 1790 entschlossen sich die Cherokee, die Lebensform der weißen Sieger, deren Zivilisation, deren Moral, deren Wissen und Kunst anzunehmen. In ihrer gebirgigen Heimat, dort, wo Georgia, Tennessee und North Carolina zusammentreffen, machten die Cherokee erstaunlich rasche Fortschritte. Sie errichteten Kirchen, bauten Schulen und Mühlen, bestellten ihre Felder; zeitgenössischen Berichten zufolge muß das Gebiet, verglichen mit der tristen Landschaft, die die weißen Nachfolger aus diesem Landstrich gemacht haben, ein Paradies gewesen sein. 1826 berichtete ein Cherokee, daß sein Volk bereits 22 000 Stück Vieh, 7600 Häuser, 46 000 Schweine, 2500 Schafe, 762 Webstühle, 1488 Spinnräder, 2948 Pflüge, 10 Sägemühlen, 31 Kornmühlen, 62 Schmieden und 18 Schulen besaß. Allein in einer Cherokeegemeinde gab es etwa 1000 Bände von „guten Büchern". 1821, nach zwölf Jahren harter Arbeit, vervollkommnete ein Cherokee namens Sequoya (sein Name ist in den wissenschaftlichen Bezeichnungen der riesigen Bäume Kaliforniens verewigt: Sequoia sempervivens und Sequoia gigantea) eine Methode der Silbenaufzeichnung, bei der unsere Buchstaben für ganze Cherokeesilben stehen. 1828 brachten die Cherokee bereits eine eigene Zeitung heraus. Ungefähr um die gleiche Zeit nahmen sie auch eine geschriebene Verfassung an, die eine Exekutive, eine Zwei-Kammer-Legislative, einen Obersten Gerichtshof und ein Gesetzbuch vorsah.

Vor der Annahme der *Removal Act* von 1830 ging eine Gruppe von Cherokeehäuptlingen zu dem Senatskomitee, das den Gesetzentwurf studierte, um zu berichten, was sie in der kurzen Zeitspanne von vierzig Jahren erreicht hatten. Sie gaben der Hoffnung Ausdruck, daß man ihnen erlauben würde, in Frieden „auf eigenem Grund und Boden die Segnungen der Zivilisation und des Christentums zu genießen". Statt dessen waren sie tagtäglich den Brutalitäten und Grausamkeiten ihrer weißen Nachbarn ausgesetzt, wurden von der Regierung des Staates Georgia schikaniert, von Agenten der Bundesregierung bestürmt und bestochen, in eine Umsiedlung einzuwilligen, und genossen nicht einmal den Schutz der Regierung. Schließlich unterschrieb 1835 eine Minorität von 500 Cherokee (von insgesamt 20 000) einen Vertrag, in dem sie ihrer Umsiedlung zustimmten. Die *Removal Act* wurde fast überall mit erbarmungsloser Härte durchgeführt, doch im Falle der Cherokee – zivilisierten und christianisierten Menschen – wurde sie ganz besonders brutal gehandhabt.

Nach endlosen Drohungen willigten 5000 Cherokee ein, nach Westen zu ziehen, doch weitere 15 000 klammerten sich an ihre sauberen Farmen und Schulen, an ihre Bibliotheken mit den „guten Büchern". Also machte General Winfield Scott sich daran, die Rebellen systematisch auszurotten. Soldatenabteilungen zogen zu den abgelegenen Farmen und trieben die Familien mit gezückten Bajonetten zu Plätzen, die man heute Konzentrationslager nennen würde. Mit der Gründlichkeit und Schnelligkeit, die die Nazis unter ähnlichen Umständen an den Tag legten, wurden die Familien aus ihren Heimstätten gerissen. Man ließ ihnen keine Zeit, sich auf die mühevolle Reise vorzubereiten, sie durften weder ihr Land verkaufen noch ihren Besitz veräußern. Plündernd und sengend fielen die Weißen über ihre Farmen her und eigneten sich an, was sie wollten.

Einigen Cherokee gelang es, in die Schluchten und Wälder der Great Smoky Mountains zu flüchten, wo sie den Kern einer kleinen Population bildeten, die noch heute dort lebt. Doch die meisten wurden gefangengenommen und getötet. Für die übrigen begann der „Marsch der tausend Meilen", den die Cherokee bis heute den „Weg der Tränen" nennen; er wurde zu einem der großen Todesmärsche der Geschichte. Schlecht gekleidet, schlecht ernährt, ohne jede medizinische Betreuung, von den Soldaten mit Bajonetten vorwärtsgestoßen, erlitten die Cherokee schwere Verluste; einer zeitgenössischen Schätzung zufolge blieben etwa 4000 Cherokee auf der Strecke, aber diese Zahl ist zweifellos zu niedrig. Zu derselben Zeit, als diese Menschen in Scharen starben, berichtete Präsident Van Buren dem Kongreß, die Regierung hätte das Problem der Indianer „überall gerecht und gütlich gelöst; man bemüht sich um ihre Zivilisation und wird von den besten humanitären Gefühlen geleitet; unablässig achtet man darauf, daß die Indianer nicht durch Einzelpersonen Schaden leiden".

Ein Mann, der den jungen Staat unvoreingenommen betrachtete und der seine Ansichten in dem Werk „La démocratie en Amérique" zusammenfaßte, war Alexis de Tocqueville. Während eines ungewöhnlich kalten Winters befand er sich zufällig in Memphis. Dort sah er eine armselige Gruppe Choctaw, ein Häuflein jener, die widerwillig zugestimmt hatten, in den westlichen Teil des damaligen Arkansas zu ziehen. De Tocqueville schreibt: „Es war mitten im Winter und die Kälte ungewöhnlich bitter; hartgefrorener Schnee bedeckte den Boden, und auf dem Fluß trieben große Eisblöcke. Die Indianer hatten ihre Familien bei sich, auch Verwundete und Kranke, Säuglinge und alte Männer, die an der Schwelle des Todes standen. Sie besaßen nur das, was sie mit sich schleppen konnten; es gab weder Zelte noch Planwagen. Ich beobachtete, wie sie den breiten Fluß zu überqueren begannen, und niemals werde ich dieses feierliche Schauspiel vergessen. Kein Schrei, kein Schluchzen war zu vernehmen; alles blieb still. Ihr Elend war schon alt, und sie wußten, daß es kein Entrinnen gab."

De Tocqueville war ein kluger Beobachter der Methoden, die die Amerikaner bei den Indianern anwandten, und er beschrieb mit verhaltenem Zorn, wie die Indianer von den Regierungsbeamten nach Westen getrieben wurden: „. . . halb überredet und halb dazu gezwungen, ziehen sie nun zu neuen Wüstengebieten, wo die unersättlichen Weißen sie kaum zehn Jahre in Frieden lassen werden. Auf diese Weise erhalten die Amerikaner – zu einem sehr billigen Preis – riesige Provinzen, wie sie die reichsten Herrscher Europas nicht kaufen könnten."

Er stellte fest, daß nicht mehr als 6273 Indianer in den dreizehn ersten Staaten überlebt hatten, und sah das Schicksal der Indianer in ihrer neuen Heimat jenseits des Mississippi richtig voraus: „Die Gebiete, in die sie kommen, sind von andern Stämmen bewohnt, die sie mit eifersüchtiger Feindseligkeit empfangen. Der Hunger lauert, Kämpfe stehen bevor, und auf allen Seiten droht Elend. Um so vielen Feinden zu entgehen, trennen sie sich, und jedes Individuum versucht, sich heimlich das Lebensnotwendige zu beschaffen."

Lange vor der Anthropologie und dem Studium dessen, was man heute euphemistisch als „kulturellen Wandel" bezeichnet, erkannte De Tocqueville, wie sich eine ganze Kultur – einem komplizierten Stoffgewebe gleich – auflösen kann: „Die gesellschaftlichen Bindungen, die schon längst durch das Elend geschwächt sind, beginnen sich aufzulösen: sie haben kein Land mehr, und bald werden sie kein Volk mehr sein; selbst die Familien brechen auseinander; der gemeinsame Name ist vergessen; die Sprache geht zugrunde; und alle Spuren ihrer Herkunft verschwinden. Außer in der Erinnerung einiger amerikanischer Altertumsforscher und einiger europäischer Gelehrter hat ihre Nation aufgehört zu existieren."

Die große Umsiedlung erwies sich nicht als das Heilmittel, als das ihre Verfechter im Kongreß sie – im Namen Gottes und der Zivilisation – gepriesen hatten. Familien wurden auseinandergerissen, und ungezählte Indianer starben unterwegs. Die neuen Gebiete waren wesentlich ungeeigneter für die Landwirtschaft als jene, die die Indianer verlassen mußten, und neue Beutetiere erforderten neue Jagdmethoden. Dazu kam noch die Feindseligkeit der Prärieindianer, die man überredet hatte, etwas von ihrem Land an die Neuankömmlinge abzutreten. Die Prärieindianer behaupteten, die Fremden hätten den Bison vertrieben, und Zusammenstöße zwischen den einzelnen Gruppen wurden immer häufiger. Die Chickasaw, die folgsam in die Umsiedlung eingewilligt hatten, erklärten, sie könnten mit dem ihnen zugewiesenen Land nichts anfangen, weil sie Angst vor den „wilden Stämmen" hätten, die dort wohnten. Die Regierung der Vereinigten Staaten kam ihrer Verpflichtung, die Indianer in den neuen Gebieten zu schützen, ebensowenig nach wie bisher. 1834 wurden im Grenzgebiet weniger als 3000 Soldaten aufgeboten, die Ordnung halten und die Neuankömmlinge gegen die Präriestämme schützen sollten. So mußten eben jene Indianer, die man angeblich umgesiedelt hatte, um sie zu befrieden und zu zivilisieren, von neuem ihr altes Kriegshandwerk aufnehmen. Das einzige Resultat der großen Umsiedlung bestand also darin, daß wieder einmal – wie schon in den Tagen der französisch-englischen Rivalität – Indianer gegen Indianer kämpfte und die Weißen daraus Profit schlugen.

Der Endkampf

Das Los der Indianer westlich des Mississippi war nur eine traurige und montone Wiederholung dessen, was sich im Osten bereits abgespielt hatte: Kriege, gebrochene Verträge, Landenteignung, Rebellion und schließlich – Niederlage. Kaum hatte man die Indianer des Ostens in die Ebenen getrieben, da entdeckten die Weißen die Bodenschätze des Westens, und die Siedler machten sich auf den Weg. Züge mit Einwanderern rumpelten durch die Prärie, und wieder einmal war es das Ziel des Grenzers, die Indianer aus dem Weg zu räumen. Eine Zeitung aus Kansas faßte die allgemeine Einstellung zu den Indianern um die Mitte des letzten Jahrhunderts mit folgenden Worten zusammen: „Eine Bande elender, schmutziger, verlauster, diebischer, verlogener, mordender, hinterhältiger, glaubensloser und Dreck fressender Stinktiere, wie sie nach dem Willen des Herrn nirgends sonst die Erde vergiften, und für deren sofortige und endgültige Vernichtung alle Menschen beten sollten." Die „endgültige Vernichtung" wurde durch Epidemien beschleunigt, die den Westen überfluteten und den Indianern die letzten Kräfte raubten. Von 1600 Mandanindianern überlebten kaum hundert eine Pockenepidemie (heute sind sie vollständig ausgestorben). Die gleiche Epidemie reduzierte weiter im Westen den Stamm der Blackfootindianer um die Hälfte seiner Angehörigen. Ein Großteil der Kiowa und Comanchen fiel der Cholera zum Opfer. Sicher wären die Indianer in jedem Fall von den Weißen vernichtet worden; Pocken und Cholera machten die Sache nur einfacher.

Bis 1868 wurden zwischen der Regierung der USA und verschiedenen Indianergruppen ungefähr vierhundert Verträge geschlossen, und kaum einer davon wurde gehalten. Zu Ende des letzten Jahrhunderts begriffen die Indianer endlich, daß es sich bei diesen Verträgen um Grundstückstransaktionen handelte, deren einziges Ziel es war, ihnen ihr Land zu nehmen. Während der letzten dreißig Jahre des 19. Jahrhunderts kam es zu offenen Kämpfen zwischen Indianern und Weißen, die auf beiden Seiten mit wildem Fanatismus geführt wurden. Ein Stamm nach dem andern erhob sich, ein Stamm nach dem andern wurde vernichtet – 1874 die Stämme der südlichen Plains, 1876 die Sioux, 1877 die Nez Percé, 1878 Cheyenne und Bannock, 1879 die Ute und schließlich die Apachen während der achtziger Jahre, als Geronimo sich endlich mit seiner Gruppe von 36 Überlebenden ergab. Diese Kriege waren nur noch die letzten Todeszuckungen eines Volkes, das physisch und psychologisch eigentlich längst besiegt war. General William T. Sherman führte den endgültigen Sieg der amerikanischen Armee auf die Eisenbahn zurück, durch die seine Truppen in einem Tag eine größere Strecke zurücklegen konnten als bisher in einem einmonatigen

Fußmarsch. General Phil Sheridan hingegen hatte die Vernichtung der Bisonherden empfohlen, weil er richtig voraussah, daß mit ihrem Verschwinden auch die Indianer verschwinden würden; um 1885 war der Bison praktisch ausgerottet, und die Indianer auf den Prärien verhungerten. Die Indianerkriege gingen zu Ende. Und mit dem Frieden breitete sich im Westen eine wirtschaftliche Rezession aus, da die Regierung bisher für jeden zu tötenden Indianer eine Million Dollar in diesem Gebiet ausgegeben hatte.

Fast dreihundert Jahre lang hatte man im Grenzgebiet mit dem Mythos und der Realität von Skalpmesser und Tomahawk gelebt, jetzt waren die blutrünstigen Wilden nahezu verschwunden. Die Weißen beherrschten das Feld und schoben die wenigen überlebenden Indianer umher; oft wurden sie fünf- bis sechsmal umgesiedelt. Das veranlaßte den weisen alten Siouxhäuptling Spotted Tail zu der traurigen Frage: „Warum stellt der Große Weiße Vater seine roten Kinder nicht auf Räder, damit er sie nach Belieben umherbewegen kann?"

Nach dem Bürgerkrieg wurde im östlichen Teil des Landes das Indianerproblem vom Negerproblem abgelöst. Die aufrichtigen Bemühungen verschiedener Menschenfreunde wurden sofort von einigen Opportunisten aufgegriffen, die diese zur Plünderung der Staatskasse benutzten. Eine gut gemeinte Bewegung, die das Ziel hatte, der restlichen Indianerbevölkerung das Privateigentum wiederzugeben, fand Unterstützung, und der Plan wurde im Kongreß, in der Presse und bei den Zusammenkünften religiöser Gesellschaften gelobt. Die Folge davon war die von Senator Henry L. Dawes eingebrachte *Dawes-Allotement-Act* vom Jahre 1887. Dawes hoffte damit, etwas für die Indianer zu tun, die Gefahr liefen, ihren gesamten Besitz an habgierige Weiße zu verlieren. Als Präsident Grover Cleveland das Gesetz unterzeichnete, stellte er fest: „Hunger und Durst des weißen Mannes nach dem Land der Indianer entsprechen fast seinem Hunger und Durst nach Gerechtigkeit." Das Gesetz sah vor, daß jedem Indianer Land zugewiesen und das verbleibende Land sodann dem Publikum zum Kauf angeboten werden sollte.

Das Gesetz ließ jedoch so viele Hintertüren offen, daß es sich bald als ein wirksames Instrument erwies, den Indianern ihr Land wegzunehmen. Die Indianer konnten nämlich das ihnen zugewiesene Land in Pacht geben, und viele taten das, ohne sich über den wahren Wert des Terrains zu informieren. Vielfach wurden die Indianer dazu überredet, ihren Landbesitz „weißen Freunden" zu vermachen. Als dieser Trick immer häufiger benutzt wurde, mehrten sich unter den Indianern die Todesfälle „aus ungeklärter Ursache"; in manchen Fällen konnte Mord nachgewiesen werden. Der Raub ging mit bemerkenswerter Folgerichtigkeit vor sich. Zuerst wechselte das ertragreichste Land den Besitzer – das Land an den Flußufern und das fruchtbare Grasland. Danach kamen die etwas weniger begehrenswerten Grundstücke an die Reihe, die erst gerodet werden mußten, um gute Ernte zu bringen. Danach kamen die Randgebiete, und so ging das weiter, bis den Indianern schließlich nur noch das schlechteste Land übrigblieb, an dem kein Weißer mehr interessiert war. Um diese Zeit begann die Geburtenrate der Indianer ihre Sterblichkeitsrate zu überwiegen, und so gab es immer mehr Indianer auf immer kleiner werdendem Boden. Die Indianer taten, was sie immer schon getan haben: sie teilten das wenige, das sie hatten, und hungerten gemeinsam. Zwischen 1887 (als die *Dawes-Act* in Kraft trat) und 1934 eigneten sich die Weißen so viel Land an, daß den Indianern von den ursprünglich zugewiesenen 55 Millionen Hektar Land lumpige 22 blieben. Das *Bureau of Indian Affairs* untersuchte dieses restliche Land und stellte fest: „Bei 5 Millionen Hektar ist die Erosion bereits kritisch, bei 7 Millionen ernst, bei 10 Millionen nur leicht." Von den 22 Millionen Hektar Land, das den Indianern verblieb, war nach dem Urteil der Sachverständigen kein Quadratmeter guten Bodens.

Der Sieg über den blutrünstigen Wilden war vollkommen. Doch ein Letztes blieb noch zu tun. Es genügte nicht, daß man die Indianer dezimiert, ihre Kraft gebrochen, ihr Land gestohlen und die Überlebenden in öde Reservate zusammengepfercht hatte. Nein, die Apotheose der Intoleranz war noch zu feiern. Mit den Indianern sollte auch ihre Kultur untergehen. Jede Erinnerung an eine alte Tradition mußte ausgelöscht werden. Washington erließ eine Verordnung, wonach alle Indianer ihr Haar abschneiden mußten, dieses wallende Haar, dem sie eine übernatürliche Kraft zuschrieben. Die Indianer weigerten sich, dem Befehl Folge zu leisten, und so schickte man Armee-Einheiten in die Reservate, um die Durchführung der Befehle zu erzwingen. Oft mußten die Indianer gefesselt werden, bevor sie sich fügten.

Die größte Aufmerksamkeit jener, die die Indianer „amerikanisierten", galt den Kindern. Sie wurden von ihren Familien getrennt und in weit entfernte Erziehungsheime gesteckt. Dort blieben sie zumeist acht Jahre, und während dieser Zeit durften sie weder ihre Eltern noch Verwandte oder Freunde sehen. Alles Indianische – Kleidung, Sprache, religiöse Bräuche, ja sogar die überlieferte Einstellung zum Leben (und diese zu definieren blieb dem jeweiligen Heimleiter überlassen) – waren verpönt. Man erzog die Indianerkinder, wie man es für richtig hielt, man lehrte sie Englisch und steckte sie in Konfektionskleider. Mit kurzem Haar und maßgeschneidertem Innenleben wurden die jungen Indianer einer weißen Welt ausgeliefert, die sie nicht haben wollte, oder zurück in die Reservate geschickt, denen man sie mit so viel Mühe entfremdet hatte. Die Indianer konnten einfach nicht im berühmten Schmelztiegel der amerikanischen Nation aufgehen. Ihr psychologischer Tod war zu früh erfolgt.

Hier endet die Geschichte der wechselvollen Beziehungen zwischem dem weißen und dem roten Mann. Die indianische Zivilisation ist zu Beginn des 20. Jahrhunderts untergegangen. Der Sieg der Weißen war ein vollkommener: Der Indianer wurde dem Bild des weißen Mannes nachgeformt, und wenn er sich wehrte, sperrte man ihn in die Reservation. Die Stellung des Indianers in der modernen amerikanischen Gesellschaft würde Inhalt für ein anderes Buch abgeben, das allerdings erst geschrieben werden muß. Das Los des Indianers ist jedenfalls ein beklagenswertes: sein durchschnittliches Familieneinkommen beträgt nur 30 Dollar pro Woche, seine Lebenserwartung liegt bei 43 Jahren. Die Kindersterblichkeit ist ungefähr doppelt so hoch wie die bei seinen weißen Nachbarn. Von 1700 überlebenden Säuglingen sterben etwa 500 im ersten Lebensjahr an durchaus „vermeidbaren Krankheiten".

Die Geschichte der amerikanischen Indianer ist tragisch und erschütternd, einzigartig ist sie jedoch nicht. Wo immer ein Volk ein anderes unterworfen hat, ist Ähnliches geschehen. So war es bereits in Ägypten und Mesopotamien, so war es bei den Hebräern, den Kanaanitern und den Philistern. Wo immer sich der eurasische Kolonialismus breitmachte, wiederholte sich diese Tragödie. Und der letzte Akt ist noch nicht zu Ende: die Japaner überlegen, was mit ihren Eingeborenen, den aussterbenden Ainu, geschehen soll; die indonesischen Führer versuchen die Dyaks, die Eingeborenen Borneos, und die Filipinos ihre Negritos zu integrieren.

XV

Geborgte Kulturen

Was wir den Indianern verdanken

Wenn zwei Kulturen aufeinanderprallen, hat das immer Folgen, und die Weltgeschichte beweist, daß diese Folgen sehr verschiedenartig sein können. Obwohl die Römer die Griechen besiegten und ihnen zahlenmäßig überlegen waren, anerkannten sie die Überlegenheit der griechischen Kultur; in der Folge kam es zu einer Hellenisierung der Römer. Einige ihrer Nachfahren, Italiener, wanderten nach 1850 in die Vereinigten Staaten aus. Sie wurden von einer andern Kultur absorbiert, waren diesmal in der Minderheit und gingen im Schmelztiegel Amerika auf.

Die Veränderungen, die sich aus dem Zusammentreffen zweier Kulturen ergeben, bezeichnet man als „Kulturangleichung". Der Austausch kultureller Merkmale geht zwar niemals gleichmäßig vor sich, aber keine Kultur bleibt von der andern gänzlich unberührt. Fast immer bringt die Begegnung eine Annäherung der beiden Kulturen mit sich, wenngleich eine der beiden die dominierende bleibt. In manchen Fällen ist die Angleichung so vollkommen, daß nur ein einziger Faktor die beiden Gruppen trennt. In der Weimarer Republik zum Beispiel weigerten sich die ansonsten vollständig assimilierten Juden, zum Christentum überzutreten. Anderseits kann es vorkommen, daß eine Kultur von einer andern zwar physisch überwältigt, aber nicht assimiliert wird. Das geschah mit den Indianern Nordamerikas.

Und doch hat die indianische Kultur ihre Spuren hinterlassen. Etwa die Hälfte aller Bundesstaaten tragen indianische Namen und ebenso Tausende von Städten, Flüssen, Seen und Bergen. Die Amerikaner trinken „hootch", ein von den Alaskaindianern hergestelltes Getränk, laden zu „clambakes" (Picknick), rauchen die Friedenspfeife, halten Powwows (Palaver) und genießen einen „Indian summer" (den Herbst in seinen leuchtenden Farben). Die Bezeichnung „skunk", Stinktier, mit der die Grenzer so gern die Indianer bedachten, stammt ebenso aus dem Indianischen wie viele andere Wörter der englischen Sprache. Der Vormarsch der Siedler folgte den Pfaden der Indianer; heute ist daraus ein Netz von Überlandstraßen geworden. Die Weißen lernten vom Indianer jagen und fischen. Sie lernten, wie man in der Neuen Welt überlebte.

Ein Jahrhundert nach der Entdeckung Amerikas hatten bereits mehr als hundert neue Nahrungsmittel die Alte Welt erreicht, einschließlich Mais, Truthahn, Kartoffel, Kürbis, Avocados, Schokolade und verschiedener Bohnensorten. (Kartoffel und Mais stehen heute an zweiter beziehungsweise dritter Stelle bei der Welternte; nach dem Reis, doch vor dem Weizen, der wahrscheinlich ältesten Getreidesorte.) Drogen und Pharmazeutika, die von den Indianern entdeckt wurden, heilen die Leiden der Weißen: Chinin, Ephedrin, Novokain, Curare, Ipecac und Hamamelis Virginiana. Die Weißen tragen Mokassins, ihre Skiausrüstung ahmt die Bekleidung der Eskimo nach und ihre Boote das Birkenrindenkanu des Indianers. Viele Historiker vertreten die Ansicht, die Verfassung der USA sei ebenso wie die einiger Bundesstaaten zum Teil von den demokratischen Traditionen der Indianergemeinschaften beeinflußt worden. C. G. Jung hat einmal behauptet, er könne im Charakter einiger seiner amerikanischen Patienten indianische Züge erkennen. Sollte das stimmen, so wäre ein Beweis dafür erbracht, daß die Kultur des Besiegten unmerklich sogar die Persönlichkeit des Siegers durchdringen kann.

Squaw-Männer

Ein Aspekt der Begegnung zwischen Indianern und Weißen wird nur selten erwähnt, nämlich die Anziehungskraft, die die indianische Gesellschaftsform auf Generationen von Weißen ausgeübt hat. Kaum waren die Weißen nach Amerika gekommen, zogen viele von ihnen diese Form der Gesellschaft der ihren vor. Nur wenige Jahre nach der Besiedlung Virginias hatten mehr als vierzig Siedler Indianerinnen und mehrere Engländerinnen Indianer geheiratet. Die Kolonie von Virginia bestrafte eine Lebensgemeinschaft mit Indianern so streng, weil die Weißen, und zwar sehr viele Weiße, gerne mit ihnen lebten. Das Wort „indianisieren" – das heißt, die Lebensweise der Indianer annehmen – entstand bereits im 17. Jahrhundert, als ein berühmter Puritaner die Frage stellte: „Wie sehr lassen sich unsere Menschen indianisieren?" Nun, in nicht geringem Ausmaß.

Diese Indianisierung beeindruckte Michel Guillaume Jean de Crèvecoeur, der 1782 in seinen „Letters from American Farmer" schreibt: „Sie (die Indianisierung) muß nicht so übel sein, wie wir gemeinhin annehmen; die gesellschaftlichen Bindungen der Indianer müssen etwas seltsam Faszinierendes haben und den unseren überlegen sein. Denn Tausende Europäer nehmen den indianischen Lebensstil an, während kein einziger Eingeborener aus freien Stücken zu einem Europäer wurde." Damit trifft Crèvecoeur eben jenen wunden Punkt, der die Weißen so verwirrte. Warum fand der Kulturübertritt bloß in einer Richtung statt? Weiße, die eine Zeitlang mit Indianern gelebt hatten, wollten kaum jemals wieder fortgehen. Doch von jenen „zivilisierten" Indianern, die Gelegenheit hatten, die Gesellschaft der Weißen kennenzulernen, äußerte kaum einer den Wunsch, ihr anzugehören. Und die „Squaw-Männer" hielten an ihrem Entschluß fest, obwohl sie nicht nur die Strafe des Gesetzes zu fürchten hatten, sondern auch die Verachtung der übrigen Weißen.

Immer wieder wurde versucht, das Phänomen der Indianisierung zu erklären. Einige haben behauptet, die Zivilisation lege nur eine dünne Schicht über die angeborene Bestialität der Menschen; daher falle der Mensch bei der erstbesten Gelegenheit in den Zustand der Primitivität zurück. Doch die Gesellschaft der Indianer war keineswegs primitiv. Mit ihren Familien- und Verwandtschaftsverbänden, ihrem Clanwesen, ihren Teilstämmen und Rangstufen war sie wesentlich stärker strukturiert als die weiße Gesellschaft jener Zeit.

Andere Leute sahen in den Weißen, die auf die Segnungen von Zivilisation und Christentum verzichteten, einfach Renegaten und Verräter oder Rebellen. Doch erklären die Gründe, warum einzelne Individuen die Indianisierung wählten, keineswegs, warum sich ganze Gruppen so verhielten. Dieses Problem ist auch nicht nur für Weiße und Indianer charakteristisch. Auch einige von den ersten Missionaren, die im 18. Jahrhundert in die Südsee geschickt wurden, zogen ihren Priesterrock aus und heirateten eingeborene Frauen.

Es waren besondere Aspekte der indianischen Gesellschaft, die es so vielen Tausenden Weißen erlaubte, sich einzugliedern. Alle weißen Entdecker waren über die großzügige Gastfreundschaft der Indianer erstaunt. Zwar änderte sich dieses Verhalten, als die Indianer die Bedrohung durch die Weißen erkannten, doch die ersten Kontakte müssen geradezu idyllisch gewesen sein. Das betraf besonders die Gesellschaften auf der Entwicklungsstufe der Sippe und des Stammes; doch auch die Häuptlingtümer auf den Karibischen Inseln bereiteten Kolumbus einen herzlichen Empfang. Gastfreundschaft und Großzügigkeit waren für alle Indianergesellschaften kennzeichnend.

Auch in der Frage der Adoption unterschied sich die Indianergesellschaft grundlegend von der der Weißen. Wurde ein Kriegsgefangener nicht zur Marter bestimmt, so adoptierte ihn zumeist eine Familie, um den Verlust des Gatten oder eines Kindes wettzumachen. Der Adoptierte wurde voll und ganz in die Gesellschaft integriert. Er hatte dieselben Rechte und dieselben Pflichten wie jedes andere Mitglied. Er wurde in die Verwandtschaft, in die Clane und Teilstämme, in die Kult- und Kriegerverbände aufgenommen. Er erhielt neue Eltern, neue Verwandte, neue Freunde. Eine so vollständige Adoption macht die Klagen vieler Squaw-Männer verständlich: „Wenn du ein Indianermädchen heiratest, heiratest du gleichzeitig ihren ganzen verdammten Stamm!"

Das Schema der Indianisierung hatte offensichtlich bereits lange vor der Ankunft der Weißen bestanden; es bedurfte keiner besonderen Veränderungen. Man adoptierte die Weißen, wie man in der Vergangenheit Indianer adoptiert hatte. So gründlich wurde der Adoptierte in die komplexe Gesellschaftsstruktur integriert, daß sogar manche Weiße, die von den Indianern gefangen worden waren, es später ablehnten, ausgelöst zu werden. Diese Gefangenen waren zu einem Teil der Gesellschaft geworden und hatten eine bestimmte Rolle erhalten. Weiße konnten in der Indianergesellschaft zu hohem Ansehen gelangen: Ein Anthropologe, der das Schicksal von dreißig weißen Gefangenen studierte, stellte einen ungewöhnlich großen gesellschaftlichen Erfolg der Weißen fest; drei oder vier Männer waren Häuptlinge geworden, und dieselbe Anzahl Frauen hatten Häuptlinge geheiratet.

Ein Beweis für die Bereitschaft der Indianer, Squaw-Männer aufzunehmen, sind die zahlreichen Neger, die sich Indianerstämmen anschlossen. In den Südstaaten lernten die Indianer von den Weißen die Sklaverei, doch paßten sie diese ihrer Kultur an. Anders als die Weißen, die Sklaven wollten, damit diese ihnen die Reichtümer der Neuen Welt nutzbar machten, hielten die Indianer ihre Sklaven in erster Linie aus Prestigegründen.

Die Anthropologen haben unrecht, wenn sie behaupten, daß die Neger vor der „Zivilisation" davonrannten. Nicht zu einer primitiven Lebensart nahmen sie Zuflucht, sondern zu einer Gesellschaft, die wesentlich strukturierter war als die der Weißen. Sie zogen die Indianer als Herren vor, weil sie ihnen etwas gaben, was die Weißen ihnen vorenthalten hatten: die Möglichkeit, wenn auch als Sklaven, innerhalb einer festen sozialen Struktur zu leben. Anderseits waren die Neger für den Indianer wertvoll, denn sie hatten so manches bei ihren weißen Herren gelernt. Bei den Indianern besaß der Negersklave sogar eine gewisse soziale Beweglichkeit, und man weiß sogar von Negern, die hohe Ämter erhielten. Vermutlich war Osceola, der große Seminoleführer, ein Negermischling.

Natürlich erhebt sich die Frage, warum die Kulturanpassung nur in einer Richtung verlief. Warum fand der Indianer keinen Zugang zur Gesellschaft der Weißen, zumal die Weißen doch immer wieder versuchten, ihn zu „zivilisieren?" Wohl deshalb, weil die weißen Siedler keine Traditionen und Institutionen besaßen, die mit der Adoption vergleichbar gewesen wären und eine vollständige gesellschaftliche Integration erlaubt hätten. Indianer, die in engen Kontakt mit Weißen kamen, wurden gelegentlich höflich und manchmal sogar freundlich behandelt. Vielleicht wurden sie von ihnen erzogen und gekleidet; doch niemals konnte eine weiße Familie einen Indianer als gleichwertiges Familienmitglied annehmen. Das war der Tradition der westlichen Zivilisation absolut wesensfremd. Wenn die Weißen die Indianer erzogen, so taten sie das im Hinblick darauf, daß die Indianer als Missionare zu ihren eigenen Leuten zurückkehren sollten, und nicht, um ihnen Zutritt zur weißen Gesellschaft zu ermöglichen.

Die freiwillige Assimilierung, in Amerika „Indianisierung" genannt, ist eine Erscheinung, die auch andernorts und zu anderen Zeiten aufgetreten ist, wenn zwei Kulturen aufeinandertrafen. Daß die dominierende Kultur die Lebensweise der Besiegten annimmt, geschieht allerdings nur selten. Es geschah, als die Hyksos um 1700 vor Christus Ägypten eroberten und als die Römer im 2. Jahrhundert vor Christus die Griechen besiegten. Die Hyksos nahmen die Sitten der Ägypter, ihre Kleidung und ihre Sprache an, und anstatt die ägyptische Religion zu verbieten, machten sie sie zu der ihren. Das soziale und politische System der Ägypter erfuhr keine Unterbrechung. Auf ähnliche Weise wurden die Römer fast zur Gänze hellenisiert: Sie nahmen griechische Elemente in ihre Religion auf, sie ahmten Kunst und Literatur der Griechen nach; sie machten sich ihre gesellschaftlichen Sitten und ihr Erziehungswesen in einem Ausmaß zu eigen, daß griechische Lehrer zu einer Selbstverständlichkeit wurden.

Das eindrucksvollste Beispiel einer freiwilligen Assimilierung bietet vielleicht Hawaii, wo Häuptling Kamehameha II. 1819 im Einverständnis mit seinen wichtigsten Ratgebern und seiner Mutter die bodenständige Religion und eine Unzahl von Gebräuchen und Tabus abgeschafft hat. Vollständig freiwillig nahmen die Bewohner Hawaiis alle jene Elemente der weißen Zivilisation an, die sie von Captain Cook und andern Entdeckern, von Walfängern und

Händlern in den vorangegangenen vierzig Jahren gelernt und für gut befunden hatten. Manche Menschen wollen hierin einen der schönsten Siege des Christentums sehen; tatsächlich erreichten die ersten Missionare Hawaii jedoch erst fünf Monate *nach* vollzogener Abkehr von den alten Gebräuchen; die Inselbewohner nahmen die neue Religion nur an, um das entstandene Vakuum zu füllen.

Nur dort, wo die Assimilierung freiwillig vor sich ging, konnte sie sich bewähren. Den Indianern Nordamerikas wurde jedoch kaum jemals Gelegenheit dazu geboten. Und in den seltenen Fällen, wo eine solche Möglichkeit bestand, wurde sie von den Indianern nicht genutzt; allzuviel Bitterkeit hatte sich angehäuft, allzuviel Blut war vergossen worden.

Kulturangleichung ohne Assimilierung

Wenn zwei Kulturen aufeinandertreffen, muß es nicht notwendigerweise zu einer vollständigen Assimilierung kommen. Die Menschen können weiter an ihren alten Sitten festhalten und eine Vielzahl ihrer alten Gebräuche weiterhin pflegen. Die dominierende Kultur mag sie sogar dazu ermutigen – kulturelle Besonderheiten kommen ja schließlich dem Fremdenverkehr zugute. So fördert zum Beispiel die Diktatur Francos in Spanien regionale Volkstänze und Trachten, besteht jedoch auf religiösem und politischem Gebiet auf absoluter Gleichschaltung. Viele Einwanderer konnten etwas aus ihrer alten Heimat nach Amerika hinüberretten: so gibt es die „Freunde der Italienischen Oper", die deutschen Bierhallen, die Parade am Saint Patrick's Day und vieles andere.

Entlang der Grenze zwischen den USA und Mexiko stehen zwei sehr verschiedenartige europäische Kulturformen einander gegenüber. Sie haben einander beeinflußt und dennoch an Identität nichts eingebüßt. Der mexikanische Einfluß auf das amerikanische Grenzgebiet zeigt sich in spanischen Städtenamen (Sante Fé, El Paso) und geographischen Bezeichnungen (arroyo, sierra); die Architektur, vornehmlich die einiger Regierungsgebäude, ist mexikanisch beeinflußt; mexikanische Restaurants erfreuen sich großer Beliebtheit, und in vielen Häusern findet man mexikanische Keramiken und Textilien. Die meisten Amerikaner dieser Gegend sind stolz darauf, zumindest ein wenig spanisch zu sprechen. Eine ähnliche Situation finden wir jenseits der Grenze, wo amerikanische Erzeugnisse weit verbreitet sind. Sogar der wenig gebildete Mexikaner spricht ein recht gutes Englisch und kann sich mit den „Gringos" fließend verständigen.

Eine gewisse Kulturangleichung hat also stattgefunden. Dennoch sind die beiden Kulturen in ihrer Gesamtheit durchaus verschieden. Die Wechselwirkung zwischen den Gruppen wurde überdies durch die Anwesenheit von Indianern auf beiden Seiten der Grenze kompliziert. Diese haben sich bis zu einem gewissen Grad an beide Kulturen angepaßt. Den Puebloindianern ist es allerdings gelungen, durch eine Art passiver Resistenz ihre soziale Organisation und ihre Religion beizubehalten sowie einen Großteil ihrer materiellen Kultur zu retten. Oberflächlich betrachtet aber haben sie die Kultur der Weißen angenommen: sie sprechen spanisch und englisch, sie fahren amerikanische Autos und Lastwagen und essen mexikanische Speisen.

Untersucht man heute die noch vorhandenen Reste indianischer Gemeinschaften, so zeigt sich, zu welch gutem Kompromiß einige von ihnen mit den weißen Siegern gelangt sind, nämlich zu einer Kulturangleichung ohne Assimilierung. Die Indianer verwenden amerikanisches Geld und gehen zu amerikanischen Banken. Ihre Häuser sind nach amerikanischem Muster eingerichtet, sie lesen amerikanische Magazine und betrachten die Programme des amerikanischen Fernsehens. Fast zur Gänze wurden die materiellen Aspekte des weißen Amerika übernommen. Doch das, was ihm wichtig erschien, konnte der Indianer trotz der allgemeinen Niederlage retten. Ganz deutlich zeigt sich das in der Shawnee-reservation in Oklahoma. Die Shawnee haben es verstanden, sich der weißen Majorität zum Trotz ihre Identität zu bewahren. Vielleicht fiel es ihnen leichter als mancher anderen Gruppe, denn sie kannten das Problem der Kulturangleichung schon lange, bevor sie in die Reservate getrieben wurden. Sie waren weit umhergestreift und mit Indianern in Kontakt gekommen, deren Sprache und Sitten sich von den ihren unterschieden. Der Weg der Shawnee führte aus ihrer ältesten und bekannten Heimat – einem Gebiet, das heute zum Teil zu Tennessee, zum Teil zu South Carolina gehört – durch Pennsylvania, Ohio, Indiana und Missouri nach Texas. Fortwährend fremden Einflüssen ausgesetzt, behielten die Shawnee dennoch ihre Identität, indem sie eine jeder Assimilierung feindliche Einstellung entwickelten. Das kleine Häuflein überlebte kulturell, weil es die bedrückenden Aspekte der weißen Kultur ablehnte.

XVI

Die Hoffnung der Unterdrückten

Religiöse Erweckungsbewegungen

Eine Zivilisation, die von einer anderen überflutet wird, versucht zumeist, sich physisch gegen die Eindringlinge zu wehren. Sie kann sich jedoch auch auf kulturellem Gebiet zur Wehr setzen. Derartige Defensivreaktionen erhielten von den Anthropologen die verschiedensten Bezeichnungen. Sie sind Versuche, aus der Niederlage oder dem Verfall einer älteren Kultur eine neue, bessere Kultur zu schaffen. Diese Versuche können so seltsam wie die Bemühungen in Irland, angesichts der englischen Herrschaft die sterbende irisch-gälische Sprache wiederzubeleben. Auch bei Minoritätengruppen in den USA, die dem Druck der Amerikanisierung ausgesetzt sind, finden wir solche Defensivreaktionen: etwa jene Zusammenkünfte, bei denen man Speisen aus der alten Heimat ißt und in alten Trachten traditionelle Tänze vollführt.

Die Reaktionen der von den eurasischen Kolonialmächten überwältigten primitiven Völker waren für gewöhnlich wesentlich extremer. Denn ihr Land wurde enteignet, ihr Gesellschaftssystem zerrissen, ihr Brauchtum unterdrückt und ihre Heiligtümer profaniert, und sie versuchten physischen Widerstand zu leisten, wurden jedoch in jedem Fall von der überlegenen Kriegsmaschine der Weißen geschlagen. Hoffnungslosigkeit und Apathie senkten sich über die Völker. Damit war der Boden für messianische Wiedererweckungsbewegungen vorbereitet, die die Rückkehr der guten alten Zeit prophezeiten. In Nordamerika gab es Dutzende dieser Bewegungen; ganz plötzlich entstanden sie da und dort, um nach einer Weile wieder einzuschlafen. Fast immer kam es in ihrer Folge zu neuem Blutvergießen, zu neuen Niederlagen und weiteren Enttäuschungen.

Ebenso wie andere Völker, die eine Kolonialherrschaft erdulden, haben die Indianer dieselbe Art der Kulturangleichung erlebt, wie sie die Juden und die ersten Christen vor langer Zeit im Nahen Osten erfuhren. Zwischen der Hoffnung und Erlösung unter den Juden und dem Glauben der Indianer an die Prophezeiungen eingeborener Priester gibt es ebenso Parallelen wie zwischen den ersten christlichen Märtyrern und den Helden der Indianeraufstände, wie zwischen hebräischen und indianischen Propheten. Besonders faszinierend und nur selten erwähnt ist die Tatsache, daß Juden und erste Christen zum Vorbild für viele unterdrückte Völker mit primitiven Kulturen wurden, die keineswegs im Nahen Osten wohnten: Wohin die weißen Missionare auch kamen, fast immer haben die primitiven Völker aus der Bibel jene Elemente angenommen, in denen sie ein Abbild ihrer eigenen Not erkennen konnten; eine Identifikation mit den Juden war am häufigsten. Auf die Maori in Neuseeland, auf die Kikuyu in Kenia, die Bantus in Südafrika und die Geistertänzer in Nordamerika übte die Geschichte der Juden eine starke Anziehungskraft aus. Eine solche Identifikation führte manche primitiven Völker dazu, ihre Abstammung auf einen der Stämme Israels zurückzuführen. In ihrer Sehnsucht, der Knechtschaft zu entfliehen, haben sie sich Moses als Vorbild genommen – sein Name ist bei vielen Kolonialvölkern beliebt. Wird einer der Ihren wegen Auflehnung gegen die Autorität der Weißen verurteilt, so sehen die Eingeborenen darin sofort eine Parallele zu den Leiden der jüdischen Propheten und zur Passion Christi.

Erste Phase: Wiederentdeckung verlorener Kulturen

In den Wiedererweckungs- und Heilsbewegungen der amerikanischen Indianer sah man zunächst nur den Ausdruck eines hartnäckigen Widerstandes gegen die Segnungen, die die Weißen den Heiden zu bringen bereit waren. Anthropologische Studien haben ergeben, daß die Erklärung nicht ganz so einfach war. Die indianischen Wiedererweckungsbewegungen können in zwei Phasen gegliedert werden. Während der ersten – sie wird in diesem Abschnitt besprochen – versuchten die Eingeborenen ihre alte, verlorengegangene Kultur wiederzufinden. Während der zweiten wurde eine Anpassung an die Welt der Weißen erstrebt.

Unter dem militärischen und zivilisatorischen Ansturm der Weißen begannen die indianischen Kulturen zu zerfallen. Die Indianer sehnten sich nach ihren alten Lebensgewohnheiten zurück, und Seher, die das Verschwinden der weißen Eindringlinge und die Rückkehr zur Vergangenheit ankündigten, fanden begeisterte Zuhörer. 1680 vertrieben die Puebloindianer unter der Führung des Propheten Popé die Spanier. Katholische Priester wurden in ihren Missionen hingemetzelt, und ihre Körper türmten sich auf den Altären der Kirchen. Etwa ein Viertel der 2500 Spanier wurde getötet, der Rest floh nach El Paso in Texas. Alles, was im Besitz der Spanier oder von ihnen hergestellt war, wurde vernichtet – Kirchen, Häuser, Möbel, Kunstgegenstände und der gesamte Viehbestand. Der Gott der Spanier wurde für tot erklärt und das alte religiöse Brauchtum wieder eingeführt. Doch Popés Traum, sich zum Herrn aller Puebloindianer zu machen, ging nicht in Erfüllung, die Indianer, die nur in Stämmen organisiert waren, besaßen eine äußerst fragile Gesellschaftsstruktur; das Pueblobündnis zerfiel, und unter den Indianern brachen Fehden aus. 1692 kehrten die Spanier siegreich zurück.

Der Puebloaufstand war in erster Linie eine Revolte gegen die fremde Autorität. Die nächste größere indianische Rebellion jedoch – sie fand 1762 statt – trug deutlich messianische Züge. In Michigan tauchte ein Prophet der Delaware auf und predigte eine Lehre, die ihm, wie er sagte, in einer Vision mitgeteilt worden war. Er forderte die Indianer auf, untereinander Frieden zu schließen und einen heiligen Krieg gegen die Weißen zu beginnen. Dieser Krieg dürfe lediglich mit Pfeil und Bogen geführt werden, denn er lehnte die Kultur der Weißen ab und verdammte törichterweise auch die Feuerwaffen, die ihm vielleicht zum Sieg verholfen hätten. Dieser Prophet (sein Name ist unbekannt) entzündete die Begeisterung der im Gebiet der Großen Seen wohnenden Indianer. Ein etwas realistischerer Mann, ein Algonkin namens Pontiac, wurde der Führer des Aufstandes. Er überfiel alle englischen Forts entlang der Großen Seen. Schließlich wurde er jedoch in einen Hinterhalt gelockt und vernichtend geschlagen. Doch sein mißglückter heiliger Krieg hatte eine Wunde aufgerissen, die nicht heilen wollte. Vierzig Jahre später wiederholte ein Shawneeprophet (die Übersetzung seines indianischen Namens lautet „die Rassel"), ein Zwillingsbruder des Häuptlings Tecumseh, die Versprechen des Delawarenpropheten: ein heiliger Krieg werde die Indianer befreien und die Weißen vernichten. Dutzende Stämme und Sippen schickten Abgesandte, um die Lehren des Shawnee anzuhören. Als sie zurückkehrten, entflammten ihre Berichte das gesamte Grenzgebiet.

Tecumseh gründete die größte indianische Allianz, die es jemals nördlich von Mexiko gab. Er und seine Abgesandten besuchten fast jede Sippe, jeden Stamm und jedes Häuptlingtum von den Rocky Mountains bis nach Florida. Überall rüsteten die Indianer zum Krieg. Da versuchte 1811 Tecumsehs Bruder, der Shawneeprophet, bei Tippecanoe am Ufer des Wabah einen vorzeitigen Angriff. In der darauffolgenden Schlacht wurden die Indianer von General William H. Harrison geschlagen, der später zum Präsidenten der Vereinigten Staaten gewählt wurde. Tecumseh scharte seine übrige Streitmacht um sich und kämpfte im Krieg von 1812 auf seiten der Engländer. Er schlug sich tapfer, doch wurden er und seine 2500 Krieger 1813 – wieder von General Harrison – entscheidend geschlagen. Tecumseh wurde getötet; seine Anhänger ließen seinen Leichnam verschwinden, und noch Jahre später tauchte von Zeit zu Zeit das Gerücht auf, er würde wiederkehren. Er kehrte niemals wieder, und die Kugeln der Weißen haben die Prophezeiungen seines Bruders dramatisch widerlegt.

Die Geschichte des Shawneepropheten fand eine ironisch-tragische Fortsetzung. Einer seiner Anhänger namens Kanakuk wurde Prophet bei den Kickapoo. Doch seine Lehre war ganz anders. Er rief nicht zum Krieg gegen die Weißen auf, sondern forderte von seinen Anhängern, dem Töten, dem Lügen, dem Alkohol und allen anderen Sünden abzuschwören. Die Belohnung würde die Entdeckung herrlicher Weideländer sein, wo sie sich in Frieden niederlassen könnten. Diese guten Vorsätze retteten sein Volk leider nicht vor der Zwangsumsiedlung nach Kansas – in ein Gebiet, das noch kleiner und noch weniger fruchtbar war als ihre alte Heimat. Dort starb Kanakuk 1852 an Pocken. Seine Anhänger, überzeugt von seiner Auferstehung am dritten Tag, ließen alle Warnungen vor einer Infektionsgefahr außer acht und schlossen einen engen Kreis um seinen Leichnam. So wurde der Kult fast bis zum letzten Anhänger von den Pocken vernichtet.

Die Träumer

Die Bewegung der *Träumer* entstand unter den Indianern, die am Unterlauf des Columbia River in Oregon und Washington lebten. Auch dieser Kult zielte auf ein Wiederaufleben der alten Kultur ab, doch trug er starke katholische Züge, durch die er sich von den vorangegangenen Bewegungen unterschied. Sein Prophet war Smohalla („Priester"), ein berühmter Schamane und Wunderheiler. 1820 wurde er in den Rocky Mountains geboren und von katholischen Missionaren erzogen; mit 40 Jahren erlitt er schwere Verletzungen im Kampf gegen einen andern Schamanen; anscheinend tot, ließ man ihn am Flußufer liegen.

Das Wasser des anschwellenden Flusses spülte seinen Körper

fort. Weiße Farmer fanden und pflegten ihn. Sobald er wiederhergestellt war, zog Smohalla nach Mexiko. Zu seinen eigenen Leuten zurückgekehrt, behauptete er fest und steif, er sei wahrhaftig tot gewesen und der Große Geist habe mit ihm gesprochen. Er habe ihm gesagt, wie erzürnt er sei, daß die Indianer ihre alte Religion abgelegt und statt dessen die der Weißen angenommen hatten. Smohallas wunderbare Rückkehr war für viele der unwiderlegbare Beweis dafür, daß der Große Geist ihn als Verkünder seiner Lehre auserwählt hatte.

Seinen häufigen Trancezuständen verdankte Smohalla den Namen Träumer, seine Anhänger nannte man die Träumer. Erwachte er aus einer seiner Trancen, so pflegte er von seinen Visionen zu berichten. Aus ihnen entwickelte er auch seine erstaunliche Lehre: Am Anfang schuf der Große Geist die Erde, die Tiere und alle Lebewesen einschließlich der Menschen. Zuerst schuf er die Indianer, hierauf die Franzosen, dann die Priester, die Amerikaner und schließlich die Neger – das spiegelte so ungefähr Smohallas Ansicht über die Rangordnung der ihm bekannten Menschen wider. Die Erde gehörte natürlich den ersten Menschen, den Indianern, die darauf achten müßten, sie nicht zu entwürdigen, wie die Weißen es getan hatten. „Ihr verlangt, ich solle den Boden pflügen!" rief Smohalla. „Soll ich ein Messer nehmen und die Brust meiner Mutter zerschneiden? Ihr verlangt, ich solle Gras schneiden und Heu machen und es verkaufen und reich werden wie die Weißen! Darf ich es wagen, meiner Mutter Haar zu schneiden?" Smohallas Lehre erwies sich als höchst ärgerlich für die Regierung der Vereinigten Staaten, deren offizielle Politik damals darauf abzielte, alle Indianer zu Farmern zu machen.

Die Lehren Smohallas ermutigten die Indianer. 1877 gab der Nez-Percé-Häuptling Joseph das Zeichen zum Aufstand. Während einer langen Wanderung durch die unwegsamen Rocky Mountains setzte er sich erfolgreich gegen die überlegenen Regierungsstreitkräfte zur Wehr; dreißig Meilen vor der kanadischen Grenze wurde er schließlich gefangengenommen. Dieser Krieg gehört zu den fairsten Indianerkriegen, zumindest von seiten der Nez Percé; Häuptling Joseph verbot seinen Kriegern, zu martern oder Skalps zu nehmen. Das hinderte die Weißen allerdings nicht, Frauen und Kinder der Indianer zu massakrieren.

Die meisten seiner Krieger waren gefallen, sein Volk fror und hungerte, da trat Häuptling Joseph den weißen Generalen entgegen, übergab ihnen sein Gewehr und sagte: „Ich bin des Kämpfens müde ... Mein Volk bittet mich um Nahrung, und ich habe ihm nichts zu geben. Es ist kalt, und wir besitzen weder Decken noch Brennholz. Mein Volk verhungert. Wo ist meine Tochter? Ich weiß es nicht ... Hört mich, meine Häuptlinge. Ich habe gekämpft; doch die Sonne sei mein Zeuge, Joseph wird niemals wieder kämpfen."

Entgegen den Zusagen des Friedensvertrages erlaubte man den Überlebenden nicht, in ihr Land zurückzukehren. Statt dessen sandte man sie in ein malariaverseuchtes Gebiet im Indian Territory. Hier starben die sechs Kinder des Häuptlings, die den Aufstand überlebt hatten, ebenso der Großteil des Stammes an Krankheiten. Später erlaubte man Häuptling Joseph und den wenigen Überlebenden in eine 2500 Kilometer weit entfernte Reservation im nördlichen Washington zu ziehen. Sie erhielten weder Vorräte noch Kleidung für den Marsch.

Trotz der Niederlage Häuptling Josephs und der Vernichtung verschiedener anderer Indianerstämme, die sich von Smohalla hatten hinreißen lassen, existierte der Kult der *Träumer* noch eine Weile. Als Folge der wachsenden Verzweiflung über den Bau der nordpazifischen Eisenbahn lebte er sogar 1883 erneut wieder auf.

Der Geistertanz

Ihren Höhepunkt erreichten diese zahlreichen Bewegungen mit dem Geistertanz. Die Union Pacific Railroad hatte eben ihre erste transkontinentale Fahrt unternommen, und das fauchende Dampfroß machte ohne Zweifel auf die indianischen Völker einen tiefen Eindruck. Da tauchte an der Grenze zwischen Nevada und Kalifornien ein Seher auf – Wodziwob, ein Paiute. Er prophezeite, daß ein langer Eisenbahnzug alle Ahnen zurückbringen und sein Nahen durch ein Explosion ankündigen würde. Eine gewaltige Sintflut, so verkündigte er, wird alle Weißen verschlingen. Doch ihre Güter werden wunderbarerweise verschont bleiben, damit die Indianer sie genießen können. Der Himmel auf Erden wird kommen, denn Manitou, der Große Geist, kehrt zurück, um mit den Indianern zu leben. Um das Herannahen dieser Wunder zu beschleunigen, vollführten die Indianer zeremonielle Tänze. Sie tanzten rund um einen Pfahl und sangen die Lieder, die Wodziwob während einer Vision gehört haben wollte. Doch keine Explosion kündigte den ersehnten Zug an, und die Wunder ereigneten sich nicht. Die Tänze gerieten in Vergessenheit.

1831 gründete Joseph Smith die Religion der Mormonen. Smith prophezeite die Entstehung eines neuen Jerusalem in der Wüste, wo sich alle Gläubigen, einschließlich der Stämme Israels, zusammenfinden würden. Er verkündigte sogar die Wiederkehr des Messias: 1890, an seinem 85. Geburtstag, werde der Erlöser zu den Menschen zurückkehren.

Nachdem die Mormonen sich im Wüstengebiet von Utah niedergelassen hatten, verbreitete sich unter ihnen der Glaube, die Indianer seien die Nachfahren der vor 2500 Jahren gefangengenommenen hebräischen Stämme. Also entsandten sie ihre Emissäre zu den Indianern – sie nannten sie Lamaniten – und luden sie ein, sich den Mormonenkolonien anzuschließen und sich taufen zu lassen.

Nun fügten sich die Fäden aneinander: der Prophet Wodziwob hatte einen Gehilfen, und dieser Gehilfe hatte einen Sohn namens Wovoka – „der Prophet". Wovoka führte ein zurückgezogenes Leben, bis er plötzlich während der Sonnenfinsternis des Jahres 1890 in Trance verfiel. Bei seinem Erwachen berichtete er, Gott habe ihn an der Hand genommen und ihm alle verstorbenen Indianer in einem Zustand der Jugend und des Glücks gezeigt. Dann habe Gott ihn in einem Tanz unterwiesen, den alle Indianer ausführen müßten, um die Toten wieder zum Leben zu erwecken – dieser Tanz gäbe den Verstorbenen die Kraft zu einem neuen Leben.

Wovokas Kult gewann viele Anhänger, besonders unter den Paiute. Doch auch Abgesandte anderer Stämme besuchten den Propheten – er selbst verließ niemals seinen Heimatort in Nevada – und sorgten für die Verbreitung des Tanzes. Die Indianer in Kalifornien und Oregon allerdings erinnerten sich an das Versagen jenes ersten, von Wodziwob verkündigten Geistertanzes und lehnten, ebenso wie die Puebloindianer, Wovokas Botschaft ab.

Die Mormonen aber sahen in Wovoka den ersehnten Erlöser und hielten es für ganz natürlich, daß der Messias im Jahr der Verheißung zuerst bei den Indianern, den Nachfahren des auserwählten Volkes, und nicht bei den Weißen erschien. Wovoka selbst allerdings nahm die Rolle des Messias niemals für sich in Anspruch; auch sonst besteht kein Grund, an seiner Ehrlichkeit zu zweifeln.

James Mooney, dem wir einen Großteil unseres Wissens über die messianischen Bewegungen verdanken, führte 1892 ein langes Gespräch mit ihm; er hielt ihn für einen gewöhnlichen Schamanen, jedoch keineswegs für einen Betrüger.

Ethnographen fragten sich verwundert, warum der Geistertanz von 1890 auf die Navaho keinerlei Eindruck gemacht hat. Schließlich galten die Navaho als gefühlsbetont, und sie hatten die gleichen Entbehrungen und Niederlagen, die gleichen Krankheiten und

Zwangsverschickungen mitgemacht wie jene andern Indianergruppen, die den Geistertanz begeistert begrüßten. Es besteht kein Zweifel, daß die Navaho durch Paiutemissionare vom Geistertanz informiert wurden und die Lehre genau kannten. Trotzdem verhielten sie sich ablehnend. Man verfiel auf die verschiedensten Erklärungen. Manche Anthropologen meinten, die Navaho seien von Natur aus skeptisch, während andere zu bedenken gaben, daß die Navaho damals bereits einen reichen Viehbestand besaßen und keinen Mangel mehr litten.

Doch die Religion der Navaho liefert die beste Erklärung. Das wichtigste Element in der Lehre des Geistertanzes war die versprochene Rückkehr der toten Indianer. Missionare versuchten die Navaho zum Geistertanz zu bekehren, indem sie behaupteten, ihre Vorfahren seien bereits auf dem Weg in die Reservation. Doch in der Angst vor den Verstorbenen und den Geistern unterschied sich eben die Navahoreligion grundlegend von den Religionen der Puebloindianer. Was für die andern eine freudige Botschaft war, erschien den Navaho als ein drohendes Unheil. Obwohl sie ohne Zweifel die Vernichtung der Weißen und eine Rückkehr zur alten Lebensweise ebenso wünschten wie alle andern, war die Angst vor der Rückkehr der Toten so groß, daß sie die Lehre ablehnten.

Im Gegensatz zu den Navaho schlossen sich die Prärieindianer der Bewegung mit Begeisterung an. In Oklahoma gerieten die Cheyenne und die Arapaho in einen wahren Taumel. Die Sioux, die damals der größte und der gefährlichste Stamm waren, befanden sich wie in einem Rausch. Kurz zuvor hatte man ihnen wertvolles Land weggenommen und sie in einer Weise gedemütigt, wie man es heute kaum mehr für möglich hält. Als die Nachricht vom Geistertanz sie erreichte, wurden sie eben systematisch ausgehungert. Häuptling Sitting Bull, der bereits 1876 gegen Custer gekämpft hatte und die Weißen abgrundtief haßte, griff die Botschaft vom Geistertanz mit Freuden auf.

Die Sioux sandten Boten zu Wovoka, der ihnen harte Arbeit und Aussöhnung mit den Weißen empfahl. Doch Wovokas Rat und seine Lehre erreichten die Sioux in gänzlich veränderter Form. Die Abgesandten wurden unterwegs von älteren und ungestümeren nativistischen Bewegungen beeinflußt. So lautete die Version von Wovokas Lehre, die die Sioux erreichte, folgendermaßen: Dieser Tanz wird nicht nur die Bisonherden zurückbringen und die Verstorbenen wieder auferstehen lassen, er wird auch die Weißen durch einen Erdrutsch beseitigen. Und vor allem werden die Indianer gegen die Feuerbüchsen der Weißen immun sein, und ihr

„Geistertanzhemd", das mit Pfeilen, Sternen und Vögel geschmückt ist, wird jede Kugel abwehren.

Interessanterweise nahm der Geistertanz seine leidenschaftlichste Form in der Rosebud-Reservation an; bis zum heutigen Tag steht die Bevölkerung von Rosebud der amerikanischen Regierung feindlich gegenüber. (Als zum Beispiel am 15. April 1967 etwa 250 000 Menschen zu den Vereinten Nationen marschierten, um gegen den Vietnamkrieg zu protestieren, waren die Rosebudsioux die einzige Indianergruppe, die eine große Delegation schickte.) Von Rosebud aus verbreitete sich der Geistertanz wie ein Präriefeuer zu den Pine-Ridge-Sioux und schließlich nach Standing Rock zu den Leuten von Sitting Bull. Die Sioux erhoben sich gegen ihre Unterdrücker. Aber Sitting Bull wurde getötet und die Indianer 1890 trotz ihrer Geistertanzhemden bei Wounded Knee vernichtend geschlagen. Ebenso rasch wie der Kult vom Geistertanz die Prärieindianer berauscht hatte, erlosch er auch wieder.

Einige Monate nach dem Massaker bei Wounded Knee kam ein geistesgestörter Weißer zu den Sioux, die noch immer verwirrt und über ihre Niederlage erbittert waren. Er gab sich als Messias aus und prophezeite den Beginn des Tausendjährigen Reiches, sobald im Frühjahr die Sternblumen blühen würden. Als dann die Sternblumen blühten und das Tausendjährige Reich nicht kam, starb auch die letzte Hoffnung der Sioux. Resigniert und teilnahmslos ließen sie alle weiteren Demütigungen über sich ergehen.

Es ist eine besondere Ironie des Schicksals, daß nur die Kultur der Weißen eine derart rasche Verbreitung des Geistertanzes ermöglicht hat. Englisch war die Sprache, in der Wovokas Lehre verkündet wurde; und ohne Eisenbahn hätten die Missionare und Boten niemals so rasch von einem Ort zum andern ziehen können.

Der Kult des Geistertanzes ist 1890 bei Wounded Knee getötet worden, und mit ihm starb die indianische Kultur. Diese Bewegung hatte den letzten Versuch dargestellt, die alte Lebensform wiederzufinden und etwas von der alten Kultur zu retten. Von nun an wandte sich der Indianer nur mehr Bewegungen zu, die ein Auskommen mit den Weißen gewährleisteten.

Zweite Phase: Anpassung

Die Hoffnung der Indianer, die alte Lebensform wiederzufinden, hatte sich als Illusion erwiesen. Was zu tun blieb, war der Versuch einer Anpassung an eine fremde Welt der Weißen. Die vielleicht älteste derartige Bewegung wurde 1799 von einem Seneca namens Handsome Lake gegründet. Die Weißen nannten seinen Kult die „Neue Religion" der Irokesen, doch die korrekte Übersetzung seines Namens lautet „Gute Botschaft" oder „Gute Nachricht". Der Kult vereinte die traditionellen Glaubensvorstellungen der Irokesen mit jenen der Quäker, bei denen Handsome Lake aufgewachsen war. Von den Seneca ausgehend, verbreitete sich die Bewegung rasch unter den sechs Nationen des Irokesenbundes.

Das Auftreten von Handsome Lake fiel in eine Zeit, als sich das Los der Irokesen nach einer Periode der Hoffnungslosigkeit wieder zu bessern schien. Die amerikanische Revolution hatte den Irokesenbund gespalten, die Nationen hatten einander bekämpft. Jesuitenmissionare hatten die Irokesen zu Massenauswanderungen nach Kanada veranlaßt, Krieg, Krankheit und Alkoholismus hatten die Bevölkerung dezimiert. Ihr Land war ihnen zum Großteil verlorengegangen. Zur Zeit von Handsome Lake hatten sich die Irokesen mit der harten Realität bereits abgefunden und die Weißen als Sieger anerkannt.

Sie schlossen Frieden mit der amerikanischen Republik und glaubten an den Schutz der feierlichen Verträge mit der Regierung. Daß Präsident Thomas Jefferson die Religion von Handsome Lake „positiv und wirkungsvoll" nannte, gab den Irokesen ein neues Gefühl der Sicherheit; sie waren stolz, ihren Propheten bei den Weißen in so hohen Ehren zu wissen.

Der Einfluß der Quäker ist in den Lehren von Handsome Lake deutlich spürbar. Er verzichtete auf Zauberei, betonte die Wichtigkeit der Selbsterkenntnis, predigte Erbarmen mit den Leidenden und unterstrich den Wert der guten Taten, ja selbst der Gedanken an gute Taten. Er glaubte an stille Gebete, an die Beichte der Sünden und empfahl die Bibel des weißen Mannes als guten Führer. Obwohl Handsome Lake die Idee des Monotheismus übernahm – sie ließ sich leicht mit der Vorstellung vom Großen Geist vereinen –, lehnte er das Neue Testament ab, und Christus spielte in seiner Religion keine Rolle. Wo es möglich war, wurden die traditionellen Feste der Irokesen mit christlichen Riten verbunden. Zum Beispiel kannten die Irokesen ein Fest zu Beginn des neuen Jahres, das der Eucharistie nicht unähnlich war: dem Großen Geist wurde ein weißer Hund geopfert. Die Zeremonien fanden in einem Gebäude statt, das wie ein Kirche aussah, jedoch zur Erinnerung an die althergebrachte Wohnstatt der Irokesen und an ihren Bund Langhaus genannt wurde.

Die lebenskräftigste Religion der heutigen Indianer – der Peyote-kult – strebt nach geistiger Unabhängigkeit. Er lehrt die Anpassung an die Welt der Weißen und gibt den Indianern überdies die Mög-lichkeit zur kulturellen Emanzipation. Er läßt sich nur begreifen, wenn man ihn im Zusammenhang mit dem Geistertanz sieht. Die Wirkungslosigkeit dieser Bewegung lieferte den Indianern den letzten furchtbaren Beweis für die Übermacht der Weißen. Daher versucht der Peyotekult, den Indianer ohne Gewaltanwendung un-abhängig zu machen. Der Geistertanz hatte seinen Siegeszug zu einer Zeit angetreten, als die Indianer zum Aufstand bereit waren; der Peyotekult hat sich verbreitet, als die Indianer sich mit ihrer Niederlage bereits abgefunden hatten. Nun mußten sie nicht mehr die Angriffe der amerikanischen Armee abwehren, nun mußten sie einen heimlichen Krieg führen und sich gegen die Bemühungen der Weißen wehren, die ihre Kultur vernichten und ihnen eine neue aufzwingen wollten. Das Problem, das der Peyotekult zu lösen hatte, war das der Koexistenz mit den Weißen unter Beibehaltung der geistigen Unabhängigkeit. Daher übernahm der Peyotekult viele Elemente der westlichen Zivilisation, um das zu retten, was am Heidentum erhaltenswert schien.

Peyote ist ein kleiner dornenloser Kaktus, dessen rundlicher Kopfteil abgeschnitten und gegessen wird. Er enthält dem Strych-nin verwandte Stimulantia und dem Morphium verwandte Sedati-va. Doch macht Peyote anscheinend nicht süchtig, man kann es also nicht als Suchtmittel bezeichnen. Um zu verhindern, daß die Regie-rung den Gebrauch von Peyote für ungesetzlich erklärt, veröffent-lichte eine Gruppe von Anthropologen 1951 ein Dokument mit folgenden Feststellungen: Peyote erregt nicht, es macht nicht apa-thisch, es ruft keine Störung der Muskelkoordination hervor. Nach dem Genuß stellt sich kein Kater ein, und bei ständigem Einneh-men ist weder erhöhte Toleranz noch eine Abhängigkeit von dem Mittel festzustellen. Was die Ausschweifungen betrifft, zu denen der Peyotegenuß angeblich verleitet, so ist diese Behauptung unge-fähr so gut fundiert wie ähnliche Beschuldigungen der Römer gegen die ersten Christen. Unter den Indianerstämmen Nordamerikas waren und sind Orgien unbekannt." Die Halluzinationen nehmen im allgemeinen die Form von Farbvisionen an – komplizierte herrliche Muster, die wie ein Kaleidoskop fortwährend ihre Form verändern. Klangerlebnisse sind seltener, aber manche erzählen, sie hätten die Sonne mit gewaltigem Dröhnen aufgehen gehört, und ihr Weg über den Himmel sei von Trommelschlägen begleitet gewesen.

Die jüngste Geschichte des Peyotegebrauchs ist bekannt. Peyote wächst als Wildpflanze im nordöstlichen Mexiko; es wurde niemals angebaut. Schon vor der Ankunft der Spanier hatte man diesen Kaktus gegessen, und je drückender die Fremdherrschaft wurde, desto öfter nahmen die Indianer Zuflucht zum Peyoterausch. In einem Bericht über den Besuch einer Apachesippe in Mexiko im Jahre 1770 wird zum erstenmal erwähnt, daß nordamerikanische Indianer Peyote zu sich nehmen. Die folgenden 75 Jahre blieb der Konsum nördlich des Rio Grande jedoch gering. Als die Präriekulturen um die Mitte des 19. Jahrhunderts zu zerfallen begannen, nahm mit der wachsenden Verzweiflung auch der Gebrauch von Peyote zu. In den letzten Jahrzehnten hat er sich bis zu den Großen Seen und den Ebenen von Kanada verbreitet und auch in der Gegend östlich des Mississippi Eingang gefunden. Die Indianer dieser Gebiete hatten das Peyote kennengelernt, als sie in den Reservaten von Oklahoma leben mußten.

Der rituelle Gebrauch von Peyote wurde zu einer Religion, der *Native American Church*, der stärksten bodenständigen Religion der mehr als fünfzig Indianersippen, Stämme und Häuptlingtümer der USA. Sie ist im Grunde christlich orientiert, doch das, was die Indianer als den „Weg des Peyote" bezeichnen, hat mit Christentum nichts zu tun. Jeder Versuch christlicher Sekten, den Indianern ihr offizielles Glaubensbekenntnis aufzudrängen, wird abgelehnt. Wie den meisten primitiven Völkern, fällt es auch den Indianern leichter, den Gott des Alten Testamentes anzunehmen und nicht Christus, da dieser mit der Unterdrückung durch die Weißen verbunden ist. Der Indianer ist der Überzeugung, daß der Peyotegenuß für ihn der einzige Weg sei, des Großen Geistes teilhaftig zu werden. Der Peyotekult ist eine absolut panindianische Bewegung, und das allein ist bereits eine Großtat, denkt man an die vielen Kriege zurück, die in früheren Zeiten zwischen den verschiedenen Indianergruppen stattfanden. Manche Peyotekirchen öffnen auch den Negern ihre Tore; ein Weißer muß hingegen besonders vertrauenswürdig sein, um zugelassen zu werden.

Er erhebt sich nun die Frage, warum nun der Peyotekult eine derart starke Verbreitung gefunden hat und warum manche Indianer von ihm begeistert sind und andere wiederum ihn ablehnen. Westlich des Great Basin wurde der Vormarsch des Peyotekults durch das Vorhandensein einer anderen halluzinogenen Pflanze, des Stechapfels, aufgehalten. Die stärkste Anhängerschaft fand der

Kult unter den Prärieindianern, also unter jenen Stämmen, die schon immer das Erlebnis einer Vision gesucht hatten und die nun einen Ausweg aus ihrem Unglück zu sehen vermeinten. Unter den Puebloindianern hingegen war Peyote kaum verbreitet (außer in Taos, dem am weitesten im Nordosten gelegenen Pueblo, dessen Einwohner in ihrer Lebensweise den Prärieindianern gleichen). Für die Pueblokultur war das priesterliche Ritual seit jeher wichtiger als das individuelle Erlebnis. Auch hat die Lebensweise der Pueblos niemals so tiefgreifende Veränderungen erfahren wie die der Prärieindianer.

Vermutlich werden unternehmungslustige Soziologen in den kommenden Jahrzehnten die anthropologische Literatur über den Peyotekult einer nochmaligen Prüfung unterziehen und nach Hinweisen dafür suchen, warum manche Studenten in den siebziger Jahren zu enthusiastischen Anhängern halluzinogener Drogen wurden, während andere davon unberührt blieben. Ohne Zweifel werden diese Soziologen einen Zusammenhang zwischen dem Drogengenuß und der Größe der Universitäten feststellen. Ein Student, der sich von der Verwaltung unterdrückt und von seiner Fakultät isoliert fühlt, greift eher zur Droge als ein anderer, der in einer Gemeinschaft geborgen ist. Wahrscheinlich ist es kein Zufall, daß die Hippies indianische Halsbänder und Perlen lieben. Die Soziologen werden auch gewissen Parallelen zwischen dem sozialen Streß des Lebens in den Reservaten um 1890 und dem des amerikanischen Collegelebens der siebziger Jahre finden.

Indianische und andere Erlöser

Vor ein paar Jahrzehnten waren in so manchen Wohnzimmern von weißen Amerikanern die kleinen Reproduktionen einer Plastik – sie heißt das „Ende des Pfades" – zu finden, die einen traurigen indianischen Reiter darstellt; sie scheint die endgültige Niederlage der aussterbenden Rothaut zu symbolisieren. Inzwischen sind die Indianer jedoch nicht nur ausgestorben, sondern verschiedene messianische Bewegungen halfen ihnen sogar, einen Weg zu finden, in der Welt des Weißen zu überleben und gleichzeitig etwas von der eigenen Kultur beizubehalten.

Heute hat sich der Schauplatz der messianischen Bewegungen von Nordamerika nach anderen Gebieten verlagert – nach Südamerika, nach Afrika und Asien, nach den Inseln des Pazifik. Der auf den Zweiten Weltkrieg folgende Aufruhr in vielen Teilen der

Welt, die Entstehung neuer Nationen und der sich ausbreitende Einfluß der Weißen hat kraftvolle neue messianische Bewegungen entstehen lassen – sogar im Rahmen so etablierter Religionen wie des Islams, des Buddhismus und des Taoismus. Die messianischen Bewegungen unter den Indianern Nordamerikas können zur Klärung der Frage beitragen, wie und warum diese Bewegungen entstehen, welchen Verlauf sie nehmen und in welcher Weise die Weißen darauf reagieren.

Erlöserbewegungen entstehen in einer Gesellschaft, die dem starken Druck einer fremden Kultur ausgesetzt ist und die militärische Niederlagen, Epidemien und erzwungene Kulturangleichungen erlebt. Die Suche nach einem Weg, die Bedrohung abzuwehren, kann den Druck noch verstärken und Zweifel hervorrufen, ob die neuen Lösungen besser sein werden als die alten. Sobald irgendein Aspekt des alten Kultursystems fragwürdig wird, wächst auch die Angst, das ganze Kulturgefüge könne sich als unzulänglich erweisen. Zu diesem Zeitpunkt setzt der Zusammenbruch ein, der sich in Alkoholismus, Apathie, Vernachlässigung der Sitten und Gebräuche und Gewalttätigkeiten innerhalb der Gruppen manifestiert.

Dieses Verhalten wird in dem Augenblick manifest, in dem die Kultur am wenigsten fähig ist, damit fertig zu werden. Schließlich wird die Unzulänglichkeit der Kultur auch den Konservativsten klar. So kann ein Verfall einsetzen, der die Kultur buchstäblich zum Sterben verurteilt: die Geburtenrate fällt, die Sterblichkeitsrate steigt; der Gesellschaft fehlt jegliche Widerstandskraft, benachbarte Völker fallen über sie her. Die wenigen Überlebenden zerstreuen sich oder werden von anderen Gruppen absorbiert.

Dieser Zusammenbruch kann jedoch verzögert oder vermieden werden, wenn es zu einem Wiederbelebungsversuch, zu einer messianischen Bewegung kommt. Eine solche Bewegung hat das Auftreten einer charismatischen Persönlichkeit zu einem ganz bestimmten Zeitpunkt der Kulturauflösung zur Voraussetzung.

Fast jede messianische Bewegung ist die Folge von Halluzinationen eines Propheten, wobei dieser Prophet keineswegs schizophren sein muß, wie man früher angenommen hat. Ein Schizophrener mit religiöser Paranoia wird erklären, er sei Gott, Jesus, der Große Geist oder ein anderes überirdisches Wesen. Der echte Prophet wird niemals behaupten, ein übernatürliches Wesen zu sein, er erklärt bloß, mit überirdischen Mächten in Verbindung zu stehen. Natürlich neigen seine Schüler nach seinem Tod dazu, ihn zu einem Gott oder wenigstens zu einem Heiligen zu machen.

Die Halluzinationen eines Propheten enthalten stets eine Botschaft aus dem Jenseits, die bestimmte Versprechungen beinhaltet: die Wiederkehr der Bisonherden, herrliche Jagdgründe oder Frieden auf Erden. Wie immer die Verheißungen im einzelnen auch lauten mögen, der Prophet flößt der Gesellschaft neuen Mut und neue Lebenskraft ein. Damit aber die Versprechungen in Erfüllung gehen – so erklärt der Prophet –, seien bestimmte Riten zu vollziehen. Diese Riten mögen im Tanz um einen Geisterpfahl oder in einer Taufe bestehen, im allgemeinen jedoch sind täglich bestimmte Riten auszuführen. Während der Prophet den Gläubigen die Erfüllung ihrer Wünsche verheißt, droht er gleichzeitig mit schrecklichen Katastrophen, mit Weltuntergang und ewiger Verdammnis. Der Seher erklärt die alten Sitten für tot und proklamiert eine neue Lebensweise oder zumindest die Erneuerung eines Teils der alten Kultur. Um seine Lehren zu verbreiten, sammelt er Schüler und Anhänger um sich.

Die Methoden der Predigt, die die bekannten Propheten der Weltgeschichte anwandten, waren ebenso unterschiedlich wie jene der indianischen Propheten. Manche sprachen zu großen Versammlungen, andere wiederum wandten sich an kleine Gruppen und überließen es ihren Anhängern, die Botschaft zu verbreiten. Manche, wie die Qumran-Sekte, von der die am Toten Meer aufgefundenen Schriftrollen stammen, wandten sich an die religiöse Elite eines ausnehmend frommen Volkes, andere schenkten ihre ganze Aufmerksamkeit den Mühseligen und Beladenen dieser Erde.

Der stärkste Eindruck, den ein Prophet hinterläßt, ist die Persönlichkeitsveränderung, die in ihm vorgeht. Er lebt zumeist in völliger Anonymität, bis zu jenem Tag, da er plötzlich als Seher hervortritt. Indianische Propheten verloren, wie durch ein Wunder, ihre geistige Apathie, und jene, die Alkohol tranken, gaben diese Gewohnheit auf. Der plötzliche Persönlichkeitswandel mag auf Veränderungen im Körper, die durch physischen und psychischen Druck hervorgerufen wurden, zurückzuführen sein. Die Untersuchungen hierüber sind noch nicht abgeschlossen. Immerhin weiß man, daß der Stoffwechsel des Menschen auf Streß sehr unterschiedlich reagiert. Das würde erklären, warum nur bestimmte Individuen sich zum Propheten berufen fühlen. Jedenfalls übernimmt der Seher eine neue kulturelle Rolle, und seine Persönlichkeit befreit sich von dem Streß, der die Persönlichkeitsveränderung ausgelöst hat. Immun gegen den Druck, unter dem seine Mitbrüder noch immer leiden, muß er ihnen als übernatürliches Wesen erscheinen.

Auch die Jünger, die sich um den Propheten scharen, erleben einen Persönlichkeitswandel – wie beispielsweise Petrus, um einen bekannten Fall zu zitieren. Der Prophet wird zum geistigen Führer, und seinen Anhängern fällt die Aufgabe zu, die neue Bewegung zu organisieren und zu etablieren. Immer mehr Menschen werden bekehrt, immer mehr Menschen erleben eine Persönlichkeitsveränderung. Hat die mächtige Kultur, die ursprünglich das auslösende Moment für die Entstehung der Bewegung gewesen war, ihr erlaubt, soweit zu gedeihen, erfolgt nun ein lebenswichtiger Schritt. Der Prophet betont, daß er nur Vermittler zwischen den Bekehrten und jenem überirdischen Wesen ist, dessen Botschaft er verkündet. Dieser Schritt ist von so großer Bedeutung, weil er die Kontinuität der neuen Bewegung über den Tod des Propheten hinaus gewährleistet. Der Prophet bringt Gläubige und Gottheit in engen Kontakt, indem er von den Gläubigen bestimmte symbolische Handlungen fordert wie etwa den Genuß von Peyote.

Oft muß die neue Bewegung nicht nur gegen die übermächtige Fremdherrschaft, sondern auch gegen eine Opposition in den eigenen Reihen kämpfen. Die Bewegung begegnet nun diesem Widerstand durch vielerlei Anpassungsmechanismen. Sie kann ihre Lehre modifizieren, wie das die frühen Christen taten, die jüdische Riten, wie zum Beispiel die Beschneidung, nur langsam aufgegeben haben. Sie kann sich auch politischer Manöver oder Kompromisse bedienen. Doch die meisten messianischen Bewegungen – jüdische wie indianische – begingen denselben unheilvollen Fehler: sie entschlossen sich zu kämpfen. Nur dem Islam gelang es, mit Feuer und Schwert zu siegen, während der Erfolg des Christentums allein dem Entschluß zu verdanken ist, den ewigen Frieden als Waffe zu wählen.

Sobald die messianische Bewegung genügend Anhänger gefunden hat, entsteht, wie ein Phönix aus der Asche, aus der alten toten Kultur eine neue – nicht nur in religiösen Belangen, sondern vielmehr in allen Aspekten des wirtschaftlichen, sozialen und politischen Lebens: Es bildet sich eine neue weltliche und geistige Hierarchie, die die junge Lehre hüten soll. Damit ist die Religion Teil einer stabilen Kultur geworden. Alle heute etablierten Religionen sind aus messianischen Bewegungen hervorgegangen – aus den Visionen eines Mannes, der für eine Kultur, die unter extremem Druck stand, eine neue Lebensform erahnte.

Diese Entwicklung gilt ebenso für die messianische Bewegung in der Sowjetunion, auch wenn dort der Glaube an ein überirdisches Wesen wegfällt. Die Gesellschaft des zaristischen Rußland vor 1917 war unter starkem Druck gestanden und hatte sowohl an der Front wie im Hinterland Symptome der Auflösung gezeigt. Zehn Jahre zuvor waren die Russen von den Japanern schmählich besiegt worden. Überall gab es Unruhen, und die Regierung griff hart durch. Da trat ein Prophet auf – Lenin. Er fuhr quer durch Feindesland, und es gelang ihm eine wunderbare Heimkehr aus dem Schweizer Exil. Er verkündete seine Vision von einer glücklichen Gesellschaft und erzählte fortwährend von einem verehrten, beinahe übernatürlichen Wesen namens Karl Marx. Lenins Anhänger wurden von missionarischem Eifer gepackt und bekehrten sogar Menschen aus dem feindlichen Lager der Gesellschaft. Man wandte sich vor allem an eine bestimmte Bevölkerungsschicht, an die Unterdrückten, und versprach ihnen die Belohnung bereits auf Erden. Doch vorerst hatten sie verschiedene Riten zu vollziehen: sie mußten sich zur neuen marxistisch-leninistischen Doktrin bekennen; sie mußten die Wirtschaftsform verändern; sie mußten öffentlich ihre Irrtümer eingestehen, selbst dann, wenn ein solches Eingeständnis Märtyrer aus ihnen machte. Nach dem Tod des Propheten übernahm eine politische Organisation seiner bedeutendsten Anhänger (Stalin, Trotzki und andere) die Verbreitung der Lehre und errichtete ein kompliziertes Lehrsystem, das weder Revisionismus noch Abweichung erlaubte. Der Prophet selbst wurde nach seinem Tod zur Gottheit erhoben, und Tausende von Menschen pilgern noch heute zu Lenins Grab, zu dem einbalsamierten Leichnam, der wunderbarerweise der Vergänglichkeit des Fleisches widersteht.

Eine Gesellschaft zur Erhaltung der Kulturen

Als sich der mächtige Anführer der Sac und Fox, Häuptling Black Hawk, 1832 endlich ergab, sprach er eindringliche Worte der Warnung: „Die Laune des Krieges machte mich zu deinem Gefangenen. Als meine letzten Kräfte aufgerieben waren, haben sich meine Krieger, von den langen Märschen erschöpft, ergeben. Ich wurde dein Gefangener ... Jetzt bin ich das namenlose Mitglied einer Nation, die mich einstmals geehrt und geachtet hat. Der Weg zum Ruhm ist steil, und viele dunkle Stunden beschatten ihn. Möge der Große Geist dich erleuchten, mögest du niemals eine Demütigung erfahren, wie sie die amerikanische Regierung mir zugefügt hat. Das ist der Wunsch von einem, der einst in seinen Wäldern so stolz war wie du."

Black Hawks Worte der Warnung, die er an eine junge und selbstsichere Nation richtete, gingen unter. Ich zitiere sie heute, zu einem Zeitpunkt, da die Macht der Vereinigten Staaten durch einen hoffnungslosen Krieg im Dschungel Vietnams in Frage gestellt wird.

Heute werden die Vereinigten Staaten auf allen Seiten von Schwierigkeiten bedrängt, von Veränderungen, die die ganze Gesellschaft in ihren Grundfesten erschüttern. Ein Leitgedanke dieses Buches besteht darin, daß die Erfahrungen, die der Mensch im Laufe von mehr als 25 000 Jahren auf dem amerikanischen Kontinent gesammelt hat, dem modernen Amerika als Spiegel dienen könnten. Denn um die Veränderungen zu begreifen, von denen die Religionen in den USA heute erschüttert werden, muß man die Heilsbewegungen verstehen und wissen, wie religiöse Praktiken in den verschiedenen gesellschaftlichen Organisationen entstanden sind. Um die Unzufriedenheit in den amerikanischen Großstädten zu verstehen, muß man um das komplizierte Gewebe wissen, das ein Individuum an die Gesellschaft bindet. Das Verlangen nach Halluzinationen, das viele Studenten zur Droge greifen läßt, ist leichter zu begreifen, vergleicht man es mit der Suche der Indianer nach Visionen. Aus diesem „Experiment in der freien Wildbahn" kann man viel über Wissen, Glauben, Kunst, Gesetz und Moral lernen.

Und doch haben wir es zugelassen, daß diese Kulturen zugrunde gingen, und haben zu diesem Untergang bewußt beigetragen. Heute trauert Amerika dem Aussterben von Wandertaube, nordamerikanischem Kranich und Elfenbeinschnabel nach. Die Amerikaner spenden für Organisationen, die die Seeotter der Aleuten und die Eidechse der Galapagosinseln schützen.

Und wer vergießt eine Träne über den Verlust der eingeborenen Kulturen Amerikas? Wer trauert um den Pequot von Connecticut, wer um den Beothuk von Neufundland, den Mandan der Plains, die Sippen von Baja California? Sie alle sind heute ausgestorben. Wer würde sich noch der Delaware erinnern, hieße nicht ein Bundesstaat nach ihnen? Wenn kümmert es, daß Ishi, der letzte Yahiindianer Kaliforniens, 1916 im Museum für Anthropologie in San Franzisko gestorben ist? Niemals gab es eine Gesellschaft zum Schutz der Yahi, niemals wurde ein Dollar darauf verwandt, die Kulturen der Kickapoo und der Peoria zu erhalten. Wohl wurden Millionen ausgegeben, um Werkzeuge, Waffen und andere Artefakte der Indianer auszugraben und in Museen zu transportieren, doch kaum ein Groschen wurde darauf verwandt, das Leben der Nachkommen jener zu retten, die sie angefertigt haben. Der moderne Mensch ist bereit, Grausamkeit gegen Tiere und gelegentlich gegen den einzelnen Menschen zu verhüten, aber es gibt keine Organisation, die die Vernichtung ganzer Kulturen verhindert.

Überall auf der Welt beginnen heute die primitiven Kulturen immer schneller zu verschwinden. Die Ureinwohner Tasmaniens sind bereits ausgestorben, die Yahgan auf Feuerland, denen Darwin begegnet ist, sind praktisch ausgerottet. Jedes Jahr gibt es weniger Arunta in Australien und weniger Negritos auf den Philippinen. Nicht anders ergeht es den Aleuten in Alaska, den Ainu in Japan, den Buschmännern in Südafrika und den Polynesiern in Hawaii. Auch wenn es zu einem Frieden in Vietnam kommt, wird die Kultur des Landes durch Hunger und Krankheit, militärische Operationen und Befriedung ebenso zerstört sein wie einst die indianische Kultur.

Nur wenig wird zur Erhaltung jener Kulturen getan, die den modernen Menschen so vieles lehren könnten. Für die letzten paar Hundert Kalapalo des Amazonasbeckens ist uns nichts anderes eingefallen, als sie in ein kleines Reservat zu treiben, wo sie wie nordamerikanische Kraniche oder Dickhornschafe gehalten werden. Wenn wir weiter so untätig bleiben, werden unsere Kinder keine Gelegenheit mehr haben, die herrliche Vielfalt der Menschheit kennenzulernen, weil wir jene dahinsterben ließen, die diese Vielfalt verkörpert haben.

BIBLIOGRAPHIE

Aberle, D. F., *The Peyote Religion Among the Navaho*. New York 1966.

Adair, J., und E. Vogt, "Navaho and Zuni Veterans: A Study in Contrasting Modes of Culture Change." *American Anthropologist*, S. 547 bis 561, 1949.

Armillas, P., "Northern Mesoamerica." In Jennings und Norbeck (1964), S. 291–329.

Astrov, M., Herausgeber, *American Indian Prose and Poetry (The Winged Serpent)*. New York 1962.

Bank, T. P., "The Aleuts." *Scientific American*, November 1958, S. 112 bis 120.

Barnett, H. G., "The Nature of the Potlatch." *American Anthropologist*, S. 349–358, 1938.

Beauchamp, W. M., *History of the New York Iroquois*. Albany 1905.

Benedict, R., *Patterns of Culture*. Boston 1934 (Neuauflage, New York 1946).

Bergsland, K., und H. Vogt, "The Validity of Glottochronology." *Current Anthropology*, S. 115–153, 1962.

Bernal, I., *Mexico Before Cortez*. Garden City 1963.

Berry, B., *Almost White*. New York 1963.

Bettelheim, B., *Symbolic Wounds, Puberty Rites an the Envious Male*. Glencoe 1954 (verbesserte Auflage, New York 1962).

Birket-Smith, K., *The Eskimos*. London 1959.

Boas, F., *The Central Eskimo*. Smithsonian Annual Report, 1888 (Neuauflage, Lincoln 1964).

– "Kwakiutl of Vancouver Island." *American Museum of Natural History Memoir*, 1909.

Bowers, A. W., *Mandan Social and Ceremonial Organization*. Chicago 1950.

Boyd, W. C., *Genetics and the Races of Man*. Boston 1950.

Brotherwell, D., und E. Higgs, *Science in Archaeology*. New York 1963.

Buettner-Janusch, J., *The Origins of Man*. New York 1966.

Bunzel, R. L., "Introduction to Zuni Ceremonialism." *Bureau of American Ethnology Annual Report*, 1932.

Caldwell, J. R., "Trend and Tradition in the Prehistory of Eastern United States." *American Anthropological Association Memoir*, 1958.
– "Eastern North America." In Willey und Braidwood (1962).
– und R. L. Hall, *Hopewellian Studies*. Springfield 1964.
Carpenter, E., "Image Making in Arctic Art." In *Sign, Image, and Symbol*, herausgegeben von G. Kepes. New York 1966, S. 206–225.
Caso, A., *The Aztecs, People of the Sun*. Norman 1958.
Chance, N. A., *The Eskimo of North Alaska*. New York 1966.
Chapple, E. D., und C. Coon, *Principles of Anthropology*. New York 1942.
Chard, C. S., "New World Migration Routes." *Anthropological Papers of University of Alaska*, Dezember, 1958, S. 23–26.
Codere, H., "Fighting with Property." *American Ethnological Society Monograph*, 1951.
– "The Amiable Side of Kwakiutl Life." *American Anthropologist*, S. 334 bis 351, 1956.
Coe, M., *Mexico*. New York 1962.
– "The Chinampas of Mexico." *Scientific American*, Juli 1964, S. 90–98, 1964.
– und K. V. Flannery, "Microenvironments and Mesoamerican Prehistory." *Science*, S. 650–654, 1964.
Colinvaux, P. A., "Bering Land Bridge: Evidence of Spruce in Late-Wisconsin Times." *Science*, S. 380–383, 1967.
Collins, H. B., "The Arctic and Subarctic." In Jennings und Norbeck (1964), S. 85–116.
Colson, E., *The Makah Indians*. Minneapolis 1953.
Coon, C., "Climate and Race." In *Climate Change*, herausgegeben von H. Shapley. Cambridge, Mass. 1953, S. 13–31.
Covarrubias, M., *The Eagle, the Jaguar, and the Serpent: Indian Art of the Americas*. New York 1954.
– *Indian Art of Mexico and Central America*. New York 1957.

Davis, R. T., et al., *Native Arts of the Pacific Northwest*. Stanford 1949.
Deardorff, R., "The Religion of Handsome Lake." In *Symposium on Local Diversity*, Bureau of American Ethnology Bulletin, S. 77–107, 1951.
Deetz, J., *Invitation to Archaeology*. Garden City 1967.
Díaz del Castillo, B., *The Discovery and Conquest of Mexico, 1519–21*. New York 1956.
Dillon, L. S., "Wisconsin Climate and Life Zones in North America." *Science*, S. 167–176, 1956.
Dobyns, H. F., H. P. Thompson et al., "Estimating Aboriginal American Population." *Current Anthropology*, S. 395–449, 1966.
Dole, G. L., und R. L. Carneiro, Herausgeber, *Essays in the Science of Culture in Honor of Leslie A. White*. New York 1960.
Dozier, E. P., "Pueblo Indians of the Southwest." *Current Anthropology*, S. 79–97, 1964.

Dragoo, D. W., *Mounds for the Dead*. Pittsburgh 1963.

Driver, H., *Indians of North America*. Chicago 1961.

Drucker, P., "Rank, Wealth, and Kinship in Northwest Coast Society." *American Anthropologist*, S. 55–65, 1939.

– "The Northern and Central Nootkan Tribes." *Bureau of American Ethnology Bulletin*, 1951.

– *Indians of the Northwest Coast*. New York 1955 (Neuauflage, Garden City 1963).

– und R. F. Heizer, *To Make My Name Good: A Reexamination of the Southern Kwakiutl Potlatch*. Berkeley 1967.

Du Bois, C., "The 1870 Ghost Dance." *University of California Anthropological Records*, 1939.

Eggan, F., *Social Organization of the Western Pueblos*. Chicago 1950.

– Herausgeber, *Social Anthropology of the North American Tribes*. Chicago 1955.

Eiseley, L. C., "The Paleo-Indians: Their Survival and Diffusion." In *New Interpretations of Aboriginal American Culture History*. Anthropological Society of Washington. D.C., 1955, S. 1–11, 1955.

Ekholm, G., "The New Orientation toward Problems of Asiatic-American Relationships." In *New Interpretations of Aboriginal American Culture History*, Anthropological Society of Washington, D.C., 1955, S. 95–109.

– "Transpacific Contacts." In Jennings and Norbeck (1964), S. 489–510, 1964.

Ellis, F. H., "Patterns of Aggression and the War Cult in Southwestern Pueblos." *Southwestern Journal of Anthropology*, S. 177–201, 1951.

Ericson, D. B., M. Ewing und C. Wollin, "The Pleistocene Epoch in Deep-Sea Sediments." *Science*, S. 723–732, 1964.

Ewers, J. C., "Of the Crow Nation." *Bureau of American Ethnology Bulletin*, S. 1–74, 1953.

– "The Horse in Blackfoot Indian Culture." *Bureau of American Ethnology Bulletin*, 1955.

– *The Blackfoot*. Norman 1958.

Farb, P., *Face of North America: The Natural History of a Continent*. New York 1963.

Fenton, W. N., "Museum and Field Studies of Iroquois Masks and Ritualism." *Smithsonian Report*, 1940.

– "Masked Medicine Societies of the Iroquois." *Smithsonian Report*, S. 397–430, 1940.

– "Towanda Longhouse Ceremonies." *Smithsonian Institution Bulletin*, 1941.

– "The Iroquois Eagle Dance." *Bureau of American Ethnology Bulletin*, 1953.

Fey, H. E., und D. McNickle, *Indians and Other Americans*. New York 1959.

Flannery, K. V., et al., "Farming Systems and Political Growth in Ancient Oaxana." *Science,* S. 445–454, 1967.

Fletcher, A. C., und F. la Flesche, "The Omaha Tribe." *Bureau of American Ethnology Report,* 1911.

Fowler, M. L., "Modoc Rock Shelter: An Early Archaic Site in Southern Illinois." *American Antiquity,* S. 257–270, 1959.

Freuchen, P., *Booke of the Eskimo.* Cleveland: World Publishing, 1961.

Freud, S., *Totem und Tabu,* 1913, 1918.

Garfield, V. E., "Tsimshian Clan and Society." *University of Washington Publications in Anthropology,* S. 167–349, 1939.

Giddings, J. L., "Early Man in the Arctic." *Scientific American,* Juni 1954, S. 82–88.

– "The Archaeology of Bering Strait." *Current Anthropology,* S. 121 bis 138, 1960.

– *The Archaeology of Cape Denbigh.* Providence 1964.

– *Ancient Men of the Arctic.* New York 1967.

Goldenweiser, A., "The Principle of Limited Possibilities in the Development of Culture." *Journal of American Folk-Lore,* S. 259–281, 1913.

Goldfrank, E. S., "Historic Change and Social Character, a Study of the Teton Dakota." *American Anthropologist,* S. 67–83, 1943.

– "Socialization, Personality, and the Structure of Pueblo Society (with particular reference to the Hopi and Zuni)." *American Anthropologist,* S. 516–539, 1945.

– "Changing Configurations in the Social Organization of a Blackfoot Tribe During the Reserve Period." *American Ethnological Society Monograph,* 1945.

– "The Different Patterns of Blackfoot and Pueblo Adaptation to White Authority." In Tax, 1952.

Goldman, I., "The Zuni of New Mexico." In Mead, 1937.

Goode, W. J., *Religion Among the Primitives.* New York 1951.

Gorenstein, S., *Introduction to Archaeology.* New York 1965.

Greenway, J., *The Inevitable Americans.* New York 1964.

Griffin, J. B., Herausgeber, *Archaeology of Eastern United States.* Chicago 1952.

– "Some Prehistoric Connections Between Siberia and America." *Science,* S. 801–812, 1960.

– "Eastern North American Archaeology: A Summary." *Science,* S. 175 bis 191, 1967.

Grinnell, G. B., *The Cheyenne Indians.* New Haven 1923 (Neuauflage, New York 1962).

– *The Fighting Cheyennes.* Norman 1956.

Gubser, N. J., *The Nunamint Eskimo.* New Haven 1965.

Haag, W. G., "The Bering Strait Land Bridge." *Scientific American,* Januar 1962, S. 112–123.

Hagan, W. T., *American Indians.* Chicago 1961.

Hallowell, A. I., "The Social Function of Anxiety in Primitive Society." *American Sociological Review,* S. 869–881, 1941.

Hallowell, A. I., *Culture and Experience.* Philadelphia 1955.

– "The Impact of the American Indian on American Culture." *American Anthropologist,* S. 201–217, 1957.

– "Backwash of the Frontier." *Smithsonian Report,* S. 447–472, 1959.

– "Ojibwa Ontology, Behavior, and World View." In *Culture in History,* herausgegeben von S. Diamond. New York 1960, S. 19–52.

– "American Indians, White and Black: The Phenomenon of Transculturalization." *Current Anthropology,* S. 519–531, 1963.

Hart, C. W., "A Reconsideration of the Natchez Social Structure." *American Anthropologist,* S. 374–386, 1943.

Hassrick, R. B., *The Sioux.* Norman 1964.

Haury, E. W., "Tree Rings–The Archaeologist's Time-Piece." *American Antiquity,* S. 98–108, 1935.

– *Stratigraphy and Archaeology of Ventana Cave, Arizona.* Tucson 1950.

Hawthorn, A., *Art of the Kwakiutl Indians and Other Northwest Coast Indian Tribes.* Seattle 1967.

Haynes, C. V., "Fluted Projectile Points: Their Age and Dispersion." *Science,* S. 1408–1413, 1964.

– "Elephant Hunting in North America." *Scientific American,* Juni 1966, S. 104–112.

Heizer, R. F., "Long Range Dating in Archaeology." In Kroeber (1953), S. 3–42.

– "The Western Coast of North America." In Jennings und Norbeck (1964), S. 117–148.

– und M. A. Baumhoff, *Prehistoric Rock Art of Nevada and Eastern California.* Berkeley 1962.

Herskovits, M. J., *Cultural Anthropology.* New York 1955.

– *Economic Anthropology.* New York 1960.

Hibben, F. C., *Digging Up America.* New York 1960.

Hill, W. W., "Some Navaho Culture Changes During Two Centuries." *Smithsonian Miscellaneous Collections,* S. 395–415, 1940.

– "Some Aspects of Navaho Political Structure." *Plateau,* S. 23–28, 1940.

– "The Navaho Indians and the Ghost Dance of 1890." *American Anthropologist,* S. 523–527, 1944.

– "Navaho Trading and Trading Ritual." *Southwestern Journal of Anthropology,* S. 371–396, 1948.

Hodge, F. W., "Handbook of American Indians North of Mexico." *Bureau of American Ethnology Bulletin,* 1906 (Neuauflage, New York 1960).

Hoebel, E. A., *The Law of Primitive Man.* Cambridge, Mass. 1954.

– *The Cheyennes: Indians of the Great Plains.* New York 1960.

Hoijer, H., Herausgeber, *Language in Culture.* Washington 1954.

– et al., *Linguistic Structure of Native America.* New York 1946.

Holm, B., *Northwest Coast Indian Art.* Seattle 1965.

Hooper, L., "The Cahuilla." *University of California Publications in American Archaeology and Ethnology,* S. 316–380, 1920.

Hopkins, D. M., "Cenozoic History of the Bering Land Bridge." *Science,* S. 1519–1528, 1959.

Hopkins, D. M., *The Bering Land Bridge.* Stanford 1967.

Howells, W. W., *The Heathens.* Garden City 1948.

– *Mankind in the Making.* Verbesserte Ausgabe. Garden City 1967.

Hughes, C. C., *An Eskimo Village in the Modern World.* Ithaca 1960.

Hulse, F. S. *The Human Species.* New York 1963.

Hunt, G. T., *The Wars of the Iroquois.* Madison 1940.

Hurt, W. R., "The Yankton Dakota Church: A Nationalistic Movement of Northern Plains Indians." In Dole und Carneiro (1960), S. 269–287, 1960.

Hymes, D. H., "Lexicostatistics So Far." *Current Anthropology,* S. 3–43, 1960.

Inverarity, R. B., *Art of the Northwest Coast Indians.* Berkeley 1950.

Jenness, D., "Life of the Copper Eskimos." *Canadian Arctic Expedition Report.* Bd. 12, 1922.

– *People of the Twilight.* New York 1929 (Neuauflage, Chicago 1959).

– *The Indians of Canada.* Ottawa 1932.

– "The Ojibwa Indians of Parry Island, Their Social and Religious Life." *National Museum of Canada Bulletin,* 1935.

Jennings, J. D., Herausgeber, "The American Southwest: A Problem in Cultural Isolation." Bei Wauchope (1956), S. 59–128.

– und E. Norbeck, Herausgeber, *Prehistoric Man in the New World.* Chicago 1964.

Josephy, A. M., Herausgeber, *The American Heritage Book of Indians.* New York 1961.

Judd, N. M., "The Material Culture of Pueblo Bonito." *Smithsonian Miscellaneous Collections,* 1954.

Kelly, I. T., *Southern Paiute Ethnography.* Salt Lake City 1964.

Kluckhohn, C., und D. Leighton, *The Navaho.* Cambridge, Mass. 1946 (Neuauflage, Garden City 1962).

Knight, R., "A Re-examination of Hunting, Trapping, and Territoriality Among the Northeastern Algonkian Indians." In Leeds and Vayda (1965), S. 27–42.

Krieger, A. D., "The Earliest Cultures in the Western United States." *American Antiquity,* S. 138–143, 1962.

– "Early Man in the New World." In Jennings und Norbeck (1964), S. 23–84.

Kroeber, A. L., "Ethnography of the Cahuilla Indians." *University of California Publications in American Archaeology and Ethnology,* S. 29–68, 1908.

- "Totemism and Taboo: An Ethnological Psychoanalysis." *American Anthropologist*, S. 48–55, 1920.
- "The Seri." *Southwestern Museum Papers*, S. 1–60, 1931.
- "Cultural and Natural Areas of Native North America." *University of California Publications in American Archaeology and Ethnology*, 1939 (Neuauflage, Berkeley 1963).
Kroebner, A. L., *Anthropology*. New York 1948.
- Herausgeber, *Anthropology Today*. Chicago 1953.
Kroeber, T., *Ishi*. Berkeley 1961.

La Barre, W., *The Peyote Cult*. New Haven 1938.
- "Primitive Psychotherapy in Native American Cultures: Peyotism and Confession." *Journal of Abnormal and Social Psychology*, S. 294–309, 1947.
- et al., "Statement on Peyote." *Science*, S. 582–583, 1951.
- *The Human Animal*. Chicago 1954.
- "Twenty Years of Peyote Studies." *Current Anthropology*, S. 45–60, 1960.
Laguna, F. de, "The Story of a Tlingit Community." *Bureau of American Ethnology Bulletin*, 1960.
Lanternari, V., *The Religions of the Oppressed*. New York 1963 (Neuauflage, New York 1965).
Laubin, R., und G. Laubin, *The Indian Tipi*. Norman 1957.
Leacock, E., "The Montagnais 'Hunting Territory' and the Fur Trade." *American Anthropological Association Memoir*, 1954.
Leeds, A., und A. P. Vayda, *Man, Culture, and Animals*. Washington 1965.
Lees, R. B., "The Basis of Glottochronology." *Language*, S. 113–127, 1953.
León-Portilla, M., *Aztec Thought and Culture*. Norman 1963.
Lesser, A., "Cultural Significance of the Ghost Dance." *American Anthropologist*, S. 108–115, 1933.
Lévi-Strauss, C., *A World on the Wane*. New York 1961.
- *Totemism*. Boston 1963.
Li An-Che, "Zuni: Some Observations and Queries." *American Anthropologist*, S. 62–76, 1937.
Linton, R., "Totemism and the A.E.F." *American Anthropologist*, S. 296 bis 300, 1924.
Lowie, R. H., "Notes on Shoshonean Ethnography." *American Museum of Natural History Anthropological Papers*, S. 185–314, 1924.
- *The Crow Indians*. New York 1935 (Neuauflage, New York 1956).
- *Indians of the Plains*. New York 1954 (Neuauflage, Garden City 1963).

McFeat, T., Herausgeber, *Indians of the North Pacific Coast*. Seattle 1966.
Mac Gowan, K., und J. A. Hester, *Early Man in the New World*. Garden City 1962.

McGregor, J. C., *Southwestern Archaeology*. Urbana 1965.

McIlwraith, T. F., *The Bella Coola Indians*. Toronto 1948.

Mac Neish, R. S., "Ancient Mesoamerican Civilization." *Science*, S. 531 bis 537, 1964.

– "The Origins of New World Civilization." *Scientific American*, November 1964, S. 29–37.

McNickle, D., *The Indian Tribes of the United States*. New York 1962.

McQuown, N., "Indigenous Languages of Native America." *American Anthropologist*, S. 501–570, 1955.

Mangelsdorf, P. C., et al., "Domestication of Corn." *Science*, S. 538–545, 1964.

Martin, P., "The Last 10,000 Years." *Geochronology Laboratories of the University of Arizona Publication*, 1961.

– "African and Pleistocene Overkill." *Nature* (London), 22. Oktober 1966, S. 339–342.

– und H. F. Wright, Herausgeber, *Pleistocene Extinctions: Search for a Cause*. New Haven 1967.

Martin, P. S., G. I. Quimby und D. Collier, *Indians Before Columbus*. Chicago 1947.

Mason, R. J., "The Paleo-Indian Tradition in Eastern North America." *Current Anthropology*, S. 227–284, 1962.

Mead, M., Herausgeber, *Cooperation and Competition Among Primitive Peoples*. New York 1937 (Neuauflage, Boston 1961).

Meggers, B. J., "Environmental Limitations on the Development of Culture." *American Anthropologist*, S. 801–823, 1954.

– "The Law of Cultural Evolution as a Practical Research Tool." In Dole und Carneiro (1960), S. 302–316.

– "Prehistoric New World Cultural Development." 1968.

– C. Evans und E. Estrada, "Early Formative Period of Coastal Ecuador: The Valdivia and Machalilla Phases." *Smithsonian Contributions to Anthropology*, 1965.

– und C. Evans, "A Transpacific Contact in 3000 B.C." *Scientific American*, Januar 1966, S. 28–35, 1966.

Meigs, P., "The Kiliwa Indians." *Ibero-Americana*, S. 1–114, 1939.

Millon, R., "Teotihuacan." *Scientific American*, Juni 1967, S. 38–48.

Mishkin, B., "Rank and Warfare Among Plains Indians." *American Ethnological Society Monograph*, 1940.

Mooney, J., "The Ghost Dance Religion and the Sioux Outbreak of 1890." *Bureau of American Ethnology Annual Report*, 1896 (Neuauflage, Chicago 1964).

Morgan, L. H., *League of the Ho-De-No-Sau-Nee or Iroquois*, 1851 (Neuauflage, New York 1962).

– *Ancient Society*, 1877 (Neuauflage, New York 1963).

Mourant, A. E., *The Distribution of Human Blood Groups*. Springfield 1954.

Mulloy, W., "The Northern Plains." In Griffin (1952), S. 124–138, 1952.

Mumford, L., *The Myth of the Machine*. New York 1967.

Murphy, R. F., "Matrilocality and Patrilineality in Mundurucú Society." *American Anthropologist*, S. 414–434, 1956,

Nash, P., "The Place of Religious Revivalism in the Formation of the Intercultural Community on Klamath Reservation." In Eggan (1955), S. 377–442.

Neumann, G. K., "Archaeology and Race in the American Indian." In Griffin (1952), S. 13–34, 1952.

– "Origins of the Indians of the Middle Mississippi Area." *Proceedings of the Indiana Academy of Sciences*, S. 69–72.

Newcomb, W. W., "A Re-examination of the Causes of Plains Warfare." *American Anthropologist*, S. 317–329, 1950.

– "Toward an Understanding of War." In Dole und Carneiro (1960), S. 317–336.

Newell, N. D., "Crise in the History of Life." *Scientific American*, Februar 1963, S. 77–92.

Newman, M. T., "The Application of Ecological Rules to the Racial Anthropology of the Aboriginal New World." *American Anthropologist*, S. 311–327, 1953.

– "Evolutionary Changes in Body Size and Head Form in American Indians." *American Anthropologist*, S. 237–256, 1962.

Noon, J. A., *Law and Government of the Grand River Iroquois*. New York 1949.

Norbeck, E., *Religion in Primitive Society*. New York 1961.

Oberg, K., "Crime and Punishment in Tlingit Society." *American Anthropologist*, S. 145–156, 1934.

Oswalt, W. H., *This Land Was Theirs*. New York 1966.

– *Alaskan Eskimos*. San Francisco 1967.

Owen, R. C., "The Patrilocal Band: A Linguistically and Culturally Hybrid Social Unit." *American Anhtropologist*, S. 675–690, 1965.

Park, W. Z., *Shamanism in Western North America*. Evanston 1938.

Parsons, E. C., *Pueblo Indian Religion*. Chicago 1939.

– und R. L. Beals, "The Sacred Clowns of the Pueblo and Mayo-Yaqui Indians." *American Anthropologist*, S. 491–516, 1934.

Parsons, T., *Societies: Evolutionary and Comparative Perspectives*. Englewood Cliffs 1966.

Pearce, R. H., "The 'Ruines of Mankind': the Indian and the Puritan Mind." *Journal of the History of Ideas*, 1952.

– *The Savages of America*. Baltimore 1953.

Phillips, P. J., J. A. Ford und J. B. Griffin, *Archaeological Survey in the Lower Mississippi Alluvial Valley*. Cambridge, Mass. 1951.

Powell, J. W., und G. W. Ingalls, "Report on the Conditions of the Ute Indians." *Smithsonian Institution*, 1874.

Prufer, O. H., "The Hopewell Cult." *Scientific American*, Dezember 1964, S. 90–102.

Quain, B. H., "The Iroquois." In Mead (1937), S. 240–312.

Quimby, G. I., "Natchez Social Structure as an Instrument of Assimilation." *American Anthropologist*, S. 134–137, 1946.

– "Culture Contact on the Northwest Coast Between 1785 and 1795." *American Anthropologist*, S. 247–255, 1948.

– *Indian Life in the Upper Great Lakes*. Chicago 1960.

Rasmussen, K., *Across Arctic America*. New York 1927.

– "Intellectual Culture of the Copper Eskimo." *Canadian Arctic Expedition Report*, 1932.

Reed, E. K., "Transition to History in the Pueblo Southwest." *American Anthropologist*, S. 592–597, 1954.

– "Trends in Southwestern Archaeology." In *New Interpretations of Aboriginal American Culture History*, Anthropological Society of Washington, S. 46–58, 1955.

– "The Greater Southwest." In Jennings und Norbeck (1964), S, 175–192.

Roberts, J. M., "Zuni Daily Life." *Notebook of Laboratory of Anthropology of University of Nebraska*, 1956.

Roe, F. G., *The Indian and the Horse*. Norman 1955.

Sahlins, M. D., "The Social Life of Monkeys, Apes, and Primitive Man." In Spuhler (1959), S. 54–73.

– *Tribesmen*. Englewood Cliffs 1967.

Sapir, E., "The Status of Linguistics as a Science." *Language*, S. 207–214, 1929.

– *Selected Writings in Language, Culture, and Personality*. Berkeley 1963.

Schoenwetter, J., "Pollen Analysis of Eighteen Archaeological Sites in Arizona and New Mexico." In *Chapters in Prehistory of Arizona*, herausgegeben von P. S. Martin, Chicago 1962.

Sears, W. H., "The Southeastern United States." In Jennings und Norbeck (1964), S. 259–289.

Sejourne, L., *Burning Water: Thought and Religion in Ancient Mexico*. New York 1960.

Sellards, E. H., *Early Man in the New World*. Austin 1952.

Service, E. R., *Primitive Social Organization*. New York 1962.

– *Profiles in Ethnology*. New York 1963.

– *The Hunters*. Englewood Cliffs 1966.

Silverman, J., "Shamans and Acute Schizophrenia." *American Anthropologist*, S. 21–31, 1967.

Simpson, G. G., *The Major Features of Evolution*. New York 1953.

Singer, P., und D. de Sole, "The Australian Subincision Ceremony." *American Anthropologist*, S. 355–358, 1967.

Slotkin, J. S., *The Peyote Religion*. Glencoe 1956.

– *Readings in Early Anthropology*. New York 1965.

Smith, H. N., *Virgin Land: The American West as Symbol and Myth*. Cambridge, Mass. 1950.

Smith, W., und J. M. Roberts, *Zuni Law: A Field of Values*. Cambridge, Mass. 1954.

Soustelle, J., *The Daily of the Aztecs*. London 1961.

Sparkman, P. S., "The Culture of the Luiseño Indians." *University of California Publications in American Archaeology and Ethnology*, S. 187–234, 1908.

Spaulding, A. C., "Prehistoric Cultural Development in the Eastern United States." In *New Interpretations of Aboriginal American Culture History*, Anthropological Society of Washington, S. 12–28, 1955.

Speck, F. G., *Penobscot Man*. Philadelphia 1940.

– *Midwinter Rites of the Cayuga Longhouse*. Philadelphia 1944.

Speck, F. G., *The Iroquois*. Bloomfield Hills 1955.

Spencer, R. F., "The North Alaskan Eskimo: A Study in Ecology and Society." *Bureau of American Ethnology Bulletin*, 1959.

– J. D. Jennings et al., *The Native Americans*. New York 1965.

Spicer, E. H., *Perspectives in American Indian Culture Change*. Chicago 1960.

– *Cycles of Conquest*. Tucson 1962.

Spier, L., "The Ghost Dance of 1870 Among the Klamath of Oregon." *University of Washington Publications in Anthropology*, 1927.

Spuhler, J. N., Herausgeber, *The Evolution of Man's Capacity for Culture*. Detroit 1959.

Stevenson, M. C., "The Zuni Indians." *Bureau of American Ethnology Bulletin*, 1901.

Steward, J. H., "The Ceremonial Buffoons of the American Indian." *Michigan Academy of Sciences*, S. 187–207, 1930.

– "Basin-Plateau Sociopolitical Groups. *Bureau of American Ethnology Bulletin*, 1938.

– *Theory of Culture Change*. Urbana 1955.

– "Cultural Evolution." *Scientific American*, Mai 1956, S. 69–80.

Stewart, O. C., *Northern Paiute Bands*. Berkeley 1939.

Stewart, T. D., "A Physical Anthropologist's View of the Peopling of the New World." *Southwestern Journal of Anthropology*, S. 259–271, 1960.

Strong, W. D., "Aboriginal Society in Southern California." *University of California Publications in American Archaeology and Ethnology*, S. 35–273, 1929.

– "From History to Prehistory in the Northern Great Plains." *Smithsonian Miscellaneous Collections*, S. 353–394, 1940.

Suttles, W., "Affinal Ties, Subsistence, and Prestige Among the Coast Salish." *American Anthropologist*, S. 296–305, 1960.

Swadesh, M., "Lexicostatistic Dating of Prehistoric Ethnic Contacts." *Proceedings of American Philosophical Society*, S. 452–463, 1952.

– "Linguistic Overview." In Jennings und Norbeck (1964), S. 527–556.

Swanson, G. E., *The Birth of the Gods*. Ann Arbor 1960.

Swanton, J. R., "Contributions to the Ethnology of the Haida." *The American Museum of Natural History Memoir*, 1909.

– "Indian Tribes of the Lower Mississippi Valley and Adjacent Coast of the Gulf of Mexico." *Bureau of American Ethnology Bulletin*, 1911.
– "Notes on the Mental Assimilation of Races." *Journal of Washington Academy of Sciences*, S. 493–502, 1926.
– "The Indians of the Southeastern United States." *Bureau of American Ethnology Bulletin*, 1946.
– "The Indian Tribes of North America." *Bureau of American Ethnology Bulletin*, 1952.

Tax, S., Herausgeber, *Heritage of Conquest*. Glencoe 1952.
– Herausgeber, *Acculturation in the Americas*. Chicago 1952.
Thwaites, R. G., Herausgeber, *The Jesuit Relations and Allied Documents*. Cleveland 1906.
Trenholm, V. C., und M. Carley, *The Shoshonis*. Norman 1964.
Turney-High, H. H., *Primitive Warfare, Its Practices and Concepts*. Columbia 1949.
Tylor, E. B., *Primitive Culture*, 1871 (Neuauflage, New York 1958, als *The Origins of Culture* and *Religion in Primitive Culture*).
– "On a Method of Investigating the Development of Institutions; Applied to Laws of Marriage and Descent." *Journal of the Royal Anthropological Institute*, S. 245–267, 1888.

Underhill, R., "Ceremonial Patterns in the Greater Southwest." *American Ethnological Society Memoir*, 1948.
– *Red Man's America*. Chicago 1953.
– *The Navahos*. Norman 1956.

Vaillant, G. C., *The Aztecs of Mexico*. Garden City 1962.
Van Stone, J. W., *Point Hope, An Eskimo Village in Transition*. Seattle 1962.
Voegelin, C. F., und E. W. Voegelin, "Map of North America Indian Languages." *American Ethnological Society*, 1944.
Vogt, E. Z., "Navaho." In Spicer (1960), S. 278–336.

Wallace, A. F. C., "Revitalization Movements." *American Anthropologist*, S. 264–280, 1956.
– "Dreams and Wishes of the Soul: A Type of Psychoanalytic Theory Among the Seventeenth Century Iroquois." *American Anthropologist*, S. 234–248, 1958.
– "Cultural Composition of the Handsome Lake Religion." In "Symposium on Cherokee and Iroquois Culture", *Bureau of American Ethnology Bulletin*, S. 143–157, 1961.
Wallace, E., und E. A. Hoebel, *The Comanches*. Norman 1952.
Wallis, W. D., *Messiahs: Their Role in Civilization*. Washington 1943.
Washburn, W., Herausgeber, *The Indian and the White Man*. Garden City 1964.

Wauchope, R., Herausgeber, "Seminars in Archaeology." *Society for American Archaeology Memoir*, 1956.
– *Lost Tribes and Sunken Continents.* Chicago 1962.

Webb, W. S., und R. S. Baby, *The Adena People.* Columbus 1957.

Wedel, W. R., "Environment and Native Subsistence Economies in the Central Great Plains." *Smithsonian Miscellaneous Collections*, S. 1–29, 1941.
– "The Plains and Their Utilization." *American Antiquity*, S. 1–16, 1963.
– "The Great Plains." In Jennings und Norbeck (1964), S. 193–222.

Wendorf, F., und J. J. Hester, "Early Man's Utilization of the Great Plains." *American Antiquity*, S. 159–171, 1962.

Weyer, E. M., *The Eskimos.* New Haven 1932.

White, L. A., *The Science of Culture.* New York 1949.
– *The Evolution of Culture.* New York 1959.

Whorf, B. L., *Language, Thought, and Reality.* Cambridge, Mass. 1956.

Willey, G. R., Herausgeber, *Prehistoric Settlement Patterns in the New World.* New York 1956.
– "Historical Patterns and Evolution in Native New World Cultures." In *The Evolution of Man*, herausgegeben von S. Tax, Chicago, S. 111 bis 141, 1960.
– "New World Prehistory." *Science*, S. 73–86, 1960.
– *An Introduction to American Archaeology: North and Middle America.* Englewood Cliffs 1966.
– und R. Braidwood, Herausgeber, *Courses Toward Urban Life.* New York 1962.

Wissler, C., "Material Culture of the Blackfoot Indians." *American Museum of Natural History Anthropological Papers*, S. 1–175, 1910.
– "The Social Life of the Blackfoot Indians." *American Museum of Natural History Anthropological Papers*, S. 1–64, 1911.

Wittfogel, K. A., *Oriental Despotism.* New Haven 1957.

Wolf, E., *Sons of the Shaking Earth.* Chicago 1959.
– *Peasants.* Englewood Cliffs 1966.

Woodbury, R., "The Hohokam Canal at Pueblo Grande, Arizona." *American Antiquity*, S. 267–270, 1960.

Wormington, H. M., *Ancient Man in North America.* Denver 1957.

Wright, H. E., und D. G. Frey, Herausgeber, *The Quaternary of the United States.* Princeton 1965.

Yarnell, R. A., "Aboriginal Relationships Between Culture and Plant Life in the Upper Great Lakes Region." *University of Michigan Anthropological Papers*, 1964.

DIE NEUE TASCHENBUCHREIHE
MIT DEN GROSSEN ERFOLGSBÜCHERN

MOLDEN
TASCHENBUCH
VERLAG

Preise Stand Januar 1976. Änderung vorbehalten.